21世纪高等院校公共管理系列教材
省级“十二五”规划教材

电子政务

（第五版）

杨兴凯 编著

E-GOVERNMENT

东北财经大学出版社
Dongbei University of Finance & Economics Press
·大连·

图书在版编目（CIP）数据

电子政务 / 杨兴凯编著. —5版. —大连：东北财经大学出版社，2022.2（2023.5重印）
（21世纪高等院校公共管理系列教材）
ISBN 978-7-5654-4427-2

Ⅰ.电… Ⅱ.杨… Ⅲ.电子政务-高等学校-教材 Ⅳ.D035.1-39

中国版本图书馆CIP数据核字（2022）第008489号

东北财经大学出版社出版
（大连市黑石礁尖山街217号 邮政编码 116025）
网 址：http://www.dufep.cn
读者信箱：dufep@dufe.edu.cn

大连东泰彩印技术开发有限公司印刷 东北财经大学出版社发行

幅面尺寸：185mm×260mm 字数：462千字 印张：19.5 插页：1
2022年2月第5版 2023年5月第3次印刷

责任编辑：田玉海 责任校对：吴 奂
封面设计：姜 宇 版式设计：钟福建

定价：45.00元

第五版前言

一、修订的背景

党的二十大报告指出，“加快建设网络强国、数字中国”。近年来，全球信息化进入全面渗透、跨界融合、加速创新、引领发展的新阶段，人工智能、区块链、云计算、大数据等技术以及社交媒体应用的快速发展进一步推动了电子政务发展模式创新。“十三五”时期，结合推进“放管服”改革，中国政务信息系统建设和应用取得长足进展，“最多跑一次”“不见面审批”“掌上办”等服务新模式不断涌现，明显提高了企业和群众办事便利度。《2022联合国电子政务调查报告》显示，我国电子政务发展指数排名在193个联合国会员国中从2012年的第78位上升到了2022年的第43位，达到电子政务发展“非常高”的水平，标志着我国电子政务发展进入新阶段。

我国“十四五”时期，数字技术将广泛应用于政府管理服务，推动政府治理流程再造和模式优化，不断提高决策科学性和服务效率。要面向更好满足企业需求和群众期盼，抓住推动政务信息共享、提升在线政务服务效率等关键环节，推进数字政府建设，加快转变政府职能，促进市场公平竞争。

课程教材是育人的载体，集中体现党和国家意志。2021年8月，国家教材委员会印发了《习近平新时代中国特色社会主义思想进课程教材指南》，要求将课程思政融入教材中，这是贯彻落实中央部署要求的需要，也是培养担当民族复兴大任时代新人的需要。基于此，本书在思政建设方面着力进行了推进，突出设置了思政栏目，进一步凸显规划教材的育人属性。

二、修订的内容

本书的第四版距今已经有3年多的时间，由于电子政务高速发展、社会公众需求扩大、电子政务方针政策发生新的变化、先进信息技术大量应用，因此，本书再次进行了修订，以回馈众多院校师生的厚爱。根据国内外电子政务的发展、读者的建议以及我们在教学实践中的体会，本次修订对教材内容进行了部分更新，使其更符合电子政务学习和专业教育的规律。主要修订有：

（1）更新了最新的数据和发展现状。第13章电子政务发展前沿中更新了国外电子政务的发展情况和“十四五”期间我国电子政务的发展趋势。这些内容的添加有助于我们学习和借鉴发达国家推进电子政务建设的新理念、新做法，也可以使更多的读者增进对其他国家电子政务发展动向的了解。

（2）全面更新了引导案例。引导案例的选材考虑了近期电子政务发展热点，并结合了该章内容。引导案例不但能引发读者对该章内容的思考，在系统阅读该章节内容之前产生学习兴趣和热情，还可以使读者了解电子政务发展的最新情况。

（3）落实课程思政进教材的举措。在每章的后面增加了课程思政的内容，该内容是与该章相关的案例、政策或制度，培养读者热爱祖国、增强民族自豪感、科学的精神、强化承担国家发展的历史责任感、正确理解国家的发展战略和产业政策、树立正确的人生观和价值观的精神。

本书的知识结构图如下所示：

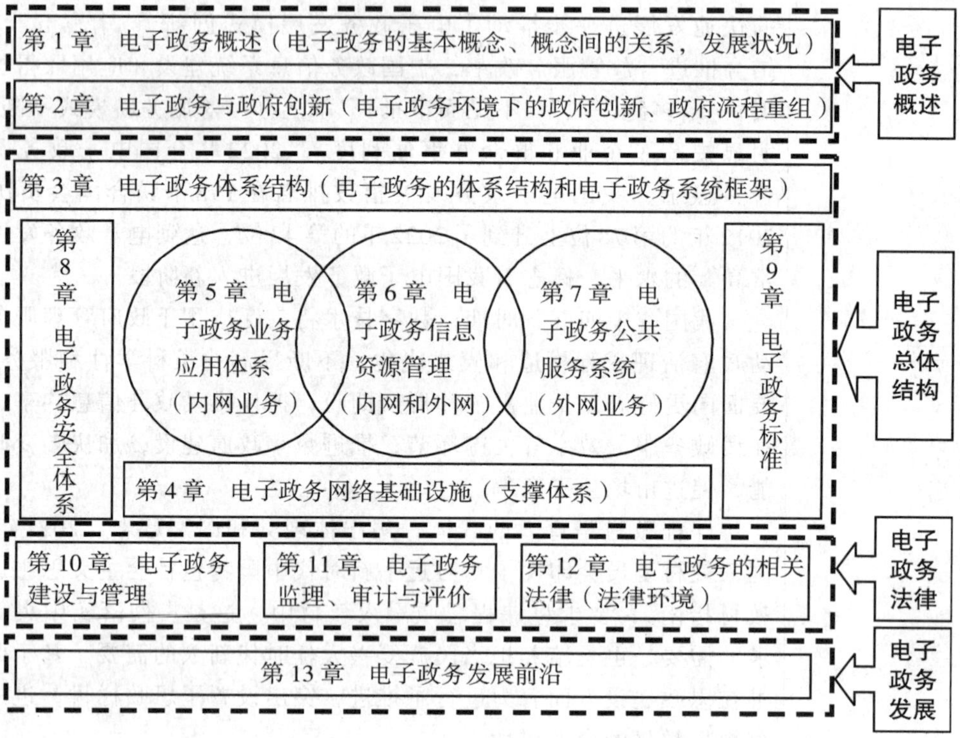

最后，本次修订过程中，我得到了各方面的帮助和支持，多位专家对本书的修订提出了有益的指导和建议；研究生周晓钰为本次修订整理了案例等修订资料，为本书提供了有益的帮助；田玉海副编审为本书矫枉勘误、润色文字，使之增色不少；本书的修订还参阅了大量的文献。在此，作者对他们致以真挚的谢意。

目前，电子政务依旧处于活跃发展期，信息技术不断突破、创新，使电子政务时刻都在发生着变化。尽管我们付出了巨大的努力，但由于电子政务发展迅速，加之作者学识有限，难免有一些缺陷和不足，欢迎同行们的指正和交流（邮箱：xkyang@vip.sina.com）。希望我们共同携手，为我国电子政务的又好又快发展贡献力量！

杨兴凯

2023年5月修订

目　录

第1章　电子政务概述　1
学习指南 / 1
引导案例 / 2
§1.1　电子政务建设的背景和意义 / 2
§1.2　电子政务内容概述 / 5
§1.3　电子政务的相关概念 / 7
§1.4　电子政务的应用模式和价值取向 / 11
§1.5　电子政务的内容及功效 / 14
§1.6　电子政务的发展状况 / 17
思政课堂 / 25
本章小结 / 26
综合训练 / 27
第2章　电子政务与政府创新　29
学习指南 / 29
引导案例 / 30
§2.1　电子政务的政府管理方式 / 31
§2.2　电子政务与政府创新 / 32
§2.3　政务流程优化与重组 / 37
§2.4　虚拟政府 / 49
思政课堂 / 53
本章小结 / 54
综合训练 / 54
第3章　电子政务体系结构　56
学习指南 / 56
引导案例 / 57
§3.1　我国电子政务体系结构概述 / 58
§3.2　电子政务系统框架 / 62
思政课堂 / 67
本章小结 / 68
综合训练 / 69
第4章　电子政务网络基础设施　71
学习指南 / 71
引导案例 / 72

§4.1 电子政务系统的硬件与网络平台 / 72
§4.2 电子政务系统的软件平台 / 81
§4.3 数据库管理系统 / 83
思政课堂 / 90
本章小结 / 91
综合训练 / 91
第 5 章 电子政务业务应用体系 93
学习指南 / 93
引导案例 / 94
§5.1 政府内部公务处理电子化 / 95
§5.2 通用公务系统 / 98
§5.3 专用公务系统 / 111
思政课堂 / 126
本章小结 / 127
综合训练 / 128
第 6 章 电子政务信息资源管理 130
学习指南 / 130
引导案例 / 131
§6.1 政府信息资源概述 / 132
§6.2 政府信息资源管理 / 135
§6.3 政府信息资源利用 / 140
思政课堂 / 150
本章小结 / 151
综合训练 / 152
第 7 章 电子政务公共服务体系 154
学习指南 / 154
引导案例 / 155
§7.1 政府公共服务及其电子化 / 156
§7.2 政府“一站式”服务 / 160
§7.3 政府电子化采购 / 164
§7.4 行政审批 / 170
思政课堂 / 178
本章小结 / 178
综合训练 / 179
第 8 章 电子政务安全体系 181
学习指南 / 181
引导案例 / 182
§8.1 电子政务安全概述 / 183
§8.2 电子政务安全体系框架 / 187

§8.3 电子政务安全技术保障体系 / 191
§8.4 电子政务安全运行管理体系 / 197
§8.5 安全基础服务保障体系 / 200
§8.6 社会服务体系 / 202
思政课堂 / 205
本章小结 / 206
综合训练 / 206
第 9 章 电子政务标准 208
学习指南 / 208
引导案例 / 209
§9.1 电子政务标准概述 / 209
§9.2 我国电子政务标准体系结构框架 / 212
§9.3 我国电子政务标准的主要内容 / 215
思政课堂 / 216
本章小结 / 217
综合训练 / 217
第 10 章 电子政务建设与管理 219
学习指南 / 219
引导案例 / 220
§10.1 电子政务系统规划 / 221
§10.2 电子政务系统项目建设过程 / 226
§10.3 电子政务系统的项目管理 / 235
思政课堂 / 241
本章小结 / 241
综合训练 / 242
第 11 章 电子政务监理、审计与评价 243
学习指南 / 243
引导案例 / 244
§11.1 电子政务信息系统监理 / 244
§11.2 电子政务信息系统审计 / 250
§11.3 电子政务评价 / 257
思政课堂 / 267
本章小结 / 268
综合训练 / 269
第 12 章 电子政务的相关法律 271
学习指南 / 271
引导案例 / 272
§12.1 国外电子政务相关法律法规现状 / 273
§12.2 中国电子政务部分相关法律法规简介 / 277

§12.3 当前立法热点 / 282
思政课堂 / 284
本章小结 / 284
综合训练 / 285
第13章 电子政务发展前沿 287
学习指南 / 287
引导案例 / 288
§13.1 电子政务发展趋势综述 / 289
§13.2 电子政务理论的发展趋势 / 290
§13.3 电子政务技术的发展趋势 / 291
§13.4 国外电子政务的发展计划 / 295
§13.5 我国电子政务的发展趋势 / 297
思政课堂 / 299
本章小结 / 300
综合训练 / 300
主要参考文献 302

第1章

电子政务概述

学习指南
引导案例
§1.1　电子政务建设的背景和意义
§1.2　电子政务内容概述
§1.3　电子政务的相关概念
§1.4　电子政务的应用模式和价值取向
§1.5　电子政务的内容及功效
§1.6　电子政务的发展状况
思政课堂
本章小结
综合训练

学习指南

【学习目标】电子政务建设是推动国家信息化的龙头工程，是政府深化行政管理体制改革的主要动力和重要内容，也是政府实现管理现代化的必由之路。通过本章的学习，理解实施电子政务的意义；理解电子政务的含义；掌握电子政务的应用模式；掌握国家“十四五”规划和2035年远景目标纲要中关于加快数字化发展、建设数字中国的主要目标和任务；了解国内外电子政务的发展状况。

【关键概念】国家信息化　狭义的电子政务　广义的电子政务　电子政务系统　电子政府　办公自动化

引导案例

杭州“城市大脑”——数字系统治理之城

利用海量、动态、多样的大数据，构建智慧型的城市，成为城市管理的最热门课题。

2016年，杭州在全国首创“城市大脑”。根据最新发布的《中国城市数字治理报告（2020）》，杭州数字治理指数居全国第一，正在成为“最聪明的城市”。

2021年初，杭州“城市大脑”数字界面亮相，集成“先离场后付费、先看病后付费、多游一小时、非浙A急事通”等38个应用场景，把“城市大脑”打包装进市民手机。

（1）一键直达，全程在线：“亲清在线”勾勒数字政府

数字，是城市治理的密码，“城市大脑”让杭州成为一座数字系统治理之城。

新冠肺炎疫情期间，杭州率先建立“亲清在线”新型政商关系数字平台，开启了惠企政策精准推动、补贴资金实时到账的先河。自平台上线以来，共有27万家企业、80.5万名员工通过平台享受到政府补助资金77.3亿元。通过“线上行政服务中心”，上线“工业项目全流程审批、企业五险一金登记”等企业办事“一件事”联办事项。

（2）数据指路，服务上门：“驾驶舱”内感知城市脉搏

2020年11月，杭州在“亲清在线”平台试点数字驾驶舱建设。驾驶舱内可实时监测辖区内企业的日常运营情况；实时追踪为企业服务进度；在楼宇园区，实现服务主动靠前、需求主动发掘。驾驶舱让数据从“别人看”变成“自己用”；让不同部门的数据发生“化学反应”，产生更多价值，这是杭州城市大脑建设的显著变化。

（3）还路于民，还时于民：城市之治折射理念“智”变

还路于民、还时于民，从数数开始。红绿灯和交通摄像头在同一根杆子上，但由于没有通过数据连接，摄像头看到的东西永远不会变成红绿灯的变换。杭州已成为第一个实现“急救车不必闯红灯”的城市、第一个利用数据计算后有序放宽“限行措施”的城市。杭州交通拥堵排名从2014年的第2名，下降至如今的第31名。

目前，杭州已建成覆盖公共交通、城市管理、卫生健康、基层治理等11个领域的48个应用场景、390个数字驾驶舱，率先真正实现“用一部手机治理一座城市”。

资料来源：杜海锋. 杭州，又被点赞！[N]. 杭州日报，2021-03-23.经删改整理.

全球性的信息化、网络化进程正在改变着人们的生活方式。政府，作为人类社会治理体系基本组成部分的公共组织，既是社会信息资源的最大生产者和拥有者，也是社会信息产品的领先使用者和主要传播者，在面临现代通信技术革命严峻挑战的同时，也迎来了一个全新的发展时期——电子政务时代。电子政务在改进和优化政府组织、重组公共管理、提升政府的效率、提高政府服务的能力和水平等方面，正焕发越来越强的生命力。本章将分别阐述电子政务的背景、意义、概念、模式、原则、内容、功能和发展状况。

§1.1 电子政务建设的背景和意义

1.1.1 电子政务建设的背景

推进信息化建设是我国加快实现工业化和现代化的必然选择，是关系到现代化建设全局的战略举措，是实现社会生产力跨越式发展的重大措施，是提高国际竞争力和综合国力的迫切要求。

国家信息化是指在国家统一规划和组织下，在农业、工业、科学技术、国防及社会生活各个方面应用现代信息技术，深入开发、广泛利用信息资源，加速实现国家现代化进程。国家信息化可以理解为政府信息化、社会信息化和国民经济信息化的集合。

1.政府信息化

政府信息化是指政府有效利用现代信息和通信技术，通过不同的信息服务设施，对政府的业务流程、组织结构、人员素质等诸方面进行优化、改造的过程。政府信息化是一个不断发展变化的过程。

2.社会信息化

社会信息化是指人们的社会生活及与之密切相关的社会服务、社会管理的信息化，主要包括社会生活信息化、社会服务信息化和社会管理信息化三个方面的内容。

3.国民经济信息化

国民经济信息化是指充分运用现代信息技术开发和利用信息资源，改造传统产业，提高国民经济的现代化水平和社会经济系统的整体运行效率。通过信息资源的深度共享，促进经济和社会的发展。企业是国民经济的细胞，企业信息化是国民经济信息化的重点。

在国家信息化体系建设中，政府信息化是整个信息化中的关键，是优先发展的领域。而电子政务是政府信息化建设的重要内容，与改革、开放、发展等当代中国的重大问题密切相关，这就要求政府必须以战略眼光来认识电子政务建设的战略地位和实践意义。

1.1.2 电子政务建设的战略地位

党的二十大报告指出，“全面建成社会主义社会主义现代化强国”。迈向新征程，我们需要全面深入推进政府数字化转型，形成与国家治理体系和治理能力现代化相适应的数字政府体系，为全面建成社会主义现代化强国提供有力支撑。国家信息化领导小组从我国的实际情况出发，明确提出要坚持走中国特色新型信息化道路，推动“两化融合”，并积极加强和改进网络社会管理，推进网络管理依法、规范、有序进行；加强和创新社会管理，提高社会管理科学化水平；加快推进国防和军队现代化，提高以打赢信息化条件下局部战争能力为核心的完成多样化军事任务的能力。

1.加强和改进网络社会管理

网络社会是电子政务运行的基础环境，加强和改进网络社会管理，是营造健康的网络环境、保证电子政务健康运行的基础保障。因此，必须健全社会稳定的重大决策风险评估和突发事件的应急管理机制，实施安全发展战略，加强安全生产监管，防止重特大事故发生。同时，也必须深入开展打击侵犯知识产权和制售假冒伪劣商品行动，增强食品安全监督管理，提高食品安全水平。此外，还必须加强和改进信访工作，加强法律服务和法律援助，严密防范和依法打击违法犯罪活动，保障人民群众生命财产安全。

2.加强和创新社会管理

加强和创新社会管理是保障长治久安、推广与普及电子政务的根本途径。因此，必须加强社会矛盾化解、社会管理创新、公正廉洁执法，强化政府管理和公共服务职能，提高城乡基层群众性自治组织的自治能力。同时，也必须积极稳妥推进户籍管理制度改革，推动实行居住证制度，为流动人口提供更好的服务。此外，还必须以信息共享、互联互通为重点，加快建设国家电子政务网，大力推进政务诚信、商务诚信、社会诚信建设，构建覆盖全社会的征信系统。

3.加快推进国防和军队现代化

建设与我国国际地位相称、与国家安全和发展利益相适应的巩固国防和强大军队，是我国现代化建设的战略任务。因此，必须坚持以推动国防和军队建设科学发展为主题，以加快转变战斗力生成模式为主线，全面加强军队革命化、现代化、正规化建设。同时，也必须毫不动摇坚持党对军队的绝对领导，坚持不懈用中国特色社会主义理论体系武装全军，持续培育当代革命军人核心价值观，大力发展先进军事文化，永葆人民军队性质、本色、作风。此外，还必须坚定不移地把信息化作为军队现代化建设发展方向，推动信息化建设加速发展；加强高新技术武器装备建设，加快全面建设现代后勤，培养大批高素质新型军事人才，深入开展信息化条件下军事训练，增强基于信息系统的体系作战能力；加大依法治军、从严治军力度，推动正规化建设向更高水平发展。

1.1.3 电子政务的实践意义

实施电子政务对公共行政实践的意义，通常表现得较为直接和充分。

1.电子政务对重组政府业务流程的意义

电子政务并不是简单地将传统的政府管理事务原封不动地搬到网络上，而是在政府业务流程优化和重组的基础上，以一种创新的方法和程序去完成原有的业务功能。电子政务的发展将打破政府部门的职能分割，为政府业务流程的重组和优化提供全新的平台。其具体表现为：第一，政府流程应该有清晰可辨的输入和输出，输入在流程中增值后转化为输出；第二，重组政府业务流程由串联转为并联；第三，实现业务流与信息流的高度融合。

2.电子政务对促进政府工作方式转变的意义

随着电子政务工程的逐步实施，政府将逐步实现办公手段的自动化、业务工作的程序化和管理的科学化，这些都将促进政府工作方式发生重大转变。其具体表现为：第一，从体力操作型向知识智能型转变；第二，从职能分工型向综合多能型转变；第三，从被动型向主动型转变；第四，电子政务要求有更多的团队合作。

3.电子政务对提高行政效率的意义

行政效率作为公共行政绩效评估体系中的一个重要衡量标准，一直是现代公共行政的核心价值理念和追求的主要目标。电子政务对提高行政效率的意义具体表现为：第一，电子政务的实施可以帮助测定行政效率；第二，电子政务的实施提供了降低行政成本的工具；第三，电子政务将提高效率的重点放在了提高公共服务质量的更高层面上。

4.电子政务对促进科学决策和民主决策的意义

行政决策历来都被视为政府实施公共管理的重要途径和维护公共利益的主要手段。电子政务的实施将有利于行政决策向着合理、规范、高效的方向发展，从而加快决策科学化和民主化的发展趋势。其具体表现为：第一，提高了政府的理性决策能力和质量，提升了决策的科学化水平；第二，强化了对决策执行的监督，降低了决策执行变形的发生率；第三，收缩了行政决策的范围，在一定程度上实现了“小政府，大社会”的价值追求；第四，打破了决策的“暗箱操作”，提高了决策制定的透明度和决策程序的规范性。

§1.2 电子政务内容概述

1.2.1　电子政务的概念

所谓电子政务，是指借助电子信息技术而进行的政务活动。由于电子政务是电子信息技术和政务活动的交集，所以它的内涵和外延在很大程度上取决于我们对电子技术和政府活动所下的定义。

1. 电子政务的定义

电子政务（E-government，E-governance，E-gov）是近年来伴随着互联网、电子商务等新生事物出现的新概念，国际上有很多比较正式的定义，如联合国、世界银行、经济合作与发展组织和Gartner公司等。本书认为，政务有广义和狭义之分。广义的政务泛指各类公共管理活动。狭义的政务则专指政府行政部门的管理和服务活动。因此电子政务也可以分为广义电子政务和狭义电子政务。

狭义的电子政务是指政府在其管理和服务职能中运用现代信息和通信技术，实现政府组织结构和工作流程的重组优化，超越时间、空间和部门分割的制约，全方位地向社会提供优质、规范、透明的服务，是政府管理手段的变革。

广义的电子政务，就我国而言，是指运用信息技术和通信技术实现中国共产党的组织、国家权力机关、国家行政机关、司法机关以及其他一切公共管理机构的管理活动和事务处理。我们也可以把这些内容更具体地称为电子党务、电子人大、电子政协、电子政府、电子司法等。另外，对于军队和学校等部门相关内容的建设，我们称其为电子军务和电子校务。

我们在密切注视政府系统信息化建设的时候，还应当注意信息技术在其他公共管理领域更为广泛的应用。本书中涉及的电子政务的相关理论与方法，适用于狭义电子政务和广义电子政务。图1-1表明了广义电子政务与狭义电子政务之间的关系。

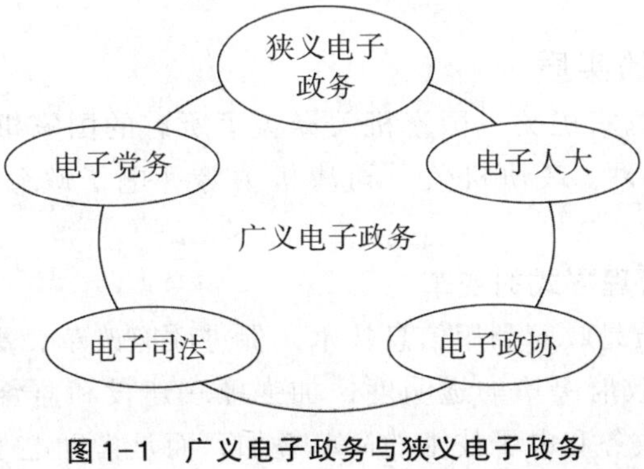

图1-1　广义电子政务与狭义电子政务

电子政务真正作为一个独立的概念出现，是在计算机网络技术相对成熟和普及之后，大量政务信息的实时共享和双向交流在技术上得以实现，从而使传统的政府开始发生根本性的改变，从这个意义上说，电子政务的物质基础是计算机网络技术。

2. 电子政务的组成部分

一般而言，电子政务包括三个组成部分：（1）政府部门内部办公职能的电子化和网络化；（2）政府职能部门之间通过计算机网络实现有权限的实时互通的信息共享；（3）政府部门通过网络与公众和企业间开展双向的信息交流与决策。

3. 电子政务系统的概念

电子政务系统是基于互联网技术的面向政府机关内部、其他政府机构、企业以及社会公众的信息服务和信息处理系统。它是一个利用信息和通信技术，有效实现行政、服务及内部管理，在政府和公众之间建立有机服务系统的集合。电子政务系统是电子政务功能和模式的实现。

一个完整的电子政务系统，应该是上述三类系统的有机结合。图1-2表明了一个完整的电子政务系统的基本结构。

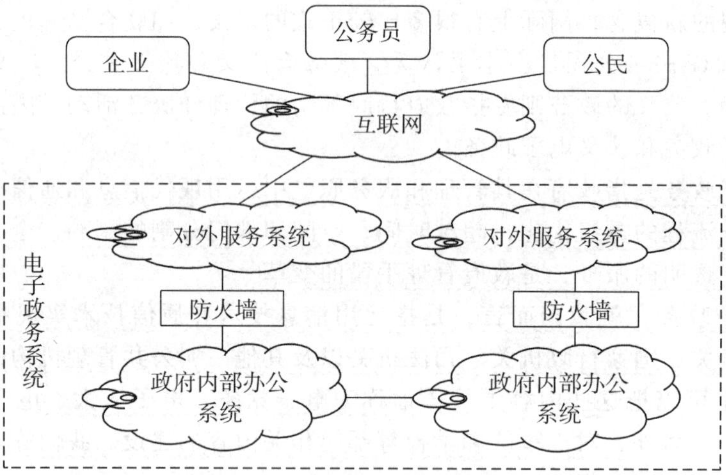

图1-2 电子政务系统基本结构

电子政务系统的作用主要有3个：（1）政府机构各部门实现办公自动化、网络化和信息化，提高政府在行政、服务和管理方面的效率。（2）利用政府建立的网络、信息资源和现代化手段，为公众和社会提供优质的多元化服务。（3）以政府的信息化发展推动和加速整个社会的信息化发展。

1.2.2 电子政务的实质

电子政务的主体是国家机关，国家机关涵盖了所有的国家机构和部门，包括党委机关、人大机关、行政机关、政协机关、司法机关等。电子政务的实质应从下面两方面理解：

1. 电子政务是政府管理方式的变革

实施电子政务的实质是政府利用信息技术，促进政府改革，更好地履行政府职能，提高政府办公效率，提高政府决策的透明度，加强廉政建设和监督，更有效地实现政府管理。电子政务不是传统政务和电子技术的简单叠加，而是借助电子信息技术对传统政务进行一场深刻的革命，以更好地实现政府为公众服务的宗旨。

2.电子政务的重点是"政务"

电子政务的实现离不开信息技术的支持，但信息技术只是手段，电子政务的重点是政务，是管理，是服务，是政务流程的再造与创新。另外，电子政务不是一个结果，而是一个动态的过程，是一个持续不断地运用信息技术手段改革政府管理模式和政府管理手段的实践。电子政务需要用系统工程的方法对政府管理流程不断进行改进和完善。

1.2.3　电子政务的发展动力

电子政务之所以在最近几年得到快速的发展，与各种因素紧密相关，主要包括以下几个方面：

1.信息技术的快速发展

信息技术的发展，特别是网络技术在各行各业的广泛应用，为电子政务的发展提供了强劲的技术支撑和广阔的用户基础，两者的紧密结合使得电子政务成为可能。信息技术已经成为推动人类社会发展的重要生产力，并日益推动着生产关系和上层建筑的变革，也将对现代政府工作发挥非常重要的作用。

2.政府自身改革与发展的需要

建设高效政府是推行电子政务的内在动力。政府作为社会公共事务的管理主体，如何以更高的效率、更优的质量和更低的成本履行其政府的职能，是各级政府部门追求的目标。加快电子政务的发展是实现这一目标的有效途径，因为电子政务借助通信技术可以让公众更方便地参与政府事务，可以突破政府部门之间各种有形的壁垒，可以构建更加透明、高效、廉洁和人性化的全新政府，这正是政府自身改革和发展的根本方向和目标。

3.信息化、民主化的需求

信息化、民主化的需求是推进电子政务发展的社会因素。政府部门既是社会信息资源的最大拥有者，也是社会信息化最强有力的指挥者和组织者，因为只有政府部门才具有调配、调节、引导、开发和利用信息资源的充分权威和管理职能。

从公众对政治民主的需求来看，随着人类文明程度的提高，物质条件的改善，对政治民主有着更高、更迫切的需求，人民群众参政议政的热情日益高涨。而电子政务在实现政务公开、政府信息共享、决策参与度和透明度提高等方面有着极为明显的优势，很大程度上能够满足全社会对政治民主的发展需求。所以，从这一点来看，加快电子政务的发展对社会进步具有不可忽视的推动作用。

§1.3　电子政务的相关概念

1.3.1　电子政务与传统政务

传统政务的处理方式是以政府机构和职能为中心，企业、社会组织和公众通过政府部门办理相关事务。业务流程复杂，审批环节众多，议事程序漫长，效率低下，严重影响政府形象，也为腐败行为留下了空间。

电子政务的处理方式是以公众为中心，政府以"向社会提供高效、优质的政府管理与服务"作为出发点，帮助企业、社会组织和公众办理各种经济与社会事务。电子政务与传统政务的政务比较见表1-1。

表1-1 电子政务与传统政务比较

对比项目	传统政务	电子政务
政务机构存在形式	物理存在	网络虚拟化
政务办理方式	面对面	不受地域限制
政务办事时间	受时间限制	一般不受时间限制
政府组织结构	金字塔形垂直结构	网络型扁平化结构
政府管理方式	集中管理	分权管理
政务生效标志	公章等	数字签名
政务处理程序	串行作业	协同并行
政务工作重心	管理、审批为主	服务、指导为主
政府主要议事方式	会议等	网络讨论、视频会议等
政府决策参与范围	政府内部	政府内外部相统一
办事透明度	较低	较高
交互性	差	好
政府管理成本	边际成本递增	边际成本递减

传统政务主要采用粗放型的管理模式，遵循边际成本递增的规律，即管理的社会化任务越重，管理的服务范围越大，相应的单位管理成本就越高。实施了电子政务的政府则遵循了边际成本递减规律，即随着政务服务量的增加，投入的信息化建设成本可以在更广的用户范围内加以均摊，因此单位管理成本下降。二者的比较如图1-3所示。

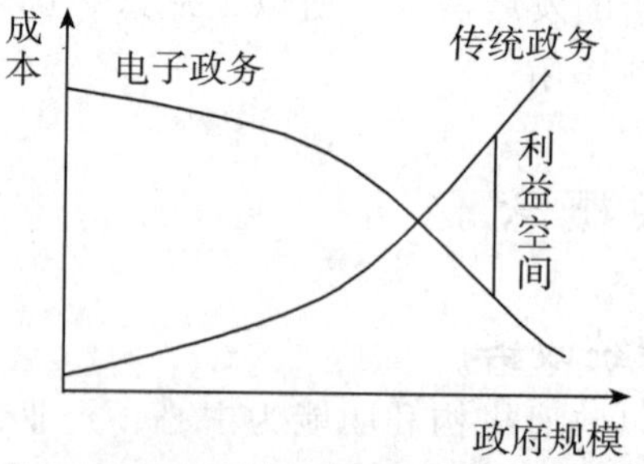

图1-3 传统政务与电子政务成本对比示意图

1.3.2 电子政务与电子公务和电子服务

1. 电子公务和电子服务的概念

电子公务是指将现代信息与通信技术应用于公共管理，构建起以政府、公众、营利性组织和非营利组织等多元主体共同参与、良性互动、和谐高效的公共管理的治理模式。

电子服务是指服务实体利用各种电子化网络将工作、任务或交易过程部分或完全数字化的一种新的业务模式。它既包括传统服务的电子化，也包括计算服务、存储服务、数据服务、信息服务、知识服务、远程设备共享服务、软件服务等各种新的电子服务类型。

2. 电子政务与电子公务和电子服务的关系

电子政务是以“政府”本身为主导，强调以政府信息化带动企业信息化和社会信息化的发展，进而实现国家信息化，其主要内容包括政府与政府、政府与企业、政府与组织、政府与公众之间的政务与服务活动。电子公务注重政府、企业、营利组织、非营利组织和公众共同参与的公共事务活动，侧重公共服务。

政府创新是现代政府行政的迫切需求，电子政务促进政府创新的发展，反之政府创新是电子政务发展的动力和保障。建设服务型政府的是政府创新的重要内容，吸纳社会力量参与公共管理的创新模式，也使参与公共管理的主体向多元化发展与转变。因此，电子政务随着政府创新而发展，也涵盖电子公务的内容。

电子服务是以网络为基础并通过互联网传递信息的服务，电子服务应用于商业目标形成电子商务，应用于政务目标就形成电子政务。电子服务是电子商务与电子政务过程中的一个环节，电子服务手段为顾客和公众提供了更好的体验。

1.3.3　电子政务与电子政府

1. 电子政府概念

虽然电子政务与电子政府来自同一个英文组合词“E-government”，但“电子政府”这个概念是有其特定含义的。**电子政府是与传统的政府机构相对而言的，是现有的政府机构在开展电子政务的过程中，对现有的政府组织结构和工作流程进行优化重组之后所重新构造的新的政府管理组织。**

2. 电子政府与电子政务的区别与联系

电子政府构想集中于政府与公众、政府与企业之间的电子政务，电子政务包含了政府部门内部、政府部门之间以及政府与公众、政府与企业之间的电子政务，涉及范围比较广，而且内容也比“电子政府”丰富得多。建设电子政府是电子政务发展的目标之一。电子政务的实施必须依靠电子政府来完成，而构建电子政府的根本目的也就是为了更好地实施电子政务。

1.3.4　电子政务与电子商务

从20世纪90年代中期以来，电子商务在全球范围内得到了迅猛的发展，对人类社会的经济发展和社会进步起到了重要的推动作用。一般来说，电子商务是企业通过信息技术在企业生产经营活动中的广泛应用，达到有效降低生产经营成本、显著提高经营管理效率、成功开拓国内外市场、大幅度增进客户满意度等多方面的目的，进而提高企业适应市场、满足市场和开创市场的能力。

1. 电子政务与电子商务的支撑体系是“同构”的

开展电子政务的前提是政府实现信息化，开展电子商务的前提是企业实现信息化。电子政务与电子商务的相似性比较见表1-2。

表 1-2 **电子政务与电子商务的相似性比较**

对比项	电子政务	电子商务
业务流程重组及改造	政务流程再造（GPR）	商务流程再造（BPR）
资源优化配置	政府资源规划（GRP）	商务资源规划（ERP）
客户关系管理	政府关系管理（GRM）	客户关系管理（CRM）
物资采购供货管理	政府供应链管理（GSCM）	企业供应链管理（ESCM）
信息门户网站	政府信息门户（GIP）	企业信息门户（EIP）
跨部门合作	协同政务（CG）	协同商务（CC）

2. 电子政务与电子商务之间的区别

（1）主体不同：电子商务的主体是企业，而电子政务的主体是政府。

（2）目的不同：发展电子商务的主要目的是企业更好地追求经济效益，而发展电子政务的主要目的则是政府更好地实现自身的职能。

3. 电子政务与电子商务之间的联系

（1）电子商务与电子政务都必须依靠信息技术来实现。

（2）电子商务与电子政务的根本目的是一致的，都是为了推动经济与社会的快速发展。

（3）企业与政府之间的业务往来，对企业而言是电子商务，对政府而言则是电子政务，如政府向企业采购。

1.3.5 电子政务与办公自动化

办公自动化是建立在计算机、数据库、局域网等技术基础上，主要是利用这些信息技术辅助行文、汇总数据与报表及进行机关内部管理业务的协调，旨在利用计算机的信息存储和加工处理能力，以及局域网的通信能力，提高政府机关内部的工作效率。电子政务是在办公自动化的基础上，利用互联网的广域、快速、便捷的通信能力，实现跨部门、跨层级、跨地区的信息共享和业务集成，并与社会广泛地互动，以求提高政府服务的质量和对社会需求响应的速度。表 1-3 是电子政务与办公自动化的比较。

表 1-3 **电子政务与办公自动化的比较**

对比项	办公自动化	电子政务
业务范围	政府内部	政府与社会互动
使用者	政府公务人员	政府公务人员、公民、企业
行政目标	提高效率	改进服务、提高绩效
信息技术基础	计算机、数据库、局域网	计算机、数据库、互联网

1.3.6 政府上网与政府在线

政府上网是指政府工作的网络化、虚拟化，包括政府部门形象上网、组织结构和办事程序上网、相关政策和产业信息上网、政府专有信息上网等内容。政府在线即政府在线提供服务，发挥政府功能。在我国，许多政府在网上名称就叫政府在线，如深圳政府在线。

政府上网和政府在线都是电子政府的表现形式，是实现电子政务的必要条件和手段，而政府上网和政府在线是实施电子政务的前后两个步骤。先有政府联网，然后才有政府在线。反过来，政府实现联网以后，必须持续不断地在线提供服务，否则政府上网就没有任何意义，电子政务的建设更成了一句空话。政府上网已是信息社会的一种必然趋势，世界各国在大力推进电子政务的时候，普遍实现了政府上网。但政府上网后在线服务的深度和广度却存在很大差别，有待进一步研究和完善。

§1.4 电子政务的应用模式和价值取向

1.4.1 电子政务应用模式

根据用户的不同，可将电子政务分为以下几个类别：政府对公务员的电子政务（G to E)、政府间的电子政务（G to G)、政府对企业的电子政务（G to B)、政府对公民的电子政务（G to C)。图1-4表明了这4种模式之间的关系。

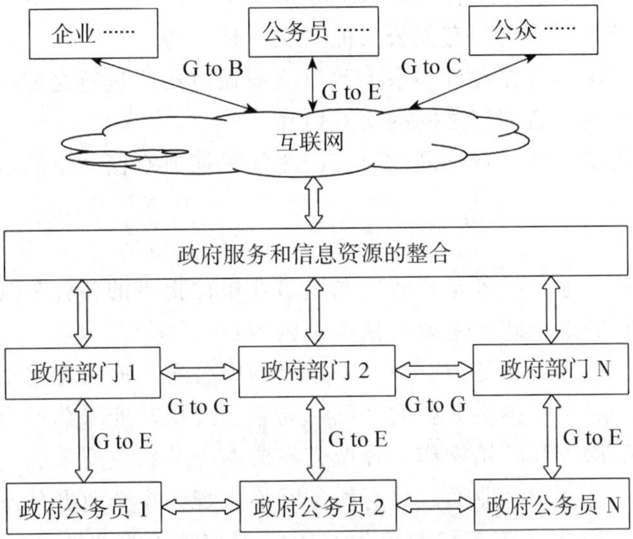

图1-4 电子政务基本模式之间的相互关系

1.G to E

政府对公务员的电子政务就是通常所说的政府部门办公自动化，其形式包括公务员在政府内网的办公与公务员通过互联网进行的办公（移动办公)，G to E主要包括以下内容：

（1）电子政策法规。电子政策法规系统对政府部门内部工作人员提供现行有效的各项法律、法规、规章、行政命令和政策规范等，使所有政府机关和工作人员真正做到有法可依，有法必依。

（2）电子公文流转。这是指在保证信息安全的前提下，在政府内部传送政府公文。

（3）电子财务。电子财务用来管理政府财政预算及其执行情况，便于有关领导和部门及时掌握和监控财政状况。

（4）电子办公。这是指通过网络完成机关工作人员的事务性工作，以提高工作效率。

（5）电子培训。这是指为政府内部工作人员提供各种综合性和专业性的网络教育课程，尤其是加强对员工进行信息技术的专业培训。政府内部工作人员可以通过网络随时随地选择课程、接受培训、参加考试等。

（6）公务员业绩评价。这是指按照一定的标准，采用科学的方法，检查评定公务员对职位职责的履行程度，以确定其工作成绩的管理方法。其目的在于通过对公务员的评估，判断他们是否称职，来发现管理中的不足，并以此作为人力资源管理的依据，同时可以检查公共部门的政策是否得当。

2.G to G

G to G是政府对政府的电子政务应用模式，它分别应用于4种不同工作关系的政府机关之间：第一，隶属关系，是指同一组织系统中的上下级机关之间，如国务院与各省级政府；第二，业务指导关系，是指同一专业系统中的上下级主管业务部门之间，如人事部与省人事厅；第三，平行关系，是指同一组织系统中的同级机关之间，如某省政府下属的教育厅与财政厅；第四，不相隶属关系，非同一系统中的任何机关或部门之间，如某省财政厅与另一省公安厅。政府之间的电子政务主要包括以下内容：

（1）电子公文处理。这是指在属隶属关系的上下级政府、属业务指导关系的政府部门以及属平行关系政府部门之间的有关公文的收发、传送等。

（2）协同办公。这是指在各种关系的政府之间通过网络进行会签、联合行文、联合审批、远程会议等，实现政府部门之间的交互协作。

（3）政务信息共享。这是指不同政府部门之间无偿或有偿共享政府信息，以提高政府的办事效率和准确率。

3.G to B

政府与企业之间的电子政务是指政府向企事业单位提供的各种公共服务和对其进行监管。政府与企业之间的电子政务主要包括以下内容：

（1）电子采购与招标。这是指有关部门通过网络公布政府采购与招标信息，为企业特别是中小企业参与政府采购提供必要的帮助，向它们提供政府采购的有关政策和程序，减少政府采购中的徇私舞弊和暗箱操作，降低交易成本，节约政府采购支出。

（2）电子税务。这是指企业通过政府税务网络系统，在企业办公室里就能完成税务登记、税务申报、税款划拨、查询税收公报、了解税收政策等业务。电子税务既方便了企业，也提高了政府的办事效率。

（3）电子证照办理。这是指企业通过网络申请办理各种证件和执照。电子证照办理可以缩短办理周期，减轻企业负担。

（4）信息咨询服务。这是指政府将有关的各种数据库信息对企业开放，以方便企业利用。

（5）中小企业服务。

4.G to C

政府与公众之间的电子政务是指政府通过电子网络系统为公众提供各种服务。政府与公众之间的电子政务主要包括以下内容：

（1）教育培训服务。政府建立全国性的教育平台，并资助所有的学校和图书馆接入互联网和政府教育平台；政府出资购买教育资源，然后提供给学校和学生；结合不同时期的社会现实，政府重点加强对专项知识的教育和培训，以适应社会的需求。

（2）公众就业服务。政府通过电话、互联网或其他媒体向公众提供工作机会和就业培训，促进就业。

（3）电子医疗服务。政府通过网站提供医疗保险政策信息、医药信息、执业医生信息，为公众提供全面的医疗服务。

（4）社会保险网络服务。政府通过电子网络建立覆盖地区甚至国家的社会保险网络，使公众通过网络及时全面地了解自己的养老、工伤、医疗等社会保险账户的明细情况；通过网络公布最低收入家庭补助，增加透明度；还可以通过网络进行社会保险理赔手续。

（5）公众信息服务。政府通过网络使公众得以方便、容易、费用低廉地接入政府法律法规规章数据库；通过网络提供被选举人背景资料，增加公众对被选举人的了解；通过在线评论和意见反馈了解公众对政府工作的意见，改进政府工作。

（6）交通管理服务。政府通过建立电子交通网站对车辆和司机进行管理与服务。

（7）公众电子税务。这是指政府允许公众个人通过电子报税系统申报个人所得税、财产税等个人税务。

（8）电子证件服务。这是指允许居民通过网络办理结婚证、离婚证、出生证、死亡证明等有关证书。

当前，世界各国电子政务的发展主要就是围绕着上述4个模式展开的，强调在电子政务的发展过程中对原有的政府结构、政府业务活动的组织方式和方法等进行根本改造，从而最终构造出一种信息时代的政府形态。

1.4.2　电子政务的价值取向

电子政务的价值取向是由电子政务的性质和任务决定的，包括创新理念、服务理念、参与理念和责任理念。

1. 创新理念

创新就要不断解放思想、实事求是、与时俱进。电子政务的创新理念包含两方面的含义：①政府要不断地进行制度的创新。②政府要不断地进行网络应用的创新。电子政务为我国的行政体制改革和其他各项改革拓展了全新空间。它可以有效地改善监管工作，推进政府勤政、廉政建设，改善政府对社会的服务，提高政府办公效率，促进有利于创新的政策环境的完善。

2. 服务理念

从政府的工作职能来看，政府的服务性正在被强化，社会的满意度正在变成衡量政府绩效的主要指标。首先，电子政务要围绕“依法行政、高效办公、科学决策、快速应变”的要求，有针对性地开展各项系统建设和应用开发工作。其次，电子政务要善于捕捉公众政务服务、机关办公业务和领导科学决策的需求，有针对性地开展各项系统建设和应用开发工作。

3. 参与理念

建设社会主义民主政治，首先是让人民当家作主。电子政务正是促进政务公开，提高政府信息透明度的有效手段。互联网的互动优势能增加群众的参政意愿，密切政府与群众的关系。

4. 责任理念

电子政务使政府办公公开化、透明化，使政务接受公众监督。推行政府信息公开，改变了权力运行的方式，使政府机关的职权、程序、办事过程、办事结果、时限、监督方式等均为人们所周知，这自然会增加各级政府的责任意识，抑制官僚作风。

§1.5 电子政务的内容及功效

1.5.1 电子政务的服务对象

电子政务的服务对象应该从政府对内部服务和对外部服务两个方面来考虑。

1. 从政府内部角度来看

电子政务的服务对象主要是指政府机关内部工作人员，总体上可以分为3个层次：操作层、管理层和决策层。操作层关心的是日常政务工作的自动化；管理层要求提供日常工作中的完整信息，必要时提供信息的内在联系；决策层要求提供信息的内在联系，并以此作为决定复杂问题的辅助手段，对重大问题则希望提供专家和专业人员的支持，以识别和预测信息的潜在价值和趋势。

2. 从政府外部的社会经济环境来看

电子政务的服务对象包括有法人资格的经济实体、整个社会的公民个体和社团组织。对政府服务来说，主要为其提供两种服务：(1) 行政管理事务。政府部门依照法律赋予的职责，提供相关的管理服务。(2) 综合信息服务。提供与社会经济或公共管理相关的法律、法规和制度等服务；提供离线咨询、答疑、举报等服务；提供对特定经济实体的评估等。

1.5.2 电子政务的内容

电子政务的内容就是在信息网络环境下，在网上建立电子政府，并使政府扮演好“服务者”、“管理者”和“消费者”这3个重要角色。这里，从政府所处的不同角色来分析电子政务的内容。

1. 政府的“服务者”角色内容

(1) 监督电子化。电子政务可以使公众很好地了解政府的情况，使办事的透明度增强，公众可以足不出户就能参与有关事务和对行政进行考核，从而促进社会民主的进步和发展，使政府的服务更加直接、有效。

(2) 资料电子化。网络可以使信息更开放，可以更有效地利用信息。政府信息上网使政府的服务更加完善，从而更好地为社会服务。

(3) 沟通电子化。由于网络的交互式特点，电子政务能在网上建立起政府与公众相互交流的桥梁，便于发挥公众的主观能动性，在网上行使对政府的民主监督权利。

(4) 市场规范化。电子政务可以通过建立相应的专业交易市场来推动经济的发展。

2. 政府的“管理者”角色内容

(1) 办公电子化。电子政务就是在网上办公，通过网络指导各部门的工作，并能及时地进行意见反馈，节省工作时间，提高工作效率。

(2) 调控电子化。在价格调控方面，政府可以通过网络来实现价格调整，从而提高办事效率。在财政税收调控方面，由于电子化的采用，可以很容易地进行分析和计算，实现其调控作用。在信贷调控方面，随着金融电子化的不断深入，政府对银行的监督会更加方便、及时、有效。

（3）监督职能电子化。经济监督是政府对经济活动的监察和督导，是国民经济管理的一个重要职能，是保证国民经济系统正常运行的要求。通过监督电子化，使政府计划中的不足得到改善，并能针对不足和错误进行调整。

3.政府的“消费者”角色内容

政府不只是国家的管理者，同时也是一个巨大的消费者。政府每年都需要购买大量的公共用品。政府先汇总购买的东西，然后进行网上电子招标，可以让企业更加公开、公正、公平地进行竞争，减少了腐败发生的可能性，同时，电子招标节省了工作时间和精力，提高了工作效率，并在网上实现了政府采购的国际化。

1.5.3 电子政务的功能

电子政务的功能就是通过借助现代信息技术的力量，提高政府工作效率，全面提高政府公共服务的水平。电子政务之所以能够在世界迅速发展，主要在于它具有不可代替的特殊功能。按照由内向外的发展特点，电子政务的功能可归纳为以下4个方面。

1.提高工作效率，降低办公成本

（1）电子政务以网络技术为基础，以优化政府业务模式、管理模式和服务方式为手段，将信息技术应用于政府机构，提高了工作效率，减少了部门层次，实现了超越时间、空间的限制，大大地降低了管理成本，节约了大量的人力和物力资源。

（2）电子政务的实施，解放了管理能力，提高了管理的功效，机关工作人员可以从复杂的劳动中解放出来，去从事开拓性的工作，提高了机关工作的效率和空间，使政府部门有更多的时间为公众服务。

2.加快部门整合，堵塞监管漏洞

由于各部门的信息发布、社会服务都可以在同一个计算机系统中完成，原来各部门的分开办公就完全没有必要，很多部门的工作可以由一个部门承担，促进了各部门的整合，它为政府精简机构提供了技术保证。同时，由于政府各部门的政策、规定公开化，从根本上防止了长期以来难以解决的“暗箱操作”弊病，从而堵塞了腐败的漏洞。

3.提高服务水平，便于公众监督

（1）电子政务的推出，可以推动政府服务向“一站式”“跨机关”“零距离” “自助式”服务的方向发展。人们无须进入政府机关，在家中就能实现与政府的沟通。由于电子政务为政府提供了一种全新的为公众服务的方式，长期以来难以做到的上情下达、下情上达通过电子政务相对容易得以实现。

（2）通过政府网站，让公众了解政府正在做什么，下一步将要怎样做，这不仅可以方便公众，提高政府部门的办事效率，而且可以防止人情因素干扰，使政府更好地为群众服务。

4.带动社会信息化发展

政府作为领导机关，在电子政务建设过程中，不仅为公众提供了方便快捷的服务，而且它的建设还直接推动了其他领域的信息化建设。这种推动作用表现在以下3个方面：

（1）为电子商务的发展打开了广阔的发展前景。目前，我国电子商务取得了长足的进展，但也存在一些自身难以克服的困难，如网上支付、CA认证、数字签名、法律地位等，这些问题只有通过电子政务才能解决。电子政务的发展为电子商务的发展提供了条件。

（2）电子政务系统的发展和完善使一些处于传统方式经营、运作的企业和个人感到与社会交流不便，为了跟上社会发展的步伐，他们必须与电子政务接轨，从而，电子政务的发展推动了全国信息化的发展。

（3）由于电子政务系统规模庞大，需要解决各个单位之间的信息沟通问题，为此，需要政府规范各系统和各部门的互联互通，需要建立标准化协议和保证信息安全，一个统一完善的政府信息化系统建设，必然带动我国信息产业的发展。

1.5.4 电子政务的效益

在我国，开展电子政务建设的目的不在“电子”，而在“政务”。早在2000年，时任国务院总理朱镕基已经提出政府职能转变的措施之一即是电子政务。电子政务的发展将加快推进政府在管理体制、管理观念、管理方式和管理手段上的转变，切实实现政府职能向宏观调控、社会服务、公共管理和市场监督方面的转化。它不仅涉及经济层面的改革，而且也涉及政府体制层面的改革，因而“是一场深刻的革命”。

1.经济效益

从我国改革开放以来的历史看，每一次大的涉及体制层面的改革带来的都是一次经济大飞跃。那些由体制创新给经济增长带来的推动力，远非技术层面的创新所能匹敌。电子政务的发展对我国经济增长带来的促进作用，从长远看甚至可与当年的改革开放相提并论。电子政务所带来的直接经济效益是巨大的，其主要表现在以下几方面：

（1）电子政务精简了政府机构和政府开支。由于电子政务系统的实施，政府减少了员工、办公室和财政经费。政府各级部门可以通过虚拟办公、电子邮件交换、远程电视会议等形式进行交流和合作，减少了政府开支。

（2）“金”字工程使国家获得了更大的经济效益。例如，金税工程使国家税收稳步增加，金关工程减少了国家税收损失，金卡工程提高了资金流动效率。

（3）电子政务对我国信息产业产生了巨大的拉动作用。电子政务不但可以带动民族信息产业的振兴与繁荣，而且还将推动国民经济其他产业的发展。

2.服务效益

不断提升政府的服务能力是政府改革和发展的目标，电子政务在促进政府改革方面发挥着重要的作用。其具体的表现形式有以下几方面：

（1）“一站式”服务门户网站。政府门户网站通过资源整合，将各部门的网站有机地结合在一起，为公众提供“一站式”的访问服务。

（2）综合应急服务平台。应急服务、紧急救助是当公民遇到危难或特殊困难时需要政府提供的一种特殊服务，政府承担着这一保持社会稳定和城市协调运转的重要责任。应急服务对于保护公民的生命财产安全、方便人民生活都有重要意义。

（3）不断延伸的服务窗口。利用金税工程的网上界面，纳税人可实施网上报税；利用金质工程的服务终端，企业可以实施网上注册、网上年检；利用金卡工程的支付网关，电子商务可有效地得以推进和实施。总之，电子政务的高度发展，将使公民或企业足不出户即能处理大部分的事务。

3.管理效益

电子政务的实施，改变了政府传统的办公模式，使得行政管理更加高效、科学、合理。

（1）整合的内网门户。电子政务的内网门户为政府各部门提供了综合的办公环境，并可根据不同公务员的角色提供个性化的界面。公务员通过单点登录，可以访问相关的站点、网页或文档，能有效实现政府资源共享与整合。

（2）可信的公文流转。利用跨平台的XML语言统一描述公文的内容、格式及传递方式，不仅可按流程实施可靠的公文流转，而且可对公文的处理实施跟踪与监控，为办公的“无纸化”奠定了基础，杜绝了大量的“公文旅行”。

（3）城市运转综合监控。城市运转监控系统通过对全市经济、市政、交通、科技、公安、环境、就业等信息的实时采集、统计、处理，可向高层管理人员提供综合的运转情况报告，以便政府能够及时发现和解决其中存在的问题，保证城市的正常运行。

（4）强化政府的应急处理能力。利用电子政务的综合平台，可以对各部门负责的危险源、应急预案、应急资源实施统一监控和管理，并可利用网络平台对相关部门实施有效协调及应对指挥，能极大地提高城市的应急处理和反应能力。

（5）决策科学化程度提高。电子政务高度发展的阶段，将利用先进的管理科学和决策科学，对决策过程提供全面支持，使得领导者的决策更加科学、合理和有效。

4.社会效益

（1）金审工程将增强审计机关利用信息进行查错纠弊、规范管理、揭露腐败、打击犯罪的能力，维护经济秩序，促进廉洁高效政府的建设，更好地履行审计部门的法定监督职责。

（2）金盾工程不仅实现了接警、处警和指挥的自动化，而且可实现整个公安系统的信息共享和联合行动，能更好地打击犯罪，保证社会稳定。

（3）电子政务促进了政府与公民和企业的交流、沟通和联系，能有效地推进政务公开、公民参与等先进的管理模式，为我国经济和社会建设起到枢纽与桥梁的作用。

§1.6 电子政务的发展状况

1.6.1 电子政务的发展历程

根据划分方法的不同，电子政务的发展阶段也有区别，本书把电子政务的发展历程按处理方式和对象以及电子政务的发展成熟度对电子政务的发展历程进行划分。

1.根据处理方式和对象的不同将电子政务的发展划分为3个阶段

（1）面向数据处理的第一代电子政务。

第一代电子政务主要在1995年以前，以政府内部的办公自动化和管理信息系统的建设为主要特征，通过基于文件系统和数据库系统的综合运用，以结构化数据为存储和处理的对象，重点强调对数据的计算和处理能力，实现了数据统计和日常文档处理的电子化，完成了办公信息载体从纸介质向电子介质的飞跃，实现了公务员个体工作的自动化。

在这个阶段，局域网和基于网络的管理信息系统也开始得到应用，但主要局限在某一个部门内部。因此，从整体上看，不同部门之间的信息系统很少进行互联、互通。这一阶段电子政务发展的最终结果是在提高办公和管理效率的同时，也形成了一系列的信息孤岛。

（2）面向信息处理的第二代电子政务。

随着电子政务理念的普及，一些发达国家开始将建设的重点放到充分运用信息技术，重塑一个具有更高效率、直接面向公众服务的“直接”的电子政务，这就拉开了第二个发展阶段的序幕。第二代电子政务一直延续到2001年左右，主要是以网络技术构建“虚拟政府”，大力推动政府部门之间的协同工作和信息资源的共享，并面向社会公众提供统一的政务服务。

这一阶段的电子政务以网络为中心建立通信基础平台，并以非结构化数据的信息流为主要的存储和处理对象，应用的领域也逐步延伸到政府职能的各个方面，有效地提高了政府的办公效率和管理质量。

（3）面向知识处理的第三代电子政务

目前，电子政务已经进入第三个发展阶段，其主要目标是在政府信息支撑环境的基础上，利用知识管理技术提高政府的决策能力，建立基于网络的分布式政府结构，并通过分布式的“一站式”政府服务中心提供跨部门的政府业务服务。这个阶段的电子政务已经不局限于信息管理或事务处理了，而是希望通过信息技术手段来提高政府部门的知识搜集、分析、传递和利用的能力，将知识管理与政务业务流程紧密结合，从而提高政府整体的管理水平和行政效率。

这一阶段发展的必然结果，是政府结构的扁平化，同时通过对政务业务流程中的无序知识进行系统化的管理，实现对知识的充分利用。当然，知识管理也从客观上要求政府部门改变自身的信息管理，并通过不断的学习来提高政府的决策效率。

2.根据电子政务发展的成熟度可将电子政务的发展阶段划分为4个阶段

根据电子政务的成熟度可将电子政务的发展阶段总体上可分为起步阶段、发展阶段、成熟阶段和完善阶段，具体内容见表1-4。

表1-4 **电子政务的发展阶段**

对比内容	起步阶段	发展阶段	成熟阶段	完善阶段
阶段特点	单机应用	个别业务应用	综合业务应用	业务集成与优化
业务广度	个别业务； 非主要业务； 部分流程	覆盖多个主要业务的主要流程	覆盖全部业务； 体现全部流程	随业务而变化； 随技术而发展
信息的质量	信息分散管理； 未形成标准	信息集中管理； 建立了初步标准； 有一定时间积累	信息与责、权集中； 成熟的数据质量； 信息积累超过5年	信息与业务集中并能动态调整； 信息积累10年以上
管理成熟度	局部管理	设立了管理机构； 制定了管理制度	给予最佳实践的标准、规范和制度；体制和可持续、低成本的运行机制	与其他管理融为一体，根据发展而调整
人员适应度	大部分公务员不具备基本技能	大部分公务员具有相适应的信息意识和技能； 业务骨干能与信息技术人员结合开发业务系统	管理层：具有必要的管理决策能力； 信息部门：能胜任工作要求； 工作人员：信息素质基本适应发展要求	具有很高的信息素质； 管理层、信息部门、公务员均能适应发展需求

1.6.2　国外电子政务的发展

电子政务在许多发达国家都已进入相当成熟的发展时期，这里介绍几个典型国家的电子政务发展状况。

1.美国

美国的电子政务是世界上最早开始的，目前也是发展最成熟的国家。20世纪90年代初，美国开始了电子政务建设。1993年，"国家绩效评估委员会"成立。1994年，美国政府明确了建设电子政府的宗旨，希望建立以顾客为导向的电子政府。1995年，美国联邦政府要求到2003年10月各部门呈交的公文一律使用电子文件，克林顿总统签署了《文牍精简法》。2001年，美国白宫管理与预算办公室宣布成立"电子政务特别工作小组"。2002年，美国政府将电子政务建设作为促进经济复苏的重要手段，颁布了《电子政府战略》，并签署了《2002年电子政务法》。《2020年联合国电子政务调查报告》显示，美国电子政务发展指数（EGDI）为0.9297，其排名处于"非常高"的等级，相较于2018年的0.8769有了很大的提升，使其在美洲和全球电子政务发展中发挥主导作用。

电子政务的发展推动了美国政府改革向纵深方向发展，通过使用信息技术重塑了政府对民众的服务流程，加强了政府与客户间的互动，建立了以顾客为导向的电子政府以提供更有效率、更易于使用的服务，为民众提供更多获得政府服务的机会与途径，受到了公民的普遍支持。

美国已在全国各级政府中完成了覆盖面广、服务项目齐全的电子政务施政模式，实现了精简机构、提高效率的功能。

美国电子政务作为电子政务的领军者，以公民为中心的服务导向追求公众满意度，完善的立法体系，高效的管理体制，阶段性的发展策略等特点，为世界各国的电子政务发展提供了借鉴的模板。

2.英国

英国开展电子政务相对较早，在20世纪90年代末英国政府先后发布了《政府现代化白皮书》、《21世纪政府电子服务》和《电子政务协同框架》等政策规划。英国政府于2017年出台《数字发展战略》，旨在推动政府、企业数字化转型，为脱欧后将英国打造为全球数字经济创新中心打下基础。

《政府转型战略（2017—2020）》将英国政府官网作为集合中央、地方政府部门和第三方政府服务外包机构的线上政务起始端口，旨在打造统一的线上政务平台，促进政务数字化转型、提升政府治理能力、更好使用政府公共数据、为政务办理提供跨部门共享平台。

《政府数字服务：2021—2024年战略》指出，数字政府着重解决跨政府部门联合服务问题，并建立适用于所有人的单一数字身份，推出在线政务服务的单点登录方案，归口线上政府服务至单一平台。

2021年3月，英国政府公布了发展数字经济的"十大技术优先事项"，其中包括建设千兆宽带和5G数字基础设施、消除数据共享和使用的障碍、通过培训促使劳动力数字技能提升、确保每个公民的数字权利得到保障、为初创企业成长提供良好融资环境、倡导在国际贸易合作中推广前沿的数字条款、在全球建立新的数字合作伙伴关系并扩大数字领域投资机会等。

3.新加坡

新加坡从1981年开始发展电子政务，其电子政务的发达程度备受世人瞩目。新加坡的电子政务系统完全为国家控制，没有私人的参与，政府每年要在这项工程上花费大量的资金。但电子政务的实施也为政府节省了大量的办公费用。2002年7月，新加坡电子政府可以为其公民提供200项以上的电子政务服务，新加坡的公众可以从一个名为“电子公民中心”的站点轻松获取医疗、商务、法律法规、交通、家庭、住房、就业等各项网上信息和服务。2019年10月到12月，新加坡国家统计局分别向1 500个公民以及1 500个企业代表展开调查，了解其对于政府数字服务的满意程度，调查结果显示，86%的受访公民以及77%的受访企业对于数字政府服务表示满意。这一数据一方面显示了当前新加坡数字政府建设不断得到完善，另一方面也显示出民众对数字化的接受度有所提高。

4.日本

日本2000年设立IT战略本部、2001年推出了e-Japan战略，旨在使日本成为世界第一IT国家。为了使IT最大限度惠及、服务国民社会，2013年日本政府制定了以活用IT技术作为发展战略“打造世界最尖端IT国家宣言：官民数据活用推进基本计划”。日本政府在进一步探讨设计包括如何提高电子政务的内部行政效率及如何为自治体与民众提供最有效最有价值的服务等课题的同时，以导入“个人编号制度”为契机力求深化信息化水平及带动行政业务改革。

日本于2013年颁布的《用于办理行政手续的特定个人识别编号使用法》规定，自2015年10月起开始发布面向市町村的个人编号，2016年1月开始施行该制度。通过个人编号进行所得信息、纳税、保险费缴费信息的管理，以实现征收税务和保险的效率化、年金及医疗等社会保险相关费用的发放合理化及简化各种申请的手续。2017年起行政机关间开始正式实行信息查询。

日本的电子政务旨在为国民带来更多的便利，以实现为国民提供24小时365天全天候获取信息的一站式行政服务为首要目标。在电子政务的综合窗口“e-Gov”，各府省依照使用者的需求将个人、企业、从出生到退休经历的事情按行政相关性细致划分服务领域，在简化界面的同时，为更加便民及进一步提升效率，各府省还在政务网站上公开征询民众意见。

日本电子政务在近几年来所取得的成绩有目共睹，但因日本存在近1 800个自治体，其中很多自治体已构建了单独的电子政务系统，因各系统来自不同的系统集成商，除兼容性问题外还存在着错综复杂的利益关系，日本政府要构建日本全国统一的电子政务体系，必将面对如何有效统合各自治体已构建系统这一难题。此外，因日本施行分权自治，无法实现政府决策自上而下的有效执行，这使日本电子政务的全面推进面临制度性障碍。

5.国外电子政务的经验与启示

国外实施电子政务的经验给中国带来的几点重要启示可总结如下：

（1）实施电子政务、构建电子政府势在必行，各级政府必须树立高度的紧迫感；

（2）电子政务由国家投资、受国家控制、为公众服务；

（3）电子政务不仅仅是网站与软件的简单应用，还应当全面展开电子服务，使电子政务、电子商务以及远程教育协调发展；

（4）实施电子政务必将迅速带来可观的经济效益；

（5）实施电子政务是以提高公务员的个人素质为前提的；

（6）电子政务的实施，必将转变政府职能，改进管理方式，形成行为规范、运转协调、公正透明、廉洁高效的行政管理体制。

1.6.3　我国电子政务的发展阶段

与世界各国电子政务发展的历程一样，我国电子政务也是沿着计算机单项应用、管理部门信息化、再到全面的政府上网工程这样一条由低向高、由局部到全面推广的发展路径。我国电子政务的发展过程可以概括为三个阶段。

1.我国电子政务建设的起步阶段：政府办公自动化

我国电子政务建设起步于20世纪80年代，当时，国家为改革计划方法，提高经济预测和计划的科学性，于1983年10月，经国务院批准，组建了国家计委经济信息管理办公室。提出了利用现代经济系统控制理论和大系统理论构造我国经济信息系统，提出了“国民经济系统的控制论模型”，定义了“从国民经济空间到信息空间”的总体框架。根据这一总体规划，1987年1月，国家经济信息中心正式成立。经过各部门的努力，到1990年底，形成了除西藏、海南以外的全国其他省、自治区、直辖市和14个计划单列市，150个中心城市和700个县的信息中心。该系统的建立为我国改革开放和各级政府制定计划提供了可靠的信息依据，使我国开始进入政府信息时代。

由国务院牵头发展的国家经济信息主干系统，实现了办公自动化、信息数字化和传递网络化。通过这“三化”建设，政府各部门逐步建立了各种现代化办公设备与办公人员所组成的完整的人机信息处理系统，使业务逐步向网上转移，初步实现了政府内部信息网上共享和交流，大大提高了办公效率和办公质量，为政府各部门转向电子政务打下了良好的基础。

2.我国电子政务建设的基础工程建设阶段：政府上网工程

我国真正的信息工程起步于1993年。1993年12月，国务院成立了国民经济信息化联席会议，从此，我国开始了新一轮推动政府信息化高潮，其主要标志是“三金工程”的正式启动，以及“政府上网工程”的建设，具体内容见表1-5。

表1-5　**“三金工程”和“政府上网工程”的内容**

<table>
<tr><th colspan="2">项目</th><th>启动时间</th><th>具体内容</th></tr>
<tr><td rowspan="3">三金工程</td><td>金桥工程</td><td rowspan="3">1993年12月</td><td>它是国家公用经济信息通信网工程，是国家经济和社会信息化的基础设施，形成了覆盖全国的中速信息通信网</td></tr>
<tr><td>金关工程</td><td>它的目的是通过海关、外贸、外汇管理和税务等政府部门的联网，来加强和改善政府对进出口贸易的管理</td></tr>
<tr><td>金卡工程</td><td>“金卡工程”是以电子货币工程为重点的卡基应用系统工程，主要是通过利用邮电、金融系统现有的网络资源，借助“金桥网”来提供新型电子支付服务</td></tr>
<tr><td colspan="2">政府上网工程</td><td>1999年1月</td><td>由中国电信和国家经贸委经济信息中心牵头、联合40多家部、委、办、局信息主管部门在京共同倡议发起，它的主要目的是推动各级政府部门通过网络向社会提供各种公共信息资源，并逐步应用网络实现政府的相关职能，为实现电子政务打下了坚实的基础</td></tr>
</table>

紧随着“三金工程”之后，国家又提出了金税工程，对提高税收征管水平、保证国家税收来源完整具有重要意义。近几年，国家又建设了“金审工程”“金盾工程”“金卫工程”等新的“金”字工程。这些工程将会对我国的政府信息化建设和电子政务发展起到直接的推动作用。

“政府上网工程”的启动，使中国政府真正开始了基于互联网的电子政务活动，无论是普通百姓，还是政府职员，都对电子政务有了更进一步的认识，从而为电子政务提供了良好的发展环境。

3.我国全面构建电子政务阶段：实施电子政务

我国政府全面实施电子政务是从2000年开始的。2000年10月，《中共中央关于制定国民经济和社会发展第十个五年计划的建议》提出：“大力推进国民经济和社会信息化，是覆盖现代化建设全局的战略举措。以信息化带动工业化，发挥后发优势，实现社会生产力的跨越式发展。”我国电子政务由以往的部门式发展转变为全面的国家战略性发展。电子政务由过去以技术驱动转为业务需求驱动，政府信息化不再是在计算机、网络平台上对原有流程进行简单复制，而是与政府管理体制改革相结合，全面提升了政府在社会主义市场经济条件下的职能，为我国经济、社会、文化事业的全面发展提供了有力的保证。

电子政务建设是一个宏大的系统工程，具有战略性、长期性、整体性的特点。总体来说，目前全球电子政务尚处于发展的早期阶段，即使电子政务发展较快的国家，能够做到双向互动或网上处理的电子政务项目也不足30%，与世界发达国家相比，我国的电子政务只能说处于起步和探索阶段。

1.6.4　我国电子政务的发展现状

深入推进电子政务，充分运用信息化手段解决企业和群众反映强烈的办事难、办事慢、办事繁的问题，是党中央、国务院作出的重大决策部署。党的十八大以来，我国电子政务工作不断取得新突破、新成绩，主要体现在以下几个方面。

1.统一的国家政务网络框架已经形成

近年来，中办会同国办加快推进国家统一内网建设。党委内网实现中央到副省级城市以上地方党委办公厅业务网的互联互通。政务外网已建成我国最大的统一政务网络平台，覆盖范围不断延伸。截至2021年，国家电子政务外网已实现区县级以上行政区域全覆盖，乡镇政务外网覆盖率达到96.1%。目前全国一体化政务服务平台、全国信用信息共享交换平台、投资项目在线审批监管平台、国家数据共享交换平台、公共安全视频、图像共享交换平台等重要跨部门应用均依托政务外网部署和运行。

2.政务业务信息化覆盖率稳步提升

电子政务助力政府治理效能持续提升。2020年，中国电子政务顶层设计和工作机制更加健全，数字政府建设加快推进，国家电子政务统筹协调机制作用更好发挥，电子政务制度规则体系更加健全，标准规范体系更加完备，电子政务重大政策举措的一致性和协调性进一步增强。

在线政务服务不断优化。全国一体化政务服务平台已联通31个省（自治区、直辖市）及新疆生产建设兵团、46个国务院部门，接入地方部门300余万项政务服务事项和一大批高频热点公共服务，政务服务正从政府供给导向向群众需求导向转变，从“线下跑”向“网上办”、由“分头办”向“协同办”的成效更加明显。

电子政务支撑行政效能加快提升。2020年1月，全国人大机关在中国人大网上正式开通网上信访平台，积极建设“互联网+信访”工作模式。国家法律法规数据库初步建成；国务院办公厅依托中央政府门户网站充分听取企业群众对政府工作的意见建议，连续第六年在全国两会前开展网民建言征集活动，全国政协委员通过信息化手段履职已成为常态。智慧法院建设推动审判执行全流程依法公开。

3.政府数据开放取得一定进展

中央出台政策为政府数据开放保驾护航，2015年8月，国务院发布《促进大数据发展行动纲要》，明确提出2017年底前形成跨部门数据资源共享共用格局，2018年年底前建成国家政府数据统一开放平台，率先在信用、交通、医疗等十几个重要领域实现公共数据资源合理适度向社会开放。2020年，复旦大学联合国家信息中心数字中国研究院发布了“2020中国开放数林指数”和《2020中国地方正度数据开放报告》。“开放数林”——开放数据，蔚然成林——意喻我国政府数据开放利用的生态体系。报告发现，截至2020年4月底，我国已有130个省级、副省级和地级政府上线了数据开放平台，其中省级平台17个，副省级和地级平台113个。截至2020年8月，我国54.83%的省级行政区（不包括港澳台）、73.33%的副省级和32.08%的地级行政区已推出了政府数据开放平台。政府数据开放平台日渐成为地方数字政府建设和公共数据治理的标配，“开放数据，蔚然成林”的愿景已初步实现。

4.我国政务数据共享步伐加快

中央各部门高度重视大数据工作，国家“十三五”规划明确提出要实施国家大数据战略，要求把大数据作为基础性战略资源，全面开展促进大数据发展行动，加快推动数据资源共享开放和开发应用，助力产业转型升级和社会治理创新。全国一体化数据共享交换平台建成，公共信息资源开放有效展开，政务信息整合共享工作基本实现“网络通、数据通”的阶段性目标。2020年底，国务院部门中的40个垂直系统已初步向各级政府部门开放数据共享，开辟数据查询和互认渠道，逐步满足政府服务部门对自然人和企业身份验证、纳税证明、房地产登记、学历学位证书等约500项数据查询的需求。国家“十四五”规划进一步提出“加快数字化发展，建设数字中国”。

5.“互联网+政务服务”进入新阶段

政府网站服务水平不断提高，2018年6月发布的《进一步深化“互联网+政务服务”推进政务服务“一网、一门、一次”改革实施方案》强调，要加快推动电子政务，打通信息壁垒，构建全流程一体化在线服务平台，助力建设人民满意的服务型政府。深化“放管服”改革，进一步推进“互联网+政务服务”，加快构建全国一体化网上政务服务体系，推进跨层级、跨地域、跨系统、跨部门、跨业务的协同管理和服务。

“互联网+政务服务”创新应用不断涌现，《中国互联网络发展状况统计报告》显示，截至2019年6月，经过新浪平台认证的政务机构微博为13.9万个，微信城市服务累计用户数达6.2亿，中国31个省（自治区、直辖市）都已开通政务机构微博和微信城市服务；中国297个地级行政区政府开通了“两微一端”等新媒体传播渠道，总体覆盖率达88.9%；中国在线政务服务用户规模达5.09亿，占全体网民的近六成，使用政务新媒体办事已经成为中国老百姓的日常行为。自2016年以来，政务新媒体实现了突飞猛进的发展，“两微一端”已成为政务新媒体发展的趋势，“两微”指的是微信、微博，“一端”即移动客户端。据人民日报发布的《2020年政务微博影响力报告》，截至2020年12月31日，经过微博平台认证的政务微博已达17.7万个，其中政务机构官方微博140 837个，公务人员微博36 600个。根据《2020年政务微博影响力报告》，自新冠肺炎疫情暴发以来，各地各部门的政务微博借助微博平台开放、动态、多媒体的优势，联动协同，深入宣传党中央、国务院重大决策部署，及时发布疫情通报，报道各地区防控措施，解决受困群众诉求、推送抗疫正能量故事，为打赢疫情防控阻击战提供了重要助力。

6.政策环境进一步优化

自2015年9月以来，围绕国家大数据、信息化、“互联网+政务服务”、政务公开、政务信息资源共享等领域，相关政策文件密集出台，为电子政务发展提供了良好的政策环境保障。据不完全统计，出台的直接相关政策文件至少有20个，且有5个为国务院发文，1个为两办联合发文，14个为国务院办公厅发文，不管是发文数量还是发文级别，都创下历史新高，见表1-6。

表1-6 **2015—2021年国家出台的电子政务相关政策文件**

领域	文件名称	发布时间	发文机关	发文字号
总体战略规划	《国家信息化发展战略纲要》	2016年7月27日	中共中央办公厅 国务院办公厅	—
	《“十三五”国家信息化规划》	2016年12月27日	国务院	国发〔2016〕73号
大数据	《促进大数据发展行动纲要》	2015年9月5日	国务院	国发〔2015〕50号
互联网+政务服务	《推进“互联网+政务服务”开展信息惠民试点实施方案》	2016年4月26日	国务院办公厅	国办发〔2016〕23号
	《关于加快推进“互联网+政务服务”工作的指导意见》	2016年9月29日	国务院	国发〔2016〕55号
	《“互联网+政务服务”技术体系建设指南》	2017年1月12日	国务院办公厅	国办函〔2016〕108号
	《进一步深化“互联网+政务服务” 推进政务服务“一网、一门、一次”改革实施方案》	2018年6月22日	国务院办公厅	国办发〔2018〕45号
	《国务院关于加快推进全国一体化在线政务服务平台建设的指导意见》	2018年7月31日	国务院	国发〔2018〕27号

续表

领域	文件名称	发布时间	发文机关	发文字号
政务公开	《2016年政务公开工作要点》	2016年4月18日	国务院办公厅	国办发〔2016〕19号
	《关于在政务公开工作中进一步做好政务舆情回应的通知》	2016年8月12日	国务院办公厅	国办发〔2016〕61号
	《关于全面推进政务公开工作的意见》实施细则的通知	2016年11月15日	国务院办公厅	国办发〔2016〕80号
	《2017年政务公开工作要点》	2017年3月23日	国务院办公厅	国办发〔2017〕24号
	《关于推进公共资源配置领域政府信息公开的意见》	2017年12月28日	国务院办公厅	国办发〔2017〕97号
	《2018年政务公开工作要点》	2018年4月24日	国务院办公厅	国办发〔2018〕23号
	《2019年政务公开工作要点》	2019年4月29日	国务院办公厅	国办发〔2019〕14号
	《2020年政务公开工作要点》	2020年7月3日	国务院办公厅	国办发〔2020〕17号
	《国务院办公厅关于全面推进基层政务公开标准化规范化工作的指导意见》	2020年1月8日	国务院办公厅	国办发〔2019〕54号
	《2021年政务公开工作要点》	2021年4月23日	国务院办公厅	国办发〔2021〕12号
政务信息资源	《政务信息资源共享管理暂行办法》	2016年9月19日	国务院	国发〔2016〕51号
	《政务信息系统整合共享实施方案》	2017年5月18日	国务院办公厅	国办发〔2017〕39号

思政课堂

中国进入“政务发展指数非常高”国家组

《2020联合国电子政务调查报告》显示，我国电子政务发展指数（EGDI）从2018年的0.6811提高到2020年的0.7948，排名第45位，比2018年提升了20位，达到历史新高，为全球电子政务发展“非常高”的水平，如图1-5所示。国际排名稳步上升，反映我国电子政务近年来确实取得了明显进步。这主要得益于近年来我国不断深化“放管服”改革，并大力推进全国政务服务一体化平台建设。

其中，作为衡量国家电子政务发展水平核心指标的在线服务指数上升为0.9059，指数排名大幅提升，国家排名位居第12位，如图1-6所示，中国在线政务服务的发展水平越来越高。

近些年，“互联网+政务服务”快速发展，每个人都深切地感受到因数字政府建设带来的便利和效率的提升，“数据多跑路、百姓少跑腿”在政务服务各领域广泛推进。

"十三五"期间我国在数字政府建设方面取得了重要成就：

一是国家政务服务一体化平台从框架、机制等方面的雏形基本形成。构建政务服务一体化平台，推进政务服务"一网""一门""一次"改革，需要"网络通""数据通""业务通"。目前，网络已经基本打通，数据打通正在不断持续地推进中，而最终目标是实现全线的业务打通。

二是围绕政务服务，通过"互联网+政务服务""政务服务移动化"等进一步探索为人民群众提供服务的方式和理念，与此同时，也进一步推动了政府业务自身的变革。近些年，我们看到大量的政府服务创新应用问世，为人民群众带来了便利、提升了群众的获得感，也进一步提升了政府的治理能力。

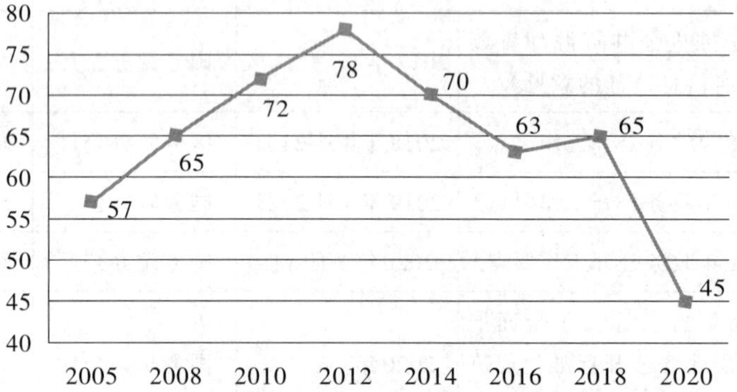

图1-5　中国电子政务发展水平在全球中的排名变化情况

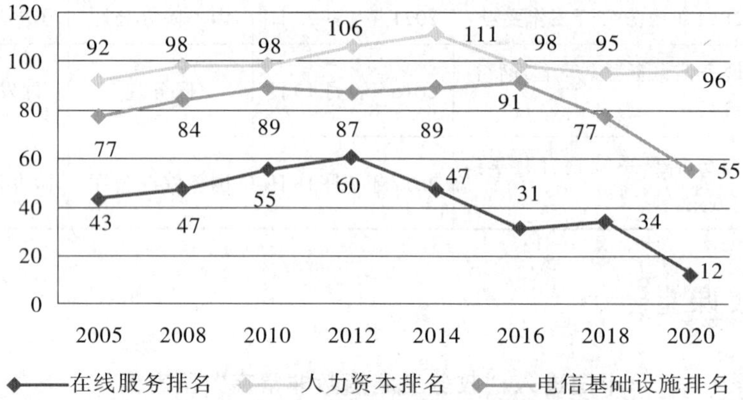

图1-6　中国电子政务发展指数各个维度的历次排名

资料来源：李佳师．联合国把中国电子政务发展指数排名再次提升20位，为什么？［EB/OL］．［2021-02-01］．http：//www.e-gov.org.cn/egov/web/article_detail.php？id=176030.

本章小结

所谓电子政务，是指借助信息技术而进行的政务活动。一般而言，电子政务包括三个组成部分：（1）政府部门内部办公职能的电子化和网络化；（2）政府职能部门之间通过计算机网络实现有权限的实时互通的信息共享；（3）政府部门通过网络与公众和企业间开展双向的信息交流与决策。

政府电子政务的功能就是借助现代信息技术的力量，提高政府管理效率，全面提高政府公共服务水平的能力。

根据用户的不同，可将电子政务分为以下几个类别：政府部门内部的电子政务（G to E）、政府间的电子政务（G to G）；政府对企业的电子政务（G to B）；政府对公民的电子政务（G to C）4种模式。

国外实施电子政务的经验给中国带来的重要启示是：政府要高度重视电子政务发展；电子政务要由国家控制，为公众服务；全面展开电子服务；要提高公务员的个人素质。

促进我国电子政务发展的主要措施有：转变观念、提高认识；调整组织结构；加强安全管理、创新思路；促进政府改革。

综合训练

1.1 单项选择题

1.下列不属于国家信息化范畴的是（　　）。

A.政府信息化　　B.企业信息化

C.国民经济信息化　　D.社会信息化

2.实施电子政务对促进政府工作方式改变有实践意义，具体体现在（　　）。

A.实现业务流和信息流的高度重合

B.有助于测定行政效率

C.从被动型向主动型转变

D.打破了决策的暗箱操作，提高了决策制定的透明度和决策程序的规范性

3.传统政府的政务处理程序是（　　）。

A.并行作业　　B.串行作业　　C.协同并行　　D.以上都不是

4.电子政务正确的含义是（　　）。

A.公文流转，无纸办公

B.办公自动化OA

C.政府上网

D.运用现代技术，实现政府组织结构和工作流程优化

5.信息化领域中，G2G的对象是（　　）。

A.政府　　B.企业　　C.公务员　　D.公众

6.我国真正的信息工程起步于（　　）。

A.1990年　　B.1991年　　C.1993年　　D.1994年

1.2 多项选择题

1.以下属于广义电子政务的是（　　）。

A.电子党务　　B.电子司法　　C.电子人大　　D.电子政协

2.有关电子政务的内涵，下列说法正确的是（　　）。

A.电子政务是政府管理方式的变革　　B.电子政务就是政府电子政府

C.电子政务的重点是“政务”　　D.电子政务是一个动态的过程

3.有关电子政务和电子商务的关系，下列说法正确的是（　　）。

A. 两者的主体是相同的　　B. 两者的根本目的是一致的

C. 两者的支撑体系是“同构”的　　D. 电子政务不需要信息技术就可以实现

4. 电子政务的应用模式包括（　　）。

A.G to E　　B.G to G　　C.G to C　　D.G to B

5. 下列属于“三金工程”的是（　　）。

A.“金桥工程”　　B.“金审工程”　　C.“金关工程”　　D.“金卡工程”

6. 下列国家中，电子政务建设已进入相当成熟的发展期的是（　　）。

A. 中国　　B. 美国　　C. 澳大利亚　　D. 日本

1.3　思考题

1. 传统的政务流程有哪些缺陷？电子政务能够在哪些方面弥补这些缺陷？

2. 我国现阶段的电子政务与国外相比有哪些特点？

3. 你认为我国目前电子政务的建设处于哪个阶段？为什么？

4. 简述电子政务的基本模式及功能。

5. 如何理解电子政务的总体发展趋势？

第2章

电子政务与政府创新

学习指南
引导案例
§2.1 电子政务的政府管理方式
§2.2 电子政务与政府创新
§2.3 政务流程优化与重组
§2.4 虚拟政府
思政课堂
本章小结
综合训练

学习指南

【学习目标】实施电子政务的目的是通过政府管理手段的革新，促进政府管理方式的变革。通过本章的学习，了解电子政务环境下的政府管理方式；理解电子政务中的政府创新内容；掌握政务流程优化与再造的基本步骤；理解电子政务环境下的虚拟政府理念。

【关键概念】政府管理环境　政府创新　政务流程　政务流程再造　虚拟组织　虚拟政府

引导案例

成都高新区探索“区块链+政府服务”新模式

为进一步提升群众、企业办事便利度、满意度，成都高新区积极推动数字政务创新改革，深度探索区块链等新兴技术与数字政务服务融合场景，基于区块链底层技术，结合人脸识别技术推出了区块链授权办事服务，保障企业法人代表和群众线上真实授权，大幅精简办事时间、环节和材料。目前，区块链授权办事服务首批试点已覆盖成都高新区5个街道11类事项。

一、一次授权，重复可用，为企业和群众提供更多便利

“有了授权，几分钟就把事情办完了。”曾琳在一家企业负责行政工作，不久前因业务拓展需紧急办理多个事项，而企业法人代表张浩长时间在外地谈合作，多次往返成都不现实，得知成都高新区可以通过区块链授权办事，于是张浩用手机在“高新服务”微信公众号上发起授权，曾琳下载授权书后到现场进行了办理。

“通过区块链授权，方便用户在异地企业开办、群众线下业务办理中忘带或丢失授权书（授权证明）等场景下，快速发起授权、使用授权，解决纸质授权证明材料开具和传递的麻烦，也可以大大减少授权办事中较为频繁的身份证复印件被滥用、个人印章被滥用的现象。”成都高新区政务服务和网络理政办公室相关负责人表示，通过对授权周期的设定，电子化的区块链授权证明还可以在有效期内重复使用，对于需要定期授权办理的事项，可以做到一次授权、重复可用，解决了企业法人代表和群众没有时间亲自去办以及反复开具授权证明的烦恼，直接在手机上授权就可以找他人代办。

二、政务数据链上存证和共享，提高了行政事项审批效率

为确保区块链授权办事可信度，在实际办事过程中，区块链授权办事服务基于“高新服务”公众号连通四川省统一身份认证平台所提供的真实个人身份认证服务，结合区块链技术实现真实授权的传递，授权结果不可篡改、可核验、可追溯，彻底解决了纸质授权证明真假难辨等问题。此外，授权记录对授权人、被授权人及办事机构为三方可见状态，记录的可信度得到了极大的保障。

成都高新区始终坚持为民服务，通过数据赋能、创新运用区块链等新兴技术，加大电子政务领域的技术迭代，打造办事像购物一样轻松愉快的现代政务服务新模式，助力数字政府转型升级。

资料来源：成都高新区政务服务和网络理政办公室. 成都高新区探索“区块链+政府服务”新模式［EB/OL］.［2021-10-27］. http：//www.e-gov.org.cn/egov/web/article_detail.php？id=178906.经删改整理.

电子政务是一场意义深远的革命，对政府的管理思想、管理体制、管理模式、管理文化等各个方面都产生了前所未有的冲击。随着电子政务的逐步深入，深层次的政府改革在所难免。只有政府改革与电子政务相适应，才能使电子政务的成效和价值得到体现。反过来，电子政务的健康、有序和快速推进，必将促使政府改革的全方位、深层次、多角度进行。所以，电子政务与政府改革是紧密相关的，两者相辅相成，互为因果。本章介绍了电子政务环境下政府管理方式的特点和政府创新的内容；阐述了由电子政务的推进而引发的政务流程优化与再造；最后介绍了虚拟政府的概念及特点，以及电子政务环境下虚拟政府的需求和表现形式。

§2.1 电子政务的政府管理方式

2.1.1 电子政务给政府管理带来的变化与挑战

电子政务是一种新型的政府管理模式，是对传统政府管理的全面改革，对传统政务提出了全面的挑战。

1. 电子政务对政府管理环境带来的变化

(1) 硬环境的变化与挑战。电子政务意味着政府利用各种电子化信息处理设备实行电子化办公，这使得政府管理硬环境发生了历史性的变化。政府工作人员直接面对的主要是计算机等信息处理设备，这些设备可以进行简单的和程序性的工作，公务员要做的是更具创造性的非例行的工作，这将彻底突破与社会公众进行交流和提供服务的时间与空间限制。

(2) 软环境的变化与挑战。电子政务对行政软环境的影响，最突出的方面在于它引发了人们行政观念的变革。对政府来说，政府要真正地将公众视为平等的主体，公众才会与政府行为积极配合。对公众来说，公众自己在家里通过网络就能参与政治和政府管理，公众意见有可能影响到政府的决策。

2. 电子政务给政府职能发展带来的变化

政府管理职能也就是行政职能，指政府的职责和作用。电子政务给政府管理职能的发展带来的变化主要包括：

(1) 电子政务为促进政府管理职能转变提供工具支持和环境条件。新政府职能的实现需要公众参与、有力的社会监督、政务公开、对公众需求的快速回应等，这些都可以在电子政务环境下得以实现。

(2) 电子政务改变政府管理的实现方式。传统政府的职能实现方式主要表现为对公众的管制，而新政府的职能变革为公众提供全面的服务，管制变为次要方式。电子政务的基本目标是为社会公众提供优化的电子化公共服务，服务是电子政务系统的本质功能，没有服务就没有电子政务，也就不需要电子政务。

(3) 电子政务降低了政府管理职能实现的成本。电子政务可以大幅度节省人力资源，推动科学管理，可以帮助我们建立高效、透明的政府。

3. 电子政务给政府组织结构形式带来的变化

电子政务将推动政府组织结构形式的调整，逐渐使正金字塔结构趋于扁平化，减少管理层次，调整分工体系，促进政府各部门活动的并联化。

4. 电子政务给政府组织规模带来的变化

在电子政务环境下，中层的信息传递者会逐渐消失，这是因为借助于计算机，无论是从上到下还是从下到上，都可以直接传递，无须过去的层层传递。这样，就可以使政府机构精简，而且工作效率也会相应提高，节省下来的政府机关工作人员可以根据自身能力充实到政府服务部门，或者直接将他们推向社会。

5. 电子政务给政府机关工作人员带来的变化

(1) 政府机关工作人员的整体结构将发生改变。单纯管理人员与单纯技术人员的比重降低，混合性人才将占有越来越大的比重；承担相应信息管理与信息技术工作的人员将占有一定的比重，处于中层的管理人员的比重将逐渐下降。

（2）政府机关工作人员自身的素质将大幅度提升。随着政府管理职能的不断转变，政府内部组织结构的不断调整，需要工作人员发挥创造性的空间也会更大、更多。这对工作人员的综合素质提出了非常高的要求，并以非常大的压力促进工作人员综合素质的尽快全面提高。

（3）政府机关工作人员总的规模将趋于下降。这主要是由于电子政务促进了政府管理职能转变，提高了政府工作效率，因此节省了人力。

2.1.2 电子政务环境下政府管理方式及特征

电子政务要求政府管理方式发生变化，与电子政务环境相适应的政府管理方式的特征可以表现在不同的方面。

1.政府管理在控制方式方面的特征

电子政务环境下的政府管理是一种以直接控制为主，间接控制为辅；以过程控制为主，结果控制为辅的管理。

（1）直接控制不是取消全部的中间环节，而是要尽可能减少沟通中的这些环节。只要社会管理的中间成本在范围扩大中相对减少，就可以称之为直接控制。

（2）以过程控制为主的管理方式，在控制理论上属于前馈控制，它的特点是注重对创造工作结果的过程控制。重事前预防、重管理目标和管理过程设计、重及时调整影响工作的因素、重工作质量，这些是过程控制方式的突出特点。

2.政府管理在关系模式方面的特征

电子政务环境下政府管理方式的特征还表现在政府部门间、政府与社会、政府与公众间关系模式方面。在电子政务环境下，打破政府各部门间的限制，人们可以跨地域、跨级别、跨行业、跨部门地进行沟通。

3.政府管理在管理类型方面的特征

在电子政务环境下，随着政府职能从以政治统治为主转变到以社会管理为主，政府管理类型也将发生巨大变化：服务型管理将成为主要的政府管理形式，管制型管理将居于次要地位。

4.政府管理在服务方式方面的特征

在电子政务环境下，电子化手段可以把政府掌握的静态信息通过反馈系统转化为动态信息，并主动地提供给公众，可以使政府服务得到显著的改善。

5.政府管理在办公模式方面的特征

在电子政务环境下，信息技术不仅赋予“一站式”办公以新的内涵，而且出现了更加快捷方便的“一网式”“一表式”办公新模式。

§2.2 电子政务与政府创新

2.2.1 政府创新的含义

概括地说，政府创新是指各级政府为适应公共管理与行政环境的需要，与时俱进地转变观念与职能，探索新的行政方法与途径，形成新的组织结构、业务流程和行政规范，全面提高行政效率，更好地履行行政职责的实践途径。

1.政府创新的重要性

政府创新的重要性主要体现在以下几个方面：首先，创新是一个民族的灵魂，是一个国家兴旺发达的不竭动力，也是一个政党永葆生机的源泉；其次，实施政府创新将渐进地改革政府的观念和业务流程；最后，社会生活需要政府建立符合现代行政管理需要的制度规则，包括制定市场合同的规则，推动私人和各类社会组织的协调等。这些需求在过去与未来都一直存在，政府只有与时俱进地推动改革创新，才能适应这些需求。

2.政府创新的必要性

（1）政府创新是建设完善的社会主义市场经济体制的需要。

市场经济是法治经济，计划经济是一种指令经济和审批经济。完善社会主义市场经济体制要求各级政府从“全能政府”和“无限政府”走向“有限政府”和“有效政府”，实现政府职能市场化和政府管理法治化。另外，由于政府所赖以存在的社会经济环境、意识形态，以及每时每刻需要应对的公共事务和社会生活都在不停地丰富和发展着，因此，政府的创新是一个连续不断的过程，是公共管理的永恒主题之一。

（2）政府创新是经济全球化对政府的客观要求。

① 经济全球化对政府管理体制提出了挑战。随着经济全球化的推进和新的世界经济运行机制的启动，跨国公司、全球金融机构、世界性经济组织等成为主要角色，各国经济的相互依存性日益增强。中国要成功地实施跨越式发展战略，在全球化竞争中站稳阵脚并实现突破，关键是要建立一个具有强烈责任感、精干高效、运转灵活的政府。

② 政府创新是现代政府行政的迫切需要。全球经济给世界各国政府带来压力和挑战，使其执政方法更加透明和负责，也要求在为市民提供服务时效率更高。各国政府为了获得各种资源、政府影响力和控制权，互相竞争，谁能够提供更有吸引力的投资环境、更秩序井然的法律环境，谁就能更好地生存和发展。

3.政府创新的环境

（1）政府创新基于特定的社会文化环境。不同的文化和文明产生不同的生活方式和政治与行政方式。社会文化制度往往不具有可移植性，政府创新必须依据自己国家的文化特点并吸收别国的成功经验来进行。

（2）政府创新离不开特定的知识环境。密集的知识和不断前进的科学产生着全新的技术手段和知识人才，政府创新必须引入这些技术手段和知识人才才能获得成功。

（3）政府创新需要竞争环境。政府创新过程也是一系列规则的变化过程。国际竞争、区域竞争以及不同社会经济团体之间的竞争，是政府创新的大环境，而政府创新的结果必然使政府的竞争力提升。

（4）政府创新应在开放环境中进行。任何封闭和保守的环境都无法进行创新。创新是多种因素的组合，是多种新资源的重新配置，是多种社会关系的对话和交流。只有在开放的环境中，政府创新才能形成“人才流”“技术流”“信息流”“经验流”。

（5）政府创新需要社会合作环境。没有合作，就没有资源的聚集和整合，也就没有能量的蓄积和效能的放大。政府创新，需要社会各阶层的通力合作，逐步聚集起创新资源和创新优势，营造有利于政府创新的社会环境。

（6）政府创新在特定制度和法律框架下进行。一定程度的新的制度安排是政府创新的本质要求，但原有的制度安排又常常给政府创新带来刚性的约束，决定了政府创新所能获得的资源、路径和前景。这决定了政府创新是在特定的法律框架下进行的渐进的政府变革。

（7）政府创新应注意控制风险。任何新的选择都有风险。作为政府，时常面临创新的风险控制问题：控制可能发生的消极作用，积极准备新方案，认真求证、试点和实施。

2.2.2 电子政务中的政府改革与创新

电子政务对传统的政府组织形式和业务实现带来了严峻的挑战，传统的政府部门面临着多方面的改革，必须深入研究，大胆探索。

1.政府观念改革与创新

观念创新是一切创新的前提。政府要树立为市场、为社会服务的观念，树立科学管理、依法管理的观念。政府转型首先应从革新政府理念入手，也就是要尽快抛弃那些在计划经济条件下形成的、被实践证明是和政府改革与前进方向不相一致的传统的政府理念，树立有活力、能与电子政务发展相协调的政府理念。

（1）真正确立“以民为本”的理念。牢固树立起“以纳税人利益为中心”的管理与服务理念，使政府公共管理和公共服务的水平得到根本性的提高。

（2）树立“有效政府”的理念。在电子政务发展过程中，必须改变政府传统的做法，各级政府部门必须改变长期形成的“大包大揽”的粗放型的政府管理方式，坚持“要么不管，要么管好”的原则，把提高政府的管理效率和效力放在首位，逐步做到政府与市场分开、政府与企业分开、政府职能与社会职能分开，使政府的管理效能有质的提高。

（3）从“允许管理”向“禁止管理”转变。从“规定哪些可以做”转变为“规定哪些禁止做，其他都可以做”。这种管理方式较好地克服了政府在决策过程中信息不足、预见性有限的缺点，在坚持基本原则的前提下，鼓励企业、个人及其他社会组织大胆创新，为经济建设服务。

（4）从“全能政府”向“有限政府”转变。“有限政府”就是要使政府机关必须有明确的定位，彻底改变传统的“全能政府”时的无所不包的做法，把自己的职能转变到宏观调控、社会管理和公共服务上来。

2.政府管理改革与创新

政府管理改革与创新是指政府机关不断根据社会发展的需要以及外部环境的变化，重新整合各种资源要素，从而达到政府管理与政府服务水平的最优化。政府管理改革与创新需要做好以下几个方面的工作：

（1）积极吸收高新科技。实现政府面向企业和市民的审批、管理和服务，政府内部实现信息化；建设体系完善、结构合理的电子政务系统，形成系统共建共享的政务信息资源库，全面开展网上交互办公。

电子政务对促进我国行政审批体制的改革与创新表现在：减弱人为因素对审批过程的影响；电子政务使得审批更加规范、透明，审批的公正性和公开性提高，并且与审批相关的监督将会得到进一步加强，“暗箱操作”发生的可能性降低；电子政务的实施将减少审批的中间环节，提高审批的效率。

（2）推进程序化管理。政府将根据任务的性质、时间、工作量等进行环节和流程设计，设定每个环节的条件，建立合理的工作流程。

（3）建立科学的评价体系。政府需要制定工作标准，使管理工作具有可测性，使公务员工作业绩的评定有科学的标准。

（4）采用科学的管理方式，注重效果。政府应加强规划，多采用宏观、间接管理的方法，做到科学先行，依法管理，完善使用市场经济的现代公共管理方法。

（5）全面推行政务公开。各级行政机关及其派出机构，以及法律法规授权的、行政机关委托的具有管理公共事务职能的组织，都要全面推行政务公开。

3.政府职能改革与创新

各级政府一定要在更新观念、强化服务意识的基础上，转变职能、规范管理、增强服务、认真履行职责，实现政府履行职能的制度化、规范化和程序化。当前的首要任务就是要大幅度精简各种行政审批事项，审批事项中可改为备案的事项，应改为事后备案管理。努力削减前置环节，特别是要在基建项目和企业登记上实现突破。那些代行行政管理职能的国有企业单位（如水、电、气等）应成为纯粹的市场经济主体。

精简政府机构，转变政府职能一直是我国政府改革的主旋律。电子政务的发展一方面为政府职能转变提供了有效的途径，另一方面也对政府职能转变提出了新的要求。转变政府职能是实现电子政务的重要条件，也是其中的核心环节，这是因为：①电子政务与我国政府职能转变的目标和方向是一致的，都是为了提高政府的管理水平和效率。②电子政务发展与政府职能转变是互相影响、互相促进的，如果不能成功地实现政府职能转变，电子政务的发展就不可能取得实质性的进展。③电子政府的组织结构与传统的政府有着根本性区别，就是原来大量存在的政府机构的中间层会逐渐消失，这就要求政府有计划、有步骤地转变政府职能和精简机构。

4.政府服务改革与创新

政府服务改革与创新就是把原有的管理工作更多地转化为公共服务，变管理为服务，寓管理于服务，以更有效的方式为企业、社会和公众服务，积极开拓新的公共服务领域。更多地运用市场机制，通过招投标、契约外包等方式提供各类服务，更多地借助中介机构等社会自身的力量提供公共服务，将社会组织引导到公共服务领域中来。同时，要努力形成新型的管理体制和机制，搞好服务，创造吸引国内外资源的环境。

5.政府业务流程重组与创新

政务流程是指政府在实施管理和提供服务时，为实现行政目标、履行行政职能所进行的体现政务活动规律的一系列活动步骤的集合。政务流程具有法律上的约束性和确定性。在电子政务环境下的政务流程优化与再造，是政府根据电子政务运作的内在机理，对传统的以行政职能为中心的行政流程进行优化与再造，转变成以公众服务需求为起点，以政府创造出对公众有价值的“产品”或服务为终点的一系列借助网络进行的政务活动。

电子政务使政务流程发生变化主要表现在对政府的组织结构、运行机制、办公方式和行政行为均会产生显著的影响。

6.工作方式的改革与创新

电子政务使公众足不出户就能完成与政府各部门的沟通。政务之间、上下级政府之间、政府与社会之间实现了办公自动化，政府的工作方式发生了根本性的变化。电子政务为公务员腾出了大量时间和精力，可以深入基层，倾听各方面的意见，进行社会民意调查，拓展政府民主，解决人们生产生活和发展中的各种实际问题。

我国社会主义民主政治建设需要不断强化公众参与意识，充分发挥互联网在拓展政府民主中的作用，高度重视政府与公众的双向互动。

2.2.3 电子政务对政府创新的影响

在经济全球化和全球信息化进程中，电子政务已成为政府改革和创新最重要的促进器。电子政务对政府创新的影响主要有以下几点。

1.重组和优化政务流程，实现制度创新和管理创新

电子政务可以优化政府工作流程，使政府机构设置更为精简合理，从而解决职能交叉、审批过多等问题。传统政府部门的设置通常是按职能进行划分的，如计划、财政、市场、税务等。公务的办理也是由当事人到每个部门逐一申办。政府部门的工作人员也习惯于这样一套规范的行政方式，而电子政务要求以事务为中心，进行“一站式”的服务，所以，实施电子政务必然会对传统的政府行政方式带来挑战。

2.增加政府的透明度，实现服务的创新

电子政务建设使政府部门及其工作人员的活动被置于一个个透明的“鱼缸”之中，所有的审批流程、进展状况都是可视的，增加了政府办公的透明度，政府运行成为阳光作业，这在很大程度上遏制了暗箱操作、人治大于法治等现象，最大限度地保证了政府管理的公开性，保护了公众的利益。公众增加了参政议政的机会，对政府的监督也更为有效。电子政务的建立和发展，为政务公开提供了方便、高效、快捷的载体，有利于政府的勤政、廉政建设。

3.资源共享，实现决策创新

电子政务可使政府各类信息资源数据库互联共享成为可能，也使这些资源得到统筹管理和综合利用，从而避免资源闲置、浪费和重复建设，使政府信息资源利用更充分、更合理。另外，通过电子政务共享的信息资源，更易存储、检索和传播，共享的范围和数量也更大，从而可以更有效地支持政府决策。

4.采用新技术，实现管理方法创新

电子政务的实施，适应了市场经济的公共管理方法，注重规划，多采用宏观、间接管理方式，技术先行、协调为主。与传统政府相比，电子政府可以有效地提升政府监管能力。电子政务通过网络，能够实现快速和大规模的远程数据采集和分析，从而可以实现跨地域信息的集中管理和及时响应，大大增强监管者的监管能力。

5.推行电子政务，实现政府服务能力创新

电子政务将使政府服务功能增强，推动了传统政府由管理型向服务型转变。网上办公、远程会议、虚拟机关的产生，打破了政府工作的时空界限，加强了政府部门之间以及政府与公众之间的信息沟通和互动，使以前无法想象、无法实现的政府服务成为现实，使政府管理和服务更加精干高效。公众在这个电子服务平台上，面对的是一个虚拟的、一体化的政府，不必关心自己打交道的是哪一级政府的哪个部门，只要获取服务就可以了。这就大大提高了政府服务的效率，为公众节省了大量的时间和金钱。政府通过网络，可以直接与公众沟通，及时收集公众的意见，这极大地改善了政府与社会之间的沟通。

2.2.4 政府创新对电子政务的影响

政府创新为电子政务的建设指明了方向，是电子政务发展的动力和保障。政府创新对电子政务的影响表现在以下几个方面。

1.政府创新是成功实施电子政务的保证

电子政务构成了一种前所未有的、全新的行政环境——网络环境，其实质是政府职能的网上再现和虚拟化管理。因此，它需要通过新的流程实现政府管理和服务的职能，要求政府对传统的业务流程进行梳理、规范、再设计和重组，这本身就包含了政府创新的成分。另外，电子政务在实际推行中必然会遇到一些问题和障碍，需要以创新的方式和创新的行动加以解决。所以说，政府创新的成功实践，是电子政务顺利开展的可靠保证。

2.政府创新是实施电子政务的动力

功能完善的政府体系是电子政务实施的前提。电子政务就是要对政府各类职能和管理行为进行界定、分类、重新设计流程，使其软件化，并在更大范围内整合协调和不断完善。而其前提是先要在政府管理方式上、组织结构上、运行体制上以及理论上进行创新，这样才能保证实施的电子政务是先进的、符合潮流的、有竞争力的政府平台，从而给现代政府构筑一个履行职能、实施管理、提供服务的新平台。

3.政府创新贯穿电子政务实施的整个过程

政府创新是政府公共管理和服务的永恒主题，是一个不断进行的过程。可以说，公共行政进入信息时代以后，政府的改革创新和电子政务业务流程的创新就结合在一起了。现代行政要求规范、科学、高效、成本低廉和公正透明的政务流程，这些目标只有通过创新和电子化相结合才能实现。随着公共管理和服务环境的变化及需求的改变，政府创新要不断审视自身的方向和使命，促进电子政务的发展和完善。

§2.3 政务流程优化与重组

政务流程优化与重组是政府创新的重要部分，也是实施电子政务的基础。电子政务的实施需要通过新的流程实现政府管理服务的职能，要求政府对传统的业务流程进行梳理、规范、设计和重组，这就包含了政府创新。电子政务建设也为政府业务流程的重组和优化提供了全新的平台，只有充分考虑业务流程重组问题，并根据电子政务的特点对内部组织结构和业务流程进行相应的调整，电子政务系统的潜力才能充分释放出来。电子政务并不是简单地将传统的政府管理事务原封不动地搬到互联网上，而是在政府业务流程优化和重组的基础上，以一种全新的方法和程序去完成原有的业务功能。电子政务的发展将打破传统政府部门人为的职能分割，达到重塑政府业务流程的目的。

2.3.1 政务流程优化与重组的含义

1.政务流程的含义

政务流程是对政府活动的行为、运转、程序以及各构成要素，特别是社会各种团体之间以及他们和政府之间的交互关系的研究。

政务流程一般分为三类：一是面向公众的流程，主要是为公众提供产品与服务的流程；二是支持流程，为政府部门内部提供产品、服务和信息的流程；三是管理流程，促使面向公众的流程和支持流程有效配合以符合公众和用户的期望和需要，是政府部门加工输入并转化为输出的流程。

2.传统政务流程的弊端

传统的组织机构多数按职能部门划分，组织机构一般是等级的层次结构，这样的组织结构便于控制和计划，但部门沟通不畅，造成了很多问题，归纳起来主要有：

（1）政务流程运作时间长，部门之间协调困难，成本高。

（2）政务流程涉及的部门较多，各自为政，无人对流程负责。

（3）传统政务流程中存在信息资源闲置和重复劳动现象。

（4）传统的政务流程复杂且分散。

（5）职能部门关注自身利益，而忽视整个组织的使命，局部效率牺牲整体效率。

3.政务流程优化与重组的概念

业务流程重组（business process reengineering，BPR）是由美国著名企业管理大师、原麻省理工学院教授Hammer于1990年提出的，也称为业务流程再造，指对企业的经营过程做根本性的重新思考和彻底性的翻新，以使企业在成本、质量、服务和速度等重大特征上获得明显的改善，并强调通过充分利用信息技术使企业获得巨大提高。我们把现代企业业务流程重组引入政府中，进行“政务流程优化与重组”，这体现了以企业精神改造政府的理念。

所谓政务流程重组，就是指运用现代管理学思想、经济学的市场机制原理和现代化的技术，把政府部门的工作流程进行根本性的、彻底的重新思考和重新设计，以使政府的行为成本、政府的公共物品与支出、政府的服务质量、政府效能与效率都具有可量化的标准，最终达到政府行为、业务流程的根本性变化。

流程优化与流程重组，目的都是在成本、质量和速度等方面改善工作业绩，但流程优化的深度和广度却小得多。流程优化是对原有流程进行清理、简化和整合，以获得作业水平的显著提高，而流程重组则抛开现有流程，完全面向未来重新设计一个新的流程。

2.3.2 政务流程优化与重组的原则

电子政务建设的实质内容是改革，流程的优化与重组往往是政府改革成功与否的关键点。政府流程优化与重组的中心理念是以服务为中心，以公民的需求为导向，转变政府职能，建立标准作业程序，简化工作的流程，以达到高效、良好的服务品质要求。

1.政府业务流程优化与重组的动力因素

（1）公民（citizen）。随着社会的发展，公民的自我意识提高了。广大公民对政府的各项工作也提出了新的要求，需要各级政府机构以公民的需求为出发点，满足公民的需要。

（2）竞争（competition）。经济全球化浪潮之下，政府之间的竞争也不断加剧，我国各级政府机构不但在国内进行竞争，同时还要与其他国家的政府机构开展竞争。

（3）变革（change）。在信息网络化的今天，变化无所不在，政府机构不但要自身适应这种变化，还要引导企业、公民以及其他社会组织能在变化的环境中生存和发展。

2.政务流程优化与重组的原则

（1）以满足公众需求为导向，合理选择流程重组项目。政府流程优化与重组首先必须确定流程，从与公众服务密切相关的流程开始。这主要包括三个方面的流程：第一，确定政务公开和信息发布的流程；第二，提供网上办公的流程；第三，建立网上监管的流程。

（2）以提高行政效率为目标，系统整合政务管理流程。在进行政务流程优化与重组时必须注重以下几个方面：首先，各机关组织在行政管理制度上要确立新的业务管理模式，简化行政工作流程。其次，要探索并建立规范的政府信息公开、政府信息资源管理等电子政务建设所不可缺少的制度。最后，加强政府部门及政府部门之间的协作和协同，以保证行政单一窗口化服务的落实。

（3）实施人力资源重组，营造学习型组织环境。人力资源是组织竞争优势的核心要素，要引导公务员不断学习，借以提升政府机关竞争力，以建立一个学习型的政府组织和人力资源环境。

（4）充分认识技术的作用，促进政务流程的优化与重组。在政务流程优化与重组时必须确定信息技术所起的作用，站在新技术的高度，研究技术、认识技术，将其融入流程之中，并使该项技术的潜在使用价值变为现实，以便进一步推广。

2.3.3　政务流程优化与重组的步骤

政务流程优化与重组所选择的方法不同，步骤也不一样。从流程规范到流程优化再到流程重组，复杂程度依次增加。下面以流程重组为例，给出流程重组的基本步骤，如图2-1所示。

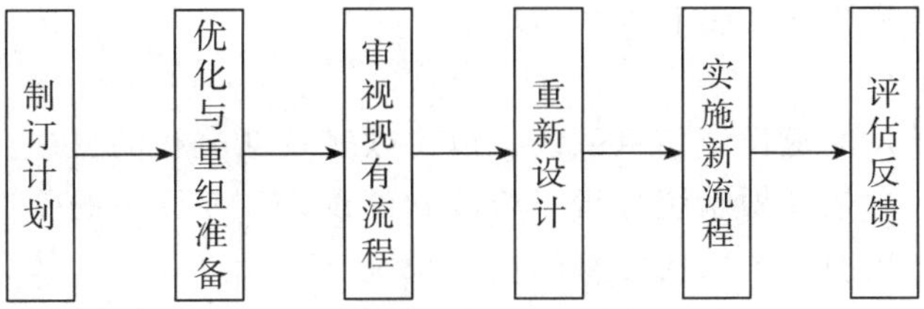

图2-1　政务流程重组和优化的步骤

1.制订计划

首先，需要高层领导认识到流程重组的重要性，并给予支持。其次，寻找发现流程重组的机会，确认各项作业流程需要改进之处，评估本机构信息技术的能力和需要，决定要重组的流程。

2.优化与重组准备

（1）宣传动员。为了让组织成员对即将发生的改变有心理准备，负责重组的单位需要与受影响的相关人员沟通，使其了解并认同改变。宣传动员是重组过程的重要环节。

（2）组成优化与重组小组。流程重组通常会牵涉到不同的部门，因此应当由各部门选出一两位重要代表组成重组小组。

（3）重组小组拟订和执行计划。重组小组依据管理和服务对象的需求，以及高层领导所拟订的目标，制订新流程工作评价标准。

3.审视现有流程

（1）调查了解现有的工作流程。

（2）对现有的工作流程进行分析。这方面的工作主要包括：①确定那些将带来不良结果的行为、瓶颈和不必要的步骤。②确定把职能信息系统分为几个子系统，再合并成一个大流程系统。③确定正式、非正式的机构失调政策、规则，它们将导致无价值的附加活动。④确定所有不必要的办公公文，并对所需要的表格、报告提出质疑。

4. 重新设计

（1）设计新流程。流程重组需要不断提出下列问题：为什么要做这件事，做这件事更好的方法是什么，谁来负责，什么信息技术能对流程重组给予有力支持。重新设计把焦点集中在对时间的影响上。通过流程重组和信息技术的应用，消除多种评判标准和非关键性监控，将一线产生的数据用到工作中，加工、传输、等待时间都可能大幅度缩减。

（2）设计新人事及组织结构。新的人事及组织设计，应考虑组织内部的沟通及如何有助于组织进行有效的决策，同时还应兼顾部门及个人的工作运行。新的人事及组织结构要授权，让实际参与作业的工作人员控制作业流程，使其有一定决策权，即允许事后控制，并且控制力度要大，确保新流程不会出现失控。新的人事及组织结构的目标是保障新流程顺畅运行。

（3）推出新流程原型。要让领导了解新流程的特征、作业过程、工作设计、信息系统架构及设备标准，同时让部分政府人员使用并搜集使用后的反应。这个过程可以反复不断地进行，直到使用者满意为止。

（4）设计新的信息系统。新信息系统的设计要考虑具有弹性及经济适用。新信息系统若设计得当，对业务流程的创新有很大帮助。

5. 实施新流程

（1）改造小组开发及建设新信息系统，以有效实现新流程的目标。信息部门人员提供流程所需要的信息，并依此做系统分析，修改软件设计，使原来的硬件更有效地运行；或者在必要的情况下，用新系统取代原来的信息系统。

（2）重建人事与组织，重点在于如何顺利拓展新的组织架构。由于新组织架构强调横向整合，为让工作人员有能力胜任新的职务与挑战，机构需安排培训课程，使工作人员获取知识与技能。

6. 评估反馈

在实施新流程后，评估效率与得失也是十分重要的课题。评估项目包括新流程表现、信息系统表现及工作效率。流程表现评价指标包括：提供服务的时间、成本、公众满意度、协调与决策的质量。政府机构应根据反馈信息持续改进流程。

2.3.4 政务流程优化与重组的模式

电子政务环境下的政务流程优化与重组是政府根据电子政务运作的内在机理，对传统的以行政职能为中心的行政流程进行优化与重组，转变成为以公众服务需求为起点，以政府创造出对公众有价值的“产品”或服务为终点的一系列借助网络进行的政务活动。政府优化与重组后的行政流程以公众满意为目标，它有两个基本特征：一是面向公众，以事务为中心；二是跨职能部门、所属单位的现有边界。

由传统政府向电子政府转变，对政府的管理理念、政府组织结构、政务流程等各方面都产生了巨大的冲击，通过政务流程的优化与重组，极大地促进了政府管理的现代化、民主化、公开化和效率化。传统政府向电子政府转变的模型如图2-2所示。

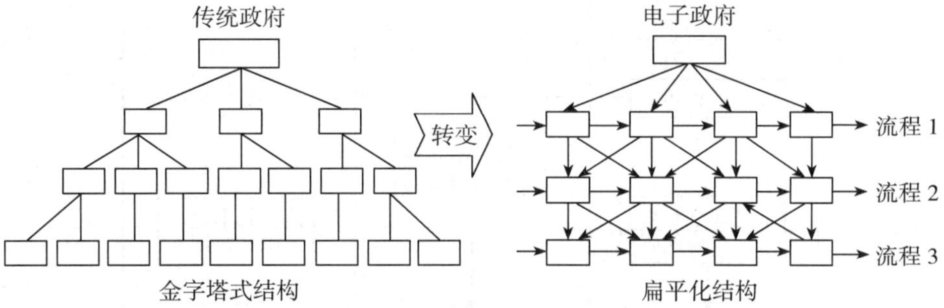

图2-2 传统政府结构向电子政府结构转变模型图

1.电子政务对政府流程优化和重组的影响①

（1）缩小业务流程的规模。

业务流程的规模即流程包含的活动步骤的多少。有些流程仅由一个或几个环节组成，有些则可能包含复杂的相互关联的许多环节，信息技术的采用使原来复杂流程变为简单流程。例如，大连市民政局对社团组织进行年检，原流程需要往返民政局3次，流程优化后只需去民政局两次即可，提高了办事效率，如图2-3所示。

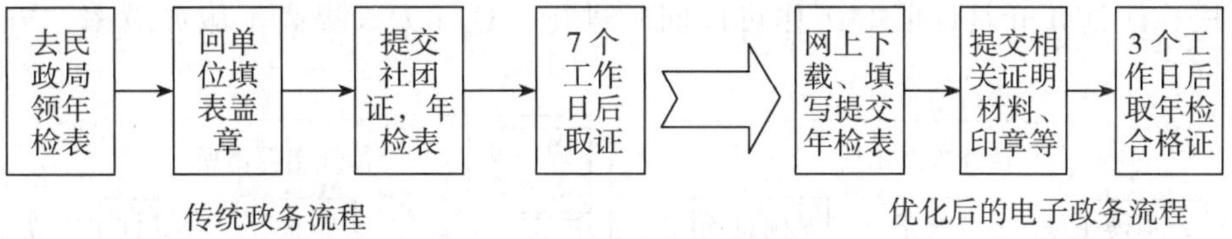

图2-3 电子政务缩小业务流程的规模

（2）扩大业务流程的范围。

业务流程的范围指流程穿越的职能部门或专业岗位的数量。电子政务促进了政府部门间的信息共享、政务协同和工作流整合，削弱了部门之间严格划分的职能界线，使更多的部门和岗位能够在同一条连贯的业务流程链条上开展工作，使分工协作更加默契、更加有效率。例如，在企业注册流程中，在传统政务流程中，注册企业需要在市场监管部门、质监检验检疫部门、税务部门之间来回跑。在“一站式”电子政务服务的环境下，这几个职能部门之间通过信息网络实现数据共享，企业在一个职能部门提交开业申请及相关的证明材料后，这些信息可以在几个职能部门之间进行共享，这样使企业注册流程跨越职能部门，简化了企业注册流程，方便了企业，提高了办事效率。信息共享模型下的企业开业注册流程如图2-4所示。

（3）降低业务流程的中介度。

业务流程的中介度反映了组成流程的各活动的序列化程序，中介度高的流程有许多序列化的活动步骤，中介度低的流程中的活动没有固定的次序，可以直接作用于最后的结果。电子政务使流程中不同活动的并列进行成为可能，在活动不变的情况下，流程中的输入输出活动减少，中介度降低。

①孟庆国，樊博．电子政务理论与实践［M］．北京：清华大学出版社，2006.

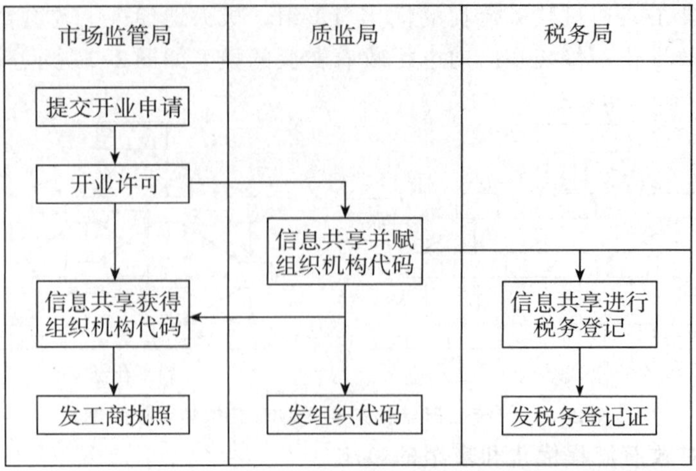

图2-4 信息共享模型下的企业开业注册流程图

以户籍管理流程为例，如图2-5所示，从接受请求、核对材料、审批答复到最后户口动迁，形成一个完整流程。传统方式把这一流程分成许多步骤，每个岗位只做一个步骤，且相对独立，活动不连贯，流程不畅通。电子政务使活动可以并行处理，迁入派出所将申请人的信息录入户籍数据库，户籍数据通过网共享，迁出派出所同时可以看到相关的材料，审核、注销并开具证明等工作可以同时进行，这样大大提高了服务效率，方便了申请人。

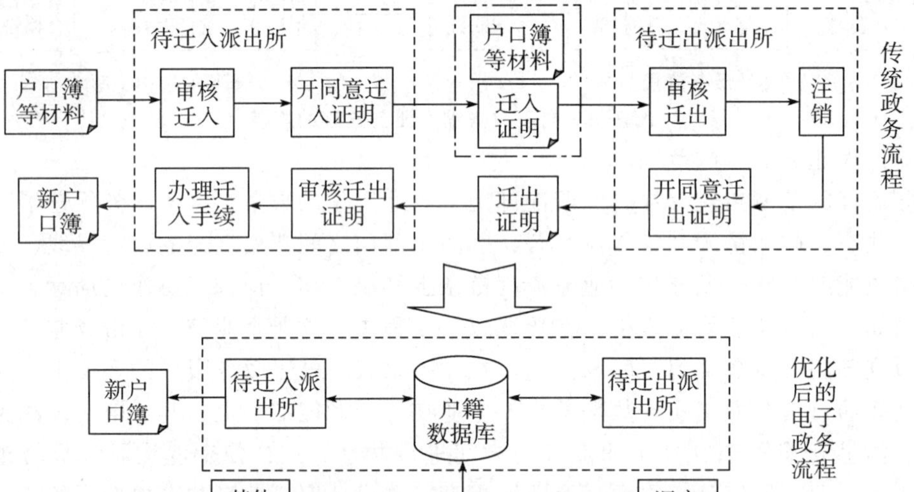

图2-5 电子政务降低业务流程的中介度图

（4）使流程从松散转向集成。

电子政务的流程整合首先把相关的岗位和部门集中起来，然后从最基本、最简单的松散业务流程开始，逐步考虑更深层次的不同岗位和部门协作和互动，充分揭示出原有组织分工之间的内在联系。然后根据这些业务流程进行集成化整合，使其达到充分的信息共享和交换，提高政府的工作效率。

天津市集装箱检验检疫部门过去根据卫生检验检疫职能、动植物检验检疫职能、机电产品检验检疫职能和食品检验检疫职能分别设置相关部门，各个部门之间职能重复，流程混乱，如图2-6（A）所示，平均每个进出口企业需要检疫2～3次，见表2-1。在信息技术和网络技术的支持下，组织结构和业务流程发生了很大调整，分散在各部门的集装箱检验检疫业务得到统一归并整合，检验检疫一次完成，效率得到了明显的提高，这种变化呈现系统集成放大效益，如图2-6（B）所示。

表2-1　**职能部门重复履行集装箱检验检疫职能**

职能部门	受理申报（次）	检验检疫（次）	收费（次）	箱体检查（次）
卫生检疫部门	1	1	1	1
集装箱监管部门	1	1		1
货物管理部门		1		1
检务部门			1	
卫生除害处理部门			1	
合计	3	2～3	2～3	2～3

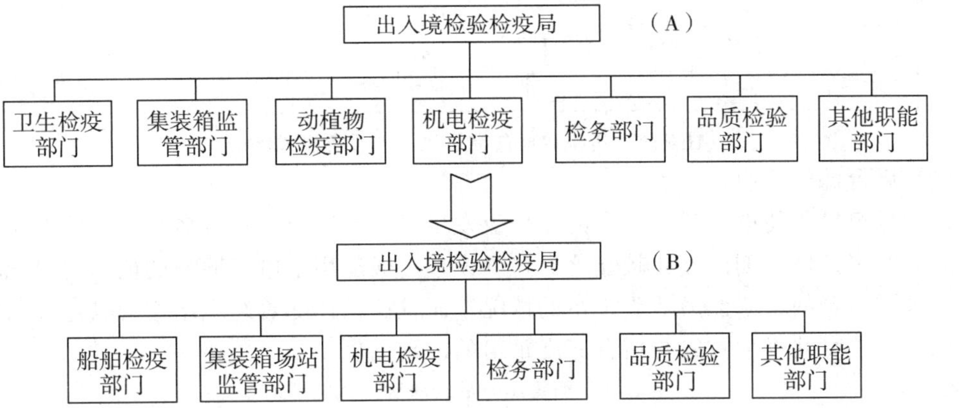

图2-6　电子政务促进检验检疫机构流程集成化图

2. 电子政务流程优化与重组的模式

在传统政务中，不同政府部门分别面对公众提供服务。“一站式”电子政务模式使公众只需要和政府的前台进行交互，而无须了解政府的内容结构和流程，对于政府而言，将原有部门窗口职能打破和重组，相对于传统政务是一种流程重组。随着电子政务的进一步深入，政务的前台和后台之间信息交换的程序增加，越来越要求后台的政府部门根据前台政府的需要进行重组，最终冲淡各部门之间的界限，不同部门电子政务的后台表现为一个统一的整体，流程重组进一步深化。传统政务模式经“一站式”电子政务模式向流程深度重组后的“一站式”电子政务转变过程如图2-7所示。

政务流程重组有如下几种表现形式。

（1）信息共享型重组。

这种形式的重组，电子政务的后台不发生变化，仅通过虚拟前台将不同部门连接进来。这种重组形式适合原有组织结构较简单或已整合得很好的政府部门，可以节省流程重组的费用，避免不必要的政治动荡。这种形式只需实现部门之间的信息共享就可实现重组。

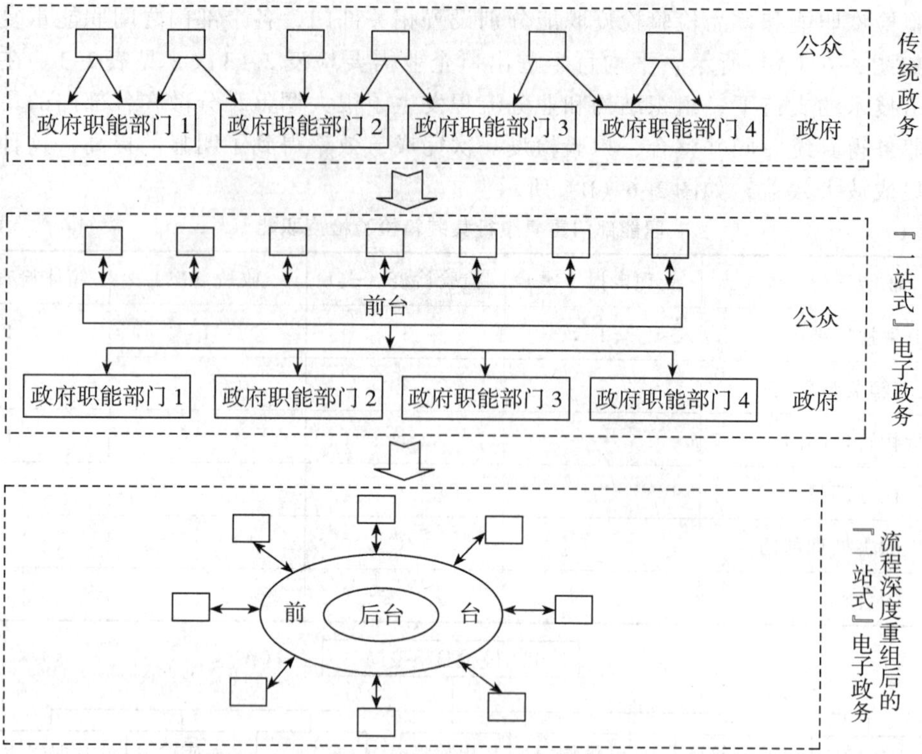

图 2-7　传统政府向电子政府的服务模式转变

（2）后台深度重组。

这种重组模式使电子政务后台的工作流发生显著的变革，难度较大，面临的技术和管理上的问题多，但长期效益比较显著。这种模式一般适用于电子服务的能力明显无法满足用户需求，后台的供给能力严重不足的情况，而且往往伴随着组织结构与其他部门协作方式的调整。信息共享型重组与后台深度重组的区别见表 2-2。

表 2-2　信息共享型重组与后台深度重组的区别

比较项目	信息共享型重组	后台深度重组
整合的对象	信息系统	业务流程
基本战略	信息资源规划	业务流程重组
主要问题	信息权限控制	工作流控制
绩效表现	较低	较高
协作程度	较弱	较强
投入的资金	较少	较多

（3）政府主动服务。

在传统政务状况下，电子服务起始于公民向政府提交服务请求，主动式服务在电子政务强大的数据仓库、联机分析处理、决策支持、数据挖掘技术的基础上，能够在恰当的时间和地点向最需要该项服务的公民提供准确的电子服务，为使用者带来极大的方便。例如，税务部门主动向公众发送报税单，公众只有在报税存在错误的情况下才和税务部门联系。

（4）“一站式”服务。

构建电子政务的“一站式”服务平台，电子政务的后台日益集中，政府工作的效率更高，作业更专业化，各类政府服务之间存在逻辑联系，在政务内网实现数据共享与交换，并按业务组织起来，向公众提供跨越时间和空间的“一站式”服务。这种“一站式”服务应具有在线的下载、提交等信息交互功能，可以提供用户自助式服务，这样既节省了时间和成本，又方便了公众。例如，公民社保基金的跨地区征缴和发放、政府自动式网上图书馆等。

（5）构建面向服务的组织。

数据集中存储实现了数据在不同部门之间共享，但数据的交换机制使不同部门间的数据交互协议变得十分复杂，而且需要行政、技术和管理方面的支持和保障。构建面向服务的组织可以使信息更好地兼容和智能化地分配，从而降低了流程协同和信息整合的成本。例如，政府采购中心将部门的采购要求集中处理。

2.3.5　政务流程优化与重组的方法

政务流程优化与重组不只是一个观念性的变化，它更应该是一套系统化的变革方法，需要有实用的模型和方法来支持，对政务流程优化与重组的过程进行有效的仿真和定量的计算、分析，从而对优化和重组后的结果进行合理、准确的预测。

在进行流程优化与重组时，需要对流程进行描述，对流程的表示形式并不唯一，有文本法、表格法以及图形法等。下面介绍几个常见的用于分析各种流程的描述方法。

1.流程图法

流程图（flow charts）是一种传统的流程表达方式，优点在于可理解性好，适合于作为系统开发的需求分析建模工具，如图2-8所示。流程图采取“自顶而下”的工作原则，不仅可以对整个流程有一个系统的总体把握，还可以对具体的、局部的行为进行描述。但如果要面向流程优化，则无法显示其特点。其不确定性太大，无法清楚界定流程的界限，时效性比较差，无法显示流程中各个操作的先后顺序，对于每一个业务处理单位或部门在每次进行操作时都只能比较分散地列出，不利于分析同一业务的处理单位或部门是否存在重复的、无效的操作。

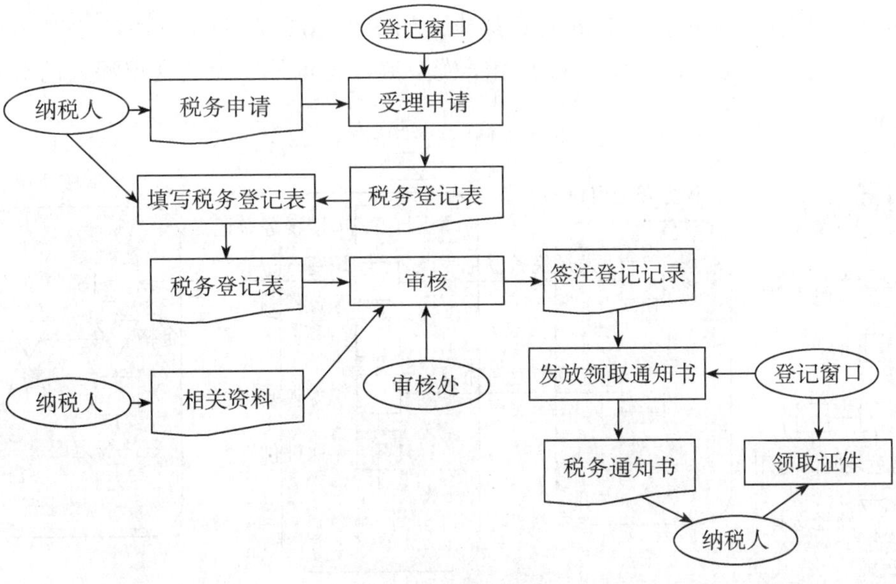

图2-8　流程图法

为了弥补流程图的不足，可以将其进一步拓展为跨功能流程图，如图2-9所示。它主要用于表达业务流程与执行该流程的功能单元或组织单元之间的关系，其组成要素包括业务流程、执行相应流程的功能单元或组织单元。在形式上有横向功能描述以及纵向功能描述两种，在横向上体现了整个流程的执行单位，在纵向上则体现了流程中各个业务的执行顺序。

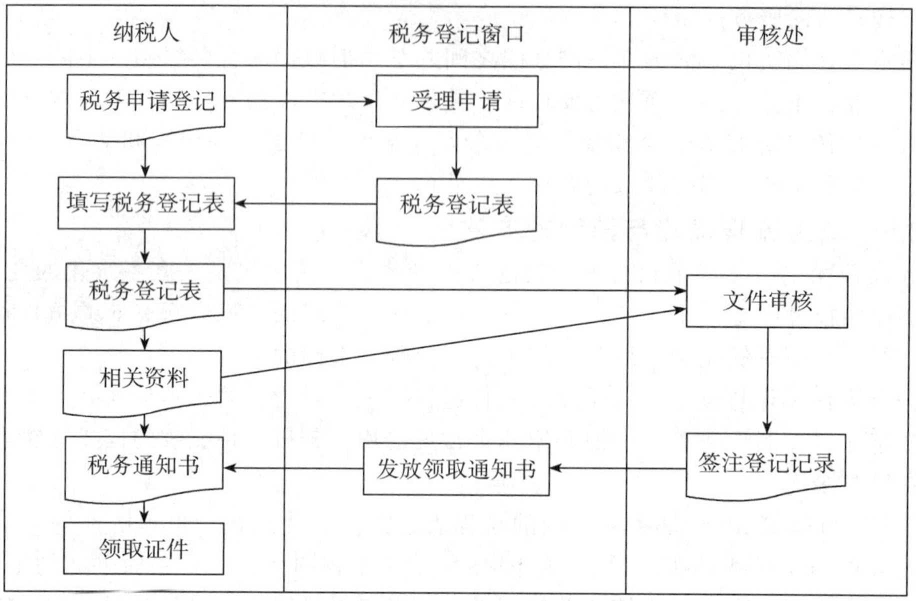

图2-9 跨功能流程图法

2. **角色行为图法**

角色行为图（role activity diagram，RAD）也是一种常见的流程图形化描述方法，由美国的Holt等最早提出，用以表述协同工作中存在的问题。它是一种结构化过程建模技术，强调角色、角色之间的相互作用和活动，以及与外部事件的连接。行为被表示为垂直的一串节点，水平线则表示各个角色的参与，如图2-10所示。此方法的主要不足之处在于不具有模型分解的能力，这使其除了用于模型流程总览外，无法支持深入的流程描述。

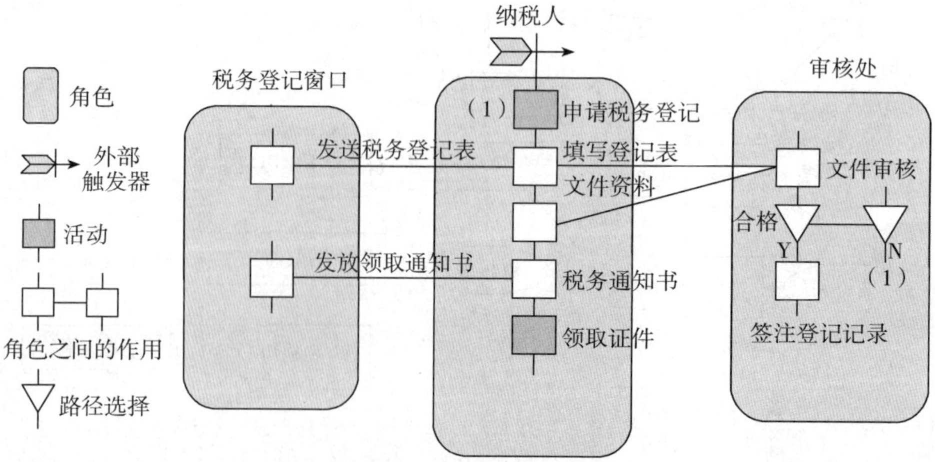

图2-10 角色行为图法

RAD角色模型中包括：①系统视图，过程主体之间相互影响和作用的一种结构化视图；②目标视图，对这些相互作用的目标进行描述；③法视图，这些交互行为的目标如何实现。

在政府流程重组中，RAD的应用主要以以下5种概念作为模型建立的出发点：①角色的活动如何划分；②政府在过程中要实现什么，即过程目标是什么；③为实现目标所采取的行动；④政府机构人员如何协作来完成该项目标；⑤政府如何约束人员的能力和行动准则。

由上述分析可见，RAD方法主要包括以下5个方面：

（1）按角色分解流程。角色通常是由担负一定职责的个人或部门所完成的一组活动。与角色相关联的是为完成这一角色所必需的资源。流程中的角色是相对独立的，利用各自的资源集合完成相应的活动，并通过与其他角色的交互作用进行协同工作。

（2）流程目标。流程的目标表述了一种功能性的状态，即流程试图达到的一种状态或状态集合。

（3）活动顺序。通过角色的前置状态和后续状态确定各个活动的发生顺序，形成一个事件流序列。

（4）各个角色间的交互作用。各个角色并不是相互独立的，角色之间为了实现目标需要进行协同合作，这些合作是通过各种形式的交互作用来实现的，交互作用除了发生在两个角色之间，也可以用于多个角色之间。这些角色同样要遵循同步要求，即各个角色在进入开始状态后，同时发生作用，而且同时结束。

（5）路径规则。路径规则有两种标识符，分别是路径选择和并行路径。

RAD方法是传统的流程建模工具，其层次化的结构特点使得问题的表述规范、简单和便于理解，也是处理复杂问题的有效路径。

3.统一建模语言法

统一建模语言（UML）是一种面向对象的建模语言，它具有严谨的元模型语义、丰富的图形元素、完整的视图功能和强大的扩展机制，可以运用在系统开发的需求分析、设计、构造和测试等一系列阶段。UML定义了九种图，分别是类图、对象图、构建图、配置图、用例图、状态图、活动图、顺序图以及合作图，这些图被用来建立系统的静态（结构）和动态（行为）模型。

UML的建模过程是基于用例图而逐步展开的，主要步骤包括：

（1）描述过程，即进行过程分析，主要是识别角色和用例，建立角色与用例之间的关系，进而得到用例图。

（2）用类图描述出过程模型中的重要元素（如产品、活动等）之间的静态关系。

（3）描述活动、产品等元素在执行时的时序关系或交互关系，动态行为用顺序图和状态图描述。随后通过对过程执行的跟踪和监控，对过程进行评价，以便改进过程模型。

4.Petri网法

Petri网作为一种图形化和数学化的建模工具，被广泛应用于各个领域进行系统的建模、分析和控制，它从过程角度出发来描述和分析复杂系统，在描述并发、冲突、同步等重要行为现象上有突出优势，并具有形式化步骤与数学图论相支持的理论严密性。

Petri网用简明的形式化语言，通过建立抽象信息对象，准确地描述管理系统中的信息流的过程和状态，抽象地概括了各种条件与可达状态之间的约束关系，它能对系统中流动的信息流、操作流和控制流同时进行模型优化，使其简洁而又完整，是适宜为政务流程建模分析的理想数学模型语言。常用的Petri网分析和优化方法有可达树法、关联矩阵与动态方程法、变迁序列法。

Petri网的优点是：兼顾了严格语义与图形语言两方面；是一种基于状态的建模方法；具有强有力的分析技术与手段。Petri网的缺点是：在大型、复杂的系统模型中，模型状态空间的复杂性将随着实际系统的规模的增大而呈现指数性增长。所以，对于复杂模型，利用Petri网建立相应的模型时，必须采取降低Petri网的复杂度的方法，即细化理论和层次Petri网。

5.工作流法

工作流是人们为了提高生产和办公效率对工作中具有固定程序的常规活动提出的一个概念，目的是通过将工作分解成定义良好的任务、角色，并按照一定的过程、规则流转，实现组织成员之间的协调工作，以期达到业务的整体目标，从而降低生产成本，提高企业生产经营管理水平和企业竞争能力。

工作流模型是对工作流的抽象表示，也是对流程的抽象表示。它包含了描述一个能够由工作流执行软件系统执行的过程所需要的所有信息，这些信息包括过程的开始和完成条件、构成过程的活动以及进行活动之间导航的规则、用户需要完成的任务、可能被调用的应用工具、工作流引擎的引用关系以及所有与工作流相关数据的定义。

工作流建模就是利用一个或多个建模技术与工具，完成实际的流程到计算机可处理的形式化定义的转化，从而实现流程的自动化及对执行情况的有效监控。主要的建模方法有：基于有向图的建模方法；基于Petri网的工作流建模方法；基于对话模型的工作流建模方法；基于事物模型的工作流建模方法。

6.各种流程优化方法的比较

综上所述，可以发现每一类建模方法都具有特有的优缺点，在实际进行政务流程优化时，需要根据情况选用一种或几种合适的建模方法。它们特点的总结与比较请见表2-3。

表2-3 **各种流程建模方法的特点**

建模方法 比较项目	流程图	角色行为图	UML	Petri网	工作流
建模方向	混合	面向角色	混合	混合	混合
流程优化能力	弱，须扩展	一般	有，需开发	较强，须扩展	较强
引入组织因素	否	是	是	否	是
动态性	是	强	是	强	强
可理解性	较好	在严密支持下尚可	一般	一般	一般
柔性	较弱	较弱	一般	较弱，扩展后较强	较强
分析能力	弱，可扩展	较弱	可以	较强	较强
抽象性	否	弱	一般	较弱	较强

2.3.6　电子政务同政务流程优化与重组的关系

电子政务建设同政府流程优化与重组有着密切的关系，政务流程优化与重组是电子政务深入开展的必然要求。在实施电子政务时，必须考虑对政府的业务流程进行重组，对政府机构进行兼并重组，在信息技术手段的帮助下简化政府与企业、与公众的互动，创建一个具有企业家精神的政府，从而降低政府运行成本，提高办事效率。它们之间的关系具体可从下面两个方面来理解。

1.政府业务流程优化与重组是实施电子政务的基础

电子政务实施的基础是政府业务流程优化与重组，目的是提高政府效率、节约政府行为成本、增强政府透明度、减少或避免政府行为失灵、满足顾客（企业、公众、其他社会团体等）的需要，其最终目标是要建设成一个“数字政府、虚拟政府”。这是将现实政府的机制、功能和行为进行根本性的整合和优化，使其成为一个具有“企业精神”的、以顾客为导向的服务型的大社会小政府，并能具有无缝隙性。这就涉及政府重组，即必须对国家资源进行统筹；必须对政府职能进行重新思考；必须对政府结构进行从新设计，在此基础上进行电子政府的构建。因此，在电子政务构建与实施中，必须遵循客观规律，把政府业务流程进行彻底的、根本性的改革，最终通过网络实现政府电子化。

2.电子政务是实现政府流程优化与重组的依托

电子政务是政府业务流程优化与重组的一个重要内容和工具，本质上是政府流程重组。电子政务在促进政府行政的现代化、民主化、公开化、效率化方面起着十分重要的作用。现代信息技术和通信技术的发展，对政府管理理念、政府治理结构、政府程序和工作流程、政府政策制定、政府行政成本都产生了重大的冲击，电子政务在促进政府反应力、提升政府沟通效率、提高决策质量和水平、人力精简和有效运用人力资源、节约政府开支与经费、扩大公民参与、创新政府服务等方面均显示出巨大的优势。因此，电子政府是借助技术来实现的政府重组，电子政府的构建与运作必须与政府重组相结合。

§2.4　虚拟政府

现代信息技术推动政府形式必然从现实走向虚拟，这也是电子政务对传统政府模式的深刻变革。虚拟政府是未来政府的发展趋势和最终形式，民主行政是建立虚拟政府的必要条件。只有充分民主，才能真正实现“一站式”“一线式”功能的行政服务中心。

2.4.1　虚拟组织概述

1.网络时代的组织结构发展趋势

（1）网络时代的组织结构：趋于扁平。

政府组织是典型的等级分明的集权机构，划分为许多层次和块。政府层级管理有强化权力中心的趋势，有时会因决策赶不上形式的变化而贻误发展机遇。扁平化组织是指通过简化机构等级，减少中间层次，达到分散公共机构权力、强化组织内部协作的目的，形成趋于扁平的、能够实现各级工作人员参与管理的组织形态。为适应信息技术时代与知识型经济基础的社会发展趋势，政府组织需借助现代计算机信息技术和现代通信技术来实现组织扁平化的运行。

（2）网络时代的组织规模：趋向极化。

网络经济对组织规模的影响表现在两个方面：一方面导致组织超大规模发展，打破时间和空间的限制；另一方面导致组织向小型规模发展，降低了管理和交易成本，扩大了各类组织交流和协作的范围，组织间的分工更趋于专业化。

（3）网络时代的组织职务：任务团队。

网络时代的组织将越来越多地在政府内部和外部使用跨职能的任务团队。人们必须学会在没有固定职务、没有命令权威、既不是被控制也不是控制他人的情况下去进行管理，去完成任务，实现目标。

（4）网络时代的组织弹性：虚拟化。

虚拟组织是一种虽然没有实际或明确的形式，但职能却一样有效的组织，这意味着该组织可根据任务和需要来调动和利用大于组织自身所拥有的资源和能力。

2.虚拟组织的概念

虚拟组织是以信息技术为连接和协调手段的临时性的动态联盟。它是把不同地区的资源迅速组合起来，是一种没有界限、超越时空、靠网络联系和统一指挥的组织形式。它没有固定的组织层次和内部命令系统，是一种开放的组织结构，因此，可以在拥有充分信息的条件下，从众多的组织中通过竞争或自由选择等方式选出合作伙伴，迅速形成各专业领域中的独特优势，实现对外部资源的整合作用，从而以强大的结构成本优势，完成单个实体难以承担的功能。也就是说，虚拟组织中的成员间的合作关系是动态的，完全突破以内部组织制度为基础的传统的管理方法。虚拟组织具有以下特征：

（1）组织是开放的和自组织的；

（2）领导不再是组织等级的上层而是行动的中心；

（3）网络的弹性使得人们更容易流动并和所需要的其他人建立联系；

（4）职位和角色之间的差别以及脑力劳动与体力劳动之间的差别不再明显；

（5）组织界限趋于模糊；

（6）组织成员使用他们的知识和技术，通过互联网来并行开展工作。

2.4.2 虚拟政府概述

1.虚拟政府的定义和内涵

虚拟政府的定义没有一个统一的标准，国内外学者从不同的角度对其进行了阐述，如虚拟政府的价值取向、技术平台和功能作用。根据学者们对虚拟政府的定义，我们把虚拟政府的概念分为3类：服务论、技术论和改革论。

（1）服务论观点。

服务论观点吸收了新公共管理理念，即批判和改革科层官僚制政府本位，以民众为顾客，为民众提供公共服务的思想，注重强调虚拟政府的价值取向。认为虚拟政府是为民众提供信息资源及服务的电子政府。我国学者于凤荣、王丽认为：电子政府是运用信息及通信技术打破行政机关的组织界限，构建一个电子化的虚拟机关，使得人们可以从不同的渠道获取政府的信息及服务。从中我们可以看到，服务论着重强调政府的服务职能。

（2）技术论观点。

持技术论观点的学者多是从信息与通信技术、网络平台为出发点强调技术的作用，多注重研究政府业务流程优化重组和办公自动化，倾向于电子政务方向。汪玉凯认为虚拟政府是将政府管理与服务建立在现代信息技术、办公自动化技术和网络技术基础之上的一种全新的政府治理模式。技术论观点主要是借鉴先进的管理技术和电子商务的建设成果，崇尚工具理性。

（3）改革论观点。

持改革论观点的学者认为，虚拟政府是政府重组，重点在信息和通信技术及网络化平台上通过改革政府组织结构和业务流程的重组和优化，构建政府管理体系。改革论观点强调通过改革从传统政府转向虚拟政府，在一定程度上批判了传统政府模式，从内在本质上更加注重追求效率、公平和服务品质。

从以上的论述我们可以看出，虚拟政府是基于信息与通信，以互联网为技术平台构建的。它完全不同于现实中的实体科层制政府，它具有虚拟性，强调网络化、信息化、数字化等特征，强调信息技术的执行功能。所以，**虚拟政府可以理解为基于信息与通信技术和互联网平台，实现政府的管理过程和信息采集自动化，在重组政府业务流程的基础上，重建行政职能、政府组织，构建为个人、企业、社会团体提供高品质服务，追求民主、效率、有回应力、负责任的政府**。

2.虚拟政府的作用

虚拟政府是科技创新和制度相结合的产物，服务于互联网形成的虚拟社会。但它也具有实体性，因为它具有组织结构、制度基础、服务站点和人员支持。

（1）虚拟政府对传统政府组织的冲击。

虚拟政府是在20世纪80年代新公共管理宏观背景下诞生的，新公共管理运动对官僚制片面追求工具理性、漠视价值观念进行了彻底的清算和批判，指出虚拟政府通过发挥以下功能：①虚拟政府促进民主；②虚拟政府抑制行政膨胀；③虚拟政府促进规模适度政府的建立。虚拟政府克服了各种物流阻碍和组织阻碍，杜绝传统组织形态和物质构成中强调分工造成的部门分割和官僚主义层次繁多、互相推诿、手续繁琐、公文履行等诸多问题，最大限度地消除顾客使用公用产品和服务过程的成本，成为抑制官僚主义的良策。

（2）虚拟政府的基本功能。

虚拟政府是组织结构和业务流程重组后的政府，它也具有发挥政府功能作用，为民众提供服务和治理网络社会的功能。虚拟政府的功能可以归纳为：①提高政府决策理性和公共政策的品质；②促进信息流通利用和平等共享；③提高政府的反应力和社会回应力，扩大公民参与；④促进政府重组，节约行政成本，提高政府效率；⑤公开政府信息，实现开放政府。

矛盾总是存在两面性，虚拟政府构建虽然可以扩展政府的服务功能，填补传统政府治理中的缺陷。但是，民众参与治理的程度提高和网络的无边界，信息资源丰富易获取性、治理客体的虚拟性，给政府的权威带来前所未有的挑战，削弱了政府的权力。虚拟政府推动了民主实践的深度和广度，但是网上过度的民主也会产生民主危机和滋生"无政府主义"。因此，在虚拟政府建设过程中要把握好尺度。

3.虚拟政府与电子政务的关系

（1）虚拟政府是电子政务发展的最终模式。

电子政务的发展最终会导致政府形式的虚拟化和网络化。电子政务通过网络把政府职能集成在一起，使得人们通过一个数字平台就可以享受多方面的服务，而这正是虚拟政府的本质所在，所以说虚拟政府是电子政务发展的最终模式。

（2）电子政务为虚拟政府的建立提供强有力的手段。

发挥虚拟政府的职能离不开技术的支撑，没有信息技术的虚拟政府只能是空中楼阁。电子政务建设为虚拟政府的发挥提供了必要的手段和设施，同时也保证了虚拟政府的正常运作和现实环境的支持。

（3）两者侧重点不同，但本质是一致的。

电子政务是相对于传统政务来说的，侧重于政府业务流程优化和重组，而虚拟政府相对于传统政府更多地侧重于政府组织结构。但无论电子政务还是虚拟政府，都是为了更好地服务于民众，建立一站式服务平台。它们实现的前提条件必须都是信息公开、政务公开、程序公开和公民广泛参与政务，而这些内容也是民主行政的重要组成部分。所以说，电子政务和虚拟政府的本质是一致的。

2.4.3 电子政务环境下的政府表现形式

电子政务环境下，政府的表现形式是虚拟政府，这也是未来政府的发展方向和政府管理的高级阶段。

1. 电子政务环境下政府的需求

电子政务对虚拟组织的需求就是建立电子政府，或者说，虚拟政府是电子政务管理的重要表现形式。电子政务管理对虚拟组织有两个方面的需求：

（1）为社会公众提供优质服务需要一个政府形象。电子政务“以网络为工具，以用户为中心；以应用为灵魂，以便民为目的”。因此，政府要把企业和公众真正作为客户，以用户的需求为出发点。政府对公众来说是一个整体，一个形象。公众根据自己的需要提出一项业务请求，在网上查询了解相关法律法规后，根据要求或表单填报材料，提交给一个“虚拟政府”，由“虚拟政府”自动分发材料到各相关部门，并组织各相关部门在规定的时间内对其进行审批。这样既提高了办事效率，方便了用户，又减少了腐败现象的发生。

（2）虚拟政府需要政府部门区域化管理。要实现真正的电子政务，就不能以各部门的管理职能为出发点，也不能以垂直行业管理体系为主导，应当以用户的需求为出发点，以横向区域性政府管理体系为主导，充分优化各行业管理部门的职能，实现“一站式”加“一网式”服务。这样的服务本质上需要以“虚拟政府”组织形式来支持。

电子政务系统的建设必须以区域管理体系为主导，即要建立起面向用户的、连接各个政府单位的、横向区域性政务平台。这样可以节省相当可观的投资，也可以真正实现电子政务。这个“区域性政务平台”实质上就是区域内政府部门共同构建的“虚拟政府”。

2. 电子政务虚拟政府的表现形式

（1）虚拟政府服务厅。虚拟政府服务厅是指政府的某一专业部门基于互联网建立的、面向公众的互动式电子政务信息系统。在形式上，它类似于“政府上网”工程中各个机关所建立的“政府网站”，但“政府网站”只是其初级形态，它应该既有信息的发布和接收，也有交互式的处理。在内容上，虚拟政府服务厅是政府作为“服务者”角色所提供的服务，主要体现在监督电子化、资料电子化、沟通电子化和办事流程电子化这四个主要方面。虚拟政府服务厅可以根据领域的不同而有很多类型，如虚拟办税服务厅、虚拟报关服务厅、虚拟银行等。

（2）虚拟政务办公室。虚拟政务办公室是政府部门借助于内网及其管理技术和计算机支持的协同工作技术所建立的、面向政府部门内部办公的通用政府办公系统和个性化个人办公平台，它几乎可以包含政务办公的各个方面。它既是一个能完成特定任务的“虚拟部门”，实现诸如公文起草、传阅、审核、批示、会签、签发和接收、处理反馈、催办、流程跟踪与统计、查询和归档等管理任务；也可以是提供各种数据资料查询和教育培训服务的“数字图书中心”或“网络教育中心”；也可以是一个轻松休闲的“虚拟会议室”；还可以是一个对整个政府服务能及时地进行意见反馈的“网络控制中心”，等等。

“虚拟政府”代表未来政府的运营和服务方式，目前，我国尽管在技术上已经具备了实施“虚拟政府”的条件，但是其真正实现并非一蹴而就，尤其在管理上还存在问题。在电子政务的实施中，我们要给予足够的关注，并且在初始阶段就使其走在正确的轨道上。

思政课堂

电子政务为提升国家治理能力现代化提供新路径

一、优化公共服务新方式

要贯彻以人民为中心的发展思想。党的十八大以来，党中央、国务院深入推进“互联网+政务服务”，让百姓少跑腿、数据多跑路，人民群众的获得感和满意度不断提高。党的十九届四中全会提出“创新行政管理和服务方式，加快推进全国一体化政务服务平台建设”。党的二十大报告指出，“加快建设网络强国、数字中国”。从根本上讲，推行电子政务就是要改善政府管理、服务人民群众，推动政府组织结构和办事流程的优化重组，为社会提供内容丰富、功能集成、办事便捷高效、线上线下融合的一站式政务服务，构建集约化、高效化、透明化的政府治理与运行模式，实现政府办事从单部门循环向多部门协同、全流程优化的转变。

二、提升行政效能新工具

电子政务是政府治理体系和治理能力现代化的重要工具，是降低行政成本、提高行政效率的有效抓手。电子政务不是简单地将政务活动数字化，而是要面向公共服务和社会治理需求，对跨部门、跨行业的网络资源、数据资源和系统资源进行资源整合，推进政府业务协同，政务流程再造，提高服务能力和业务效能。助力提升决策的科学化水平，提高对风险因素的感知、预测、防范能力，使决策方式由“经验决策”转向“数据决策”、由“事后诸葛”转向“事前预警”。在方便群众办事的同时，电子政务在加强监管方面也发挥重要作用，通过“互联网+监管”可实时掌握违法违规、投诉举报、消费维权等信息，提前识别目标、发现隐患所在，增强政务监管和市场监管的智能化、精准化水平，实现监管事项的全覆盖、监管过程的全记录、监管工作的可追溯、监管责任的可追究，以及对监管的可监管，真正实现实时监管、协同监管、精准监管和跨部门联合监管。

三、推进管理创新新动力

党的十九届四中全会明确指出要推进数字政府建设。充分利用新技术开展数字政府建设是新时代政府治理体系和管理模式的一项创新。各地坚持以人民为中心的发展思想，积极探索建设人民满意的服务型政府，战略性运用互联网思维，深入实施“数字政府”改革，不断创新适应数字化时代的行政管理体制，积极探索政府治理新模式。近年来，我国经济快速发展，2018年GDP超过90万亿元，市场主体已超过1亿户；城市化进程持续加快，城市人口从1978年占全国的18%增长到54%，近90个城市城区人口超过百万。城市人口聚集和市场主体规模扩大在给城乡发展、社会治理和公共服务带来新挑战的同时，也为各地创新政府治理提供了新动力。

资料来源：王钦敏．发展电子政务是提升国家治理能力的重要抓手［EB/OL］.［2020-02-20］. http：//www.e-gov.org.cn/article-170856.html.

本章小结

政府创新是指各级政府为适应公共管理与行政环境的需要，与时俱进地转变观念与职能，探索新的行政方法与途径，形成新的组织结构、业务流程和行政规范，全面提高行政效率，更好地履行行政职责的实践途径。

电子政务环境下的政务流程优化与重组是政府根据电子政务运作的内在机理，对传统的以行政职能为中心的行政流程进行优化与重组，转变成为以公众服务需求为起点、以政府创造出对公众有价值的“产品”或服务为终点的一系列借助网络进行的政务活动。它与电子政务建设有着密切的关系。政务流程优化与重组是电子政务深入开展的必然要求。

政务流程一般分为3类：面向公众的流程、支持流程、管理流程。政务流程重组的步骤是：制订计划、优化与重组准备、审视现有流程、重新设计、实施新流程、评估反馈。

电子政务对政府流程优化和重组的影响表现在：缩小业务流程的规模、扩大业务流程的范围、降低业务流程的中介度、使流程从松散转向集成等四个方面。电子政务流程优化与重组的典型模式有：信息共享型重组、后台深度重组、政府主动服务、“一站式”服务、构建面向服务的组织。

常用的政务流程优化与重组的方法有：流程图法、角色行为图法、统一建模语言法、Petri网法、工作流法。

虚拟组织是以信息技术为连接和协调手段的临时性的动态联盟。网络时代的组织结构发展趋势为：组织结构趋于扁平、组织规模趋向极化、组织职务趋向任务团队、组织弹性虚拟化。电子政务环境下，政府的表现形式是虚拟政府，虚拟政府的表现形式是虚拟政府服务厅和虚拟政务办公室，虚拟政府也是未来政府的发展方向和政府管理的高级阶段。

综合训练

2.1 单项选择题

1.政府管理环境的硬环境是指（　　）。

A.行政观念　　B.办公设备设施　　C.行政制度　　D.信息技术

2.相对于传统政府的金字塔组织结构，电子政务下的政府组织结构是（　　）。

A.饼状结构　　B.扁平化结构　　C.集中化结构　　D.星形结构

3.与电子政务发展相协调的政府理念是（　　）。

A.以民为本　　B.粗放型政府管理　　C.允许管理　　D.全能政府

4.以下不是政务业务流程与重组的动力的是（　　）。

A.公民　　B.竞争　　C.变化　　D.企业

5.后台深度重组的整合对象是（　　）。

A.信息系统　　B.业务流程　　C.信息技术　　D.工作技能

6.以下不是虚拟政府组织的特征的是（　　）。

A.组织是开放的　　B.组织界限趋于模糊

C.领导是行动的中心　　D.职位和角色之间的差别明显

2.2　多项选择题

1.政府创新对电子政务的影响表现在（　　）。

A.政府创新是实施电子政务的保证

B.政府创新是实施电子政务的动力

C.政府创新贯穿于电子政务的整个过程

D.政府创新制约电子政务的发展

2.政务流程包括（　　）。

A.面向企业的流程　B.面向公众的流程　C.支持流程　　D.管理流程

3.电子政务对政务流程优化和重组的影响表现在（　　）。

A.缩小业务流程的规模　　B.增加业务流程的中介度

C.使流程从集成转向松散　　D.扩大业务流程的范围

4.电子政务在（　　）方面显示出巨大优势。

A.提高政府反应能力　　B.提升政府沟通效率

C.节约政府开支　　D.扩大公民参与

5.网络时代的组织结构发展趋势是（　　）。

A.网络时代的组织结构：趋于扁平　　B.网络时代的组织规模：趋向极化

C.网络时代的组织职务：任务团队　　D.网络时代的组织弹性：虚拟化

6.以下属于虚拟政府服务厅的是（　　）。

A.虚拟银行　　B.虚拟会议室

C.虚拟报关服务厅　　D.网络控制中心

2.3　思考题

1.什么是政府创新？政府创新与电子政务的关系如何？

2.传统的政务流程有哪些缺陷？政务流程重组的步骤有哪些？

3.电子政务对政府流程优化和重组的影响有哪些？

4.简述政务流程优化与重组的模式。

5.电子政务应从哪几个方面进行政府创新？

6.电子政务中如何建设虚拟政府？

第3章

电子政务体系结构

学习指南
引导案例
§3.1　我国电子政务体系结构概述
§3.2　电子政务系统框架
思政课堂
本章小结
综合训练

学习指南

【学习目标】通过本章的学习，了解电子政务的网络结构；理解电子政务的总体结构；掌握我国电子政务的组织体系结构、电子政务系统的结构模型和层次模型。

【关键概念】“三网一库”　政务内网　政务外网　政府信息资源管理中心

引导案例

苏州政府推动“一网通用”“一网通办”“一网统管”协同发展

一、苏州市政策大力支持电子政务的发展

近年来，苏州市政府出台多项电子政务相关政策，如《苏州市电子政务管理暂行办法》《苏州市电子政务“十三五”发展规划》《苏州市级电子政务运维和服务类项目管理细则（试行）》等，作为推动苏州市电子政务发展的指导性文件。苏州市加快“一网通办”体系建设，持续提升数字政府建设水平。

二、苏州市电子政务发展进一步完善

苏州市高度重视电子政务发展，电子政务建设和应用成效显著，先后荣获“国家下一代互联网示范城市”、首批“国家信息惠民试点城市”和“宽带中国示范城市”等多项荣誉。2020年以来，苏州市在全省率先推出“苏城码”“复工通”“口罩预约申领”“线上教学”等一批典型应用，在支撑和助力疫情防控、复工复产、民生保障等方面发挥了重要作用。

三、苏州市数字政府项目要素可视化服务平台为全国首创

苏州市数字政府项目要素可视化服务平台在全国首创多部门协同治理新模式，由苏州市大数据管理局会同市财政局、市审计局、市行政审批局等部门共同开发建设。2020年7月，平台上线，截至2021年8月，收录1 200多个数字政府项目和700多套政务信息系统的要素信息，为65家市级机关、部门和单位提供项目全要素管理支撑服务。

四、苏州在电子政务方面持续与华为合作

苏州市政府与华为持续合作，已在智慧城市、电子政务等领域取得了丰硕成果，推进苏州城市数字化转型。2021年1月，苏州与华为再次开展合作，聚焦苏州城市智能体建设，推进电子政务的发展和云计算、人工智能、WLAN等技术的创新。

五、苏州将加快推进政府数字化转型

根据《苏州市推进数字经济和数字化发展三年行动计划（2021—2023年）》，苏州将加快推进政府数字化转型，全面深化数字协同创新，以“一网通用”为共性支撑和能力供给，以“一网通办”“一网统管”为需求牵引和业务驱动，推动“一网通用”“一网通办”“一网统管”协同发展，为推进沪苏同城化、融入长三角一体化打好数字基础，率先建成全国数字政府样板城市。

随着我国政府改革的不断深入，以及信息技术的提高，电子政务在政府改革的过程中所起的作用越来越明显。

资料来源：前瞻经济学人．苏州政府推动“一网通用”“一网通办”“一网统管”协同发展［EB/OL］．［2021-11-05］．http：//www.e-gov.org.cn/egov/web/article_det ail.php？id=179010.经删改整理．

只有掌握电子政务的体系结构，才能更好地建设电子政务。我国电子政务的发展已有十几年的历史，进行了办公自动化、政府网站、各种“金”字号工程等信息系统工程的建设。通过电子政务系统建设，推进了统一的国家电子政务网络平台的建设、进行了国家电子政务的顶层设计。

§3.1 我国电子政务体系结构概述

3.1.1 电子政务网络结构

2001年，国务院办公厅下发的《国务院办公厅关于印发全国政府系统政务信息化建设2001—2005年规划纲要的通知》提出，我国政府电子政务建设“三网一库”的总体目标框架。2002年7月，中共中央办公厅和国务院办公厅联合下发《中共中央办公厅、国务院办公厅关于转发<国务院信息办公室关于电子政务建设指导意见>的通知》，提出电子政务网络由政务内网和政务外网组成。因此，我国电子政务结构经历了从“三网一库”向政务内外网结构转变的过程。

1.“三网一库”

“三网”指内网、外网和专网，“一库”指政务信息资源库。“三网一库”的架构如图3-1所示。

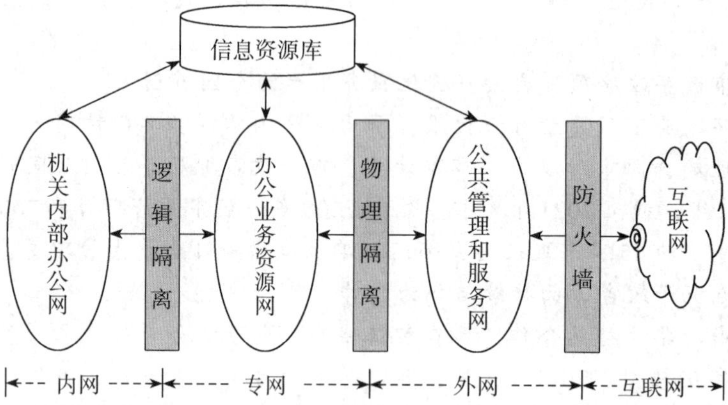

图3-1 我国电子政务的“三网一库”架构

（1）内网，即机关内部办公网。它以政府各部门的局域网为基础，建立在保密通信平台上，主要运行党政决策指挥、宏观调控、行政执行、应急处理、监督检查、信息查询等各类相对独立的电子政务应用系统。

（2）专网，即办公业务资源网。它连接从中央到地方的各级党政机关、上下级相关业务部门。根据机构职能，在业务范围内，专网与内网有条件互联，实现地区级别涉密信息共享。专网上运行从中央到地方的各级政府间的办公自动化系统、行业部门业务管理系统。专网与内网之间采取逻辑隔离。内网和专网又可以合称为内网。

（3）外网，即公共管理和服务网。建立在公共通信平台上，主要用于政府信息发布，向社会提供政府服务。外网与互联网之间设有防火墙。

（4）信息资源库。信息资源库包括党政和各行业部门的业务数据和管理信息。资源数据库分布于“三网”之上，按密级和使用要求为不同用户服务。

2.从“三网一库”到政务内外网

“三网一库”的电子政务网络体系的形成，是我国电子政务建设进程的结果，为各级政府形成统一的信息基础设施格局奠定了基础，促进了电子政务的发展。但是，在进一步的实践中发现，专网与外网之间实行物理隔离，影响数据的实时交换，限制了政府面向企业和公众的服务发展。为了解决这一矛盾，政府提出了改进的电子政务网络新架构——内外网体系。

从“三网一库”的结构向政务内外网结构转变，主要变动是：

(1)“三网一库”中的内网并入新的政务内网，主要是连接国务院办公厅内部、各部委、副省级以上政府部门，并与党委、人大、政协等系统建立有条件连接。

(2)“三网一库”中的专网和外网打破物理隔离，专网中副省级以下政府节点入政务外网。政务外网主要是运行政务部门面向社会的专业性管理和服务业务，以及不宜在内网上运行的业务。

(3) 为了满足政务安全和保密要求，政务内网与政务外网之间采取物理隔离。

政务内外网的体系框架如图3-2所示。2006年5月20日，中共中央办公厅、国务院办公厅下发了《中共中央办公厅、国务院办公厅转发〈国家信息化领导小组关于推进国家电子政务网络建设意见〉的通知》(中办发〔2006〕18号)。该文件进一步细化了电子政务网络建设的原则和目标，而且明确了统一网络建设的责任主体。

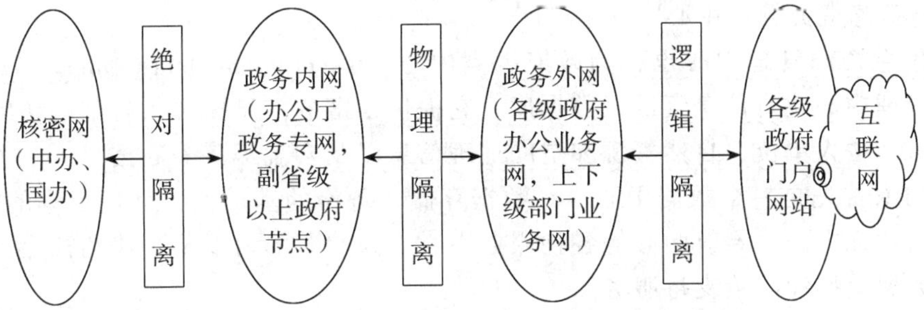

图3-2　我国电子政务的内外网体系框架

3.政务内网和局域网

(1) 根据国家有关规定，政务内网主要是一定级别（副省级市）以上政务部门的办公网，它与此级别以下的政务部门办公网实行物理隔离。内网中包括国家涉密信息、高敏感度信息以及核心办公业务数据等，这与传统意义上的涉密内网相对应，主要解决一定级别的部门内部的办公问题，同时负责政府部门的信息管理，为政府部门提供决策支持等。政务内网通常是在部门原有的局域网基础上，采用互联网技术建立起来的部门内部的网络系统。

(2) 局域网指的是在较小的区域内连接起来的网络。局域网为政府部门提供了一整套建立部门信息系统的完整的、开放的、易于开发和应用的基础。政府部门内网除了具有一般局域网的功能和特点外，还针对政府部门办公自动化的需要，提供了一系列办公和信息管理应用模块，肩负着实现政府部门办公自动化、电子化和信息化的任务。

(3) 政务内网可包括局域网、园区网、城域网、广域网等，一般采用TCP/IP协议，IP地址要使用互联网的保留地址。不同部门的内网之间进行层间物理隔离或逻辑隔离，通过专用网络互联。在城域网和广域网上，政务内网数据传输要采用普密级以上的加密，一般采用虚拟专用网络（VPN）技术。

4.政务外网与互联网

政务外网是政府业务专网，主要运行政府部门面向社会的专业性服务和不需要在内网上运行的业务，即“行政监管”和“公共服务”等所需要的不涉及办公业务的服务。政务外网也可包括局域网、园区网、城域网、广域网等，采用TCP/IP协议，IP地址可以使用内部保留地址或合法地址。城域网或广域网上的数据传输也采用VPN技术，可采用商密级加密。

政务内网和政务外网之间必须物理隔离。政务外网和互联网之间可以采用防火墙、代理服务器或安全网关进行逻辑隔离。

政府在互联网上建立的门户网站，代表其在互联网上的形象，是公众通过互联网了解政府信息的窗口和获得政府服务的捷径，也是政府部门收集资料和公众反馈信息的一条全新渠道。在门户网站上，政府为社会直接提供“行政监管”和“公共服务”。

通过政府门户网站，电子政务的社会服务可以分为四个逐步提升的阶段：网上信息发布、网上信息交换、网上办公服务、“一站式”服务。从政府的角度看，使用互联网发布法规和政令等公告信息是政府网站的重要功能，也是最容易实现的功能，而“一站式”服务则体现了政府部门的系统工作，需要采用工作流引擎来驱动。目前来看，永远在线的“自助式”“一站式”服务是政府门户网站对公众的最佳服务模式。

5.政府信息资源管理中心

政府信息资源管理中心也称为政府数据中心（Government Data Center，GDC），政府信息资源管理中心建有信息资源元数据库，它提供丰富的信息资源供各部门访问。这些资源包括人口、法人单位、自然资源和空间地理信息以及宏观经济等数据。

（1）GDC首先是一个数据中心，在数据存储、备份的基础上，利用汇集的海量数据，可以发展为认证中心、导航中心等各种服务中心，为政府部门以及企业和社会公众提供数据共享、数据交换和决策支持服务。

（2）GDC采用自上向下的层次结构，可以分为国家级、省级和地市级GDC，分别负责本级或本行业的数据服务，因此GDC的建设往往可以和网络中心的规划同时进行，统筹建设。

（3）信息资源管理中心所存储的信息主要分为基础型、公益型和综合型。基础型信息是一些自然资源、空间地理等资源生态信息；公益型信息是一些城市建设和市政管理信息；综合型信息则是与经济和社会发展有关的信息。

（4）政府信息资源采用统一的目录服务体系。使用这些信息时要统一通过信息交换中心进行登记，然后再进行数据交换。

3.1.2 电子政务的总体结构

我国电子政务系统的总体结构如图3-3所示，由网络基础设施支撑体系、业务应用系统、公共监管与服务系统、标准化支撑体系、安全支撑体系五部分组成。

1.电子政务网络基础设施支撑体系

电子政务网络基础设施支撑体系是整个电子政务的硬件和软件基础，为各类应用提供基础模块支撑和信息交换传输集成服务，主要包括以下4部分内容。

（1）硬件。硬件包括各种个人计算机、服务器、网络设备、通信线路、存储设备等。

（2）操作系统。操作系统是整个电子政务系统安全的一个重要基石，是各类软件的基础，常用的有Unix、Windows和Linux等。在某些敏感性环节，应大力扶持有自主知识产权的国产操作系统。

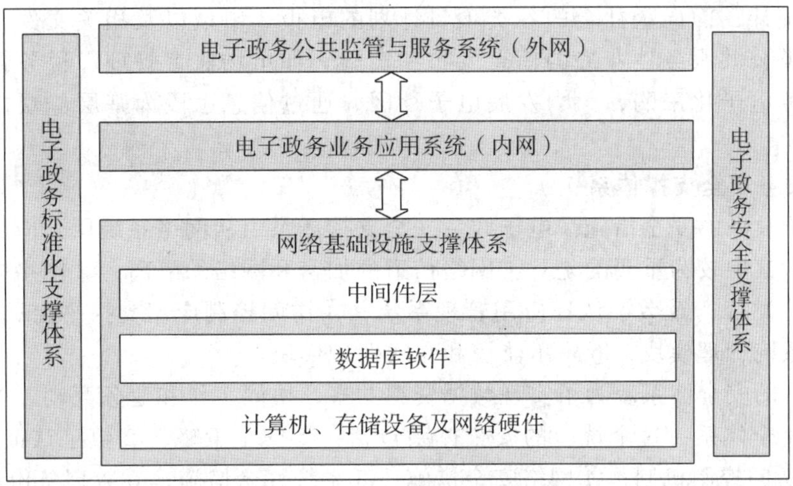

图3-3　我国电子政务系统结构图

（3）数据库软件。数据库软件用来存储数据及对数据进行管理，常见的数据库软件有Oracle、DB2、SQL Server等。

（4）各类中间件。其作用主要是集成各类数据资源，提供跨平台异构分布数据资源访问及处理服务，提供跨平台应用集成的解决方案，实现政务信息及相关数据的共享和交换。中间件主要有5类：数据存取中间件、消息中间件、事务处理中间件、分布对象中间件、应用服务中间件。

2.电子政务业务应用体系

在推动电子政务的过程中，应用领域的确定和选择是一个十分关键的问题。按照中国的国情，在确定电子政务的应用中，既要考虑未来电子政务的发展，也要从实际出发，选择好重点和突破点。我国电子政务的应用领域集中在以下两方面。

（1）政府部门之间的各类应用。这类应用主要包括各级政府间的公文信息审核、传递系统；各级政府间的多媒体信息应用平台；同级政府间的公文传递、信息交换。

（2）政府部门内部的各类应用。这类应用主要包括政府内部的公文流转、审核、处理；政府内部的各类专项业务管理系统；政府内部面向不同管理层的统计、分析系统；领导事务管理系统；涉及重大事件的决策支持系统等。

3.电子政务公共监管与服务体系

通过实施电子政务可增加公共权力运行的透明度，打破公共权力行使的神秘性和隐蔽性，加大"暗箱"操作的难度。电子政务公共服务的内容包括：

（1）面向公众的服务。这方面包括个人证件的申请和延长，如办理护照和驾照；汽车登记，如新车、二手车及进口车登记；公共图书馆在线资源提供；在线教育服务提供、入学登记；地址变更；就业信息查询；社会保险缴纳；房屋权属的查询；有关健康的设施和服务等。

（2）面向企业的服务。这方面包括员工的社会税款缴纳；公司所得税的申报和通知；增值税的申报和通知；新公司注册；向统计部门提交数据；有关环境的许可证（包括报告）；政府公开采购等。

（3）面向社会的服务。这方面包括各类公开的信息和一般的、非敏感的社会服务。例如，基于政府互联网网站的信息发布与查询；面向全社会的各类信访、建议、反馈及数据的收集统计；面向全社会的各类项目计划的申报、申请以及相关文件、法规的发布和查询；各类公共服务性业务的信息发布和实施，如市场监督管理、税务管理、保险管理；开展政务电子化采购，大力发展电子社区，通过信息手段为基层群众提供各类便民服务等。

4. 电子政务安全支撑体系

（1）电子政务的安全措施。电子政务安全支持体系由从网络系统层到应用层的多项安全模块组成，其中较为重要的是：①网络信道的加密和网络的隔离；②网络防火墙、访问代理、入侵检测等；③数字认证应用管理系统；④访问控制应用支撑平台；⑤系统监控、日志分析、系统管理模块；⑥Web监控和在线保护模块。

（2）统一的安全体系。为了实现数据资源共享、协同工作和业务互动，电子政务需要建立统一的安全体系。这个统一的安全体系包括：①安全策略；②数字认证和支撑平台；③ 数据资源访问控制机制；④网络安全措施；⑤系统冗余措施；⑥数据备份和应急方案。

5. 电子政务标准化支撑体系

电子政务标准化支撑体系的功能主要是保障实现信息资源共享和政务互联、互通和互动，主要由6个部分组成：

（1）总体标准，包括电子政务总体性、框架性、基础性的标准和规范。

（2）应用标准，包括数据元、代码、电子公文格式和流程控制等应用方面的标准。

（3）应用支撑标准，包括信息交换平台、电子公文交换、电子记录管理、日志管理和数据库等方面的标准。

（4）信息安全标准，主要有安全级别管理、身份鉴别、访问控制管理、加密算法、数字签名和公钥基础设施等方面的标准。

（5）网络基础设施标准，主要有基础通信平台工程建设、网络互联互通方面的标准。

（6）管理标准，主要是为确保电子政务建设质量而制定的标准，如电子政务工程监理、验收等方面的标准。

§3.2 电子政务系统框架

3.2.1 我国电子政务的组织体系结构

1. 我国政府的宏观模式

电子政务体系是非常复杂的系统，涉及的范围也非常广，电子政务的建设要参照我国政府的宏观模式进行，如图3-4所示。

我国电子政务的宏观模式包含以下四方面的含义。

（1）我国的政治体制。我国的政治体制是中国共产党领导的人民民主专政，根本制度是人民代表大会制度。

（2）政治沟通渠道。企业、公众和社团组织的政治利益和意愿是通过人民代表大会逐层向上反映的，党在其中起到监督保障的作用。

（3）政策制定模式。各相关高层政府以人民代表大会提交的提案和社会经济系统的发展、运行规律为依据，制定相关的政策，党在其中起到监督保障的作用。

（4）政策执行模式。各项政策通过各级政府逐步落实。

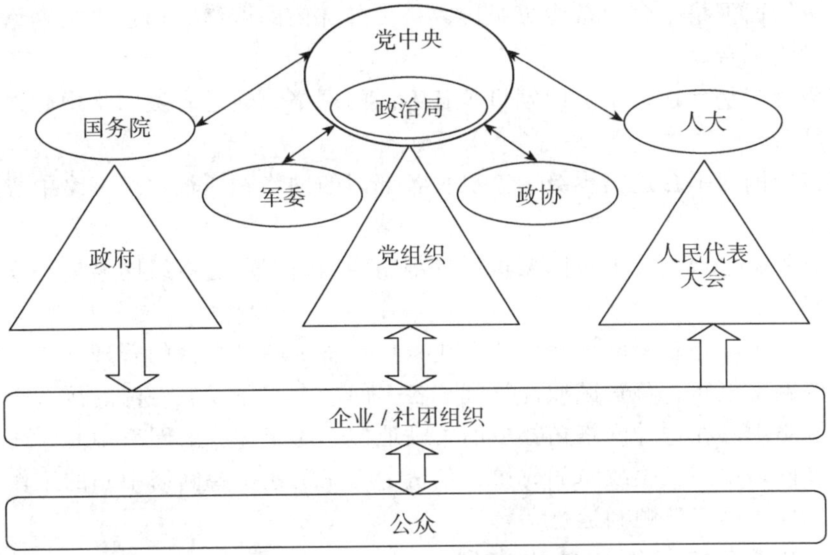

图3-4　我国电子政务宏观模式图

2.我国电子政务逻辑结构模型

根据我国政府的宏观模式，可描述出我国电子政务建设的逻辑体系结构，如图3-5所示。我国电子政务逻辑结构分为四个层面，即中央、省级、地市级、县级。各级网络平台将自己辖区内的部门网络连接成一体，构成本级的横向网络。各级网络平台都建有网络中心，来负责管理和维护本级网络，保证本级网络内部以及本级与上级、下级网络的通畅连接。横向的电子政务系统主要侧重于同一层面与各政府机关和业务系统之间的行政管理和协作；而纵向各政府职能部门按条线序列构成电子政务系统，主要侧重于同一领域上各级政府部门和业务系统之间的业务处理。

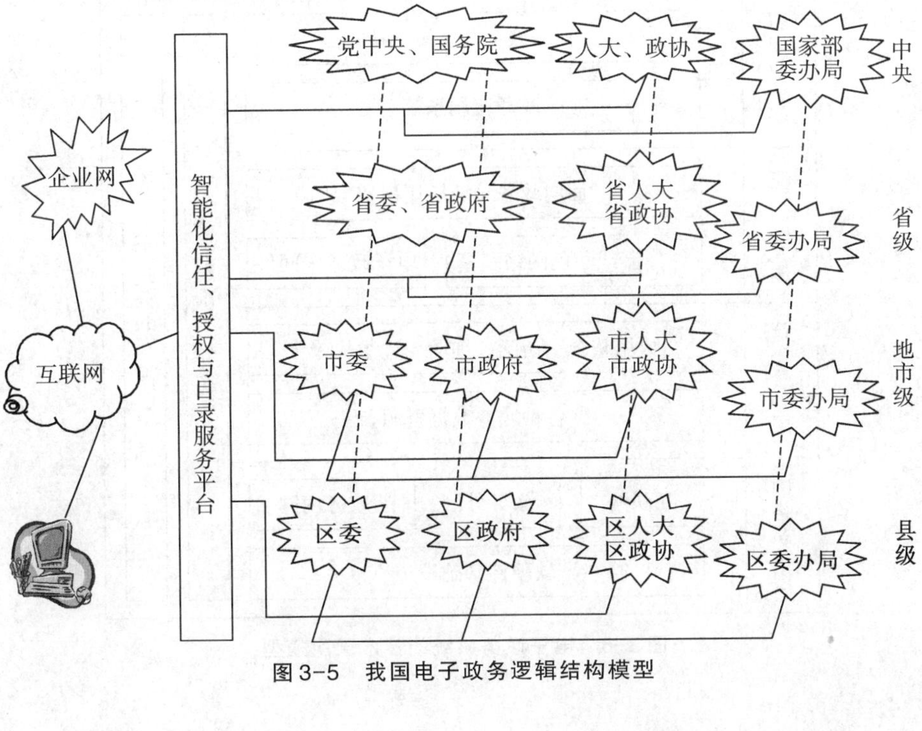

图3-5　我国电子政务逻辑结构模型

（1）中央层面网络平台连接中央级国家机关各部门的网络，通过中央网络中心接入电子政务统一网络平台。

（2）省级网络平台连接本级国家机关各部门的网络，通过省级网络中心连接到电子政务统一网络平台。

（3）地市级网络平台连接本级国家机关各部门的网络，通过本级网络中心连接到电子政务统一网络平台。

（4）区级网络平台连接本级国家机关各部门的网络，通过本级网络中心连接到电子政务统一网络平台。

中央级网络中心是整个网络平台的枢纽，负责整个网络平台的管理。二级网络中心是部委或地区的网络枢纽，负责区域性管理。各个网络中心还设有专门的接口与其他专网相连接。由于网络中心在这种网络拓扑中的关键地位，对于重要的网络中心，还专门设置了备份中心。在网络中心发生故障的时候，备份中心能迅速接替网络中心的工作，成为替代的网络枢纽，保障网络的顺利运行。

3.2.2 电子政务系统的结构模型

电子政务系统是基于计算机网络的信息系统，应用了先进的计算机及网络软硬件技术。在构建电子政务系统时，应对这个复杂系统的结构进行了解。这里分别阐述电子政务系统的技术层次模型和电子政务的功能结构模型。

1. 电子政务系统的技术层次模型

电子政务系统的技术层次模型自下而上可分为网络系统层、信息管理层、应用服务层、应用业务层四层基本结构。整个系统还包括电子政务标准和规范体系，面向电子政务的安全体系。这种结构代表了电子政务系统实际应用中的层次模型框架，具有普遍意义。电子政务系统的技术层次模型如图3-6所示。

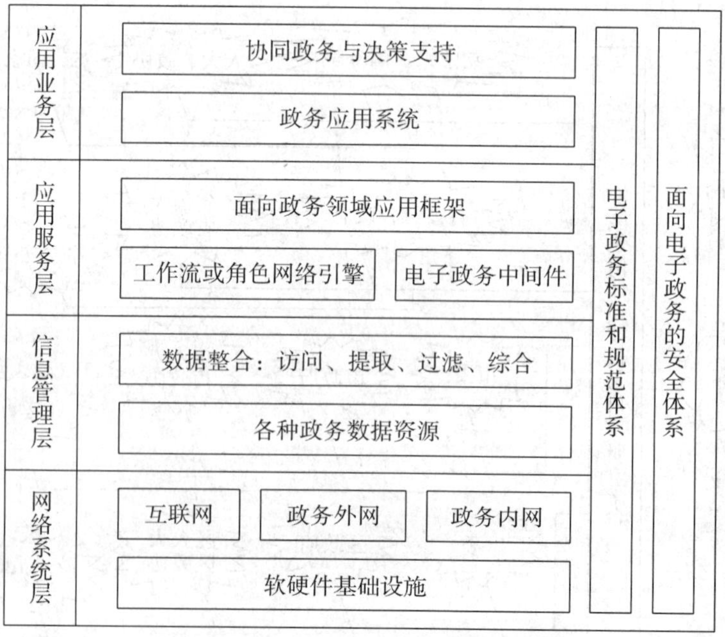

图3-6 电子政务系统的技术层次模型

（1）网络系统层即电子政务网络平台，它提供电子政务系统网络通信和系统服务。服务器、存储设备等基础硬件设施由网络传输介质和网络设备连接起来，形成了整个网络框架，即网络层；硬件设施配以相应的系统软件，如操作系统、网关软件等构成了网络系统层，此层向信息管理层提供数据存储和管理所必需的基础设施。遵照国家信息安全的有关政策法规，此层要优先采用国内产品和安全系统，网络间要进行相应隔离。

（2）信息管理层（数据访问层）负责管理存放在政府信息资源中心以及网络系统中的各类数据资源，向应用服务层提供数据整合：访问、转换、提取、过滤与综合服务。

（3）应用服务层（信息交换层）包括工作流引擎或角色网络引擎和电子政务中间件平台。中间件支持跨平台的分布式异构数据访问，从而向应用业务层提供统一的数据服务。工作流系统或角色网络系统来驱动数据在应用业务层的各应用之间的流转，以便根据分工，合理、高效和完整地分配信息。通过上层的面向政务领域的应用框架，可以快速地生成各种具体的政务应用，并可以根据需要进行动态扩充。

（4）应用业务层即电子政务应用平台，它包含G to G、G to B、G to C和G to E等模式下的政务应用系统以及协同工作与决策支持系统。

（5）电子政务标准和规范体系分为总体标准、网络基础设施标准、应用支撑标准、应用标准、信息安全标准和管理标准六类。这为电子政务的实施提供了标准依据。

（6）电子政务的安全体系包括安全策略、安全管理、安全技术产品、安全基础设施、安全服务和安全法规等信息安全保证措施，以保障整个电子政务系统安全、可靠地不间断运行。

2. 电子政务系统的功能结构模型

电子政务的结构模型可概括为三个基础、三个服务和统一门户。三个基础是指网络与系统基础设施、安全基础设施、信息资源库；三项服务是指为领导服务、为公务员服务、为公众服务；统一门户是指综合服务门户。电子政务系统的功能结构模型如图3-7所示。

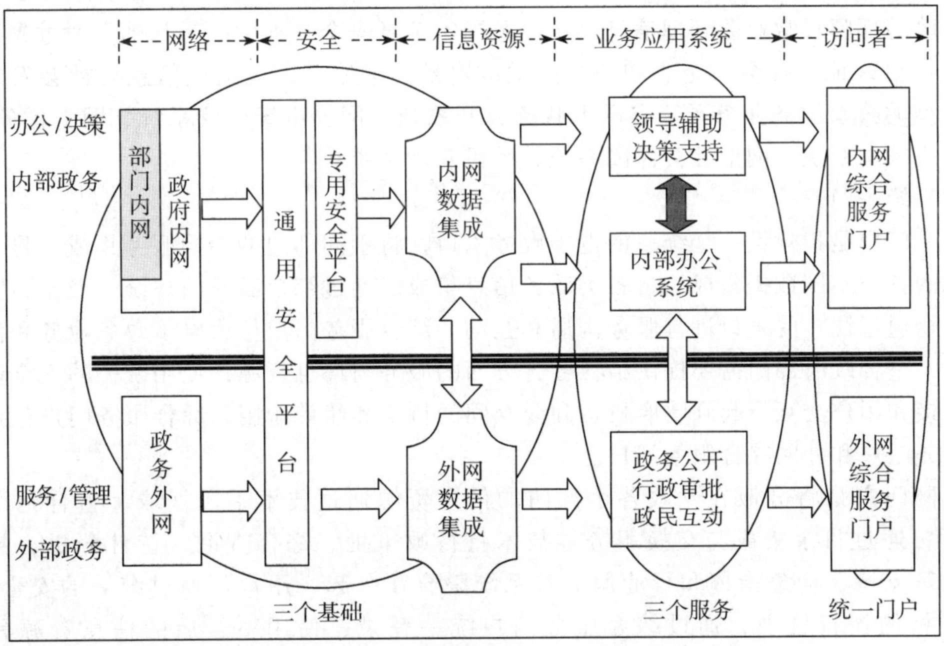

图3-7　电子政务系统的功能结构模型

（1）三个基础。

① 网络与系统基础设施。网络与系统基础设施指为电子政务应用系统提供底层支持的设施，包括网络设施（政务内网、政务外网和部门专网）、硬件平台（服务器、计算机、网络设备等）、操作系统、数据库管理系统。这些是应用系统运行的基础。

② 安全基础设施。电子政务的建设，必须在保证安全的前提下进行。安全系统保护的内容分为网络安全、主机系统安全、信息安全、应用系统安全四大部分。其中，网络安全主要关注与内网在物理隔离的情况下怎样保证数据交换的安全、与互联网连接时的访问安全、网络入侵安全等；主机系统安全主要考虑主机系统的漏洞、操作日志及备份恢复等；信息安全主要考虑信息的存储、传递、校验、审核等；应用系统安全主要考虑外网和专网以及内网各类应用系统的访问、认证、授权等安全管理。

③ 信息资源库。信息资源库（数据中心）指通过集中或者分布式手段，实现政务信息资源的统一管理和应用，消除信息孤岛，实现信息共享。这主要包括数据资源库的建设、数据备份恢复系统建设等。为了确保数据库数据的可管理性、安全性、完整性及易恢复性，需要对服务器的系统及数据库数据进行备份管理。

（2）三个服务。

① 为领导服务的政务系统。其提供领导所需要的各类信息查询以及辅助决策支持、应急指挥的服务。常见的为领导服务的系统有领导办公系统、秘书办公系统、辅助决策支持系统、电视电话会议系统等。

② 为公务员服务的政务系统。其将公务员日常工作实现电子化办公，实现办公无纸化，以提高工作效率和服务质量。这些政务系统主要包括：公文管理、会议管理、政务接待、电话记录管理、车辆管理、公共服务管理、办公用品管理、设备管理等。

③ 为公众服务的政务系统。公众服务以建设高效、公开、勤政的公众服务系统为目标，以政府部门日常业务处理信息系统以及国家信息安全基础设施为基础，通过先进的互联网技术更好地向社会、企业和公众提供政府部门的服务，以适应信息化社会发展的需要。典型的公众服务业务系统有网上政务公开系统、网上市场监管系统、网上税务系统、网上政府采购系统、网上社会保障系统、政民互动系统等。

（3）统一门户。

统一门户是指建设一个统一的电子政务入口，将不同部门的不同服务集成，将不同数据来源的各类不同数据集成，将各类政务信息集成，通过综合服务门户统一发布，实现政府与公众通过统一的入口进行服务沟通和互动。综合服务门户作为电子政务业务和信息的出入口，整合政府部门需要提供给社会各方面的服务与信息资源，使用统一的安全认证管理，直接和用户交互，起到政府机构和公众间的桥梁和纽带作用。综合服务门户包括内网综合服务门户和外网综合服务门户。

内网门户是将分散在党政各个部门的信息资源通过技术手段抽取、整合到综合数据仓库，通过目录集成与交换服务等技术将行政审批、综合查询、统计分析、数据挖掘、决策支持、应急指挥和行业服务等系统整合在一起。用户可通过统一的安全认证，经过严格的授权管理，通过综合服务门户统一登录，使用整合后的信息资源和应用系统。

外网综合服务门户是连接企业、公众与政府间的窗口，是企业、公众与政府间互动的业务平台。

3. 电子政务的用户层次

电子政务的用户层次，可以描述为一个三层的同心圆，如图3-8所示。

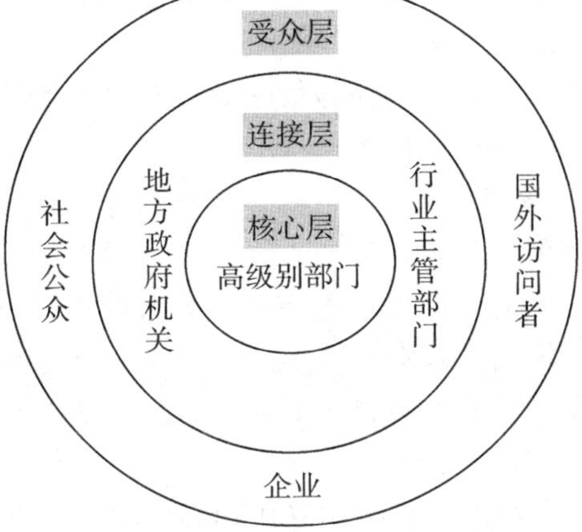

图3-8　电子政务用户的层次结构

（1）第一层为核心层，包括高级别的部门，主要是各高级行政部门间的协调工作以及与下属对口单位间的公文往来等，对保密性与安全性要求最高。

（2）第二层为连接层，包括各地方政府机关和行业主管部门等。该层是整个电子政务网络体系的骨干，起到承上启下的作用，是电子政务建设的重点。它的重要性体现在：

① 它要为核心层提供一条安全高效的信息通道，以保证中央与地方、上级与下级间政府工作的通畅。

② 同时它还处在一个环形结构上，需要一个统一的接口以便和其他地方、其他部门的电子政务网络连接，进行政务工作的协调。

③ 最后它还要提供一个直接面对社会的窗口，让人民群众了解政府的工作，将人民群众的信息进行整理、反馈。

（3）第三层是受众层，包括社会公众、企业以及国外访问者。该层是政府网络的外部环境，对安全性要求较低，用户主要通过互联网接入，不纳入电子政务系统的建设范围。

思政课堂

数字政府建设与法治政府建设共同发展

一、数字政府全面建设

习近平总书记高度重视信息化发展，强调“推动信息领域核心技术突破，发挥信息化对经济社会发展的引领作用”。数字技术不断发展，推动政府部门、企业、社会组织与个人之间形成数字生态系统，在政府部门与其他主体的互动中产生和运用数据，显著提升了政府决策效率和服务水平。近年来，全国一体化在线政务服务平台、全国一体化大数据中心等建设成效明显，各地数字政府建设全面提速，数字化服务全面升级。

二、打造安全网络环境

近年来，《数据安全法》、《个人信息保护法》等制定通过，从网络安全审查到大数据安全管理，一批涵盖网络安全各个领域的重要制度相继建立并不断完善。我国在确保网络与数据安全、营造清朗网络空间、保障网络用户权益、维护市场公平竞争秩序、提高网络综合治理能力、打击网络违法犯罪等方面取得显著进步。今后，还可以在加强数据安全维护方面继续探索，促进数字政府建设与法治政府建设同频共振、共同发展。

三、助推政府创新

我国在“一网通办”“最多跑一次”“不见面审批”等方面不断改革创新，取得显著成效，政府治理科学化、精细化、智能化程度大大提升。同时，科学立法、严格执法、公正司法、全民守法全面推进，促进了政府信息公开、公共数据开放、一站式政务服务等效能的提升。未来，应抓住新一轮科技革命带来的重要机遇，探索构建新的治理机制，深化数字技术相关法治理论和实践，不断推动信息时代法治发展进步，为数字政府建设提供更可靠法治保障。

资料来源：周汉华．促进数字政府建设与法治政府建设同频共振、共同发展［EB/OL］．［2021-10-29］．http://www.e-gov.org.cn/egov/web/article_detail.php?id=178931.

本章小结

“三网”指内网、外网和专网，“一库”指政务信息资源库。我国电子政务结构经历了“三网一库”向政务内外网结构转变的过程。政务内网主要是一定级别以上政务部门的办公网，它与此级别以下的政务部门办公网实行物理隔离。政务外网是政府业务专网，主要运行政府部门面向社会的服务系统和不需要在内网上运行的业务，即“行政监管”和“公共服务”等所需要的不涉及办公业务的服务。

政务内网和政务外网之间必须物理隔离。政务外网和互联网之间可以采用防火墙、代理服务器或安全网关进行逻辑隔离。

政府信息资源管理中心（GDC）是一个数据中心，在数据存储、备份的基础上，利用汇集的海量数据，可以发展为认证中心、导航中心等各种服务中心，为政府部门以及企业和社会公众提供数据共享、数据交换和决策支持服务。

我国电子政务系统的总体结构由网络基础设施支撑体系、业务应用系统、公共监管与服务系统、标准化支撑体系、安全支撑体系五部分组成。

我国政府的宏观模式由党组织、政府、政协、人大和军队五个部分组成。我国电子政务逻辑结构分为中央、省级、地市级和县级四个层面。

电子政务系统的层次模型自下而上可分为网络系统层、信息管理层、应用服务层、应用业务层四层基本结构。

电子政务的结构模型可概括为三个基础、三项服务和统一门户。其中，三个基础是指网络与系统基础设施、安全基础设施、信息资源库；三项服务是指为领导服务、为公务员服务、为公众服务；统一门户是指综合服务门户。

电子政务的用户层次可以分为三层：第一层为核心层，该层包括高级别的部门；第二层为连接层，包括各地方政府机关和行业主管部门等；第三层是受众层，包括社会公众、企业以及国外访问者。

综合训练

3.1 单项选择题

1.属于“三网一库”中的内网的是（　　）。

A.办公业务资源网　　B.公共管理和服务网

C.互联网　　D.机关内部办公网

2.副省级以上政府节点属于（　　）。

A.核密网　　B.政务内网

C.政务外网　　D.互联网

3.政务内网和政务外网之间的隔离是（　　）。

A.绝对隔离　　B.物理隔离

C.逻辑隔离　　D.相对隔离

4.电子政务标准化支撑系统由六部分组成，下列属应用支撑标准的是（　　）。

A.电子公文格式的标准　　B.加密算法的标准

C.电子政务工程监理的标准　　D.数据库标准

5.下列包含电子政务系统中的决策支持系统的是（　　）。

A.网络系统层　　B.信息管理层　　C.应用服务层　　D.应用业务层

6.企业属于电子政务用户的（　　）。

A.核心层　　B.连接层　　C.受众层　　D.服务层

3.2 多项选择题

1.政府部门信息系统的基础是（　　）。

A.政府内网　　B.局域网　　C.政府外网　　D.互联网

2.政务内网可包括（　　）。

A.局域网　　B.园区网　　C.城域网　　D.广域网

3.政府门户网站对公众的最佳服务模式是（　　）。

A.网上信息发布　　B.永远在线的“自助式”服务

C.永远在线的“一站式”服务　　D.网上办公服务

4.GDC所储存的基础性信息是指（　　）。

A.自然资源信息　　B.城市建设信息

C.宏观经济数据　　D.空间地理

5.我国电子政务系统包括（　　）。

A.网络基础设施支撑系统　　B.业务应用系统

C.公共监管与服务系统　　D.标准化和安全支撑系统

6.电子政务结构模型的三个基础是指（　　）。

A.网络与系统基础设施　　B.综合服务基础设施

C.信息资源库　　D.安全基础设施

3.3 思考题

1. 简述我国电子政务建设的“三网一库”结构和内外网结构，以及实现从“三网一库”到内外网结构转变的原因和方式。

2. 画图说明我国电子政务系统的总体结构模型。

3. 试述我国电子政务逻辑结构模型的组成。

4. 说明电子政务系统功能结构模型的组成。

第4章

电子政务网络基础设施

学习指南
引导案例
§4.1　电子政务系统的硬件与网络平台
§4.2　电子政务系统的软件平台
§4.3　数据库管理系统
思政课堂
本章小结
综合训练

学习指南

【学习目标】网络基础设施是电子政务系统实施的基础平台。通过本章的学习，掌握电子政务系统的硬件平台与网络平台；了解数据备份的存储介质；理解电子政务系统的软件体系结构；了解数据库管理系统及其特点。

【关键概念】网络协议　网络管理　操作系统　数据库　数据库管理系统　数据库系统　数据备份

引导案例

广西创新驱动引领政务数据治理

在你追我赶的数字政府建设浪潮中，广西可谓“异军突起”。根据国内权威机构赛迪研究院《中国数字经济发展指数2020》的报告，两年时间里，广西政务数据治理排名从全国第28名跃升至全国第9名。

一、设计——开创数据治理新模式

在南宁召开的智慧政务峰会2021上，广西分享了数字政府建设的“秘诀”——广西深入实施大数据战略，大力推进数字政府建设和智能政务服务，运用大数据、云计算、区块链等前沿技术提高政府治理能力，持续推动数字政府建设，取得了较为显著的成效。已构建起一云承载、一网通达、一池共享、一机通办、一体安全的“五个一”政务数据治理新模式，全面推进数字政府智治。

以数据治理为核心，对政务数据进行挖掘整合，广西打造了全区政务服务的“总枢纽”——广西数字政务一体化平台，向上联通国家政务服务平台，横向打通各部门业务办理系统，为全区各级各部门提供公共入口、公共通道、公共支撑。

二、提升——完善政务数据治理体系

基于自治区数据共享交换平台，广西完成全区138个业务系统对接、120个区直单位数据服务目录对接，发布数据目录5.4万条，这为广西深入推进政务数字化改革提供了坚实保障。

通过深化政务服务“简易办”改革，广西数字政务一体化平台支撑了政务服务“一网办、零跑腿、一证办、智能批”。目前，广西政务服务网上办理率达75.14%，99.73%的申请政务服务事项实现“最多跑一次”，62.57%的事项实现“一次不用跑”，41万个事项实现“网上办”，30万个事项、541个高频便民服务应用实现“指尖办”，1.88万份申报材料减免核验，拿地即开工、交房即交证等正在迅速推广……

经过不断努力，广西的政务服务全国省级排名由前期的全国排名第26位提升到目前的第14位，广西成为“中国开放数林标杆省域”5个标杆省域之一，为数字政府建设贡献了“广西方案”。

资料来源：赵超．创新驱动引领政务数据治理［EB/OL］．［2021-08-25］．http：//www.e-gov.org.cn/egov/web/article_detail.php？id=178285.经删改整理．

网络基础设施提供了电子政务系统网络通信和系统服务。服务器、存储设备等基础硬件设施由网络传输介质和网络设备连接起来，形成基础网络层，为信息提供数据通道，是各种应用系统交互的基石。硬件设施配以相应的系统软件（如操作系统、网络管理系统等）构成网络系统层，此层向信息资源平台提供数据存储和管理所必需的技术设施。本章主要介绍电子政务的硬件设施与网络平台、软件平台及数据库管理系统。

§4.1 电子政务系统的硬件与网络平台

4.1.1 硬件基础

目前的电子政务系统已经从传统的客户机/服务器模式发展到多层模式（客户端/表示

层/应用服务层/数据层），在每一个层次上，都有与该层次需求对应的硬件设备：用户终端设备是用户层的需求，服务器则是后三层应用的基础。多层模式的系统架构的应用使得电子政务系统可扩展性与可管理性更强，开发部署速度更快，在保证稳定的基础上提供了更强的系统性能。

1.用户终端设备

用户终端主要为电子政务系统的用户提供了硬件操作平台，通过操作用户终端上的软件，用户可以完成对电子政务系统的操作。根据用户终端设备的性能、应用领域等特征，可将用户终端设备分为PC工作站、专业工作站、小型终端以及无线终端四类，见表4-1。

表4-1　**用户终端设备比较**

比较项目 终端类型	体积	性能	应用范围	便携性	成本
PC工作站	大	一般	广泛	差	低
专业工作站	大	强	专业领域	差	高
小型终端	小	弱	特定领域	强	低
无线终端	中/小	一般	广泛	强	较低

2.服务器

电子政务系统的服务器是在网络环境下，为所有的电子政务系统用户提供信息共享、网站访问等服务的高性能计算机。电子政务系统面对的用户数量多、分布广，数据的安全性要求高，这就要求电子政务系统的运行服务器具有高性能和高可靠性。服务器的高性能体现为高速度的运算能力、长时间的运行能力以及大容量数据的快速吞吐能力。

（1）按照结构可以将服务器划分为塔式服务器、机架式服务器和刀片式服务器，见表4-2。

表4-2　**服务器类型比较**

比较项目 服务器类型	成本	性能	扩展性	集群扩展性	体积	对配件的要求
塔式服务器	低	高	高	较不易	大	无要求
机架式服务器	一般	一般	一般	较容易	一般	对散热与大小有要求
刀片式服务器	高	一般	低	容易	小	需要专用配件

（2）按照服务器的功能可以将服务器划分为Web服务器、应用服务器和数据库服务器，见表4-3。

表4-3　**服务器类型比较**

比较项目 服务器类型	可靠性要求	价格	功能	产品种类
Web服务器	一般	便宜	Web服务	多
应用服务器	高	贵	商业逻辑处理	少
数据库服务器	高	贵	数据库服务	多

4.1.2 网络基础

网络基础设施是电子政务系统实施的基础平台。把服务器、存储设备等基础硬件设施由网络传输介质和网络设备连接起来，形成基础网络层。硬件设施配以相应的系统软件（如操作系统、网络管理系统等）构成网络系统层，向信息资源平台提供数据存储和管理所必需的基础设施。下面将从网络覆盖的地理范围的角度，简述几种现阶段应用较广的网络技术：局域网、广域网、城域网、国际互联网和接入网技术。

1.局域网

局域网（Local Area Network，LAN）是满足政府、企业、学校等机构通信需要的内部网络，其范围一般在几千米以内。局域网技术的发展特别是带宽的显著提高，为诸如网络会议、数据挖掘、办公自动化等需要大通信量的应用系统建设和质量的提高奠定了坚实的基础。

2.广域网

（1）广域网的概念。

广域网（Wide Area Network，WAN）是在一个广泛范围内建立的计算机通信网，广泛范围是就地理范围而言，可以超越一个城市、一个国家甚至达到全球，因此对通信的要求高，其复杂性也高。

（2）虚拟专用网。

虚拟专用网（Virtual Private Network，VPN）采用了一种被称为隧道（Tunnel）的技术，使得政府和企业可以在公网上建立起相互独立的、安全的，可连接分支机构、分布式网点和移动用户的多个虚拟专用网。

3.城域网

（1）城域网的概念。

城域网（Metropolitan Area Network，MAN）是在一个城市范围内所建立的计算机通信网。这是于20世纪80年代末在LAN发展的基础上提出的，在技术上与LAN有许多相似之处，而与广域网区别较大。

（2）城域网的网络结构。

从网络架构上来说，它属于局域网LAN的互联，是一组相互连接的局域网的集合；从组网方式来说，一般由私网（Customer Premise Network，CPN，用户驻地网）和公网（电信网）两部分组成；从距离上来说，一般在2～50千米，小于2千米的网络一般为局域网，大于50千米的网络一般为广域网。

城域网的传输媒介主要采用光缆，传输速率在100兆比特/秒以上。所有联网设备均通过专用连接装置与媒介相连，只是媒介访问控制在实现方法上与LAN不同。

4.国际互联网

（1）国际互联网的概念。

国际互联网是20世纪70年代由美国军方的ARPA网发展而来的，是一个由各种不同类型和规模的独立运行的计算机网络组成的全球范围的计算机网络。

（2）国际互联网的组成。

组成国际互联网的计算机网络包括局域网、城域网以及大规模的广域网等。这些网络通过普通电话线、高速率专用线路、卫星、微波和光缆等通信线路把不同国家的大学、公司、科研机构以及军事和政府等组织的网络联接起来。国际互联网不是单一的网络，而是由全球范围内的计算机连接在一起形成的全球网，其实质是全球的计算机互相连接，实现全球资讯共享。

（3）国际互联网的应用。

用户可以获取信息资源和先进的服务，也可以通过互联网将个人或企业部门的信息发布出去，供其他用户访问浏览。国际互联网造就了一批新兴的产业，如电子商务、互联网服务提供商（Internet Service Provider，ISP）、互联网内容提供商（Internet Content Provider，ICP）、搜索引擎、域名服务代理商等在互联网上获得了大量的财富。同时，互联网已成为一个窗口，大量的政府上网、企业上网和个人上网，强化了自我形象、经营理念、服务质量和业务联系；互联网已成为一个纽带，通过网上聊天、网上会议、VOIP、BBS、E-mail、电子游戏等把世界变成了地球村。

5.接入网技术

接入网处于整个电信主干网的网络边缘，用户的各种业务通过接入网进入核心网。接入网是用户与核心网之间的桥梁，电子政务系统同样需要用户以一定的方式接入网络系统。目前有多种方式可以接入，表4-4对当前各种接入方式的具体技术及相关特征进行了分析。

表4-4　**接入技术及相关特征分析**

名称	性价比	稳定性	永久在线	带宽使用	接入速率（bps）	特点
拨号接入	低	不稳定	否	独享	最高56K	可靠性差，一般不用
ISDN	一般	不稳定	否	独享	64K或128K	已经淘汰，不采用
DDN	一般	稳定	是	独享	16K ~ 2M	价格较贵，用于较大部门
ADSL	高	稳定	是	独享	下行8M，上行1M	性价比高，应用广泛
HFC	低	较稳定	是	共享	下行大于10M，上行1M	保密性差，较少用于政务系统
光纤入户	一般	很稳定	是	独享	很高	应用广泛
GSM/GPRS/EDGE	较低	一般	是	独享	154K	2G或2.5G，属过渡技术
WCDMA/TD-SCDMA/CDMA2000	低	较稳定	是	独享	384K ~ 2M	3G无线接入
Wi-Fi	高	较稳定	是	独享	54M/108M	用于近距离无线接入

4.1.3　网络协议

1.网络协议概述

网络协议就是网络之间沟通、交流的桥梁，具有相同网络协议的计算机才能进行信息的沟通与交流。这就好比人与人之间交流所使用的各种语言，只有使用相同语言才能正常、顺利地进行交流。从专业角度定义，网络协议是网络上所有设备（网络服务器、计算机及交换机、路由器、防火墙等）之间的通信规则，即通信协议的集合，它定义了通信时信息必须采用的格式和这些格式的意义，主要是对信息传输的速率、传输代码、代码结构、传输控制步骤、出错控制等作出规定，制定标准。常见的协议有TCP/IP协议、IPX/SPX协议、NetBEUI协议等。

2.OSI参考模型

OSI参考模型，即开放式通信系统互联参考模型（Open System Interconnection Reference Model，简称OSI-RM），是国际标准化组织（ISO）提出的一个试图使各种计算机在世界范围内互联为网络的标准框架。整个OSI模型共分7层，从下往上分别是物理层、数据链路层、网络层、传输层、会话层、表示层和应用层，如图4-1所示。

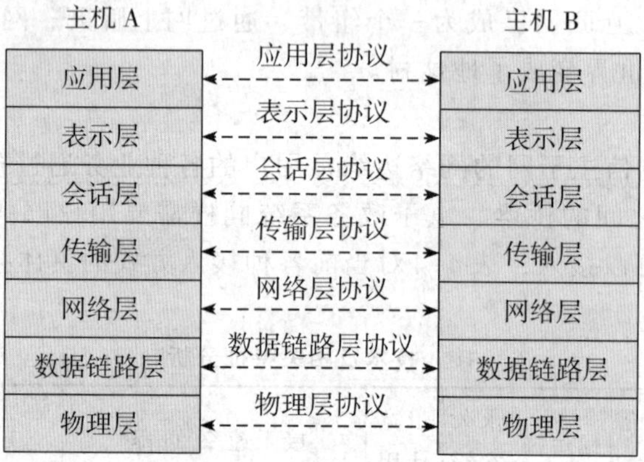

图4-1 OSI参考模型

3.TCP/IP协议族

TCP/IP（Transmission Control Protocol/Internet Protocol）协议是互联网上广泛使用的一种协议，它实际上是包含多个协议的协议族，起源于美国国防部。使用TCP/IP协议的互联网提供的主要服务有电子邮件、文件传送、远程登录、网络文件系统、电视会议系统和万维网。

TCP/IP协议可以映射到四层：①网络访问层，这一层负责在线路上传输帧并从线路上接收帧；②网际层，进行路由选择；③传输层，这一层负责管理计算机间的会话，包括TCP和UDP两个协议；④应用层，就是我们熟悉的HTTP、FTP、DNS、Telnet等。TCP/IP协议族层次模型见表4-5。

表4-5 TCP/IP协议族层次模型

层次	模型
应用层	HTTP、HTTPS、FTP、SMTP、POP3、Telnet、DNS等
传输层	TCP、UDP等
网际层	IP、ARP、RARP等
网络访问层	Ethernet、Token Ring、SLIP、PPP、FDDI、ATM、X.25等

（1）常用的应用层协议。

① HTTP超文本传输协议。HTTP（Hypertext Transfer Protocol）协议是用来在Internet

上传送超文本的传送协议。它是运行在TCP/IP协议族之上的应用层协议，它可以使浏览器更加高效，使网络传输时间减少。

② HTTPS安全超文本传输协议。HTTPS（Secure Hypertext Transfer Protocol）协议是由Netscape开发并内置于其浏览器中，是一个安全通信信道，用于在客户计算机和服务器之间交换信息，对数据进行压缩和解压操作。

③ FTP文件传输协议。FTP（File Transfer Protocol）协议是一个标准协议，是在计算机和网络之间交换文件的最简单的方法，FTP也是应用层协议的标准。

④ SMTP简单邮件传送协议。SMTP（Simple Mail Transfer Protocol）协议是用来发送电子邮件的TCP/IP协议。SMTP的一个重要特点是它能够在传送中接力传送邮件。传送系统不是一对一的。更特别的是，邮件可以通过不同网络上的主机进行接力式传送。

⑤ POP3邮局协议（版本3）。POP3（Post Office Protocol Version 3）协议是一个关于接收电子邮件的客户/服务器协议。电子邮件由服务器接收并保存，在一定时间之后，由客户电子邮件接收程序检查邮箱并下载邮件。

⑥ Telnet虚拟终端协议。Telnet协议是让用户在远程计算机登录，并使用远程计算机上对外开放的所有资源。

⑦ DNS域名系统。DNS域名系统用于在Internet中将域名及其公共广播的网络节点转换成IP地址。

（2）传输层协议。

① TCP传输控制协议。传输控制协议（Transmission Control Protocol，TCP）是一种面向连接的传输层协议，能提供可靠的全双工的数据传输。TCP负责将消息拆分成数据分段，重传丢失的数据分段并将数据分段在目的主机重组成消息。对可靠性要求高的数据通信系统往往使用TCP协议传输数据。

② UDP用户数据包协议。UDP（User Datagram Protocol）是定义用来在互联网络环境中提供包交换的计算机通信的协议。UDP不提供对包的排序，程序必须自己确定信息是否完全地、正确地到达目的地。

（3）网际层协议。

① IP协议。IP（Internet Protocol）协议是分层网络寻址方案中应用最广泛的协议，它是在Internet中使用的无连接、不可靠的协议，提供无连接的分组传送路由。

② IPv6协议（版本6）。IPv6（Internet Protocol Version 6）也被称为"IPng"（下一代IP），它对现行的IP（版本4）进行了重大的改进，其最大改进在于将IP地址从32位改为128位，从根本上改变了IP地址短缺的问题，另外，还增加了安全方面的支持。

③ ARP地址解析协议。ARP（Address Resolution Protocol）是用于映射计算机的物理地址（MAC地址）和IP地址。

④ RARP反向地址转换协议。RARP（Reverse Address Resolution Protocol）与ARP协议正好相反，RARP是由已知的数据链物理地址（MAC地址）获取相应的IP地址的过程。它提供的服务是：设备可以根据本机的物理地址查询其IP地址。

（4）网络访问层协议。

① SLIP协议。串行线路互联网协议（Serial Line Internet Protocol，SLIP）是一个TCP/IP协议，它用于在两台计算机之间通信。通常计算机与服务器连接的线路是串行线路，

而不是如T1的多路线路或并行线路。现已逐渐被功能更好的PPP协议所取代。

② PPP协议。点对点协议（Point to Point Protocol，PPP）是用于串行接口的两台计算机的通信协议，是为通过电话线连接计算机和服务器来彼此通信而制定的协议。PPP协议可用于不同介质上包括双绞线、光纤和卫星传输的全双工协议。

③ X.25协议。它是国际电报电话咨询委员会标准的通信协议，制定于1976年，用于定义同步传输的数据包。它是分组数据网上使用的一种协议，允许不同网络中的计算机通过一台工作在网络层的中间计算机进行相互通信。

④ FDDI。光纤分布式数据接口（Fiber Distributed Data Interface，FDDI）是由美国国家标准化组织制定的在光缆上发送数字信号的一组协议。FDDI使用双环令牌，传输速率可以达到100Mbps。由于支持高宽带和远距离通信，FDDI通常用做骨干网。

⑤ ATM。异步传输模式（Asynchronous Transfer Mode，ATM），又称信元中继。ATM采用面向连接的交换方式。它以信元为单位，每个信元长53个字节，其中报头占了5个字节。ATM能够比较理想地实现各种QoS，既能够支持有连接的业务，又能支持无连接的业务。ATM网络不参与任何数据链路层功能，将差错控制与流量控制工作都交给终端去做。

⑥ 以太网。以太网（Ethernet）是目前应用最广泛的一种局域网。以太网采用的介质访问控制方法就是载波监听多路访问/冲突检测（Carrier Sense Multiple Access/Collision Detection，CSMA/CD）。经典以太网是10Mbps的基带总线局域网，各站点共享共用信道，任何一个站点所发送的数据，总线上其他所有站点均可以接收到。随着网络技术的发展，出现了100Mbps快速以太网、千兆以太网以及万兆以太网。

⑦ 令牌环网。令牌环（Token Ring）在物理上是一个由一系列环接口和这些接口间的链路构成的闭合环路，各工作站通过环接口连接到网上。当环上的一个工作站希望发送帧时，必须首先等待令牌。一旦收到令牌，工作站便可发送数据帧。工作站在发送完一帧后，应该释放令牌，以便出让给其他站使用。

4.其他网络协议

（1）IPX/SPX协议族。

IPX/SPX（Internetwork Packet Exchange/Sequential Packet Exchange）协议是由Novell提出的用于客户/服务器相连的网络协议。IPX/SPX协议族又叫Novell NetWare协议族，简称NetWare协议族。NetWare协议族是伴随着NetWare网络操作系统的出现而出现的，它对常见的桌面操作系统，包括Windows、Macintosh、OS/2以及UNIX等提供广泛的支持。IPX协议作为NetWare协议族的典型协议，承载着协议族的众多上层协议。通过IPX/SPX协议可以跨过路由器访问其他网络。

（2）网络基本输入输出系统扩展用户接口。

网络基本输入输出系统扩展用户接口（NetBIOS Enhanced User Interface，NetBEUI）协议是IBM公司于1985年提出的。NetBEUI主要是为20~200个工作站的小型局域网设计的，用于NetBEUI、LanMan网、Windows For Workgroups及Windows NT网。由于NetBEUI协议没有路由能力，所以其已不能适应较大的网络。如果需要路由到其他局域网，则必须安装TCP/IP或IPX/SPX协议。

（3）AppleTalk协议。

AppleTalk协议是Macintosh计算机使用的主要网络协议。Windows NT服务器也能支持该协议，允许Macintosh的用户共享存储在Windows NT文件夹的“Mac-”格式的文件，也可以使用和Windows NT连接的打印机。

4.1.4 网络管理

网络管理指网络管理员通过网络管理程序对网络上的资源进行集中化管理的操作，包括配置管理、性能管理、计费管理、故障管理和安全管理等。一台设备所支持的管理程度反映了该设备的可管理性及可操作性。

1.网络管理的内容

（1）配置管理。

配置管理是指自动发现网络拓扑结构、构造和维护网络系统的配置，主要包括定义和管理配置信息、设置和修改配置参数和属性值、提供和终止网络服务、配置软件等功能。

（2）性能管理。

性能管理的目的是维护网络服务质量QoS和网络运营效率，具体内容包括采集、分析网络对象的性能数据，监测网络对象的性能，对网络线路质量进行分析。同时，统计网络运行状态信息，对网络的使用发展作出测评、估计，为网络进一步规划与调整提供依据。

（3）计费管理。

计费管理是指对网际互联设备按IP地址的双向流量统计，产生多种信息统计报告及流量对比，并提供费率管理和账单管理功能，以便正确地计算和收取用户使用网络的费用，并进行网络资源利用率的统计和网络成本效益核算。

（4）故障管理。

故障管理是指迅速发现和纠正网络故障，动态地维护网络的有效性。其主要功能包括告警检测、故障定位、测试、业务恢复及修改等。

（5）安全管理。

安全管理是指提供信息的保密、认证和完整性等网络安全机制，以使网络中的服务、数据和系统免受侵扰和破坏。

2.网络管理协议

网络管理协议定义了网络管理的框架、方式、方法和有关标准，是对多厂家网络设备互联的大型网络进行管理的基础，包括多种类型：

（1）公关管理信息协议。

公关管理信息协议（Common Management Information Protocol，CMIP）是OSI提供的网络管理协议族，其优点是通用和完备，在电信网管理标准中得到了广泛的应用。

（2）TCP公共管理信息协议。

TCP公共管理信息协议（Common Management Over TCP/IP，CMOT）试图在TCP/IP协议上实现公共管理信息服务（Common Management Information Service，CMIS），这是一种过渡性的解决方案，直到OSI网络管理协议被广泛采用。但CMOT迟迟未能出台，互联网工程工作组（Internet Engineering Task Force，IETF）决定把已有的SGMP（Simple Gateway Monitoring Protocol）进一步修改后，作为临时的解决方案。这个在SGMP基础上开发的解决方案就是著名的简单网络管理协议。

（3）简单网络管理协议。

简单网络管理协议（Simple Network Management Protocol，SNMP）由IETF提出，其最大的特点是简单，容易实现且成本低。此外，它的特点还有：可伸缩性——SNMP可管理绝大部分符合互联网标准的设备；扩展性——通过定义新的“被管理对象”，可以非常方便地扩展管理能力；“健壮性”——即使在被管理设备发生严重错误时，也不会影响管理者的正常工作。许多著名的网络管理系统，如HP Openview、IBM NetView、Cabletron Spectrum和Microsoft Systems Management Suits都是基于SNMP标准设计的。

（4）局域网个人管理协议。

局域网个人管理协议（Local Mobility Management Protocol，LMMP）试图为LAN环境提供一个网络管理方案。由于该协议直接位于IEEE802逻辑链路层上，所以不能跨越路由器，而只能在局域网中使用。

3.网络管理工具

对大型网络的管理，需要借助于功能强大、使用方便和支持多种网络设备、网管协议的软件系统工具，才能对网络进行充分、完备和有序的管理。下面是几种常用的网络管理工具：

（1）HP OpenView。

HP OpenView是由惠普公司开发的第三方网络管理平台软件领域的代表者之一，它不仅是一套功能强大的网络管理系统，而且提供了面向企业级应用管理的全面解决方案。

HP OpenView产品主要占据着网络管理的高端市场，作为异构平台IT基础设施管理工具，惠普的OpenView在网络管理、事件管理、故障管理以及变更管理等传统管理领域保持较高的市场占有率。

（2）IBM Tivoli。

IBM Tivoli是一个企业应用管理家族，作为企业管理类软件，在市场中也占有很大的份额。Tivoli的另一个优势是具有跨主机、网络协议和操作系统的能力，适用范围更广。

（3）SunNet Manager。

SunNet Manager（SNM）是第一个重要的基于Unix的网络管理系统。作为广泛使用的早期网络管理平台，SNM曾经一度占据了市场的领导地位，但现在SNM的市场地位已被HP的OpenView所取代。因为它仅仅提供很有限的应用功能，而且为了实用化，还必须附加很多第三方开发的针对具体硬件平台的网络管理应用。SNM一般运行在SUN平台上。

（4）Cabletron SPECTRUM。

Cabletron SPECTRUM是由美国Cabletron公司开发的一个可扩展的、智能的网络管理系统，代表着未来智能网络管理方向。它使用了面向对象的方法和客户服务器体系结构，提供了图形化的用户界面，功能强大，同时使用非常灵活。虽然SPECTRUM是一个优秀的网络管理软件，但它却只有很低的市场占有率。

（5）Cisco Works 2000。

它是CISCO公司的网络管理软件。此外，CISCO公司的网络管理软件还包括VLAN-View、TrafficView等。

§4.2 电子政务系统的软件平台

4.2.1 操作系统

1.操作系统概述

操作系统（Operating System，OS）是负责对计算机硬件直接控制及管理的系统软件，是用户和计算机之间的界面，操作系统管理着所有计算机系统资源。网络操作系统（Network Operating System，NOS）是网络的心脏和灵魂，是向网络计算机提供网络通信和网络资料共享功能的操作系统。它负责管理整个网络资源和方便网络用户的软件集合。操作系统为应用系统的技术开发提供了标准的接口，同时也为使用者提供了访问与操作界面，包括字符界面（CUI）和图形界面（GUI）两种形式。操作系统的基本功能包括：

（1）存储管理。

存储管理以文件为对象，提供创建、删除、复制、移动、更改等管理功能。

（2）设备管理。

计算机的设备种类繁多，包括硬盘、网卡、键盘、打印机、多媒体设备等，操作系统提供对这些设备的安装、删除、驱动、配置、检测等管理功能。

（3）系统管理。

系统管理包括安全管理、服务管理、任务与计划、程序安装与删除、日志管理等多种管理和配置功能。

（4）运行管理。

操作系统能够控制应用程序的执行方式，包括优先级设置、休眠、唤醒、中止等，亦可对计算机运行的性能进行动态分析。

（5）网络管理。

网络管理提供计算机的联网配置、资源管理、权限管理、访问控制等功能。

2.几种主流网络操作系统

电子政务的发展离不开快速和安全的网络存储及数据仓库技术。电子政务提供的平台上有相当多的政府公文在流转，其中不乏重要情报，关系到国家安全和社会稳定，因此电子政务系统的安全非常重要。在我国电子政务系统的建设过程中，特别是在涉密网络的建设过程中，必须加强以安全操作系统为基础的整体安全保障基础设施的建设。目前，最常见的用做服务器的操作系统有Windows Server 2003、UNIX、Linux等。

（1）Windows Server 2003。

在产品特色上，微软强调“ICE”特性，即集成性（Integration）、深入性（Comprehension）和简易性（Ease of Use）。Windows Server 2003系列沿用了Windows 2000 Server的先进技术，并且使之更易于部署、管理和使用。在管理功能方面，微软采取了零管理策略，使操作系统为用户提供了基于策略的管理服务，突出表现在活动目录、良好的多系统集成环境、强大的外部网络功能上。

（2）UNIX系统。

UNIX系统是美国麻省理工学院（MIT）在1965年开发的分时操作系统的基础上不断

演变而来的，它原是麻省理工学院和贝尔实验室等为美国国防部研制的。贝尔实验室的系统程序设计人员 Ken Thompson 和 Dennis Ritchie 于1969年在 PDP-7计算机上成功地开发了16位微机操作系统，该系统被命名为UNIX。

UNIX操作系统是一种多用户、多任务的通用型操作系统。由于该系统具有功能强大、技术成熟、伸缩性强、可靠性高、网络功能强以及开放性好等特点，并能够满足各行各业实际应用的需求，它已经发展成为重要的企业级操作平台，也是当前使用最普遍、影响最深远的主流操作系统。目前UNIX网络操作系统的版本有IBM AIX、Sun Solaris、HP UNIX，主要用于电信、银行、证券以及大企业用户。

（3）Linux系统。

Linux是UNIX克隆（UNIX clone）或UNIX风格（UNIX alike）的操作系统，最早是由芬兰学生Linux Benedic Torvalds于1991年8月发布的，在源代码级上兼容绝大部分UNIX标准，它可以运行在多个硬件平台上，目前也有中文版本的Linux，如Redhat Linux、红旗Linux等。

① Linux的特点。Linux的特点包括：源码公开，Linux是GNU（General Public License，GNU是一种自由软件体系）的成员；统一的系统内核，Linux内核由开放代码协会开发、测试和发布；低廉的成本和费用，在众多操作系统中，Linux是唯一一个可免费使用的操作系统；图形用户界面的支持；Linux具有高度的稳定性和可靠性；更多厂商的广泛支持，得到了IBM、HP、Sun、Intel等计算机厂商的支持。

② Linux操作系统与电子政务的结合。由于Linux操作系统所特有的优势，其受到很多国家的电子政务建设领导部门的青睐，已有包括我国和德国等很多国家的支持，明确鼓励政府部门使用“开放源代码”的软件。

4.2.2 中间件技术

1.组件技术

组件是按一定标准和规范（如WebService、COM、JavaBean、EJB、CORBA等）编写的、二进制的、可复用的软件构件。组件技术实际上是为了满足软件重用要求而制定的规范。组件技术的核心思想是创建可重用的组件并将其集成起来，得到新的应用系统。采用组件技术的优点是：提高重用程度，减少重复开发；提高软件生产效率和软件质量。

2.中间件技术

（1）中间件的概念。

中间件是一种独立的系统软件或服务程序，分布式应用软件借助这种软件在不同的技术之间共享资源。中间件位于客户机服务器的操作系统之上，管理计算资源和网络通信。它的功能是在客户机和服务器或者服务器和服务器之间传送数据，实现客户机和服务器群之间的通信。

中间件是采用组件技术实现的，但不是所有的组件都是中间件，组件是遵循一定标准和规范为解决软件复用问题的软件，而中间件是为了解决分布式应用的软件。

（2）中间件的分类。

① 数据库中间件（Database Middleware，DM）。数据库中间件是目前应用最广泛、技术最成熟的一种中间件，是为了建立数据应用资源互操作的模式，对异构环境下的数据库

实现连接的中间件。

② 远程过程调用中间件（Remote Procedure Call，RPC）。远程过程调用中间件使程序员就像调用本地过程一样调用远程过程，然后将运行结果返回给本地程序。不但如此，远程调用还可以将程序的控制传递到远端的服务器上。

③ 面向消息中间件（Message Oriented Middleware，MOM）。面向消息中间件不像RPC机制那样流行，但越来越多的分布式应用采用消息中间件来构建，通过消息中间件把应用扩展到不同的操作系统和不同的网络环境。消息中间件适用于需要在多个进程之间进行可靠的数据传送的分布式环境。

④ 对象请求代理中间件（Object Request Broker，ORB）。对象请求代理与面向对象的RPC应用，被视为从面向对象过渡到分布式计算的强大推动力量。从管理和封装的模式上看，对象请求代理和远程调用有些类似，不过对象请求代理可以包含比远程调用和消息中间件更复杂的信息，并且可以适用于非结构化的或者非关系型的数据。目前有两种对象请求代理的标准，分别是CORBA 和DCOM，这两种标准是相互竞争的，而且两者之间有很大区别，这在一定程度上阻碍了对象请求代理中间件的标准化进程。

⑤ 事务处理中间件（Transaction Processing Middleware，TPM）。事物处理中间件作为联机事务处理应用的支撑环境，它提供联机事务处理所需要的通信、并发访问控制、事务控制、资源管理、安全管理和其他必要的服务，是针对复杂环境下分布式应用的速度和可靠性要求而实现的。

§4.3 数据库管理系统

4.3.1 数据库管理系统综述

1.数据库管理系统的定义

（1）数据库。

所谓数据库（Database，DB），是指长期储存在计算机内的、有组织的、可共享的数据集合。数据库中的数据按一定的数据模型组织、描述和储存，具有较小的冗余度、较高的数据独立性和易扩展性，并可为各种用户共享。

（2）数据库管理系统。

数据库管理系统（Database Management System，DBMS）是位于用户与操作系统之间的一层数据管理软件，它能够解决如何科学地组织和存储数据，如何高效地获取和维护数据等问题。它还提供一套数据描述语言和数据操纵语言以实现对数据库系统的各种控制。它构成整个数据库系统运行的核心。DBMS能够接受、分析用户的命令请求，然后转到相应的处理程序中，操作数据库的数据。

（3）数据库系统。

数据库系统（Database System，DBS）是指在计算机系统中引入数据库后的系统，一般由数据库、数据库管理系统（及其开发工具）、应用系统、数据库管理员和用户构成。应当指出的是，数据库的建立、使用和维护等工作只靠一个DBMS远远不够，还要有专门的人员来完成，这些人被称为数据库管理员（Database Administrator，DBA）。图4-2显示了数据库系统的结构。

数据库按照所采用的数据模型，可分为关系数据库、层次数据库和网状数据库，其中处于主导地位的是关系数据库。随着面向对象技术的发展，目前又推出了所谓的对象数据库等新概念。数据库按功能规模，可分为小型数据库和企业级数据库。

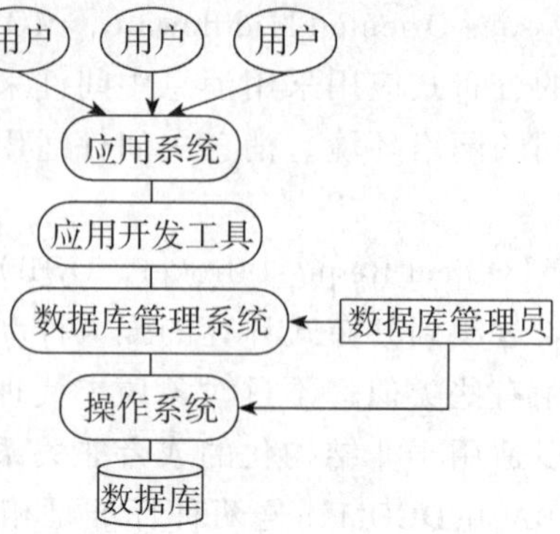

图4-2 数据库系统结构图

2.数据库管理系统的结构

DBMS是数据库系统的一个重要组成部分，一般由以下几个模块组成：

（1）数据定义模块。DBMS提供数据定义语言（Data Definition Language，DDL），用户通过它可以方便地对数据库中的数据对象进行定义。

（2）数据操纵模块。DBMS提供数据操纵语言（Data Manipulation Language，DML），用户可以使用DML操纵数据实现对数据库的基本操作，如查询、插入、删除和修改等。

（3）数据库例行管理程序。数据库例行管理程序包括两方面的程序：一方面是系统运行管理方面的程序；另一方面是系统建立和维护方面的程序。数据库的运行管理程序用于数据库建立、运行和维护时，由数据库管理系统统一管理、统一控制，以保证数据的安全性、完整性、多用户对数据的并发使用及发生故障后的系统恢复。数据库的建立和维护程序包括数据库初始数据的输入、转换功能，数据库的转储、恢复功能，数据库的重组织功能和性能监视、分析功能等。

4.3.2 小型数据库

小型数据库指为单用户服务或支持用户数量较少的数据库管理系统，一般用于单用户的桌面应用程序或C/S架构中的客户端软件，主要包括如下产品：

（1）Microsoft公司的Access。Access属于Microsoft办公软件Office的组成部分之一，是Microsoft公司桌面数据管理的主推产品。Access不仅支持关系数据库基本的库、表、视图的创建与维护，而且支持用Visual Basic编写的事件过程或自定义函数，从而形成较为复杂的应用；Access不但与Microsoft的企业数据库SQL Server具有较好的客户端数据访问与数据同步能力，而且具备以ODBC远程连接与访问其他数据库的功能；Access不但支持单用户的工作模式，还具有对组、用户访问权限的控制功能。

（2）Microsoft公司的FoxPro。FoxPro是Microsoft公司原dBase2微型数据库的升级版本，主要作为单用户应用的数据管理工具。目前Foxpro虽然作为Visual Studio的套件之一，并已支持SQL标准，但根据Microsoft公司的发展战略，本欲以Access数据库取而代之，只因FoxPro用户众多，才不得不继续提供支持。

（3）Sybase公司的SQL Anywhere。SQL Anywhere是个人级、工作组级的小型关系数据库管理系统，与Sybase的开发工具PowerBuilder（简称PB）捆绑销售，是用PB编写单用户桌面程序或客户端程序理想的数据库管理系统，当然其他编程工具亦可以通过ODBC方式对其进行访问与驱动。

（4）MySQL AB公司的MySQL。MySQL是一个真正的多用户、多线程的数据库服务器，可以作为工作组、部门级的数据库服务器，而更多的情况是在中小型Web上的应用。MySQL的目标是高性能、低价位、易用和源代码公开，具有较强的全文检索功能和对GIS功能的支持。MySQL可以在Linux、Microsoft Windows、FreeBSD、Sun Solaris、IBMAIX、Mac OSX、HP-UX、SCO Open Unix等操作系统平台上运行，目前已有40 000万份装机量。

（5）IBM DB2。IBM DB2的卫星版、个人版、工作组版，分别为移动用户、个人用户和工作组用户提供支持。

（6）IBM Informix Standard Engine （SE）。IBM Informix Standard Engine是一个小型的嵌入式数据库管理系统，为原Informix公司的产品。

（7）IBM公司的Cloudscape。Cloudscape是IBM大型数据库Informix的微型版本，主要用作小型Java应用的内嵌式数据库。除了对JDBC的支持外，该数据库还支持多库、多用户功能。

4.3.3　企业级数据库

1.企业级数据库概述

企业级数据库是为企业或政府全部或部分应用提供数据存储和访问服务的大型数据库服务系统。随着网络和存储技术的发展，数据集中消除了政府信息孤岛，使数据的应用和维护更加方便，降低了系统维护的成本，因此越来越受到重视。企业数据库一般具备以下较通用的功能：

（1）多用户功能。除了系统管理员和数据库管理员两个特权用户外，企业级数据库可以支持数百个用户或程序同时进行数据访问与操作，每个用户的登录环境、权限及数据视图由特权用户进行设置与管理。

（2）客户端功能。企业级数据库具有适用于不同环境的各种客户端软件，以支持不同用户或应用程序利用不同的机型、不同的操作系统访问数据库服务器。

（3）管理功能。管理功能包括系统环境参数管理、存储管理、用户及组管理、库对象管理等功能。企业数据库大多支持远程管理功能，管理员可以通过网络管理企业的部分或全部数据库。

（4）较强的并发控制功能。企业级数据库通过表级锁、行级锁等工具实现多用户数据库访问的并发控制功能，并具有死锁的自动处理功能。

（5）较强的完整性控制。利用COMMIT、ROLLBACK功能，不但支持对同一数据库数据访问的交易完整性控制，而且支持对多个数据库、跨节点数据访问的交易完整性控制。

（6）完备的存储管理机制。制用表空间、存储设备、日志空间、存储镜像、空间增长策略等机制，支持系统管理员对数据库的存储方式进行灵活的定制和优化。

（7）可编程的服务功能。大型数据库具有存储过程、自定义函数及触发器等程序设计与运行环境。

（8）其他。具有丰富的存储对象、完善的备份及恢复机制和对数据仓库功能的支持，这是企业级数据库应该具备的特性。

2.Oracle数据库

Oracle是著名的甲骨文公司的拳头产品，截至2021年底，最新的版本为Oracle19c。Oracle是一个功能强大、横跨多种软硬件平台、带有丰富开发工具与套件的数据库管理系统，在数据库研发、推广及销售领域一直保持着领先的地位。

3.DB2数据库

DB2是IBM公司的关系数据库管理系统，截至2021年底，最新的版本为11.5.5。它包含最新的 ML Query Optimizer 和适用于 Visual Studio Code 平台的 DB2 Connect 扩展。它在几乎所有的硬件平台及操作系统平台上均有相应的版本，是一个名副其实的通用型关系数据库。DB2是一个家族型产品，其数据库有关产品除了卫星版、个人版、工作组版外，更重要的是其企业版和企业扩展版。

4.Sybase数据库

Sybase数据库是赛贝斯（Sybase）公司的产品，截至2021年底，最新的版本为Sybase-ASE15.7.x，数据库服务器端的产品被命名为Adaptive Server Enterprise（ASE）。Sybase是一个面向联机事务处理，具有高性能、高可靠性的功能强大的关系数据库管理系统。Sybase数据库的多库、多设备、多用户、多线索等特点极大地丰富和增强了数据库的功能，是一个复杂的、多功能的、跨平台的数据库管理系统。

5.SQL Server数据库

SQL Server是Microsoft公司的关系数据库产品，截至2021年底，最新版本为SQL Server 2019。通过开源支持，它可以灵活选择语言和平台，还可在支持 Kubernetes 的 Linux 容器上或在 Windows 上运行 SQL Server。SQL Server 2019引擎在关键任务性能、安全性、合规性、数据库可用性、Linux上的SQL Server和容器、通用引擎方面提供新的增强功能。它是一个易于使用和管理、功能强大、性能优良的关系数据库管理系统，有标准版、企业服务器版、工作组级版和免费版等。

6.Informix数据库

Informix数据库原来属于Informix公司的产品，后被IBM公司收购，截至2021年底，该产品家族中数据库服务器的最新版本为IBM IDS 12.1（IBM Informix Dynamic Server 12.1）。Informix数据库在金融、电信等领域有庞大的客户群，在各种UNIX操作系统及Windows操作系统上均有其相应的版本，除数据库服务器外还带有丰富的开发工具，是一个非常成功的关系数据库管理系统。

4.3.4 数据存储与备份

数据存储备份技术和存储管理源于20世纪70年代的终端/主机计算模式，Internet正在使存储技术发生革命性的变化。这种变化主要表现在三个方面：首先是存储容量的急剧膨胀；其次是数据就绪时间的延展；最后是数据存储的结构不同。今天，Internet使网络数据必须保证每天24小时、每周7天、每年365天处于就绪状态。

1.数据备份的概念

数据备份是指为防止系统出现操作失误或系统故障导致数据丢失，而将全系统或部分数据集合从应用主机的硬盘或阵列复制到其他存储介质的过程。数据备份包括拷贝和管理两个方面，备份管理包括备份的可计划性、磁带机的自动化操作、历史记录的保存以及日志记录等。备份管理是一个全面的概念，它不仅包含制度的制定和磁带的管理，而且还能决定引进备份技术，如备份技术的选择、备份设备的选择、介质的选择乃至软件技术的挑选等。

双机热备份、磁盘阵列备份以及磁盘镜像备份等硬件备份不等同于数据存储备份。事实上，所有的硬件备份都不能代替数据存储备份，若发生人为错误、自然灾害、电源故障、病毒侵袭等，引起的后果就不堪设想，如造成所有系统瘫痪，所有设备无法运行，由此引起的数据丢失也就无法恢复了。

2.数据存储备份策略

（1）全备份。

全备份是指当发生数据丢失的灾难时，只要用一盘磁带，就可以恢复丢失的数据。全备份的不足之处有两方面：首先，每天都对系统进行完全备份，在备份数据中有大量内容是重复的，如操作系统与应用程序，这些重复的数据占用了大量的磁带空间；其次，由于需要备份的数据量相当大，备份所需时间也就较长。

（2）增量备份。

增量备份的优点是没有重复的备份数据，节省磁带空间，缩短备份时间；缺点在于当发生灾难时，恢复数据比较麻烦。在这种备份下，各磁带间的关系就像链子一样，任何一盘磁带出了问题，都会导致整条链子脱节。

（3）差分备份。

差分备份是指，管理员先在周一进行一次系统完全备份，然后在接下来的几天里，再将当天所有与星期一不同的数据进行备份。差分备份无须每天都做系统完全备份，备份所需时间短，节省存储空间，灾难后恢复也很方便。系统管理员只需两份存储材质，即系统的全备份与发生灾难前一天的备份，就可以将系统完全恢复。

各种备份策略的优劣比较见表4-6。

表4-6　**备份策略比较**

备份策略 / 比较项目	全备份（Full Backup）	增量备份（Incremental Backup）	差分备份（Differential Backup）
空间使用	最多	最少	少于全备份
备份速度	最慢	最快	快于全备份
恢复速度	最快	最慢	快于增量备份

3.数据存储备份介质

（1）磁盘阵列。

磁盘阵列又叫廉价冗余磁盘阵列（Redundant Array of Inexpensive Disks，RAID），是一种高效、快速、易用的网络存储备份设备。其主要功能是可提高网络数据的可用性及存储容量，并将数据有选择性地分布在多个磁盘上，从而提高系统的数据吞吐率。另外，磁盘阵列还能够免除单块硬盘故障所带来的灾难后果，通过把多个较小容量的硬盘连在智能控制器上，可增加存储容量。各种磁盘阵列特点比较见表4-7。

表4-7 各种磁盘阵列特点比较

RAID的种类	数据安全性	数据存取速度	冗余数据	磁盘数量
RAID 0	低	高	无数据备份	2个
RAID 1	高	低	数据备份	2个
RAID 5	中等	中等	奇偶校验码	3个以上
RAID 0+1	高	高	数据备份	4个

① RAID 0也称为Stripe，提供了RAID中最高的存储性能。它把一个连续数据分散到多个磁盘上存取，当有数据的写入或读取操作时，就可以几个磁盘并行操作，提高数据的存取速度。其缺点是：如果一个磁盘出现问题，整个数据就不完整了。

② RAID 1又称为Mirror，提供了RAID中最高的安全性能。它通过把一个磁盘上的数据百分之百地复制到另一个磁盘上，保证了数据不会因为某个磁盘的问题而出现丢失。其缺点是：存储空间只能利用50%，存储成本高，空间利用率低。

③ RAID 5，提供了RAID中一个折中的方案，这个方案兼顾了对存储性能、安全性能以及成本的考虑。当RAID 5的一个磁盘数据发生损坏后，利用剩下的数据和相应的奇偶校验信息去恢复被损坏的数据。在存储性能上，RAID 5不如RAID 0，因为要多存储一部分奇偶校验信息。在安全性能上，RALDS比不过RAID 1，因为可能出现数据和奇偶校验码都丢失的情况，这种情况下数据就不能恢复了。

④ RAID 0+1，是存储性能和数据安全兼顾的方案。它在提供与RAID 1一样的数据安全保障的同时，也提供了与RAID 0近似的存储性能。RAID 0+1的特点使其特别适用于既有大量数据需要存取，同时又对数据安全性要求严格的领域，如政府、银行、非银金融、商业超市、各种档案管理等。

（2）磁带库。

广义的磁带库产品包括自动加载磁带机和磁带库。自动加载磁带机可以备份100GB～200GB或者更多的数据。它的存储容量可达到数百PB（$1PB=1\ 024^2GB$）。

（3）光盘塔、光盘库。

光盘塔由几台或十几台CD-ROM驱动器并联构成，可通过软件来控制某台光驱的读写操作。光盘塔可以同时支持几十个到几百个用户访问信息。光盘库是一种带有自动换盘机的光盘网络共享设备。

（4）光盘网络镜像服务器。

光盘网络镜像服务器是继第一代的光盘库和第二代的光盘塔之后，最新开发出的一种可在网络上实现光盘信息共享的网络存储设备。光盘网络镜像服务器不仅具有大型光盘库的超大存储容量，还具有与硬盘相同的访问速度，其单位存储成本大大低于光盘库和光盘塔。光盘镜像服务器为学校、图书馆、档案馆、设计院所、医院、企业或政府机关等客户提供了一种性价比很高的光盘网络共享解决方案，光盘镜像服务器目前已开始取代光盘库和光盘塔，成为光盘网络共享的主流产品。

4.数据存储备份方式

（1）Host-Based备份方式。

Host-Based是传统的数据备份的结构，在这种结构中，磁带库直接连接在服务器上，而且只为该服务器提供数据备份服务。Host-Based备份结构的优点是数据传输速度快，备份管理简单；缺点是不利于备份系统的共享，不能满足现在大型的数据备份要求。

（2）LAN-Based备份方式。

LAN-Based备份在该系统中数据的传输是以网络为基础的。配置一台服务器作为备份服务器，由它负责整个系统的备份操作。磁带库则接在某台服务器上，在数据备份时备份对象把数据通过网络传输到磁带库中实现备份。LAN-Based备份结构的优点是节省投资、磁带库共享、集中备份管理；缺点是对网络传输的压力大。

（3）LAN-Free备份方式。

LAN-Free备份系统是建立在SAN（Storage Area Network，存储区域网）的基础上的，其结构如图4-3所示。将磁带库和磁盘阵列各自作为独立的光纤节点，多台主机共享磁带库备份时，数据流不再经过网络而直接从磁盘阵列传到磁带库内，是一种无须占用网络带宽（LAN-Free）的解决方案。

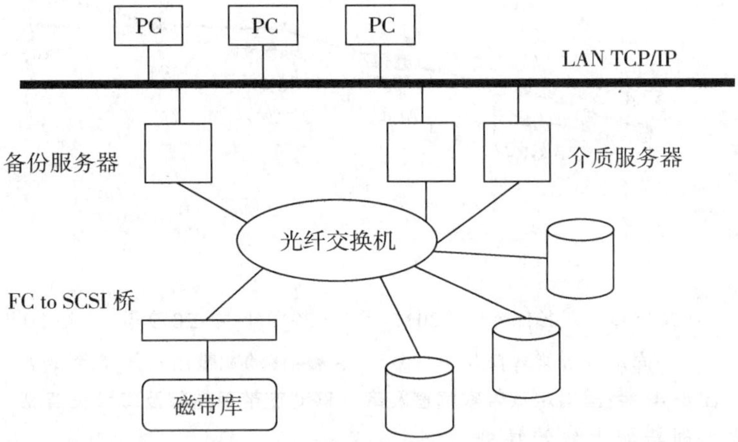

图4-3　LAN-Free备份/恢复

（4）Server-Free备份方式。

Server-Free备份也称为Server-Less备份，也是建立在SAN基础之上的备份方式。这种备份方式是绕过服务器的备份的，就是在执行备份操作时，备份数据直接从磁盘上写入到磁带中，在整个过程中对LAN网络和应用服务器没有影响。

目前主流的备份软件，如IBM Tivoli、Veritas、CAARCServer，均支持上述备份方案。在后3种方案中，LAN-Based备份数据量最小，对服务器资源占用最多，成本最低；LAN-Free备份数据量大一些，对服务器资源占用小一些，成本高一些；Server-Free备份方案能够在短时间备份大量数据，对服务器资源占用最少，但成本最高。

数据库是电子政务系统的数据核心，通过选择合适的数据库产品，可以满足系统对于数据库产品的性能、服务支持以及安全性、稳定性的要求。通过选择合适的数据库存储方案，可以将数据分段存储在多个磁盘上来达到提高数据存储性能的要求；而选择合适的备份方案，可以使数据有更安全的保障，这对于政府信息资源的安全和保密尤其重要。

思政课堂

数字中国建设质量效益加快提升

一、信息基础设施建设规模全球领先

我国已建成全球规模最大的光纤网络和4G网络，固定宽带家庭普及率由2015年底的52.6%提升到2020年底的96%，移动宽带用户普及率由2015年底的57.4%提升到2020年底的108%，全国行政村、贫困村通光纤和通4G比例均超过98%。5G网络建设速度和规模位居全球第一，已建成5G基站71.8万个，5G终端连接数超过2亿个。移动互联网用户接入流量由2015年底的41.9亿GB增长到2020年的1 656亿GB。国家域名数量保持全球第一位。互联网协议第六版（IPv6）规模部署取得明显成效，固定宽带和移动LTE网络IPv6升级改造全面完成，截至2020年底，IPv6活跃用户数达4.62亿。有关情况可如图4-4所示。

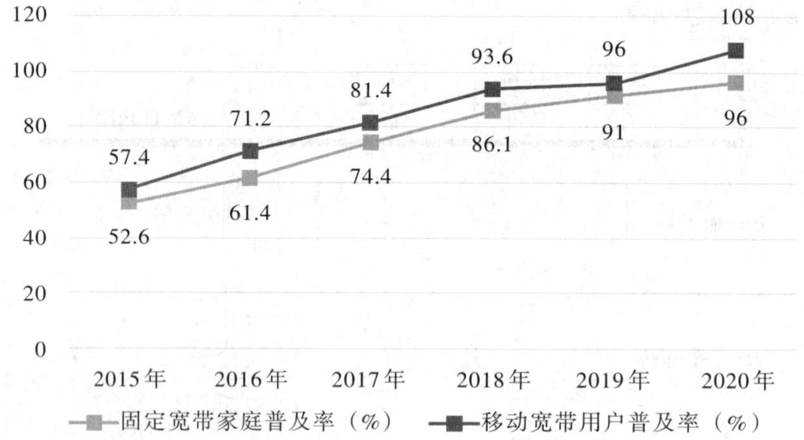

图4-4 我国固定宽带家庭普及率、移动宽带用户普及率增长情况

二、信息技术创新能力持续提升

创新驱动发展战略深入实施，世界知识产权组织发布的全球创新指数排名显示，我国排名从2015年的第29位跃升至2020年的第14位。基础性、通用性技术研发取得重要进展，集成电路制造装备和材料加快发展，基础软件取得一定突破，5G、人工智能、高性能计算、量子计算等领域取得一批重大科技成果。2019年以来，我国成为全球最大专利申请来源国，5G、区块链、人工智能等领域专利申请量全球第一。在世界超算500强排名中，我国持续保持优势，超级计算机台数占比达45%。国产中央处理器（CPU）和存储器与国外先进水平差距缩小。统信操作系统（UOS）、“鸿蒙OS”智能终端操作系统等相继推出，智能语音识别、云计算及部分数据库领域具备全球竞争力。

资料来源：佚名．国家网信办发布《数字中国发展报告（2020年）》[EB/OL]．[2021-07-06]．http：//www.e-gov.org.cn/egov/web/article_detail.php？id=177807.经删改与整理．

本章小结

网络技术是电子政务的核心技术，是电子政务系统得以实施的基础保障。电子政务网络基础设施包括硬件、软件平台及相关数据库系统。网络的合理布局、硬件的正确选用、软件平台及数据库系统的有效组合为电子政务的实施打下了坚实的基础。

把服务器、存储设备等基础硬件设施由网络传输介质和网络设备连接起来，形成基础网络层，为信息提供数据通道，这是各种应用系统交互的基石。硬件设施配以相应的系统软件（如操作系统、网络管理系统等）构成网络系统层，向信息资源平台提供数据存储和管理所必需的基础设施。

数据库系统为整个电子政务系统提供了数据的存储、修改等数据处理的相关操作。为保证整个系统的数据安全性，数据库系统有数据备份功能。常见的企业级数据库有Oracle数据库、DB2数据库、Sybase数据库、SQL Server数据库和Informix数据库。

数据备份是指为防止系统出现操作失误或系统故障导致数据丢失，而将全系统或部分数据集合从应用主机的硬盘或阵列复制到其他的存储介质的过程。数据备份包括拷贝和管理两个方面，数据存储备份的策略有全备份、增量备份和差分备份。数据存储备份方式可分为Host-Based备份、LAN-Based备份、LAN-Free备份和Server-Free备份4种方式。

综合训练

4.1　单项选择题

1.下列属于电子政务系统运行的硬件基础的是（　　）。

A.操作系统　　B.中间件　　C.网络平台　　D.数据库管理系统

2.电子政务系统中最基本的用户操作终端是（　　）。

A.小型终端　　B.无线终端　　C.PC工作站　　D.专业工作站

3.适合入门级的电子政务系统的服务器是（　　）。

A.应用服务器　　B.机架式服务器　　C.刀片式服务器　　D.塔式服务器

4.数据链路层的数据传输单位是（　　）。

A.比特　　B.帧　　C.数据包　　D.数据段

5.目前运行硬件平台最多的操作系统是（　　）。

A.UNIX　　B.Linux

C.Windows XP　　D.Windows Server 2003

6.适合投入较小的中小型电子政务系统的数据库是（　　）。

A.Oracle　　B.Sybase　　C.MySql　　D.DB2

4.2　多项选择题

1.硬件基础主要包括（　　）。

A.中继器　　B.网络协议　　C.用户终端　　D.服务器

2.按功能可将服务器分为（　　）。

A.Web服务器　　B.应用服务器　　C.数据库服务器　　D.塔式服务器

3.常用的应用层协议有（　　）。

A.TCP　　B.HTTP　　C.FTP　　D.IP

4.属于无线传输介质的是（　　）。

A.光纤　　B.微波　　C.红外线　　D.激光

5.在物理层工作的传输设备有（　　）。

A.中继器　　B.集成器　　C.交换机　　D.路由器

6.数据备份的策略有（　　）。

A.全备份　　B.周期备份　　C.增量备份　　D.差分备份

4.3　思考题

1.简述B/W/S三层结构的工作原理。

2.网络接入方式有哪几种？

3.常用的数据备份技术有哪些？请分别加以介绍。

4.简述ISO的OSI/RM模型及其各组成部分的作用。

5.网络管理的意义是什么？

6.什么是数据库管理系统？它的主要功能是什么？

7.数据存储备份有哪些策略？

8.数据存储备份有哪些方式？

第5章 电子政务业务应用体系

学习指南
引导案例
§5.1 政府内部公务处理电子化
§5.2 通用公务系统
§5.3 专用公务系统
思政课堂
本章小结
综合训练

学习指南

【学习目标】电子政务环境下的行政办公管理可实现内部行政沟通、协调和监控，提高办公信息流转速度，提高办公自动化程度。通过本章的学习，掌握电子政务环境下行政办公管理、人力资源管理、财政财务管理的主要功能；理解政府办公决策的过程；掌握突发事件应对的办法；了解移动政务的特点、主要模式及应用领域。

【关键概念】政府内部公务处理　公文管理　绩效管理　决策支持系统　专项业务公务处理系统　系统内部的专用公务处理系统　跨系统的专用公务处理系统　应急管理

引导案例

西安市新城区深化“15分钟政务服务圈”

近年来，西安市提出在全市打造“15分钟政务服务圈”的理念，让便民服务事项向街道社区下沉，让“数据多跑路，群众少跑腿”，解决企业和群众办事难的问题，全面提升政务服务水平。其中，新城区推出多项措施进行深化、落实。

一、创新布局“2+7+N”基层政务服务模式

新城区以改革的思维创新推出“2+7+N”基层政务服务模式，即以街道社区两个层级的便民服务“样板间”建设为标杆，引领7个街道打造便民服务“精品站”，创建“N”个社区便民服务“特色室”，打造“15分钟政务服务圈”新格局。

二、全市首推“政务+MALL”便民服务站

为全力推进“15分钟政务服务圈”建设达标提质，新城区聚焦示范引领，以培育典型为切入口，高标准打造符合“规定动作”、创新“自选动作”的便民服务站（室）作为“样板间”。

新城区在长乐西路街道叫响全市首家“政务+MALL”便民服务站，聚合多元功能、激活创新要素，打造集“政务服务、创业服务、生活服务”于一体的综合服务平台，让群众在购物中体验一站式的便民服务，在服务中享受一站式的购物便利。

三、让群众少跑腿，打造政务服务“区域样板”

近年来，新城区注重示范引领，拉高标尺、全面推进，连续两年组织召开全区“15分钟政务服务圈”观摩交流会，由分管副区长带队，区级各部门、各街道现场观摩，以“一街道一亮点、一社区一品牌”建设目标，引导各街道、社区因地制宜，整合优势资源，推进便民服务站（室）建设全域提升，以示范效应带动便民服务体系建设向“标准化、智慧化、高效化”迈进，形成一系列独具新城特色的“心诚”服务品牌。

此外，为持续深化“15分钟政务服务圈”建设，2021年6月1日，西安政务服务新城驿站在火车站南广场正式对外试运行，主要向西安火车站区域的过往旅客和企业、群众提供便民服务。

资料来源：舒隆焕．新城区“15分钟政务服务圈”升级！市民办事“不出圈”[EB/OL]．[2021-07-06]．http：//www.e-gov.org.cn/egov/web/article_detail.php？id=177811.经删改与整理．

电子政务主要包括政府内部的公务处理电子化和对公众的公共服务电子化两个方面。公务处理电子化系统主要运行在政务的内网，对公务员提供办公服务，对领导提供决策支持服务。公共服务电子化系统运行在政务的外网，对公众提供行政审批和其他服务。这两种系统之间的业务往往是相关联的，一般需要有网闸等设备将两种系统分隔开来。

本章的知识结构如图5-1所示。

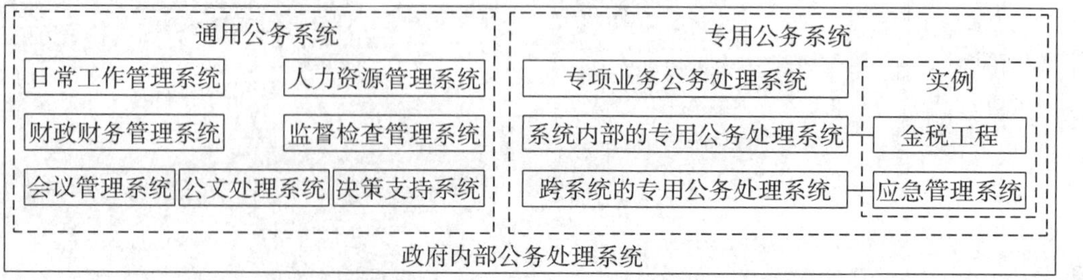

图5-1　本章知识结构图

§5.1 政府内部公务处理电子化

政府内部公务处理系统主要为公务员和领导提供办公和决策方面的支持。本书将其分为通用公务系统和专用公务系统两种，通用公务系统主要包括：公文处理、政府人力资源管理、财政财务管理、会议管理、日常工作管理、监督检查管理、决策支持；专用公务系统可分为专项业务公务处理系统、系统内部的专用公务处理系统和跨系统的专用公务处理系统，如图5-2所示。

- 政府内部公务处理系统
  - 通用公务系统
    - 公文处理
    - 政府人力资源管理
    - 财政财务管理
    - 会议管理
    - 日常工作管理
    - 监督检查管理
    - 决策支持
  - 专用公务系统
    - 专项业务公务处理系统
    - 系统内部的专用公务处理系统
    - 跨系统的专用公务处理系统

图5-2　政府内部公务处理系统的分类

5.1.1　政府内部公务处理及其电子化

1.政府内部公务处理的概念

政府机关内部，包括整个政府系统内部和每一个具体政府机关内部。政府机关内部公务处理，也就是发生在政府系统内部和具体政府机关内部的政务活动。它是政府管理活动的重要组成部分，具体来说，就是指政府机关工作人员为行使政府管理职能而所从事的事务处理工作。

公务实际上就是指国家事务，有狭义和广义之分。狭义的公务是指国家机关的事务性工作；广义的政务是指党政机关、群众团体、企事业单位等的事务性工作。公务处理就是对这些国家事务的处置与管理过程或者行为，包括对公文、档案、预算、通告、受理、批复、接待、会议等事务的处理。

2.政府内部公务处理电子化的概述

（1）政府机关政务信息化的发展。

全球性的网络化、信息化进程正改变着人们的生活方式，信息网络技术应用以及电子商务的飞速增长给人们生活工作的各个层面带来了深刻的影响。政府机关政务信息化的进程，大致可分为3个阶段：

① 以桌面字处理工具为典型的个人办公工具软件阶段，计算机应用提高了个人工作效率。

② 基于关系型数据库技术，以C/S体系结构应用为特征阶段，在这一阶段基本实现了部门级的数据处理、公文处理等的自动化。

③ 基于符合Internet/Intranet技术标准的平台应用阶段，在这一阶段，不仅在技术上有了很大进步，而且应用范围已从部门内部、部门之间扩到行业/系统内部，乃至跨部门、

跨系统。

（2）政府内部公务处理电子化的内涵。

公务处理活动在本质上就是信息处理活动，这实际上也正是电子政务广泛应用电子化信息技术的根本原因。电子政务通过广泛应用电子信息技术改善政府管理、实现政府管理职能转变的过程，即电子政务实施的过程，首先发生在政府机关的内部，这个过程及其结果就是“政府内部公务处理的电子化”。

电子政务内部公务电子化处理是互联网应用于现代行政管理，以先进的网络技术克服政府在管理和提供服务方面存在的弊端，催化和加速政府办公透明化，提高办事效率，增强广大人民群众对政务的参与度，提高政府监管能力和公共服务水平，切实做到依法行政的必然要求。

（3）政府内部公务处理电子化与电子政务的关系。

电子政务应用现代化的电子信息技术和管理理论，对传统政务进行持续不断的革新和改善。电子政务对政府管理的改善作用，并不意味着它可以直接代替政府履行管理职能，也不意味着它能直接改变政府的管理职能，而只在于它可以通过为公务处理创造更加有利的条件，从而使政府管理职能获得更好的实现方式，进而推动政府改进管理，全面实现政府管理职能。在这样的意义上可以说，电子政务并不意味着政府管理职能可以电子化，可以电子化的只是公务处理活动。

政府机关内部公务处理活动为政府管理职能实现奠定基础，为政府对外职能提供服务，为实现职能创造条件。归根结底，政府机关内部公务处理的电子化既是电子政务的核心，又是其基础。如果政府机关不首先实现内部公务处理的电子化，政府对企业的电子化以及政府对公民的电子化就都无从谈起。三者之间的关系可如图5-3所示。

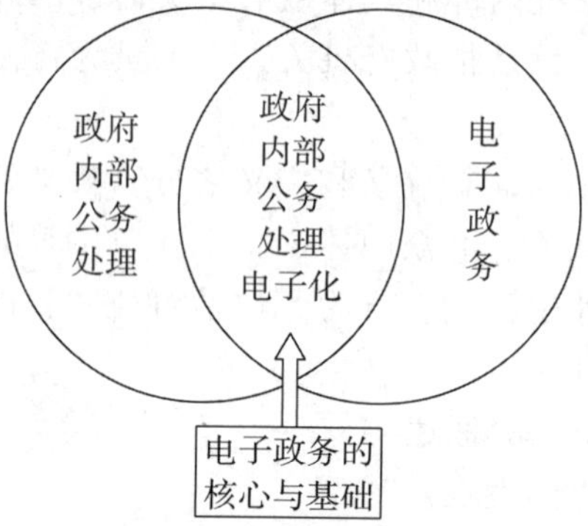

图5-3 三者之间的关系

5.1.2 电子化公务处理系统

1. 电子化公务处理系统的概念

政府部门内部的公务处理活动，主要通过各种电子化公务处理系统来实现，这些公务处理系统的内容很多，包括办公自动化系统、人力资源管理系统、多媒体检索系统、视频会议系统、财务管理系统、物资管理系统以及其他相关的办公事务处理系统。

政府机关电子化公务处理系统是指利用先进的科学技术将政府机关工作人员和现代电子信息技术相结合而构成的人机信息处理系统。这个系统可以支持一个或一部分政府部门甚至政府系统的所有工作人员的工作，可以有效处理各种公务，可以有效管理一个政府机关或整个政府系统的所有信息资源和知识资源。一个完整的政府机关电子公务处理系统应具备包括信息的生成和输入、信息的加工和处理、信息的存储和检索、信息的复制、信息的传输与交流以及信息安全管理在内的全部功能。

2.电子化公务处理系统的目标

电子化公务处理系统的目标是：打破时间和地域的限制，创造一个集成的公务处理环境，使本机关和政府系统的所有工作人员来协同工作，共享信息和知识。具体内容为：

（1）建立内部通信平台和信息发布平台；

（2）建立一个跨部门协同工作和办公自动化的平台；

（3）真正实现核心公务处理工作流自动化；

（4）电子化公务处理系统必须具备多种共享方式和强大共享能力；

（5）电子化公务处理系统必须有利于优化政府流程。

3.电子化公务处理系统的类型

根据不同的标准，可以对电子公务处理系统进行类别划分：按照具体管理功能的不同，政府机关内部电子化处理系统可以分为事务型、管理型、辅助决策型；按照系统应用和作用领域的不同，政府机关内部电子化处理系统可以分为通用系统和专用系统。

（1）事务型、管理型、辅助决策型系统。

① 事务型处理系统。事务型公务处理系统的功能主要是辅助机关工作人员完成日常常规性工作活动，辅助完成工作量大但工作难度不高的组织管理活动，比如文件的流转、档案的收集和管理、会议的安排等。该类型系统处理的公务，一般都具有内容简单、重复性强、数量大等特点，在替代人完成相关工作方面的优势明显。这种类型的公务处理系统虽属于初级系统，但往往是更高级公务处理系统的基础，系统中产生的数据信息也成为政府机关的基础信息资源。事务型公务处理系统的基本应用范围大都就是一个机关，甚至是一个机关内部的若干部门，因此在系统管理方面不具备较强的能力，以分散式管理为主。

② 管理型公务处理系统。管理型公务处理系统大都是在事务型系统的基础上，由各种功能较完善的信息数据库和具有通信功能的多级网络组成。管理型公务处理系统能够集中处理机关日常运营所需要的数据，能对大量的各类信息进行综合管理，能基本满足机关内部、政府系统内部对信息的共享需求，能提高政府机关管理水平和决策能力。管理型公务处理系统的应用范围有非常大的扩展，在系统管理方面有较强能力，集中式管理是常用方式。

③ 辅助决策型公务处理系统。辅助决策型公务处理系统是对管理型系统的发展，突出特色是具有决策方案比较等辅助决策功能，常常可以利用预先设计的决策模型辅助人们作出判断和决策。辅助决策型公务处理系统综合了事务型和管理型的数据和能力，并具有专家系统和人工智能组成的决策功能和发展预测、结构分析等功能。辅助决策型公务处理系统是目前最高级的公务处理系统，代表了电子化公务处理系统的发展方向，它并没有从根本上改变公务处理系统，而是通过改善事务处理为实现政府的管理职能提供服务，间接改善政府管理的基本性质，但却可以通过对知识的管理对政府管理的核心职能——行政决策——提供直接的辅助性支持，因而对提高政府管理水平有极大的推动作用。

事务型系统、管理型系统、辅助决策型公务处理系统系统的比较如图5-4所示。

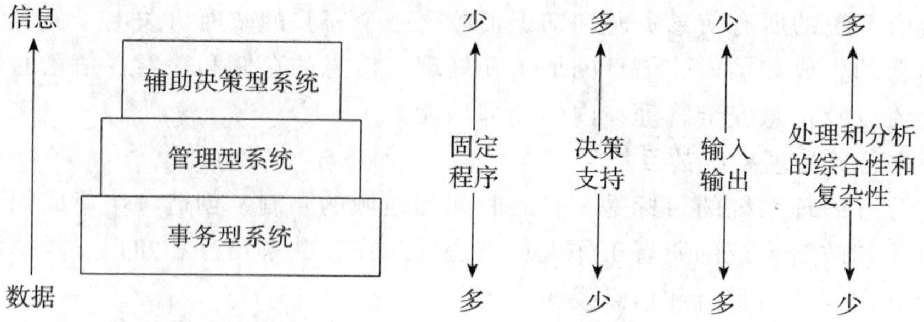

图 5-4　事务型系统、管理型系统、辅助决策型系统的比较

（2）通用和专用公务系统

① 通用公务系统。通用公务系统是指可以广泛存在和作用于所有政府机关，用于对所有公务活动提供普遍性支持的系统。这类系统用途广泛，通用性强，是所有机关要普遍建立的，它可以为几乎所有性质的公务活动提供基本支持。其基本应用包括公文处理、会议管理、日常工作管理等。

② 专用公务系统。专用公务系统是为专门政府机关处理公务活动提供支持的系统。专用电子化公务处理系统是指用于对专门政府机关或对政府机关的专门公务活动提供支持的系统。这类系统可以存在和作用于专门的政府机关，也可以存在和作用于一般政府机关的专门公务活动领域。其基本应用包括增值税专用发票计算机稽核网络系统、城市应急管理系统等。

§5.2 通用公务系统

事务型公务主要是指公务活动中具有程序性、操作性强的一些活动。政府的通用事务型公务包括政府内部的行政办公，行政办公的电子化，包括公文处理、政府人力资源管理、财政财务管理、会议管理、日常工作管理、监督检查管理、决策支持等。

5.2.1　公文处理

公文是公务文件或公务文书的简称，是指机构在处理公务活动的过程中，按特定体式与使用、具有法定效用的文件。电子政务环境下处理的“公文”主要是指电子公文。电子公文是指能被计算机系统识别、处理，按一定格式存储在磁带、磁盘或光盘等介质上，并可在网上传送的数字代码序列。依靠网络信息技术对公文进行高效有序的电子化处理，是电子政府建设的重要组成部分，是关系到电子政府建设全局的基础性工程。

1. 公文处理流程

电子政务环境下的公文处理，就是通过一系列的活动最大限度地实现公文的价值，这个过程包括发文处理、收文处理两个主要部分。

（1）发文处理。

为了明确政府各个部门的责任，发文的具体运作过程，如公文起草人拟稿、部门领导审稿、机关秘书核稿以及单位领导会签、签发公文、批阅流转等，都需要进行记录。因此，电子化发文处理，不仅要有公文账号维护、自动生成文号、归档形成红头公文等功能，而且还需要记录公文起草人拟稿、部门领导审稿、机关秘书核稿以及单位领导会签、签发公文、批阅流转等具体运作过程。发文流程如图5-5所示。

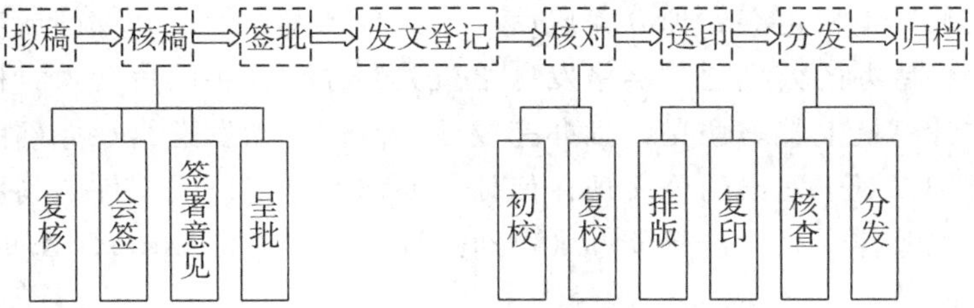

图5-5　发文流程

发文处理的主要功能包括：①拟稿，主要是利用计算机文字处理、标处理、图形处理等软件进行公文撰写，生成电子公文；②核稿，拟好的文稿经计算机网络送审核负责人进行审核，审核负责人审核后初稿传给撰稿人处修改，对于需要有关部门会签的公文，由公文管理人员按会商要求发往有关部门签署意见；③签批，公文发送到签发负责人处，由签发负责人在签署意见栏中签署意见并签名，同意公文的发送；④发文登记，经过领导同意签发的文件要对发文的提录项（如文件序号、文件类型等）进行登记，在登录的同时可以对文件自动进行主题标引和文类标引，从而确定主题词和分类号；⑤核对、送印、分发，各部门将待分发的公文送往机关秘书处进行核对，核对后的公文送至公文管理部门，分别进行排版、复印、核查后进行发送；⑥归档，发文处理完成后，要对公文进行归档处理直接存入发文数据库。

在上述发文的整个过程中，任何人对公文的修改均记录在案，每个人修改的部分都应在后台数据库中记录下来，可以查询修改人、修改时间、修改内容。最终的发文可以采取电子公文方式通过网络发往各地的任何一个联网单位，并直接进入对方的收文管理系统。由于电子公文凭证价值并没有被普遍认可，所以电子公文虽然在其形成的过程中受到全过程的监控和加密，但它的档案价值还是被打了折扣。因此，真正意义上的“电子档案”实际上并不是数字形态的，而是被打印输出的并经再次确认的纸质形态档案。

（2）收文处理。

收文处理主要包括公文签收、公文分办和公文办理等程序，如图5-6所示。电子化公文处理系统可以通过网络接收其他单位发来的公文，并自动登录进入收文数据库，减少数据的重复录入，然后自动形成拟办意见，设置公文拟办流程，根据流程自动进行收文的批阅流转、查询以及公文的归档，提供方便、灵活、直观的公文批示处理，并实现对公文的密级鉴定、调阅人员的权限设定和控制以及相关收文处理操作。

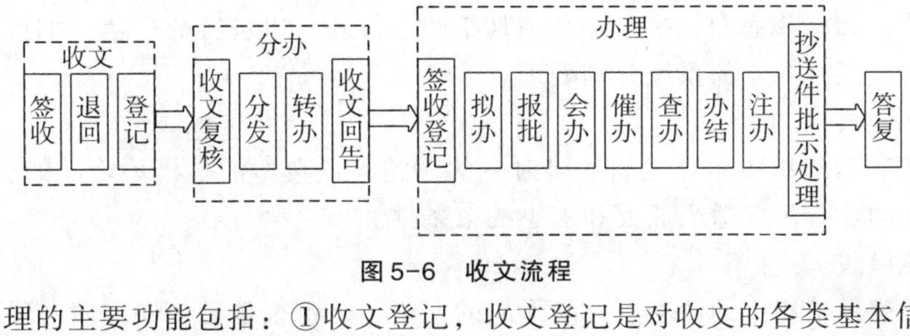

图5-6　收文流程

收文处理的主要功能包括：①收文登记，收文登记是对收文的各类基本信息（如文件序号、文件类型等）进行逐项的登记工作；②拟办，将待办的公文通过网络发送给部门负责人或有关具体工作人员，部门负责人或有关具体工作人员直接在计算机上签署建议性处置意见，供有关领导审核定夺，拟办完成后，公文自动发送到承办部门或者返回公文管理部门；③报批，将待办的公文通过网络发送给机关领导者或部门负责人，机关领导者或部门负责人直接在计算机上签署意见，批办完成后，文件自动发送给承办部门或者返回公文管理部门；④监控，对于发出的公文现在何处、办理的速度以及文件的利用情况等，可由系统自动进行跟踪监控，以便进行催办（可通过计算机发送催办单）、查办和注办。

2.公文流转模式

由于公文处理属于政府的日常业务，因此对公文流传中所存在的模式归纳和总结对设计相关系统有着现实的意义。一个业务活动，一般具有一个开始条件，一个结束条件，其状态可分为不活动、活动、挂起和完成。完成的结果分为成功和失败，有时可能还会存在结果值。公文流转模式可以归纳为4种：直流模式、分流模式、合流模式和回流模式。公文流转模式如图5-7所示。

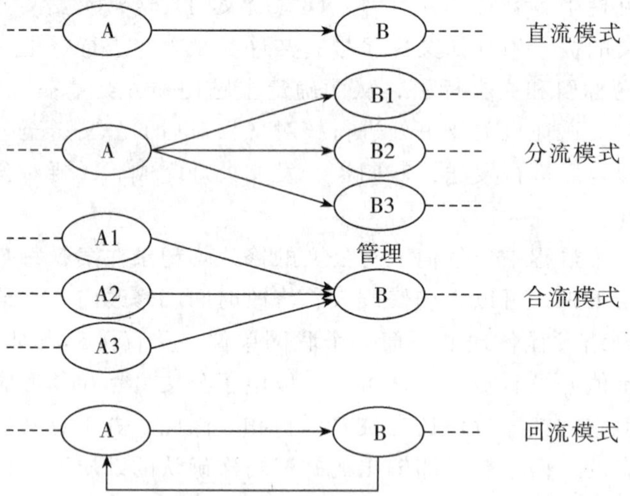

图5-7　公文流转的四种模式

（1）直流模式。

直流模式是最基本的流转方式，表示组织中角色之间的一对一的送达，如上访信由机要室直接转信访办处理。

（2）分流模式。

分流模式表示组织中角色之间的一对多的送达，有两种可能，第一种可能是不需要条件约束的送达，如一些通知；另一种是满足某些条件才可以进行的送达，如机要室所收文件、资料按行政系统和党的系统分别处理。

（3）合流模式。

合流模式表示组织中角色之间的多对一的送达，最典型的是机关之间的会签，当然，可以根据具体的业务情况适当放大和缩小约束条件。

（4）回流模式。

回流模式表示组织中的活动点之间形成的回路，这也很常见，如文稿的驳回等。

这些基本的流可以进行组合形成更复杂的流。通过对以上流转模式的研究，我们可以整合和确立操作之间的关系。

5.2.2 政府人力资源管理

政府部门中的每个岗位、每项工作对其承担人员都有一定的素质要求，如何根据这些要求选择适合的人员，使人与事的结合达到最佳组配，这就需要对政府部门的人力资源活动进行管理，即进行政府人力资源管理与开发。电子化的政府人力资源管理系统主要包括岗位管理、招聘与录用管理、绩效管理、薪酬管理、人才培训管理等，其各功能模块结构如图5-8所示。

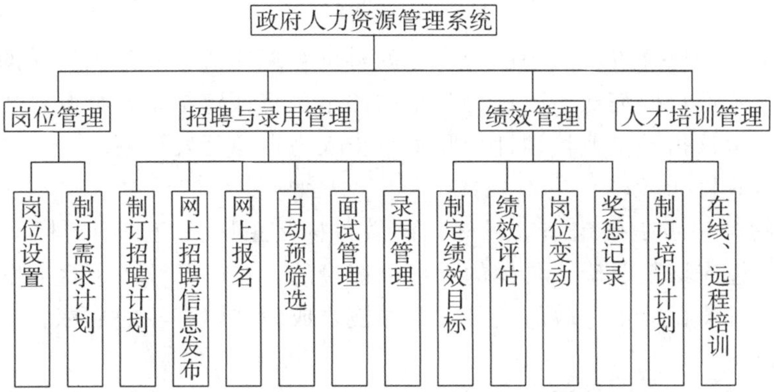

图5-8 政府人力资源管理系统功能模块结构

1.岗位管理

电子政务系统应当建立岗位数据库，使人力资源部门和领导者对下属部门的各岗位的责任时刻有一个清楚的了解，同时具有对各岗位人员需求的分析能力，提供对各岗位量化的考核标准和评价指标。

（1）岗位设置。

岗位设置包括确定岗位职责、岗位职权和岗位人员，并编制岗位说明书。政府部门依照确定的职能、规格、职位名称、领导职数、编制员额等，设置本机关公务员的具体岗位，确定岗位职责和岗位要求，明确部门职能和职位关系，由人力资源部门和各部门负责人合作编写岗位说明书。岗位说明书是综合说明岗位的工作性质、任务、责任及任职资格条件等内容的规范性文件。岗位说明书主要内容包括岗位名称、岗位代码、岗位责任、岗位要求、工作报酬和福利等。为制订招聘计划、制订薪酬政策、制订培训计划提供重要的基础数据。

（2）制订需求计划。

根据岗位说明书，提出公务员需求计划。领导岗位一般采取上级主管部门任命、领导聘任或向社会公开招聘方式进行，非领导岗位人员的调整配备，一般采取政府部门内竞争上岗、双向选择或向社会公开招聘等方法组织实施。

2.招聘与录用管理

人力资源是社会的重要资源，未来的竞争实际上就是人才的竞争。随着政府机构改革的深入，越来越多的政府机构需要招聘和选拔符合政府和服务要求的人才，招聘选拔也逐渐成为政府人力资源流入的主要途径。招聘、录用和薪金的确定由公务员局来进行管理。

电子政务技术可以使整个招聘选拔工作得到有效的控制，节约招聘选拔费用，提高招聘选拔工作效率，辅助应聘合格人员及时到岗。电子政务中的招聘选拔流程如图5-9所示。

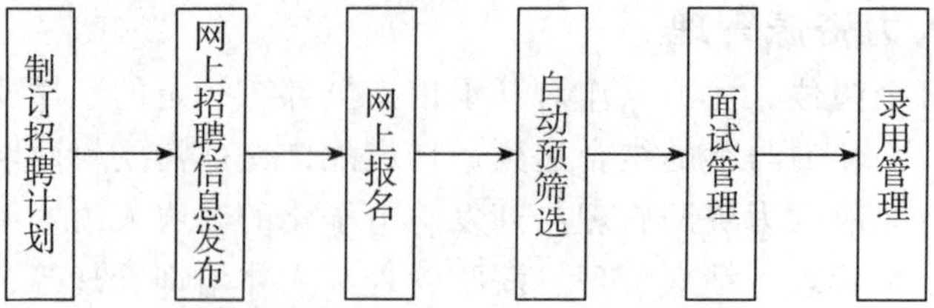

图5-9 电子政务中的招聘选拔流程

3.绩效管理

绩效管理是一种以开发人力潜能为中心的科学管理模式，它采用科学的方法对员工的职责履行程度、工作目标完成情况进行公正的评定，将评定结果与分配、晋级、人力选拔挂钩，通过绩效考核指导企业培训计划和下一步人力资源开发计划。

（1）制定绩效目标。

绩效管理的第一步是确定绩效目标。绩效目标是指岗位应达到的标准。为了便于评估，这些考核指标应该是明确、具体的和可以衡量的。在电子政务平台上发布各政府部门的使命、战略和价值，让每个政府成员了解并使之成为共同奋斗的目标。

（2）绩效评估。

绩效管理的第二步是绩效评估，评估的过程就是将绩效目标与实际工作结果比较的过程。绩效评估包括部门绩效评估和个人绩效评估。

部门绩效评估的指标有经济指标、效率指标和效益指标，包括定性测定和定量测定，对各级部门的评估可以实现定量评估。各指标的具体内容见表5-1。

表5-1 部门绩效评估指标内容

指标	具体内容
经济指标	结合财务管理系统中的具体数据，建立成本与投入的比率测定、行政开支与业务开支的比率测定、人均开支测定、单位成本测定、经济改进余地测定等经济测定方法
效率指标	利用较为成熟的现代公共组织效率测定方法和技术，建立简单的效率指标和复杂的量化分析技术，如平均个案处理时间、反应速度、破案率等效率指标，工作荷载分析、投入要素和结果要素转换率分析等
效益指标	建立效益测定系统，计算差错率、准时率、合格率、优秀率，测定社会效果，测定公众满意度等

电子政务环境下的个人绩效评估从3个方面对政府领导和普通员工进行考核，具体内容见表5-2。

表5-2 个人绩效评估指标内容

指标	具体内容
工作业绩	包括工作质量、工作数量、期限、效率、合理性、业绩贡献等
工作态度	包括积极性、协作性、计划性、综合性、缜密性、逻辑性、敏捷性、自主性、纪律性、正确性、速度、安全性、指导性、责任性、信誉、创造性等
工作能力	包括知识、规划力、判断力、协调力、执行力、注意力、理解力、应酬力、技能、忍耐力、决断力、统率力等

在个人绩效评估功能中，对每个方面建立一定的权值系数，广大员工通过网络提交对干部的量化投票，再结合电子政务系统中记录下来的业务数据进行考评。

根据绩效考核的结果和工作需要，将定期对公务员进行岗位调整或轮换，并记入公务员个人档案。对不同级别的公务员，分别由所在单位人力资源部门、公务员局和组织部门来进行岗位调整。

公务员在工作中的业绩表现是对公务员进行奖惩、任用、调任、升降职、辞退的重要依据，一般由有关机构（如公务员局）来负责。对公务员的奖惩记录记入个人档案，以供需要时查询。

4.人才培训管理

政策的不断更新、社会的不断发展要求政府工作人员不断吸取新知识、掌握新政策、处理新问题，所以政府部门需要启动一系列人才培训计划。

电子政务环境下的人力资源培训系统包括政府培训开发计划、网上远程培训等。

（1）政府培训计划。

人才培训计划要能够与政府机构的发展方向、规划相结合，与政府的发展实力、经济预算相结合，与政府机构的人力资源有效使用、人才结构及其变化趋势相结合，与人才培养工作相结合，与人才引进、招聘工作相结合，与员工的个人素质、潜力、发展计划相结合，将职前导向培训与岗位培训相结合。

（2）网上远程培训。

政府每年都要出台许多新政策、新法规，不仅要培训政府内部员工，而且还要对相关行业从业人员进行培训，这需要花费大量的人力、物力。利用电子政务技术提供网上远程培训，为社会提供必要的政策、法规、操作规范以及最新技术，可以大大降低政府和企业的培训费用。

5.2.3　财政财务管理

利用电子政务技术建立政府财政财务管理系统有利于对政府财务管理数据进行汇总和分析，有利于制定新的财政年度的政府预算，有利于及时跟踪分析政府预算执行情况，进行预算的调整，有利于实行财政财务的远程审计和检查。电子政务环境下的财政财务管理主要包括财务核算、财务管理、财务财政一体化管理等，其各功能模块结构如图5-10所示。

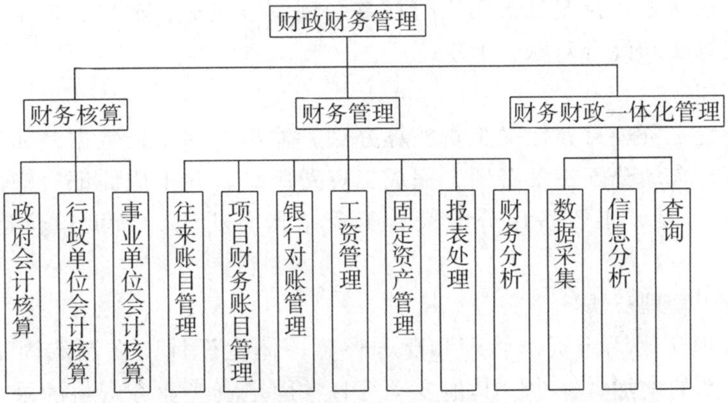

图5-10　电子政务环境下的财政财务管理功能模块结构

1. 财务核算

电子政务环境下的财务管理首先要有核算监督职能，以实现财政预算管理主体的预算资金监督控制职责。电子政务环境下政府财务核算的资金范围包括由财政拨付的行政经费、事业经费和各类专项经费；中央各部委的专项拨款；预算外资金；各种行政性收费、罚没收入等其他收入。

（1）政府会计核算。

政府会计核算包括预算收入核算、预算拨款和预算支出核算、预算资金调拨和预算周转金核算、基金预算收支与专用基金核算、财政周转金核算、货币资金和往来款项核算。

（2）行政单位会计核算。

行政单位会计核算包括经常性收支核算、专项资金收支核算、其他收支及结余核算、货币资金核算、往来款项核算、财产物资核算。

（3）事业单位会计核算。

事业单位会计核算包括流动资产核算、长期资产与对外投资核算、负债核算、支出核算、成本核算、收入核算、基金与结余核算。

2. 财务管理

电子政务环境下的财务管理是针对政府内财务活动的一体化管理，包括往来账目管理、各类项目所涉及的财务账目管理、银行对账管理、工资管理、固定资产管理、各类报表的制作和财务分析等。

（1）往来账目管理。

往来账目管理定义往来单位（个人）信息档案，处理由凭证或其他（如固定资产）模块产生的往来业务凭证，输出往来单位总账和往来单位明细账，及时输出往来单位对账单和账龄分析表，帮助政府进行账龄分析和其他往来款项的管理。

（2）项目财务账目管理。

项目财务账目管理定义往来单位、部门、职员和其他项目（如科研课题）档案，录入项目辅助核算凭证，输出项目总账，输出项目明细表，帮助政府进行项目管理。

（3）银行对账管理。

银行对账管理录入单位和银行对账单的期初未达项，进行银行对账初始化，按账号、币种、期间、日期、金额范围、结算方式、结算号、方向等任意组合条件查询、输出银行和单位未达账、已达账，自定义输出银行存款余额调节表等，输出长期未达审计表，支持自动对账、手工对账和混合对账3种方式。

（4）工资管理。

工资管理设置工资项目，定义工资核算办法，输出变动工资数据，如出勤天数、扣款数、保健补贴等，自动分配工资费用，完成工资费用结转并生成凭证，输出工资条、工资发放表、工资汇总表、工资费用分配表、工资结构分析表，帮助单位进行工资管理与分析。

（5）固定资产管理。

固定资产管理实现固定资产管理和财务核算一体化设计，在制定固定资产核算科目时，同时完成资产的增加、减少、其他变动等日常固定资产业务资料的录入工作。系统提供多种现行固定资产的折旧方法供选择，对非经营用固定资产可提折旧。严格按照预先设定的折旧方法对多项固定资产同时进行折旧，并遵循当月增加的固定资产折旧同时生成相应的财务核算凭证。自动输出固定资产清单、固定资产折旧表、固定资产余额表等报表，并提供固定资产使用情况及折旧情况的查询。

（6）报表处理。

报表处理自动输出往来对账单、账龄分析表、试算平衡表、科目余额表、核算项目余额表，自动输出资产负债表、经营支出明细表、收入支出总表等行政事业单位规范的会计报表。进行年终清理结算，编制财政总预算会计报表，并进行审核、汇总和分析。编制行政事业单位会计报表，并进行审核、汇总和分析。

（7）财务分析。

财务分析满足政府行政事业单位对本单位财务指标、财务报表进行分析的要求，以加强其财务管理。电子化财务管理系统能够利用结构、比较、趋势及比率等方法自动对单位的财务状况和收支状况进行分析，自动计算行政事业单位的主要财务指标，以报表和图形两种方式显示。比率分析提供对标准比率、正常比率、历史比率的分析；报表分析提供理想报表分析、历史报表分析，并可进行变动百分比、结构百分比和定基百分比的分析。

3.财务财政一体化管理

财务财政一体化涉及的部门包括中央、省（自治区、直辖市）、市、县、乡镇等5级财政部门、会计核算中心、财政部门对应的预算部门、预算单位及其他具有类似管理模式的各级部委和政府行政事业单位。电子政务环境下财务财政管理分为数据采集、信息分析、查询3个层次。

（1）数据采集。

数据采集是指各政府行政事业单位录入财务核算数据，通过计算机网络将数据分别传送到中心数据库中，通过财务系统完成各个核算单位的账务数据整合。

（2）信息分析。

信息分析是对中心数据仓库中的数据进行加工和编辑，通过报表系统可以生成任意格式的报表。报表系统分单位编制财务报表，定义数据查询公式，可为不同级别、不同层次的人员定制个性化的报表查询内容。

（3）查询。

查询主要是通过基于Web的计算机网络综合查询平台，提供对所有相关用户进行自定义查询和对权限单位数据进行编辑的授权操作。上级机关和审计部门有权随时进入具体政府机关单位的财务系统，进行远程动态审计查询，从而加大了财务监督的力度。

5.2.4　会议管理

会议管理系统的目标为，实现会议活动管理工作的信息化和规范化，提高会议活动承办工作效率，为会议的组织者、参与者提供更加全面、周到的服务。

1.会议活动管理系统的主要功能

（1）会议承办。针对每个会议，完成信息登记、会议方案、会议通知、会议须知、报到通知、会议文书和资料汇编等工作，直至办结归档，同时提供准确、便捷的会议查询统计。

（2）会议室管理。会议室管理为各会议承办单位提供会议室的登记、修改、取消、查询统计以及上传会议和记者名单等操作。

（3）通知报名。这是指为参会单位提供查看会议活动通知，进行会议活动报名，打印报到通知和车证以及查询统计等功能。

（4）系统管理。这是指进行统一的用户管理、身份认证和权限控制，提供会议活动类型、会议室、文书模板范本、席次图模板以及部门、人员等信息管理维护功能。

（5）日程安排。日程安排包括一周会议活动初步安排、每月政府领导出差出访安排和重要会议活动初步安排，并提供对这3种日程安排的登记、修改、删除、生成、查看、查询等功能。

2.电子会议的方式

（1）主题式会议。领导和主管部门下发主题，全体或相关员工通过邮件或网上论坛发表建议。

（2）随意式会议。会议不设立主题，只提供部分引导内容，员工无限制发表意见，与会者可以匿名。

（3）视频会议。视频会议系统是通过网络通信技术来实现的虚拟会议，使在地理上分散的用户可以共聚一处，通过图形、声音等多种方式交流信息，支持人们远距离进行实时信息交流与共享、开展协同工作的应用系统。视频会议极大地方便了协作成员之间真实、直观的交流。在电子政务环境下，目前会议电子化的主要形式就是视频会议系统。如表5-3所示，当前视频会议分为以下几类。

表5-3 **视频会议分类表**

类别	实现方法
基于硬件的视频会议系统	这是现在最常用的实现手段。特点是使用专用的设备来实现视频会议，系统造价较高，使用简单，维护方便，视频的质量非常好，对网络要求高，需要专线来保证
基于软件的视频会议系统	完全使用软件来完成硬件的功能，主要借助于高性能的计算机来实现硬件解码功能。特点是充分利用已有的计算机设备，总体造价较低
网络视频会议系统	完全基于互联网而实现的。特点是可以实现非常强大的数据共享和协同办公，对网络要求极低，完全基于电信公共网络的运营，客户使用非常方便，不需要购买软件和硬件设备，只需交费即可，视频效果一般

5.2.5 日常工作管理

政府机关日常工作十分庞杂，主要包括领导日程安排、信访管理、接待管理、新闻信息管理、通信管理和后勤保障管理几个方面。利用电子政务技术管理这些日常工作，能够提高政府机关的管理水平，减少编制、提高效率。

1.领导日程安排

领导日程安排功能包括会面的时间、人员、地点、程序安排与管理，从而实现工作计划、办公会议、业务活动的自动安排。日程安排还提供对会议活动初步安排、政府领导出差出访安排和重要会议活动初步安排的登记、修改、删除、生成、查看、查询等功能。

2.信访管理

信访工作是党和政府联系群众的桥梁和纽带，加强对信访工作的管理，提高信访办公效率，是电子政务系统中一项重要的工作内容。

电子政务中信访管理包括：来信登记、来访登记、电子邮件管理、案件管理、上级交办案件和下级汇报案件管理等。设立计算机跟踪处理管理系统，将处理过程记录在案，随时提供动态查询，最后还要进行信访处理结果统计汇总。还可以对信访资料进行分析，及时了解最新的信访动态，一旦发现对某个问题的信访数量超过一定的阈值，立刻生成警报信息，提请有关方面注意。

3.接待管理

接待管理主要负责上级部门领导及随行人员来本部门检查、调查、考察的接待；负责外地政府部门来本部门进行参观、考察的接待；协助本部门领导外出公务活动的联络工作；安排重要来宾的检查、考察、调研等活动。接待管理提供基于网络的日程安排查询和提醒功能。合理的日程管理能够帮助办公人员对时间等资源进行宏观调控和协调，实现优化管理，提高办公效率。

4.新闻信息管理

新闻信息管理负责政务信息的采集、核实、编报和发布工作，为领导决策提供参考。电子政务系统中的新闻信息管理主要包括“公告栏”、“综合信息”和“讨论”3个模块。“公告栏”相当于日常办公中的公告牌，可以发布通知、通告和各种消息，并提供方便地浏览公告牌的手段。公告的发布可以设定审批人，由审批人审批通过后才能发布。公告的发布可设定发布范围，只有范围内的用户才能看到此公告信息。公告发布时间还可以设定有效时间，超过有效时间的公告信息将自动从公告牌上删除。“综合信息”提供一个轻松的场所，大家可以在这个地方交流学习与工作的体会。“讨论”相当于一个非正式的会议室，工作人员可以随时进入感兴趣的论题，参与讨论。

5.通信管理

通信管理主要是电子政务通信信息管理，管理内容包括通信者的通信录（电子名片）、政务工作中相互交往的电子邮件、电子传真以及移动办公等。

（1）电子名片。电子名片实际上就是通信录，它详细记录了单位及个人的通信地址、邮件地址等信息，是办公过程中进行信息交流的重要工具。利用电子名片，可以为发文系统提供群发功能，如短信群发，从而提高秘书活动通知的效率，降低通信费用。

（2）电子邮件。电子邮件作为信息传递与共享的工具和手段，能够满足办公自动化系统最基本的通信需求。通过电子邮件系统可以方便地起草、发送电子邮件，浏览接收到的电子邮件并分类存档。

（3）电子传真。电子传真系统通过传真服务器实现计算机到传真机之间的双向收发。电子传真系统还为大量发送长途传真的用户提供了可节省大量长途电话费的方案和手段。

（4）移动办公。移动办公也是办公自动化的重要手段。对于经常出差的政府官员，可以远程拨号或登录到出差地的网络，通过电话线或广域网络，随时访问办公自动化系统。

6.后勤保障管理

后勤保障管理包括政府部门的设施维护及水、电、气的供应管理工作；食堂、车队等服务部门的管理工作；政府卫生所、幼儿园等事业单位及各种服务设施的管理、经营；车辆购置更新工作；保证政府机关的安全和正常工作秩序。

5.2.6 监督检查管理

1.在办事务监控

在办事务监控指对人大代表建议、政协委员意见的办理工作，对承办单位办理工作进行督促、检查、指导、考核和评比，对承办人员进行业务指导和培训等。

2.已办事务监控

已办事务监控是指对于已办结的事务，进行调阅审查，查找其合法性，对承办单位进行监督，对已办事务进行考核。

3.行政执法监察

行政执法监察是指党风廉政建设和反腐倡廉工作，加强行政监察工作，履行监督、教育、惩处职能，并对其进行信息化的管理，开展党风党纪教育和廉政文化建设。

5.2.7 决策支持

长期以来，管理被看成一门艺术，而决策主要依靠人的经验，属于经验决策范围。但是，今天的管理所面临的外部环境正在迅速地发生着变化。政府部门及其本身的环境也比以往更复杂，而且这种复杂性日益增加。这些为现代政府部门的管理决策带来了新的挑战，领导者单凭个人的知识、经验、智慧和胆略来做决策难免会出现重大失误。

1.现代政府部门的决策特点

（1）决策质量的要求更高。

随着技术的迅速发展，在电子政务环境下，政府部门与公众的交流渠道越来越广泛，公众对政府部门的要求越来越高。这迫使政府部门必须采取“以公众为中心”的行政策略，努力提高政府部门服务的质量。

（2）决策时要考虑的因素更复杂。

随着经济全球化趋势的不断加强，特别是中国加入WTO之后，无论是否愿意，政府部门的所有决策都将与世界惯例接轨。政府部门的决策既要考虑各种国内因素，也要考虑各种国际因素；既要考虑各种现实因素，也要考虑各种长远因素。

（3）决策速度要求更快。

在政府部门的决策中，经常要对各种突发事件进行决策，决策的时间根本上关系着决策的成败。在信息化社会的今天，竞争从以规模取胜转变到以速度取胜。这些要求管理者能够迅速作出正确的决策。

（4）决策失败的代价更高。

当今时代，各个政府部门的联系日益紧密，政府部门的整个运作系统更加复杂和精密。某一环节的判断失误将产生连锁反应，造成国家重大的损失。

2.决策支持系统的概念

决策支持系统（Decision Support Systems，DSS）是辅助决策者通过数据、模型和知识，以人机交互方式进行半结构化或结构化决策的计算机应用系统。它是管理信息系统向更高一级发展而产生的先进信息管理系统，帮助决策者提高决策水平和质量。

决策支持系统应该具有交互式的友好人机接口，使非计算机专业人员容易使用，具有很高的灵活性和适应性。注重用户的学习、创造和审核，让决策者在依据自己的实际经验和洞察力的基础上，主动利用各种支持功能，判断选取一个合适方案。

3.决策的分类

（1）结构化决策。结构化决策是指对某一决策过程的环境及规则能用确定的模型或语言描述，通过决策支持系统适当的算法产生决策方案，并能从多种方案中选择最优解的决策。

（2）非结构化决策。非结构化决策是指决策过程复杂，不可能用确定的模型和语言来描述决策过程，更无所谓最优解的决策。

（3）半结构化决策。半结构化决策是介于以上二者之间的决策，这类决策可以建立适当的算法产生决策方案，从决策方案中得到较优的解。

非结构化和半结构化决策一般用于一个组织的中、高管理层，其决策者一方面需要根据经验进行分析判断；另一方面也需要借助计算机为决策提供各种辅助信息，及时作出正确有效的决策。

4.决策支持系统的特性

（1）决策支持系统用于支持而不是取代人的决策过程，是跟踪和适应人的决策过程而不是要求人去适应系统。同样，它也不能取代以提高管理效率为目标的电子数据处理系统和管理信息系统。

（2）决策支持系统辅助管理人员完成半结构化或结构化的决策问题，这些问题很少得到或得不到管理信息系统的支持，而DSS可以解决一部分分析工作的系统化问题，但这一过程的控制还需要依靠决策者的洞察力和判断力。

5.决策支持系统的内容

DSS作为一种新兴的管理方法，能够为政府部门提供各种决策信息以及各种问题的解决方案，有助于提高决策的质量和效率。政务决策支持系统的结构如图5-11所示。

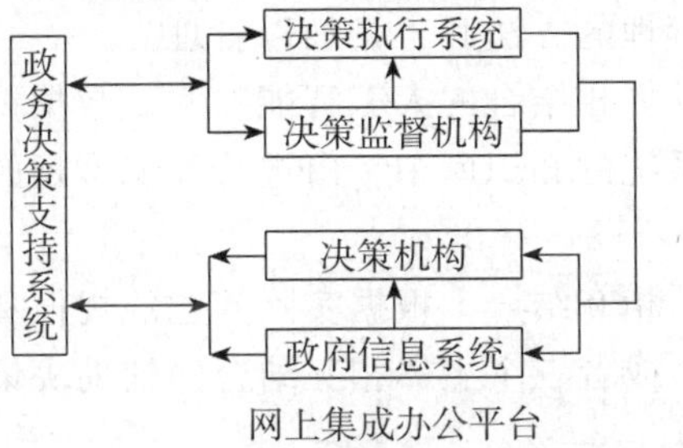

图5-11　政务决策支持系统结构

电子政务中的决策支持系统提供的服务内容包括以下几点：

（1）制订决策方案。利用政务信息系统提供的政务信息和数据，制订各种可行的决策方案。通过电子政务系统提供的网上集成办公平台将决策方案上报给决策机构。

（2）下达决策指令。决策支持系统将根据信息系统生成的决策信息来确定最优的决策方案，并生成必要的决策指令。决策支持系统通过网上集成办公平台把决策指令下发给决策执行系统和监督系统。

（3）执行决策指令。在监督系统的监督下，由决策执行系统负责贯彻执行决策指令。决策指令的执行情况和结果将通过信息系统反馈给决策支持系统。

（4）系统反馈和修正。决策支持系统将根据具体情况向决策机构提供反馈信息或决策修正方案。决策机构针对反馈信息或修正方案确定新的决策，并下发执行。

6.决策支持系统体系结构

电子政务决策支持系统的体系结构如图5-12所示，它集成了数据仓库、知识库、模型库、方法库、联机分析处理、数据挖掘系统等。其中，数据挖掘、知识推理中心、模型库的建模单元是系统的智能中心，强化了DSS的智能性。该体系结构包括以下3个主体部分：

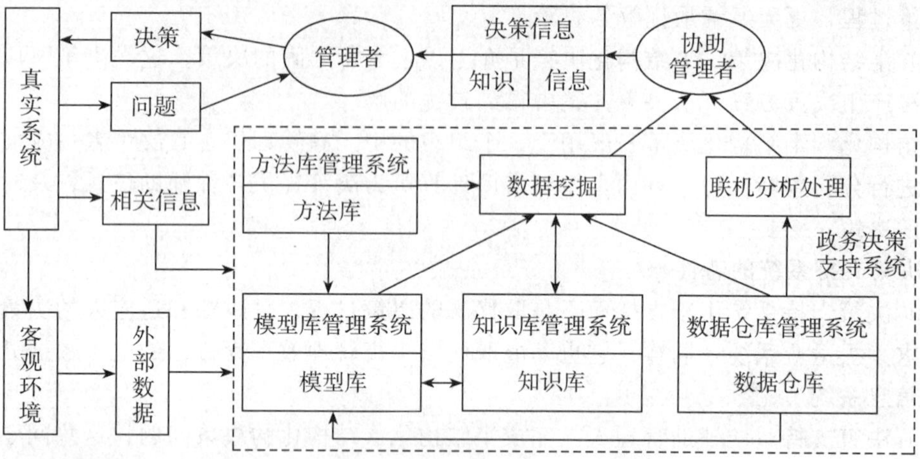

图5-12 电子政务决策支持系统体系结构

（1）政府模型库、方法库、数据库、知识库结合起来，构成电子政务决策支持信息资源库。信息资源库是政务决策支持的基础，为决策问题提供定量分析的辅助决策信息。

（2）数据仓库与联机分析处理技术。运用联机分析处理技术从数据仓库中提取综合数据和信息，这些数据和信息反映了数据的内在本质，从而形成了电子政务的知识资源，而对这些资源需要采用知识管理的方法和工具加以管理。

（3）专家系统和数据挖掘相结合的人工智能技术。数据挖掘从数据库和数据仓库中挖掘知识，并将其放入专家系统的知识库中，由进行知识推理的专家系统达到定性分析辅助决策。

这三个主体相互补充、相互结合，根据实际问题的规模和复杂程度，决定采用单个主体的辅助决策还是采用两个或者三个主体相互结合的辅助决策。

7.决策支持系统的应用

政府各类办公管理信息系统的大量使用，为决策提供大量可利用的决策信息数据，对各种业务数据进行数据整合处理，即可建成办公业务信息的数据仓库，并在此基础上进行数据挖掘和数据联机分析，从而得到可用的决策支持信息。电子政务的决策支持系统在以下四个方面都有很好的应用前景。

（1）在宏观经济方面的应用。电子政务决策支持系统可以满足编制国民经济和社会发展规划、制订年度计划的决策需求；满足宏观调控和改革开放的重大政策措施的决策需求；满足编制财政预决算、重大财政资金安排的决策需求。

（2）在地方政府管理和决策方面的应用。电子政务决策支持系统有助于城市总体规划、土地利用总体规划、自然资源开发利用总体规划、生态环境保护等专业规划的决策；有助于产业发展规划的制定或调整、产业区域布局的规划或调整的决策；有助于劳动就业、社会保障、科技教育、文化卫生等方面的重大措施的决策。

（3）在政府专项管理中的应用。电子政务决策支持系统可以满足重大突发公共事件应急预案的制订与调整、需长期采取的重大交通管制措施的决策需求；政府重大投资项目、国有资产处置方面的重大事项的决策需求；其他关乎基础性、战略性、全局性，需由政府决策的重大事项的决策需求。

（4）群体决策支持。群体决策支持通过实时在线系统协商、讨论和交流，利用问题模板库研究分析问题，通过模型库和方法库的支持，建立一些通用的模型和算法，用系统工程的方法对决策方案进行综合的评判和打分，对决策意见进行综合。

§5.3 专用公务系统

与通用公务处理系统不同，专用公务处理系统是适应专门公务活动需要、满足特定需求的公务处理系统。由于这些系统是为特定的业务部门与业务工作量身定制的，具有很强的专门性，所以大都开发成本较高，后续维护成本高。根据公务处理系统的覆盖范围不同，专用公务处理系统可以分为专项业务公务处理系统、系统内部的专用公务处理系统和跨系统的专用公务处理系统，如图5-13所示。

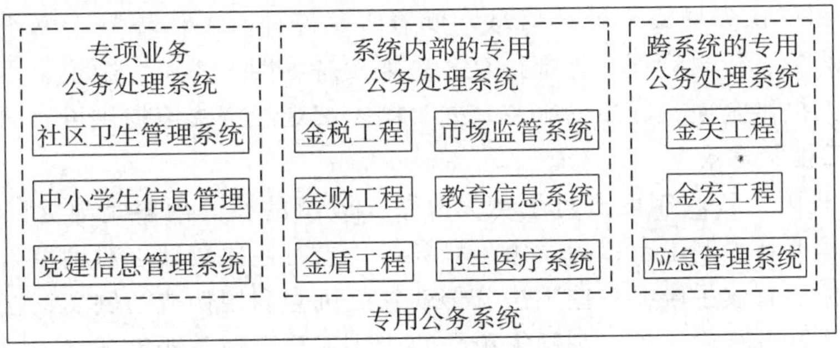

图5-13　专用公务系统的组成

5.3.1　专项业务公务处理系统

专项业务公务处理系统是指用于处理某项专门业务，针对专门政府机关或部门的电子化公务处理系统。专项业务公务处理系统独立性较强，一般与其他机关和部门信息系统没有密切联系，大都独立建设，独立运行。这一类系统功能较为单一，结构相对简单，开发周期短，成本低。

专项业务公务处理系统是针对政府部门的某项业务特定开发的系统。例如，长春市为规范居民健康档案、儿童计划免疫、慢性疾病和艾滋病防治管理开发并应用了长春市社区卫生管理系统，实现对社区内部卫生事务的管理；南宁市针对中小学生的学籍、招生和会考等教育活动，专门开发了南宁市中小学学生信息管理系统，方便了南宁市教育局对全市中小学学生各项信息的掌握和统计；长沙市利用特定开发的党建信息管理系统对本市的党员档案、组织关系转接和流动党籍进行统一管理，大大提高了党建管理的规范性和效率。

目前，专项业务公务处理系统大都具有区域性特点，同一业务处理的系统也会因地区差异在开发标准和功能设置上不尽相同。但是，随着国家对电子政务系统建设重视程度和投入的加大，专项业务处理系统也将向系统内部的专用公务处理系统过渡，实现系统内部的互联和共享，从而使专项业务的处理从“各自为政”走向“一盘棋”。

5.3.2 系统内部的专用公务处理系统

系统内部的专用公务处理系统是针对同类机关和部门的业务处理系统，大都全面覆盖该类机关和部门的主要业务。在实行垂直领导体制的政府机关中往往使用系统内部的专用公务处理系统，这些系统内部联系紧密，一个地区甚至全国的同类部门系统形成网络。这类系统由多个子系统构成，各个子系统之间的数据耦合度较强，整个系统的复杂度较高。“金税工程”“金财工程”“金盾工程”以及原工商管理系统等均属于系统内部的专用公务处理系统。这里以“金税工程”为例，介绍系统内部专用公务处理系统。

1.“金税工程”概述

“金税工程”的全称是全国增值税专用发票计算机稽核网络系统，是利用覆盖全国税务机关的计算机网络对增值税专用发票和企业纳税状况进行严密监控的一个体系。“金税工程”是国家电子政务建设的重要项目之一，它是吸收国际先进经验，运用高科技手段结合我国增值税管理实际设计的管理系统。该系统将一般纳税人认定、发票领购、纳税申报、税款缴纳全过程实现网络运行，从而加强增值税征收管理的信息化。

按照系统工程规划设计，“金税工程”按照一体化原则，建立基于统一的系统平台，国家税务总局和省税务局集中处理信息，覆盖所有税种、工作环节、税务局以及有关部门，包括征管业务、行政管理、外部信息、决策支持等四大系统。金税工程强化税收征收管理，为纳税人提供全面、优质的服务，并为国家宏观经济决策提供可靠的依据。

2.“金税工程”背景

1994年，我国的税收制度进行了重大改革。改革的核心内容是建立以增值税为主体的流转税制度。但新税制出台以后，由于税务机关当时还比较缺乏对纳税人使用增值税专用发票进行监控的有效手段，一些不法分子就趁此机会利用伪造、倒卖、盗窃、虚开增值税专用发票等手段进行偷、逃、骗国家税款的违法犯罪活动，严重干扰了国家的税收秩序和经济秩序。对此，国家决定引入现代化技术手段加强对增值税的监控管理。

1994年2月1日，时任国务院副总理的朱镕基同志在听取了电子部、航天工业总公司、财政部、国家税务总局等单位的汇报后，指示要尽快实施以加强增值税管理为主要目标的“金税工程”。为了组织实施这项工程，成立了跨部门的国家税控系统建设协调领导小组，下设“金税工程”办公室，具体负责组织、协调系统建设工作。1994年3月底，“金税工程”试点工作正式启动。

3.“金税工程”的组成

金税工程由1个网络、4个子软件系统组成。一个网络，就是从国家税务总局到省局、地（市）局和县（区）局4级统一的计算机主干网，即覆盖4级的广域网络；4个软件系统分别为：覆盖全国增值税一般纳税人的增值税防伪税控开票子系统，以及覆盖全国税务系统的防伪税控认证子系统、增值税交叉稽核子系统和发票协查信息管理子系统。4个子系统紧密相联、相互制约，构成了完整的增值税管理监控系统的基本框架。

（1）1个网络。

国家税务系统整体管理呈4级分层结构，即国家税务总局，省、自治区、直辖市、计划单列市税务局，地市级税务局，区县级税务局。2018年3月，根据中共中央印发的

《深化党和国家机构改革方案》，省级和省级以下国税局和地税局合并为税务局。总的看来，税务系统具有机构分布广、层次多的特点。网络设计遵循层次化设计的总体原则，将整个金税网络进行垂直分层（按照管理模式）和水平分割（按照地域），在垂直方向按照功能划分成骨干层、分布层、接入层3个层次，在水平方向上按照地域划分成各个省、自治区、直辖市、计划单列市内部的网络。“金税工程”的网络结构如图5-14所示。

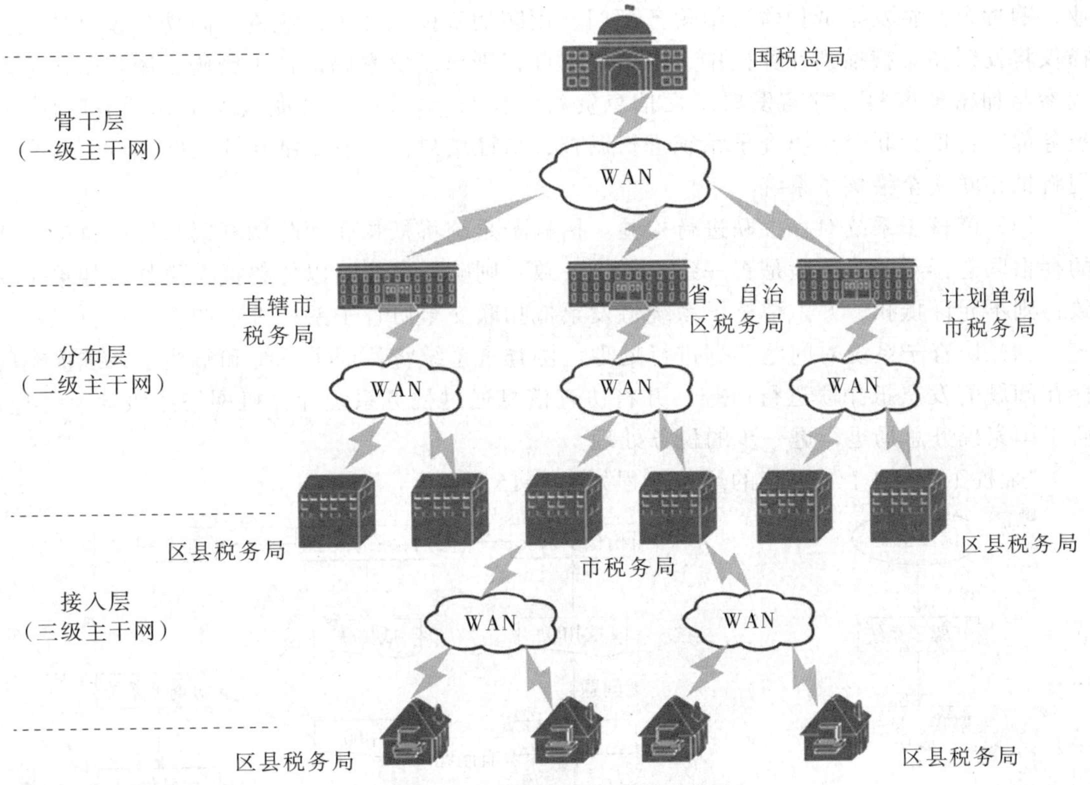

图5-14 “金税工程”的网络结构

（2）4个系统。

① 增值税防伪税控开票子系统。增值税防伪税控开票子系统运用数字密码和电子信息存储技术，堵塞手工开具发票在开具时易出现的“阴阳票”“大头小尾票”及真票假开的漏洞，监控企业的销售收入，解决销项发票信息真实性问题。

② 增值税防伪税控认证子系统。增值税防伪税控认证子系统可以对增值税一般纳税人申请抵扣的增值税专用发票抵扣联进行解密还原认证，及时发现假票，并解决进项发票的信息真实性问题。

③ 增值税计算机稽核子系统。增值税计算机稽核子系统主要是进行发票信息稽核和申报信息稽核，可以及时发现购货方申报抵扣但供货方未申报纳税的增值税专用发票，并动态监测企业纳税情况。

④ 增值税专用发票协查子系统。增值税专用发票协查子系统可以对有疑问的和已证实虚开的增值税发票案件协查信息、认证子系统和稽核子系统发现有问题的发票以及协查结果信息进行协查、监控和管理。

4.“金税工程”运行流程

金税工程4个子系统相互配合运行的简易流程如下：

（1）开票子系统开具相关票据。供货企业利用增值税防伪税控开票子系统开出发票（计算机打印普通发票），计算机自动产生发票存根联，在打印发票的同时，将发票上的主要资料进行加密，形成一组密文并自动打印在发票上。

（2）认证子系统对存根联进行认证。供货企业将发票的发票联、抵扣联交给购货企业，购货企业将发票抵扣联交给税务部门利用防伪税控认证子系统进行防伪认证（使用扫描仪将发票图案扫描到计算机中，由智能软件识别出发票密码，再由密码系统将密码还原成参与加密的资料，并与发票票面信息资料对比），认证结果证明发票抵扣联有问题的，税务部门将抵扣联交至协查子系统进行调查；认证结果证明发票抵扣联无问题的，税务部门将抵扣联交至稽核子系统。

（3）稽核子系统对存根联进行检验。稽核子系统将抵扣联和防伪开票系统中自动生成的存根联进行对照，检验是否一致，如果一致，则购货企业可以凭票抵扣税款；如果不一致，则不允许抵扣，并由稽核子系统将发票抵扣联交至协查子系统进行调查。

（4）协查子系统对问题票据进行处理。协查子系统将认证子系统和稽核子系统提交的存在问题的发票抵扣联进行协查，并将协查信息通过税务系统计算机网络逐级向上传递，便于国家税务总局进行进一步的税务处理。

“金税工程”4个子系统的运作流程如图5-15所示。

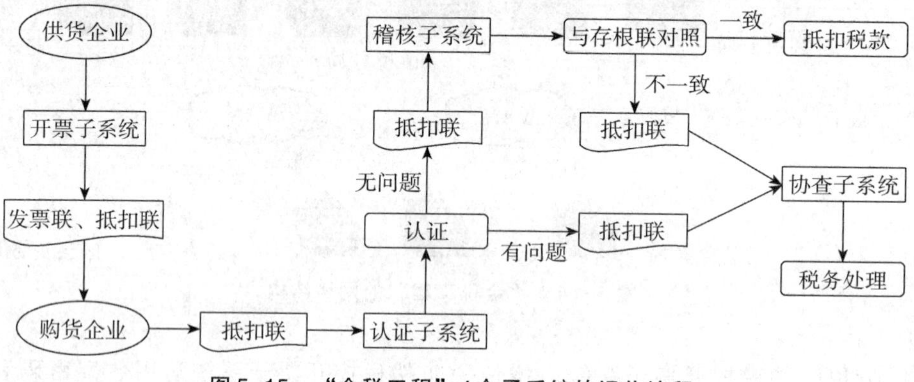

图5-15 “金税工程”4个子系统的运作流程

5.“金税工程”的进展历程

1994年，我国实施了以增值税为主要内容的一轮税制改革，建立了以增值税为主体税种的税制体系，并实施以增值税专用发票为主要扣税凭证的增值税征管制度。随着税制改革的推进，新税制与旧的征管手段之间的矛盾日益突出，国务院决定引入现代化技术手段加强对增值税的监控管理，定名为“金税工程”，并列入了国家信息化建设重点工程。

（1）“金税工程”一期。

1994年，在深入探讨我国增值税特点以及如何用高科技手段解决利用增值税专用发票偷税骗税基础上，航天信息服务股份有限公司和电子部根据国务院领导的指示，为国家税务总局分别开发了防伪税控和交叉稽核这两个相互独立运行的系统，即“金税工程”一期。

通过试运行发现，由于两个系统独立运行，需要对增值税专用发票数据进行重复录入，因此造成大量的人为错误，从而导致稽核结果的错误。另外，由于试点范围有限，当时只在50个城市建立了稽核网络，对其他地区的专用发票没有办法进行交叉稽核，因而运行结果不是很理想。

（2）"金税工程"二期。

1998年，国家税务总局在总结试运行经验的基础上提出"金税工程"二期建设方案。在此期间，增值税防伪税控发票开票、认证、交叉稽核、协查四个子系统在全国全面开通；并且建成了全国增值税发票监控网，从根本上遏制虚开专用发票案件。

但"金税工程"二期覆盖的范围有限，只能采集和稽核专用发票信息，增值税征管的其他一些环节，如一般纳税人认定、发票的发行发售以及增值税税款的申报与缴纳，尚未全部纳入"金税工程"网络运行，"金税工程"二期的功能仍然需要加以完善和拓展。

（3）"金税工程"三期。

2006年"金税工程"三期开始在全国税务系统全面建设，它是在对金税工程四个子系统进行功能整合、技术升级和业务与数据优化的基础上，进一步强化征管功能，扩大业务覆盖面，形成有效的、相互联系的制约和监控考核机制。建立一个统一、规范、网络化的涉税消息综合处理平台，全面支撑各级税务部门行政管理、税收业务、决策支撑、外部信息处理等方面的应用需求。简而言之，就是"一个平台，两级处理，三个覆盖，四个系统"。

"一个平台"是指建立一个包含网络硬件和基础软件的统一的技术基础平台，以保证税务工作在统一、安全、稳定的网络化平台支撑下平稳运行。

"两级处理"是指依托统一的技术基础平台，逐步实现数据信息以省局为主、总局为辅进行处理。

"三个覆盖"是指应用内容逐步覆盖主体税种，覆盖税务管理的重要工作环节，覆盖各级税务机关，并与有关部门联网。

"四个系统"是指通过业务的重组、优化和规范，逐步形成一个以征管业务为主，包括行政管理、外部信息和决策支持在内的4个信息管理应用系统。

"金税工程"三期建设的目的是最终实现国、地两税税务管理业务的全面网络化运行；实现税务部门以及与外部门间的信息共享；实现对纳税人的综合管理和监控；实现上级对下级机关征管业务的全面监督；促进税务机关职能的转变，强化机关廉政建设和队伍建设，全面提高税务机关的税收管理质量和纳税服务水平。

6."金税工程"的意义

（1）"金税工程"堵住了税款流失的漏洞。"金税工程"从源头上堵住了增值税专用发票假票、虚开、代开以及"大头小尾"现象。防伪税控开票子系统利用加密原理，在开票时，自动将发票信息转化成密码，打印在发票密码区。在抵扣认证时，认证系统会自动将密码信息转化成发票信息并与发票上的数据核对，就能辨别出发票的真实性及合法性，防止了非法增值税专用发票进入抵扣环节。

（2）"金税工程"提高了企业信用水平等级和信誉。当购货方对供货方信用有疑问时，可以使用防伪税控认证子系统和增值税交叉稽核子系统对进项发票进行认证和核实后再付款，这样供货企业为及时收回款项，就会不断提高自己的信誉度，从而促使所有企业的信用水平普遍提升。

(3)“金税工程”有效地防范和遏制了腐败行为。由于“金税工程”以国家税务总局、省级税务局、地市税务局、县级税务局四级网络为依托，这样一来下级可以对上级税务机关贯彻落实税收政策依法征税的行为进行监督和制约，而下一级税务机关的各项执法行为也均纳入了上级税务机关的监控，从而保证了税务人员执法的透明性和公正性，有利于税收队伍建设和防止腐败现象的产生。

5.3.3 跨系统的专用公务处理系统

跨系统的专用公务处理系统是指跨行业领域、跨专业领域的专用公务处理系统。这类系统一般都具有规模大、系统结构复杂、功能强、开发建设成本高、开发建设周期较长的特点。由于系统建设涉及多个行业和部门之间复杂的关系，因此建设难度较大。跨系统的专用公务处理系统能够充分体现政府职能转变的精神，有利于建立和巩固与市场经济体制相适应的行业和部门间的横向联系。“应急管理系统”“金关工程”“金宏工程”等均属于跨系统的专用公务处理系统。这里以“应急管理系统”为例，介绍跨系统的专用公务处理系统。

随着工业化、城市化进程的推进，人流、物流、信息流、资金流在城市高度集聚，与此同时，由各种自然因素、技术因素、人为因素造成的紧急与灾害事件的发生频率也在不断上升，给社会生产和人民生活带来的影响和损失也非常巨大。因此，应充分利用现代高科技手段，实行“条块结合”“平战结合”“专群结合”的方针，整合现有的紧急救助资源，健全和完善城市应急指挥系统的方案，逐步建设统一、高效、反应敏捷、安全可靠的城市应急联动与社会综合服务系统，提高政府部门应对各种紧急事件、突发事件和灾害事件的快速反应能力、指挥调度能力和综合处理能力，为城市经济发展提供公共安全保障。

1.突发公共事件

突发公共事件一般是指某种危机的发生，具有时间、地点、任务、目标、手段的不确定性等特点，一旦发生将对城市的正常运转或人民群众工作生活的正常秩序造成较严重的威胁或破坏，特别是涉及城市管理多个部门的大型事件、恶性事件，除非市领导亲自协调、各职能部门联合行动才能及时、有效地应对与化解。

(1) 突发公共事件的概念。

突发公共事件是指突然发生，造成或者可能造成重大人员伤亡、财产损失、生态环境破坏和严重社会危害，危及公共安全的紧急事件，分为自然灾害、事故灾难、公共卫生事件和社会安全事件4类。一般来说，突发事件具有3个特征：一是难以预测；二是难以有效防御；三是难以彻底根除。

(2) 突发公共事件的种类。

根据突发公共事件的发生过程、性质和机理，我国将突发公共事件分为4类，具体分类见表5-4。

(3) 突发公共事件的分级。

突发公共事件按照其性质、严重程度、可控性和影响范围等因素可分为4级，详见表5-5。突发公共事件应急管理以下简称“应急管理”。

表5-4　　突发公共事件的种类

类　别	内　容
自然灾害（7种）	水旱灾害（包括洪涝、干旱）、气象灾害（包括冰雪天气、暴雨、雷电、浓雾天气、大风天气）、破坏性地震、突发性地质灾害（泥石流、崩塌、滑坡、地面崩塌）、海洋灾害（海啸等）、生物灾害、森林火灾
事故灾难（5种）	交通运输通信事故（轨道交通运营突发事件、道路损害抢险、桥梁突发事故、道路交通事故、通信线路和通信设施事故、信息安全事件与高技术犯罪）、公共设施和设备事故（城市公共供水突发事件、城市排水突发事件、重大和特大电力突发事件、燃气事故、供热事故、地下管线事故）、环境污染和生态破坏事件（危险化学品事故、核事件与放射性污染）、工矿商贸等企业的各类安全事故（矿山事故、特种设备事故、人防工程事故、建筑施工突发事故、超高层建筑综合事故）、旅游场所突发事件
公共卫生事件（5种）	食物中毒事件、职业中毒事件、重特大传染病疫情（包括鼠疫、炭疽、霍乱、非典型性肺炎、流行性感冒、人感染的禽流感、病毒性肝炎、急性出血性结膜炎等）、重大动物疫情（禽流感、疯牛病、口蹄疫等）、其他严重影响公众健康和生命安全的事件
社会安全事件（8种）	突发恐怖袭击事件和重大刑事案件、重大群体性上访事件、公共场所滋事事件、民族宗教群体性突发事件、涉外突发事件、经济安全事件、影响校园安全稳定事件、邪教组织滋事

表5-5　　突发公共事件的分级

级别	严重程度	表示方法
Ⅰ级	特大	红色
Ⅱ级	重大	橙色
Ⅲ级	较大	黄色
Ⅳ级	一般	蓝色

2.应急管理概述

（1）应急管理的概念。

应急管理指政府及其他公共机构在突发公共事件的事前预防、事发应对、事中处置和善后管理过程中，通过建立必要的应对机制，采取一系列必要措施，保障公众生命财产安全，促进社会和谐健康发展的有关活动。

（2）应急管理的特点。

① 应急管理是对突发公共事件的全过程管理。根据突发公共事件的预警、发生、缓解和善后4个发展阶段，应急管理可分为预测预警、识别控制、紧急处置和善后管理4个过程。

② 应急管理又是一个动态管理。它包括预防、准备、响应和恢复4个阶段。

③ 应急管理还是完整的系统工程。它可以概括为“一案三制”，即突发公共事件应急预案，应急机制、体制和法制。

（3）应急联动系统。

应急联动系统通过集成的信息网络和通信系统将治安、消防、卫生急救、交通、公共设施、自然灾害等突发事件的应急指挥与调度集成在一个管理体系中，通过共享指挥平台和基础信息，实现集中接警、统一指挥、联合行动、快速反应，为政府科学决策和处置各种紧急与灾害事件提供技术支持，为城市公共安全提供技术保障。

应急联动系统主要是面向领导决策，属于指挥决策层面；应急联动系统所应对的事件属于全局性质，即可能对社会稳定、国家安全和城市可持续发展产生重大影响的恶性事件。

3.突发事件处理过程

（1）突发事件的形成过程。

对于突发事件的预防和处理可以分为两个阶段，即发生灾害之前的风险管理和发生灾害之后的应急管理，从时间上可以划分为平时、临灾、灾害发生时、接近尾声和灾后五个阶段，每个阶段应采取的相应处理措施如图5-16所示。

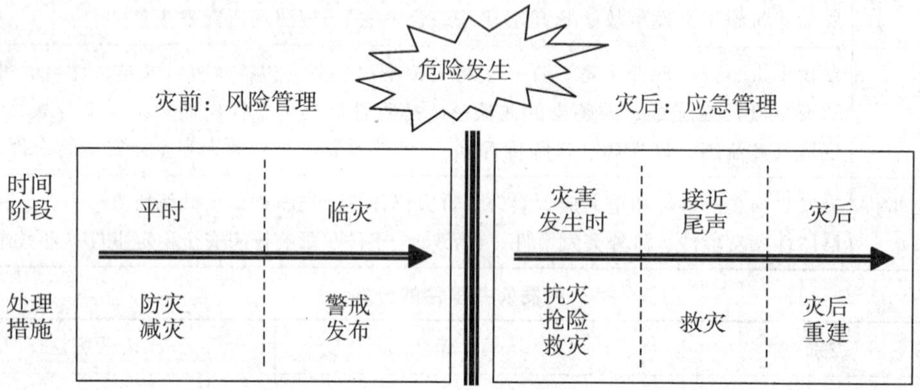

图5-16　突发公共事件的形成过程

（2）突发公共事件的处理过程。

①突发公共事件的管理模型。

突发公共事件的管理，也称为公共危机管理，简称为危机管理。由于突发公共事件存在的普遍性和社会性，国外不少专家已经在该领域进行研究并提出了一些模型，在众多的危机管理阶段分析方法中，有4种最为学界认同的模型，它们分别是：

第一种，芬克（Fink）的四阶段生命周期模型（1986）。芬克用医学术语形象地对危机的生命周期进行了描述：征兆期、发作期、延续期、痊愈期。

第二种，美国联邦安全管理委员会的“4R”模型。这种模型把公共危机管理分为减缓（Reduction）、准备（Readiness）、反应（Response）和恢复（Recovery）四个阶段，简称为“4R”模型。

第三种，危机管理专家米特罗夫（Mitroff）的五阶段模型（1994）。信号侦测——识别危机发生的警示信号并采取预防措施；探测和预防——组织成员搜寻已知的危机风险因素并尽力减少潜在损害；控制损害——危机发生阶段，组织成员努力使其不影响组织运作的其他部分或外部环境；恢复阶段——尽可能快地让组织运转正常；学习阶段——组织成员回顾和审视所采取的危机管理措施，并加以整理使之成为今后的运作基础。

第四种，三阶段模型，即把突发公共事件的管理分成危机前、危机和危机后这三个大的阶段，每一阶段又可分为不同的子阶段。这种模型包括的内容范围较广，在逻辑上非常清楚，能够概括危机管理的所有内容，具有较大的弹性，也符合中国人的思维习惯。危机管理的三阶段模型如图5-17所示。

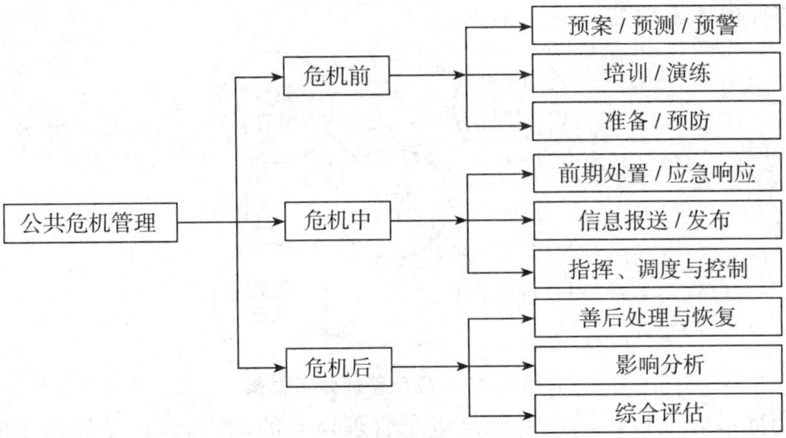

图5-17　危机管理的三阶段模型

②我国突发公共事件处理过程。

本书以三阶段模型为例来说明我国突发公共事件处理过程。根据我国的特点和具体情况，对于不同级别的突发公共事件，由不同级别的政府部门负责处理。Ⅳ级突发公共事件，需要县（市、区）政府应急处理；Ⅲ级突发公共事件，需要逐级上报地市级政府作出应急处理；Ⅱ级突发公共事件，需要逐级上报省（自治区、直辖市）级政府作出应急处理；Ⅰ级突发公共事件，需要逐级上报国务院作出应急处理。适合我国处理突发公共事件的模型如图5-18所示。

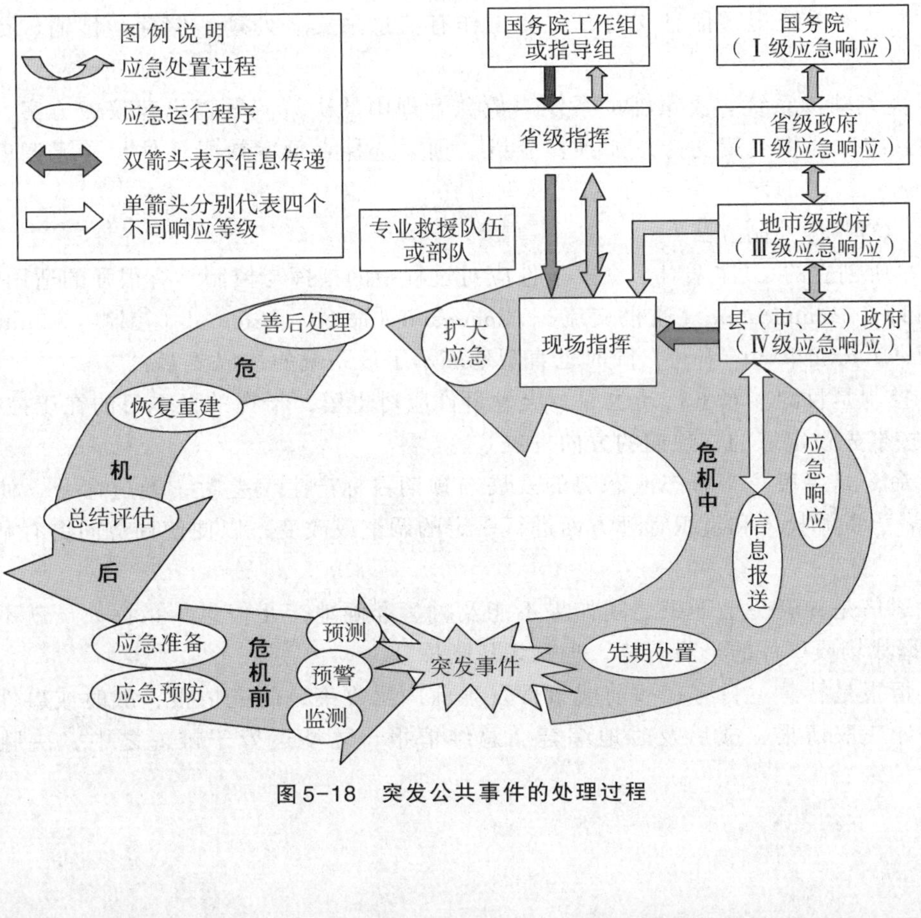

图5-18　突发公共事件的处理过程

4.应急指挥的方法

（1）应急管理体系框架（图5-19）。

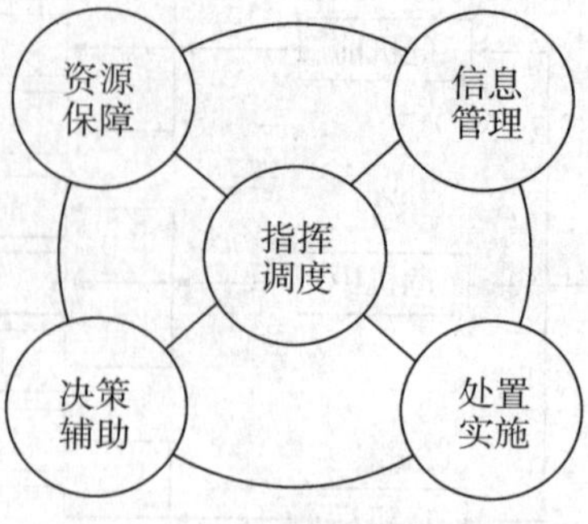

图5-19 应急管理体系框架

① 指挥调度系统。指挥调度系统是应急管理体系的“大脑”，是体系中的最高决策机构，是应急管理的最高决策者，负责应急管理的统一指挥，给各支持系统下达命令，提出要求。

② 处置实施系统。处置实施系统是对“指挥调度系统”形成的预案和指令进行具体实施的系统，负责执行“指挥调度系统”下达的命令，完成各种应急抢险任务。

③ 指挥、控制、协调。资源保障系统。资源保障系统负责应急处置过程中的资源保障，主要工作有应急资源的储存、日常养护以及在“决策辅助系统”协助下进行资源评估、负责应急资源调度等。

④ 信息管理系统。信息管理系统是应急管理体系的信息中心，负责应急信息的实时共享，为其他系统提供信息支持，主要工作有信息采集、处理、储存、传输、更新、维护等。

⑤ 决策辅助系统。决策辅助系统对应急管理中的决策问题提出建议或方案，为“指挥调度系统”提供决策支持，如预警分析、预案选择、预案效果评估、资源调度方案设计等。

（2）C^3I指挥控制方法。

美军所创立的C^3I体系对于突发事件应对过程中的指挥与控制具有很强的适用性。

C^3I即Communication（通报交流）、Command（命令）、Control（控制）和Intelligence（情报）4个英文单词的缩写，同时也直观地表示了该系统的构成要素：

① 控制是目的。军事行动也好，突发事件应对也罢，指挥的根本目的在于控制局面，使态势按事先设定好的、预期的方向发展。

② 命令是手段。当事态或态势的发展与预期目标产生偏差时，通过命令，使得在任务执行者、资源投入和组织管理方面进行一定的调整或改变，以便使局势向更有利的方向发展。

③ 通信是神经。上下级之间如果不能及时、准确地交互信息，指挥人员就不可能准确地掌握战场或事件的当前态势，也就无从指挥。

④ 情报是智慧。只有在战前或事件发生前广泛收集、研究情报，战时或事件应对中千方百计获取情报，战后及时地综合、总结情报，才能运筹于帷幄之中，决胜于千里之外。

（3）指挥控制的基本过程。

突发公共事件应急指挥过程的一个参考模型如图5-20所示。

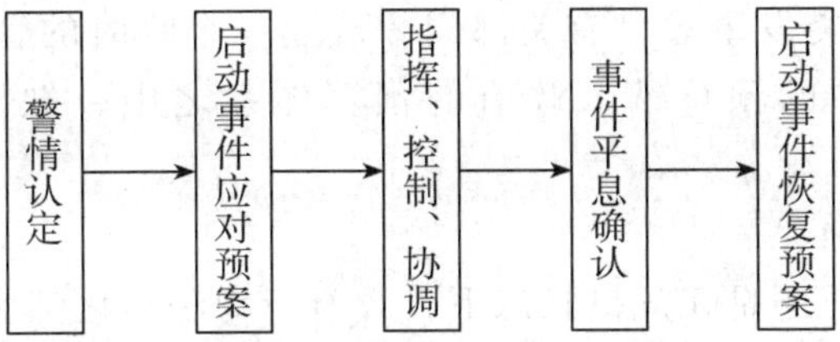

图5-20　应急管理指挥过程

① 警情认定。根据接处警系统的汇报，结合事先制定的突发事件认定标准及特征，确认突发事件的发生，进行必要的动员并启动应急指挥系统。

② 启动事件应对预案。根据事件特征对预案库进行查询和检索，确定与事件最吻合的预案，进行必要的修改、论证后，通知整个指挥体系及相关政府部门予以实施。

③ 应急指挥系统基于预案制订行动计划，调动必要资源，并在整个事件应对的过程中进行监控、指挥、协调，直至事件得到平息。

④ 事件平息确认。在综合各部门的情况汇报后，对事件的平息予以确认。

⑤ 启动事件恢复预案。指挥系统恢复平时状态，根据事件恢复预案或临时制订的恢复计划，落实恢复任务的有关责任人。

5.城市应急管理

城市应急联动系统是一项利国利民的工程，随着我国城市管理模式逐步与国际接轨，应用高科技管理城市的方法逐步引入中国，将不断推进我国城市现代化步伐。

（1）我国城市应急体系的现状与不足。

目前，我国城市应急体系仍带有浓厚的部门色彩，缺少统一的国家级紧急事务管理机构，公共危机管理远没有制度化、法治化，还存在较大差距。总体现状和不足如下：

①管理体系条块分离已经打破，但未根本改变。

自2003年SARS危机后，人们逐步认识到了城市公共危机应急处置体系中的应急联动系统的重要性，多个城市开始借鉴国外成熟的经验，启动城市应急联动指挥中心的建设。尤其是2008年5月12日汶川大地震，更使城市应急管理成为关注的焦点。现有的城市应急联动系统在一定程度上打破了我国传统的条块分割体系，但是仍然存在分散管理、横向联动效果差的缺点。

②危机预案空泛，应急联动困难重重。

2006年1月，国务院颁布了《国家突发公共事件应急总体预案》，配套各部委相应发布了各自职能范围内的应急预案，一些省、自治区、直辖市也陆续发布了地方《突发公共事件应急总体预案》。这些预案的发布，规定了公共危机的范围，应急处置的原则、机制、过程等，对提高我国城市公共危机应急处置水平无疑具有重要作用。但是经过认真研究，这些预案几乎是千篇一律，从国家到地方没有什么特别的差异，尤其是在预案处置方面，各协调部门之间的职责划分、具体的工作协调沟通机制都规定不明，实施起来极为困难。结果在城市公共危机应急处置实践中，常常表现为“不联不动，联而不动，联而慢动，联而乱动”等现象，严重与实际脱节。另外，政府信息资源管理体系也不完善。

③危机意识淡漠，资源调配缺乏计划。

我国目前的危机资源配置存在资源配置方式严重滞后和缺乏科学的资源管理机制的问题。通常是出现一次突发事故，有关部门才成立一个临时的管理委员会，然后再紧急拨款。没有把危机管理的预算纳入政府的预算体系之中，缺乏必要的专项基金应对危机。

④法治建设停滞不前。

无论在正常状态下，还是在危机状态下，政府行为法治化都应是政府实施有效治理的基本原则。近年许多城市虽然都成立了应急联动指挥机构，但这些机构的工作职责并无法律界定，也缺乏相应的法律依据，因此在实践中成了摆设。此外，公共危机应急处置中的责任追究也缺乏具体的法律依据。

（2）我国城市应急联动系统模式分析。

应急联动系统在预防和处理各类突发事件工作中，起着不可替代的作用。随着我国应急工作的开展，各地结合自身城市的特点开展或正在积极准备开展适合自身的应急模式。目前我国的应急管理系统的建设有几种不同的模式，主要有以南宁为代表的集权模式、以上海为代表的授权模式、以扬州为代表的协同模式和以北京为代表的代理模式4种，见表5-6。

表5-6 **我国城市应急联动系统模式比较**

内容 模式	优点	缺点	代表城市
集权模式	实现了统一指挥、信息共享、资源共享，有利于实现快速反应、精确指挥；一级接警减少了指挥层次，使指挥效率大大提高，有利于快速反应	该模式几乎重构了城市应急体制，因而建设难度大，投资也大，与现有行政体制冲突比较大	南宁
授权模式	充分利用现有基础，通过适当的投资和改造构建而成，见效快；指挥中心运行磨合期短、风险小	这种模式对于授权有一定的要求，授权要充分而又具体	上海
协同模式	各系统职能分明、各有重点、互不冲突；形成了多层次的指挥网络，物理分离、逻辑集中、业务统一	在联动方面可能会出现不顺畅的状况；在指挥过程中也可能存在多头领导的混乱局面	扬州
代理模式	解决了统一接警的问题；逐渐强化处警功能和协调功能	存在着接警风险；在处理跨部门事件时，形成统一的指挥核心还需要时间	北京

（3）城市应急联动系统体系结构。

城市应急指挥系统为公安、消防、交警、急救等应急处置机构提供通信与信息保障，通过对各部门的信息网络和通信系统加以集成，将各种应急服务资源统一在一套完整的智能化信息处理与通信方案之中，全市的报警与求助电话在统一的接警中心和处警平台进行统一接警和统一处警；市民在紧急求助时，只需拨打一个号码；遇紧急、突发、特殊事件，应急指挥系统即成为城市统一的协调、信息收集与分析、指挥调度中心。

建设完善的城市应急联动系统，应遵循“分级处置，准确上报；指挥协调，各级响应；新旧整合，资源配套；平战结合，完善管理”的原则。城市应急联动系统的一种简化体系结构如图5-21所示。

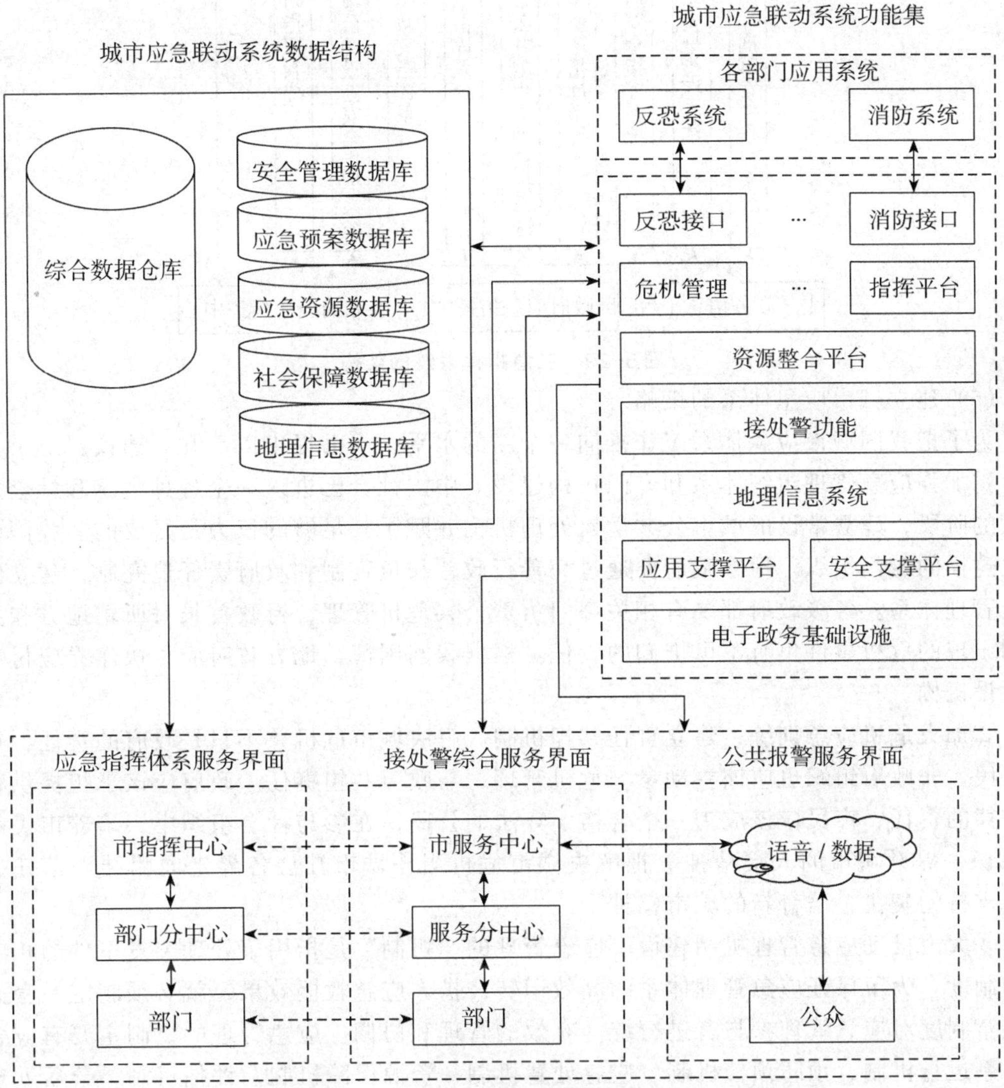

图5-21 城市应急联动系统的体系结构

（4）城市应急联动系统的指挥机构。

在多部门联合行动的突发事件应对过程中，指挥与控制的重要作用是不言而喻的。在组织结构上，有两种方案可供选择：一种方案是临时抱佛脚，在突发事件发生时仓促搭建班子，成立应急指挥系统；另一种方案是在平时即建立应急指挥系统，建立管理制度、明确责任分工、构建指挥系统基础设施、占用领导部分工作时间、参照应急预案定期进行演练，在突发事件发生时迅速转入全日制工作，对事件的应对实施强有力的指挥保障。显然后者更有效、可行。

本书给出一种城市应急联动系统的指挥机构的参考架构，如图5-22所示。

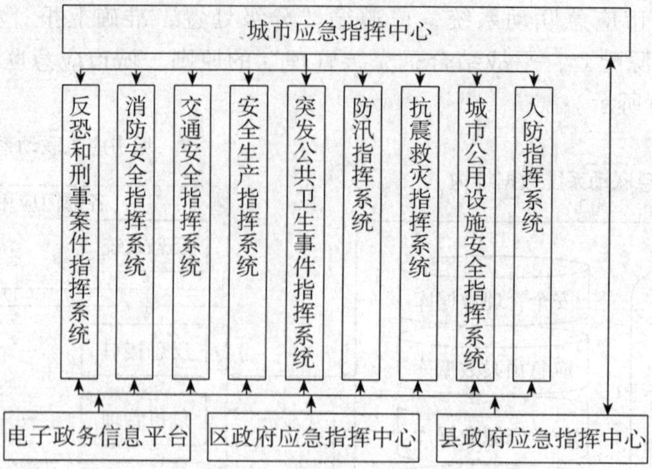

图5-22　应急指挥系统的架构

(5) 建立城市应急体系的策略。

为了把我国城市应急体系工作推向一个新的水平，本书提出以下几点建议：

①加强应急管理组织体系和专门机构建设。中国社会已进入一个各种生态和社会危机频发的阶段，建立常设的城市公共危机处理机构并赋予其足够的权力是必要的。我国亟待建立这样的专门组织。地方政府要通过完善行政首长负责制和政府责任追究制，建立健全危机管理体系。各级政府都要有相关部门负责公共危机管理，行政首长对所辖地方和主管范围出现的危机事件负有不可推卸的责任。根据我国国情，地方政府应尽快建立应付危机的常设机构。

②加大危机应急训练，建立责任共担机制。解决城市危机并不只是政府的责任，每一个市民、非政府组织也应该主动参与危机管理，与政府共担责任。政府应该承担提供秩序和法律的责任，市民应该成为一个合格、守法的公民，在参与社会组织中，培养市民的公民意识，提升城市的人文精神。把解决城市危机当作城市社会各界走向团结、信任、合作、支持的契机，培育新的城市精神。

③大力推动应急管理机制建设。应急管理的“机制”是指用于处理突发事件的相应措施和制度。为了保证应急管理体系的高效运转，扩大应急救援效果，就必须制定一套完整的规章制度对应急管理参与者进行统一有效的管理和协调。应急管理的机制主要有应急管理体系运行机制、预防预警机制、应急处置机制、资源保障机制、评估机制、善后处理机制等，如图5-23所示。

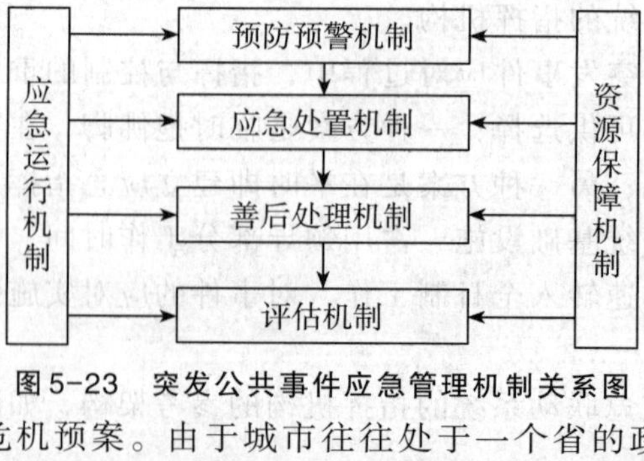

图5-23　突发公共事件应急管理机制关系图

④制订翔实的应急危机预案。由于城市往往处于一个省的政治、文化、经济交流中

心，因此影响社会安全的因素非常复杂，公共危机爆发的频率也较高，一般的社会危机演变成重大或者特别重大的严重公共危机事件的概率也非常大，在构建城市公共危机处置体系时需要特别分析城市的危机源和可能程度，以便制订正确、切实可行的危机应急处置预案。

⑤完善城市公共危机的相关法律体系。针对目前城市公共危机应急处置体系的建设现状和不足，应完善城市公共危机的相关法律法规体系，最核心的主要有以下3个方面的法律规范：

第一，各地新建立的城市危机应急专门机构必须通过立法赋予其特别权力；

第二，城市突发公共事件应急处理计划应通过立法加以确定，将危机经费纳入城市国民经济和社会发展计划，明确有关部门责任，加强主管部门的协调能力；

第三，制定地方突发公共事件应急处理法，通过立法来完善由应急处理主体、紧急行政措施、应急处理法律后果以及违法行为的法律责任等构成的应急处理机制。

⑥建立应急管理的平战切换机制。平战切换机制主要实现突发事件发生时系统状态的切换，应该保证系统切换的及时性。根据突发公共事件发生的时间，可分为预防、准备、响应、恢复四个阶段，预防和准备属于平时管理，响应和恢复属于战时应急，如图5-24所示。

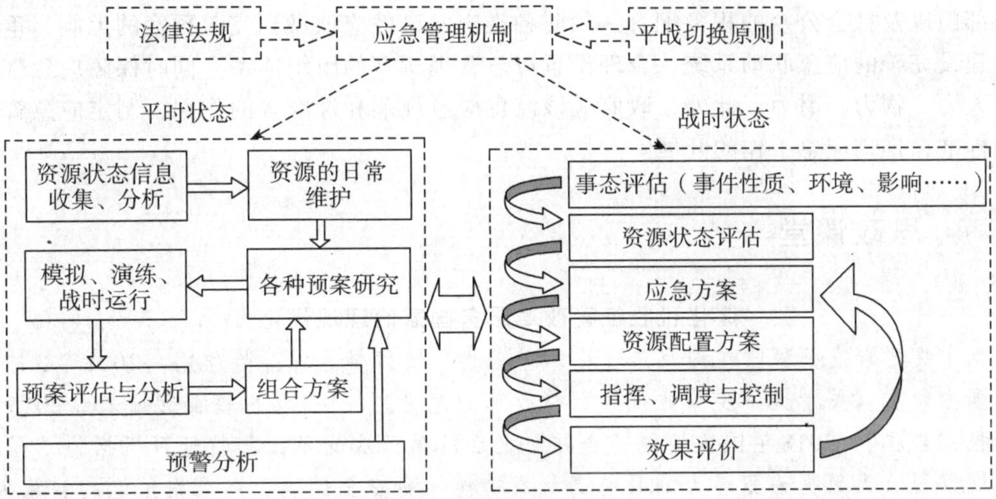

图5-24 平战切换机制示意图

⑦重视风险管理。

第一，风险管理是应急管理的“关口再前移”，如图5-25所示。应急管理的对象是“突发公共事件”，主要目标是“预防和减小事件发生所造成的损失”。尽管应急管理强调“预防为主、关口前移”，但其管理起点是预防和减小存量风险转化成突发公共事件。因此，应急管理是以“事件”为中心，仍是相对被动的。风险管理的对象是“风险”，是对“能带来不利后果的可能性”的管理。风险管理一方面消除或控制存量风险，另一方面预防和减少增量风险的出现，从而达到“消除或控制存量风险，预防或减少增量风险”的管理目标。风险管理将管理起点前移到“增量风险”，是应急管理的“关口再前移”，是一种更积极、更主动的管理方式。

第二，风险管理是更优化的管理策略，渗透在城市“规划、发展、建设、管理、运行、服务”各个环节，在更基础的层面实现“标本兼治”。

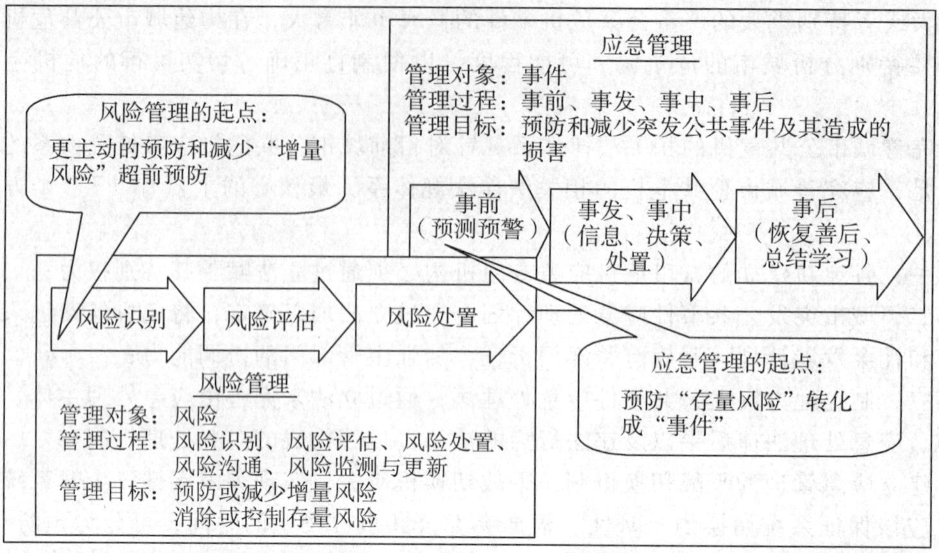

图5-25 风险管理与应急管理

纵观国内外应急管理经验，我们可以看出应急管理是一个系统性的工作，需要政府各相关部门以及社会公众的积极配合。预防各类突发事件应该做到完善预案的编制，重视预警，建设完善的应急联动系统，合理设置应急管理所需的组织体系，同时保障应急管理所需的人力、物力、财力。此外，政府应该注意应急规范和标准等的作用，制定应急管理规范和标准，推动应急工作的开展。

思政课堂

深化税收征管改革服务国家治理现代化

党中央要求发挥税收在国家治理中的基础性、支柱性、保障性作用。2021年3月，中办、国办印发《关于进一步深化税收征管改革的意见》，将推动税收征管迎来继2015年国税地税“合作”、2018年国税地税“合并”之后的第三次变革，其特征可概括为“合成”，即建成以税收大数据为驱动力的具有高集成功能、高安全性能、高应用效能的智慧税务，实现税收征管业务流程、制度规范、信息技术、数据要素、岗责体系的一体化融合升级，推动税收更好服务国家治理现代化。

以税收大数据为驱动力，加快建设智慧税务，积极助力国家治理方式变革。

利用大数据和现代信息技术创新税收管理方式是当前世界各国税收征管改革实践的普遍做法。2020年12月，经济合作与发展组织（OECD）召开的税收征管论坛（FTA）线上会议，提出了以税收征管数字化转型为主要内容的税收征管3.0。相较于FTA税收征管3.0愿景，该意见不仅顺应时代发展趋势和改革方向，而且明确了我国税收征管数字化升级和智能化改造的时间表、路线图，并提出了一系列具体打算，很多举措在实现时间、覆盖范围特别是综合集成上，超越了FTA税收征管3.0。

资料来源：王军．深化税收征管改革服务国家治理现代化［EB/OL］．［2021-11-04］．http：//paper.people.com.cn/rmrb/html/2021-11/04/nw.D110000renmrb_20211104_1-12.htm.经删改整理．

本章小结

电子政务内网的业务体系主要为公务员和领导提供办公和决策方面的支持。政务内网的功能主要分为通用业务处理和专用业务处理两部分。其中，通用业务处理包括公文处理、政府人力资源管理、财政财务管理、会议管理、日常工作管理、监督检查管理、决策支持；专用业务处理包括专项业务公务处理、系统内部的专用公务处理和跨系统的专用公务处理。并以“金税工程”和应急管理为例，介绍系统内部的专用公务处理系统和跨系统的专用公务处理系统。

电子政务环境下的公文管理包括发文处理、收文处理两部分。依靠网络和信息技术对公文的产生、形态、传递、存储与管理等方面进行高效有序的电子化处理，从而提高政府公文处理效率和准确性，优化政府作业方式和工作流程。

电子政务环境下的人力资源管理包括电子政务下的岗位管理、电子政务下的招聘与录用管理、电子政务下的绩效管理、电子政务下的薪酬管理、电子政务下的人才培训管理。通过内部网络体系传递各项人力资源信息和办理各项人事工作，如员工的工资和福利、竞争岗位动态、晋升、辞退、休假等。通过网络对国家机关人员提供各种培训和考核。利用电子手段对政府内各部门和个人的工作业绩进行科学有效的评估。

电子政务环境下的财政财务管理包括电子政务下的财务核算管理、电子政务下的财务管理、电子政务下的财政一体化管理。通过网络对各级政府预算和单位预算的执行情况进行完整、连续、系统的反映和监督，借以加强政府预算管理和财务管理，提高资金的使用效益。

电子政务下的会议管理包括会议承办、会议室管理、通知报名、系统管理和日程安排。通过信息技术和通信网络实现对会议内容、会议场地设施以及会议相关安排的高效化和规范化管理，大大提升了会议活动工作效率和会议参与各方的满意度。

电子政务下的日常工作管理包括领导日常安排、信访管理、接待管理、新闻信息管理、通信管理和后勤保障管理。通过网络和电子化手段对政府日常庞杂的工作进行处理，实现内部行政沟通、协调和监控，提高办公信息流转，提高办公自动化程度。

电子政务下的监督检查管理包括在办事务监控、已办事务监控和行政执法检查。利用信息技术对这些事务办理工作进行监督、检查、指导、考核和奖惩，从而实现政府事务处理的规范化和廉洁化。

电子政务中的决策支持系统提供的服务内容包括制订决策方案、下达决策指令、执行决策指令、系统反馈和修正。利用数据分析、数据挖掘和人工智能等技术，形成电子政务的知识资源库，为政府决策方案的制订提供基础和支持。

“金税工程”即全国增值税专用发票计算机稽核网络系统，是利用覆盖全国税务机关的计算机网络对增值税专用发票和企业纳税状况进行严密监控的一个体系。该系统包括增值税防伪税控开票、防伪税控认证、增值税交叉稽核和发票协查信息管理四个子系统。“金税工程”将一般纳税人认定、发票领购、纳税申报、税款缴纳全过程实现网络运行，从而加强增值税征收管理的信息化。

根据我国的特点和具体情况，对于不同级别的突发公共事件，由不同级别的政府部门负责处理。Ⅳ级突发公共事件，需要县（市、区）政府应急处理；Ⅲ级突发公共事件，需要逐级上报地市级政府作出应急处理；Ⅱ级突发公共事件，需要逐级上报省（自治区、直辖市）级政府作出应急处理；Ⅰ级突发公共事件，需要逐级上报国务院作出应急处理。

综合训练

5.1 单项选择题

1.为公务员和领导提供办公和决策方面支持的是（　　）。

A.电子政务专网的业务体系　　B.电子政务内网的业务体系

C.电子政务外网的业务体系　　D.互联网的业务体系

2.表示组织之间角色一对多的公文流转模式的是（　　）。

A.直流模式　　B.分流模式　　C.合流模式　　D.回流模式

3.属于部门绩效评估指标的是（　　）。

A.工作指标　　B.学习指标　　C.发展指标　　D.经济指标

4.鼠疫属于（　　）。

A.自然灾害　　B.事故灾害　　C.公共卫生灾害　　D.社会安全灾害

5.黄色代表突发公共事件的（　　）。

A.I级　　B.II级　　C.III级　　D.IV级

6.基于位置应用的移动技术的是（　　）。

A.短信预警　　B.GPRS　　C.GPS　　D.3G

5.2 多项选择题

1.属于日常工作管理的有（　　）。

A.信访管理　　B.通知报名　　C.通信管理　　D.接待管理

2.电子政务环境下的财务核算的资金包括（　　）。

A.行政经费　　B.事业经费　　C.流动资产　　D.预算外资金

3.电子政务中的决策支持系统提供的服务内容包括（　　）。

A.制订决策方案　　B.下达决策指令

C.执行决策指令　　D.系统反馈和修正

4.我国城市应急联动系统的模式有（　　）。

A.集权模式　　B.并行模式　　C.串行模式　　D.代理模式

5.风险管理的目标是（　　）。

A.预防或减少增量风险　　B.预防和减少突发公共事件

C.消除存量风险　　D.控制存量风险

6.移动政务的主要模式有（　　）。

A.mG2E　　B.mG2B　　C.mG2C　　D.mG2G

5.3 思考题

1.在电子政务中公文管理工作必须遵循的原则是什么？

2. 什么是网络视频会议？网络视频会议系统可提供的会议模式有哪些？
3. 电子政务环境下如何实施绩效管理？
4. 什么是电子政务环境下财政财务管理？它由哪些子系统构成？
5. 什么是移动政务？它具有哪些特点和优势？
6. 电子政务中提供决策支持的具体功能有哪些？
7. 什么是城市应急系统？应急指挥的方法是什么？

第6章

电子政务信息资源管理

学习指南
引导案例
§6.1　政府信息资源概述
§6.2　政府信息资源管理
§6.3　政府信息资源利用
思政课堂
本章小结
综合训练

学习指南

【学习目标】政府信息资源建设的目的在于使每个组织和个人都能够在一定范围内最大限度地利用政府信息资源。通过本章的学习，了解政府信息资源的来源；掌握政府信息资源的概念、特点、分类以及实现方式；理解政府信息资源管理的概念、内容和策略以及政府信息资源公开和共享体系；理解政府信息资源服务。

【关键概念】政府信息资源　政府信息资源管理

引导案例

陕西省一体化政务服务平台建设

2021年9月30日一早，家住西安市新城区的郭女士收到一份快递，里面装的是自己此前申请的营业执照。“没想到这么好用！在手机APP上面填写相关信息，提交对应材料，留下家庭住址，就只需等待快递上门派送，太便捷了。”市民通过“秦务员”APP及小程序便能够查询办理涵盖社保医保、户籍户口、住房公积金、婚姻登记、资质认证、准营办税等多个领域的民生事项。

近年来，陕西省立足政务服务供给侧结构性改革，深入推进数字政府建设，通过政银合作，以政务信息资源共享、协同联动审办流程为突破口，加快建设陕西省一体化政务服务平台，构建了以移动端、PC端、自助端、大厅端和12345热线、“好差评”系统为主体的“四端一线一评价”线上线下立体化服务网络，形成了贯通省、市、县、乡、村的五级联动服务体系，在各级政府部门与企业群众间架起一座互联互通的数字桥梁。

一、打破“数据孤岛”，增强群众获得感

此前办理不动产交易，整个办理周期为15个工作日。同时，还存在相同材料重复提交等问题。渭南市下大力气推动“不动产交易一件事一次办”改革，梳理、再造和优化业务办理流程，建立跨部门联动协同工作和管理协调机制，打通相关信息资源共享流转渠道，破除数据壁垒，实现了不动产交易“一窗受理、并行办理”，将需要提交的材料减少至9项，办理时限压缩至5日。

二、打出“组合拳”，持续优化营商环境

区内开办企业“2小时办结”、产业项目“拿地即开工”、政策兑现“免申即享”……西咸新区日前推动的审批事项最少、收费标准最低、办事效率最高、服务水平最优的“四最”营商环境改革正在换挡提速。

三、政银合作，推动政务服务提档升级

“不用跑那么远，下楼就能办政务，能查能办还能打印呢。”“现在去一趟银行就可以办很多事情，真的太方便了。”办事人员走进银行网点，拿出身份证即可在智慧柜员机上办理政务事项。

陕西省启动政务服务能力提升“百日攻坚”行动，提出进一步优化办理流程，持续提升用户满意度，全省平均“减时间”比例不低于70%，“最多跑一次”事项占比不低于95%，即办事项占比不低于50%。持续提升政务服务事项网上办理深度，全程网办事项占比不低于70%。

资料来源：孙鹏，母家亮．政务服务“网上走”　把事交给“秦务员”[EB/OL]．[2021-10-14]．http：//www.e-gov.org.cn/egov/web/article_detail.php？ id=178775.经删改整理．

信息资源是一种特别重要的战略资源，对信息资源的开发和利用已经成为衡量一个国家经济发展水平和综合国力的重要标志之一。政府是社会信息资源的最大拥有者、生产者、使用者和传送者，对社会信息资源的开发与利用起着主导作用。然而，政府信息资源管理具有信息需求量大、涉及部门多、覆盖面广、信息的格式差异大等特点，给信息管理和共享带来困难。加强信息资源的管理日益成为电子政务建设急需解决的问题。政府信息资源管理既包括内网的政府信息资源交换和共享，也包括外网的政府信息公开，根据政府信息资源的重要性，政府信息资源分别运行于两个网络，因此具有双重性。

§6.1 政府信息资源概述

一般认为，信息资源管理概念与实施框架最早出现于美国的《文书削减法》（也称《文牍削减法》）。《文书削减法》明确提出了“信息资源管理”的概念和实施的具体框架，并且将记录管理的对象从记录扩展到文件、报告、记录中的信息。

政府信息资源主要是指政府掌握着的信息资源，而电子政务信息资源从本质上说与政府信息资源是一回事，只不过它更加突出在电子政务环境下的政府信息资源以及对它的开发、利用与管理的特征。

6.1.1 政府信息资源的概念、内容及特点

1.政府信息资源的概念

政府信息资源是一切产生于政府内部或虽然产生于政府外部但却对政府各项业务活动有影响的信息的统称。政府信息资源是相对于其他的社会组织而言的，这些社会组织包括企业、社会团体、医院、学校、图书馆等。

2.政府信息资源的内容构成

当前我国政府职能由管理型转向管理服务型，政府主要依据法律、法规、政策，用规划、统筹、协调、服务、监督等方法，来间接调控国民经济和管理社会公共事务。政府职能的转变势必要通过大量的信息来实现。因此，政府信息资源的内容主要包括以下几个方面：

（1）政府决策信息。政府职能的转变，要求政府更多地以立法和政策导向管理社会与经济事务。政府定期向基层和群众发布国家和地方的政策、法规条例、决策咨询、战略发展报告和总体布局等信息，使社会事务的方方面面根据政府的整体思路和要求开展工作、规范行为，保证经济和社会置于政府的政策范围之内。

（2）为社会各界服务的信息。政府的职责之一是积极营造开放公平的社会经济环境，提供高效优质的公共服务。因此，为社会各界提供的各种信息成为政府信息资源的重要组成部分，如国际国内重大政治新闻、经济运行分析、热点透视、社情动态、税收征管、统计报表、市场供求信息、预测信息、金融财经信息、科技与人才信息等。

（3）反馈信息。这部分信息一是来自各行各业、各基层群众和各学科专家学者的批评、意见、建议等，二是来自经济和社会发展过程中出现的新情况、新问题、新动向等。

（4）政府间交流信息。政府部门之间、政府中上级机关与下级机关之间建立起来的信息渠道，得以实现它们之间经常性的横向与纵向的信息交流，以协调各行政机关、行政人员与行政活动之间的关系，消除管理过程中存在的不和谐现象。这部分信息也很丰富，如各职能部门的工作精神、各种公文、会议情况、总结报告、记录数据、办公档案、机关行政管理信息、经验介绍、驻外办事处工作信息等。

3.政府信息资源的特点

（1）权威性。政府部门是法律、法规发布机构，是重大事务的决策机构，其产生的信息必然具有权威性和严肃性。

（2）综合性。政府管理着全社会众多事务，各级政府构成一个巨大的、不停运转的大

系统。政府的多头职能也决定了政府信息资源的多样性和多维性，政府信息资源因而必然具有综合性。

(3) 时效性。政府职能决定了它的决策权威，同时也表现出政府信息的强烈时效性，主要表现在高度的政治敏感性、决策的超前性和发布的及时性上。

(4) 共享性。政府资源应该为全国全民所有。在不危及国家利益的前提下，政府部门信息要与公众共享。在信息流通和共享的同时，也要注意信息安全和信息隐私保护。

(5) 机密性。政府信息资源有相当一部分涉及国家重大的方针政策、政府活动、工作部署和社会动态等机密性信息。其机密程度高，意义重大。稍有不慎，就会给国家造成重大损失。

6.1.2　政府信息资源的分级与分类

1.政府信息资源的分级

政府信息资源建设的目的在于使每个组织和个人都能够在一定范围内最大限度地利用政府信息资源。资源共享是人类追求已久的美好理想，而资源共享得以实现的最基本的前提条件是政府信息资源的客观、公正和尽可能充分地公开。以政府信息资源可以公开的程度作为政府信息资源分级的标准，可以分为以下4级：

(1) 完全公开的信息：这是最开放的信息。我们经常提的“政府上网工程”主要是将这类信息上传到面向公众的互联网上。这类信息只是政府信息中极小的一部分。

(2) 跨系统（部门）共享信息：如在财政部门与银行之间的外网上传递的信息。

(3) 系统（部门）内部共享的信息：如内部会议纪要等。这类信息一般可在某一系统或部门的内联网上流通。

(4) 针对性开放信息：只对某一或某些特定的个体开放的信息。这类信息一般有很高的密级规定。例如，有关国防部署、尖端科学技术发展计划、党和国家领导人的秘密谈话或行动计划等绝密信息在解密之前都属于此类信息。这类信息由于保密程度要求特别高、传播范围极其有限，一般不放入各种类型的网络（包括局域网），以防被人截取或篡改。

以上4级政府信息在开放窗口上越来越小，但信息的价值越来越高。

2.政府信息资源的分类

政府信息资源分类是进行信息交换和实现信息资源共享的重要前提，是实现政府管理工作现代化的必要条件。搞好政府信息资源分类，具有巨大的社会效益和经济效益。

(1) 按政府信息资源的内容划分。

① 政治信息资源，指党政机关发出的各种文件、决策、执行信息以及接收的各种信息的反馈总和。

② 经济信息资源，指政府经济职能所表现出的各种经济发展的信息。

③ 社会信息资源，指在进行社会事务管理的过程中生成的，产生于政府外部，但对政府有密切联系和直接影响的社会信息。

(2) 根据政府信息的组织机构来源划分，主要有上级信息、平行信息、内部信息。

(3) 根据信息流可将政府信息资源分为3类：政府对政府之间的信息流、政府对企业之间的信息流和政府对居民之间的信息流。

(4) 根据政府职能划分，可将政府信息资源划分为服务信息和反馈信息。

政府信息资源的划分还有很多种，如按信息运行状态划分，可分为连续性信息、间隔性信息、常规性信息和突发性信息；按信息表现形式可以分为语音信息、文字信息、数据信息、图形图像信息等。在对政府信息资源管理和整合的过程中，可以根据具体的需要，选择合适的划分方法。根据不同的划分方法，将信息资源进行归类、整理、存储，可以方便对信息资源的管理和应用。

6.1.3 政府信息资源的来源

政府信息资源的来源，也称政府信息的信息源，即信息来源的源头。按照不同的标准，对政府信息的来源有不同的分法，主要有以下几种。

1.初始源与再生源

按信息加工程度划分，信息源可分为初始源与再生源。

（1）政府信息的初始源。

能直接产生信息的人、事、物通常称为初始源。初始源的一个重要特点是：人们在获取信息的过程中必须与有关初始源直接接触。政府信息的初始源有两大类：一是社会中的组织与个人，如上述的初始源都能够取得政府决策所需要的经济环境、科技环境的变化信息；此外，公民以及他们的各种日常活动也是一种政府所关心的重要信息初始源。二是政府部门本身以及它们自己的各种政务处理流程，这些初始源每天都要产生大量的原始信息。

（2）政府信息的再生源。

信息赖以传播的各种物质载体或传输通道，如图书、网络等一类信息源称为再生源，这主要是因为再生源中的信息通常是对初始源中的信息进行加工后二次生成的。

2.内部来源和外部来源

按政府信息的采集空间范围来划分信息源，可以分成内部来源与外部来源。

（1）政府信息的内部来源。

政府信息的内部来源主要是指从政府部门和政务处理过程获取信息，具体包括两大部分采集空间：一部分是直接处理政务的政府各职能部门及其政务程序；另一部分则是产生政府决策信息的内部信息机构。由政府内部信息源产生的政府信息，通常可称为政府自产信息，它们是政府信息资源的主流，是政府信息资源开发管理的主要内容。

① 政府部门是政府信息生产、分配和消费的组织。

② 为政府决策服务的信息机构是重要的内部信息组织，如政府所属的信息机构、政府内部的信息机构和各级政府的专门委员会。

（2）政府信息的外部来源。

① 居民以及各基层企事业单位。这些外部信息源主要提供的是反馈信息，如企业纳税情况、各种统计信息和报表，参加政府采购、对政府工作的意见反馈信息；又如，民间向政府缴纳的各种税款和费用信息，居民参政、议政所获取的重要信息。这些都是政府应该获取的重要信息，通过互联网可以方便获取。

② 各种咨询机构、行业部门。这些外部信息源提供的主要是各种行业信息、市场信息、宏观经济环境信息，这些机构可以为政府提供委托咨询，也是政府应该努力挖掘使用的社会信息资源。

③ 公共信息部门。这些外部信息源主要提供有关政治、经济、科技、法律等环境信息，如各类图书馆、信息中心，这可能是政府较少使用的信息资源，目前网上有大量这些

机构的网站，这为政府获取有关信息提供了方便。

④ 国外政府机构以及信息机构。这些外部信息源主要提供的是各种国际环境的信息，这些信息有的需要通过特殊渠道获得，有的通过大众媒体就能获取。

关于政府信息的内外部来源，我们可以将其概括为如图6-1所示的模式。

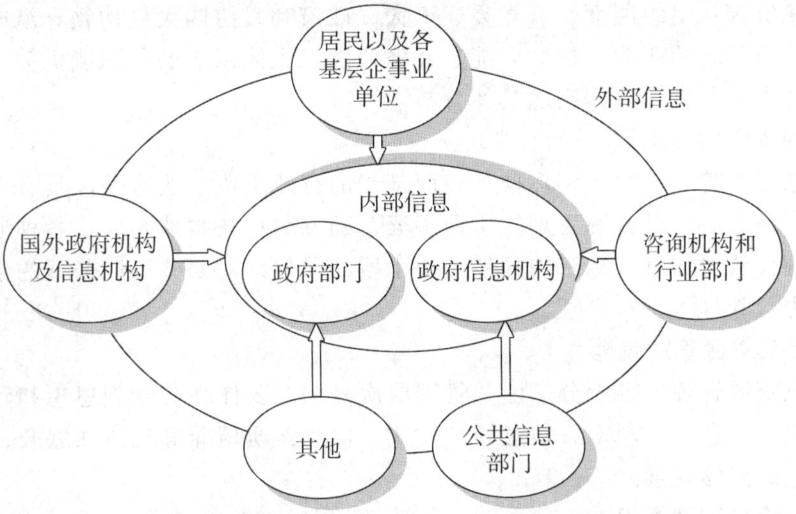

图6-1　政府信息的内外部来源

§6.2 政府信息资源管理

为了保证政府信息资源的价值实现、保证政府信息资源的有效利用、保证政府业务活动的高效开展，必须运用各种手段，对政府信息的产生、流通分配、使用等全过程中的信息、设备、人员、资金等进行综合管理。

6.2.1　政府信息资源管理概述

1.政府信息资源管理的定义

政府信息资源管理是指与政府信息资源开发和利用有关的决策、计划、预算、组织、指导、培训和控制活动，是围绕政府信息资源实施全面管理的一种管理思想和管理模式。它以政府信息资源的开发利用为核心、以信息技术为基础、以信息政策法规为保障、以信息素质的培养为关键，贯穿于信息收集、整理、存储、发布、服务等全过程，内容包括信息网络、应用系统、信息的采集和发布及相关的管理体制、程序、实施模式和项目管理。

政府信息资源管理对于提升政府信息资源价值、提高政府信息资源利用率、促进经济社会发展有重要的意义。

2.政府信息资源管理的特点

政府机构的立体性、职能的多头性、部门之间的侧重点各不相同，造成了政府信息资源的多样性，政府信息资源管理也呈现出管理目标的多样性、管理模式的灵活性、管理手段的多维性。

(1) 管理目标的多样性。

政府部门不同于以营利为目的的企业，政府信息资源也不同于一般的信息资源。政府作为公共部门，其信息资源管理目标可归纳为：①为政府决策提供支持；②传递政治、军事、科技、经济和文化思想，实现政府职能；③实现“电子政府”，推行“电子政务”，提高政府效率；④树立政府形象，提高政府透明度，促进廉政建设。

（2）管理模式的灵活性。

政府信息资源从组织层面，有党委、人大、政府和政协四大机构领导纵向组织；从功能层面，有政府的政治职能、社会职能、经济职能三大体系下的各职能机关。政府信息资源的管理，要因地制宜、具体问题具体分析。

（3）管理手段的多维性。

政府信息资源管理手段多种多样。政府部门的行政手段、法律手段具有直接、迅速和有效的特点，是政府信息资源管理的主要手段。随着信息技术的发展，各种通信、控制的技术手段是现代政府信息资源管理的另一个手段。另外，对某些可以公开的信息，可以引入市场手段进行管理。

3.政府信息资源管理策略

政府信息资源管理内容十分广泛，管理层次复杂，要体现其管理思想和管理模式，需要从思想认识、信息政策制定、信息管理方式、信息素质培养等几方面展开，同时还需要建立健全相应的支撑要素。

（1）提高信息管理意识。

政府信息资源管理水平，表面上体现在技术层面，实际上更多地决定于意识领域。只有通过“一把手”的关注与重视，在政府中树立信息资源是政府工作命脉的理念，才能避免信息孤岛的出现，实现政府信息资源的有效管理。

（2）理顺信息资源管理体制。

通过明确政府信息资源管理机构及其相关职能、权限，理顺政府信息资源管理体制。可以按角色定位将政府的信息管理分为决策层和执行层两个层面，建立两层信息资源管理体制。

① 决策层的主要任务是制定政府信息化方针政策，审定和批准重大信息化工程项目，调解部门间信息化工程系统的利益冲突。

② 执行层则要协助决策层工作，落实有关决策，执行具体的信息资源管理任务。

（3）制定信息管理政策法规。

信息政策法规的建设有助于营造良好的信息环境，保证政府信息资源的有效管理，具体来讲，可以从以下几方面入手：

① 制定统一的政府信息资源管理政策。

② 通过采集许可制度，实现政府信息资源的集约化、一次性采集。

③ 通过制定政府信息公开法律，广开政府信息公开渠道，保障宪法赋予公民的知情权、监督权等权利。

④ 以无偿服务为原则，实现政府部门间信息交换和共享。

由于政府信息资源事关国计民生，关系国家安全，因此，也需要从管理办法和技术手段两方面予以重视，强化防范和管理，保证政府信息网络系统的安全。

（4）改进信息管理方式。

政府信息资源类型多样，分布领域广，内容层次不一，要实现这些资源的合理配置和有效利用，就必须以现代信息技术为手段和工具，加快信息资源采集、加工、传递与服务的效率。

① 借助互联网技术建立与整合覆盖政府信息资源各个部门和机构的信息服务网络平台，高效实现信息的互联互通，为政府信息资源管理提供新的途径和手段。

② 通过加快教育、科技、文化、城市及社区的信息化建设，把它们作为信息资源交流的中介和传播的窗口，使社会公众有机会接触政府信息资源。

③ 加强社会各个领域的政府信息资源库建设，以资源应用为主题整合政府信息资源，形成信息资源目录系统，提供面向公众的信息资源导航、检索与服务。

（5）强化信息素质培养。

政府信息资源管理的关键在于培养政府机构人员及社会公众的信息素质。在某种程度上，信息素质的高低制约着政府信息服务和管理的水平。

① 通过岗位培训、进修学习等方法，政府机构工作人员可以掌握相关的信息技术，提高信息服务的能力。

② 公众信息素质的提高可以增强他们的信息需求意识，明确政府信息资源获取的内容。通过学校教育和社会教育，公众掌握信息技能，扩大他们获取政府信息资源的途径，提高信息资源利用的效率和价值。

6.2.2　政府信息资源管理框架

政府信息资源管理框架体系结构将电子政务的信息资源管理分成3个层次：政府信息资源需求分析、政府信息资源过程管理以及政府知识资源管理，如图6-2所示。

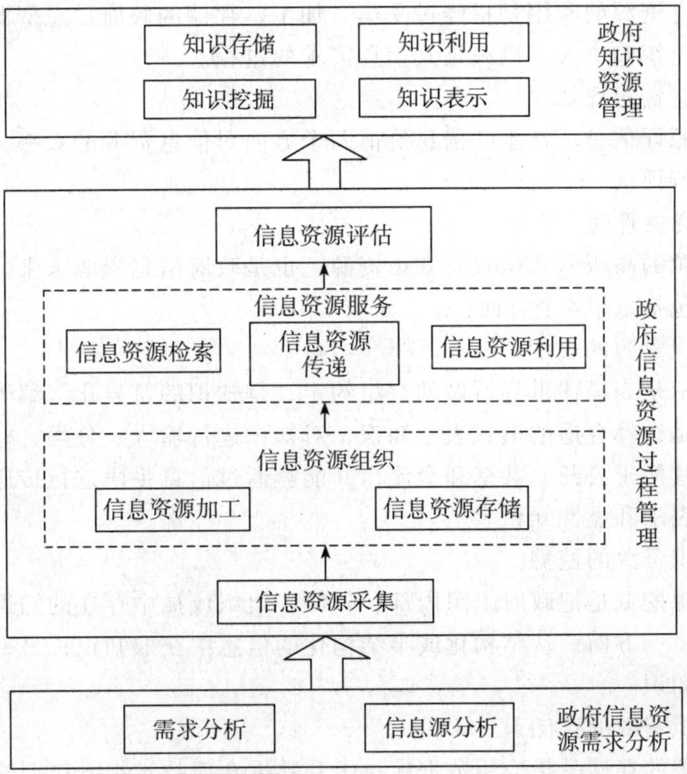

图6-2　政府信息资源管理框架

1.政府信息资源需求分析

政府信息资源需求是指政府在其政务行为中，对目标活动所涉及和所利用的信息资源集合的期望。政府信息资源需求分析则是通过对目标活动的问题和环境的理解，使政府信息资源需求完全化、精确化的一系列活动。

政府信息资源需求分析过程分为问题分析、需求描述和需求配置3个阶段。

2.政府信息资源过程管理

（1）政府信息资源采集。

政府信息资源采集是指根据政府信息用户的需求，寻找、选择、提取相关信息并加以聚合和集中的过程，即在“需求驱动”下，根据目的和要求将蕴含、分布在不同时空域的政治、经济、社会、文化信息发掘和积聚起来。

（2）政府信息资源组织。

我们把政府信息资源的加工和存储定义为政府信息资源的组织。政府信息资源的加工是对所采集的政府信息资源进行筛选和判别、分类和排序、计算和研究、著录和标引、编目和组织而使之成为二次信息的活动。政府信息资源的存储是指将经过加工处理后的信息资源，按照一定的规定记录在相应的信息载体上，并按照一定的内容特征和性质将其组织成系统化的检索体系。

（3）政府信息资源服务。

政府信息资源服务包括信息资源的检索、信息资源的传递和信息资源的利用。政府信息资源检索是对政府信息查找和调取的过程。信息资源的传递是指把信息资源从一方传到另一方。政府信息资源的利用是指经过采集、加工、存储的政府信息资源，通过检索、传递，提供给相关组织和个人，以满足其信息需求的过程。

（4）政府信息资源评估。

政府信息资源评估是从技术和信息价值两个方面对信息资源的效率、价值以及信息资源的管理过程进行评估。

3.政府知识资源管理

政府信息资源的高级形式是政府知识资源，也是政府信息资源未来的发展方向。政府知识资源的管理包括以下4个方面：

（1）政府知识资源的表示。

知识资源表示是为描述世界所做的一组约定，是知识的符号化、编码化过程。政府知识资源表示主要是选择合适的形式表示知识，对知识进行输入、分类、标准化等一系列的加工和处理，使其便于公开、共享和交流，并能够通过信息手段进行传递。知识资源的表示分为隐性知识表示和显性知识表示。

（2）政府知识资源的挖掘。

政府知识资源挖掘是把政府组织内部、外部、组织成员中存在的知识开采出来。它主要包括两个方面：一方面，从结构化或半结构化的信息中获取知识；另一方面，从非结构化的信息中获取知识。

（3）政府知识资源的存储。

政府知识资源的存储是指应用数据库技术和数据仓库技术把操作型数据集成到统一的环境中，让用户更快、更方便地查询所需要的信息，提供决策支持。

（4）政府知识资源的利用。

政府知识资源的利用是政府信息资源利用的高级形式。它将使政府内部和外部的需求者在最恰当的时间得到最恰当的知识，以使他们能够作出最好的决策。

6.2.3　政府信息资源管理的内容

1.政府信息资源内容管理

政府信息资源内容管理是指对由政府产生的和由政府自己收集、处理、传输、发布、存储、使用的那部分信息（包括社会、经济、政治、军事等各方面的信息）进行有规划的建设。

具体来说，政府信息资源内容管理的主要任务就是对各类政府信息资源建设进行科学规划、合理布局，力求全面改善信息资源的种类、规模以及质量。

2.政府信息资源技术管理

政府信息资源技术管理是指对信息的技术基础设施建设以及技术应用系统建设进行管理，这是实现政府信息资源开发利用现代化的一个关键。其具体内容包括：①政府信息基础设施建设管理；②政府应用系统管理；③信息安全管理；④信息技术政策规范和标准管理；⑤对IT企业的管理。

3.政府信息资源经济管理

政府信息资源经济管理是指对信息资源建设投入与产出的管理，其突出的任务体现在对政府信息化的项目管理中。在政府信息技术基础设施建设中，将大量涉及信息化项目的实施，由于政府信息化项目所涉及的金额大，因此要求对政府信息化项目的投资计划、投资总额进行严格审核，对项目内容严格把关，对项目产出效益严格监控。

4.政府信息资源组织管理

政府信息资源组织管理是设计一种组织结构，使参与政府信息资源开发与利用活动的人员明确自己在活动中的位置，了解自己在相互协调的系统中的作用，自觉地为实现政府信息资源开发管理的目标而有效地工作。

各级政府信息资源开发管理的主要责任者应该是各个机构的一把手，其主要职责是：对本机构的信息资源管理负首要责任，并确保正确执行国家制定的信息政策、原则、方针、标准、法规和规则；应该规定有一个专职部门制订本机构的信息资源开发利用计划和信息工作步骤，监督、评价和定期检查本机构的政府信息资源开发与利用活动是否符合国家的政策；对本机构信息采集、处理、发布、传播与分析利用工作以及信息系统建设与维护工作组织实施。此外，通过各种方法和途径对所有参与政府信息资源开发与利用活动的人员进行教育、训练，也是一项重要任务。

5.政府人员信息能力开发管理

政府公务员是政府信息内容的开发者和利用者，也是政府信息资源的载体，因此对这些政府部门的人力资源开发也是政府信息资源管理的重要内容之一。其中主要的任务就是提高政府公务员的信息素质，这包括信息意识以及信息能力，另外就是要培养一支具有现代科学知识和掌握信息技术的复合型政府信息化人才队伍。

6.政府信息体制建设管理

当前在政府信息资源利用中，信息的获取问题比较突出。目前政府所用的信息主要来自统计部门、行业主管部门，然而有关的统计项目不全、数据有“水分”，部门间的信息交换渠道还不通畅，民间统计和市场调查机制还没有充分发展起来，政府机关同社会信息机构的关系没有理顺，因此很多有价值的信息难以从信息市场上及时获得。因此，建立完善的信息获取渠道是当前政府信息管理中需要解决的一个问题。为此，政府部门首先必须转变观念，建设全新的信息获取机制，具体涉及以下内容：①建立有偿使用信息制度；②建立信息任务外托制度；③政府部门的信息中心要承担重任；④积极引导发展信息服务业。

此外，为促进政府信息资源在政府机构范围内的共享，还必须健全政府内部的信息交换机制。具体涉及如下内容：①建立信息收集分工负责制度；②建立内部信息交换制度；③建立政府信息采集、处理、维护制度；④制定政府信息公开制度。

7.政府信息资源开发法律、法规管理

信息法律政策在指导信息资源开发工作的同时，也构成了信息资源建设的保障环境。信息资源政策的覆盖范围很广，目前尤其迫切需要的是有关信息公开方面的法律和政策。信息公开与信息安全是信息资源利用过程中同一个问题的两个方面，我们既要注重政府机密信息的保密使用，又应该将那些属于公用的信息开发出来让全社会共享。

§6.3 政府信息资源利用

6.3.1 政府信息资源共享

1.政府信息资源共享的含义

所谓政府信息资源共享，就是在一定的政策体制、激励措施和安全保障的基础上，在政府内部、政府与政府外部之间共同使用政府信息资源的一种机制，目的是提高公共管理和公共服务水平。

政府信息资源共享从需求和内容上可划分为4个层次，由低到高依次为：

（1）政府各职能部门之间的资源共享。这是政府信息资源共享的基础部分，其主要内容是政府数据能在各职能部门之间合理分布，避免重复采集、重复存放和重复加工；各职能部门能方便地访问和获取公共数据以及其需要的其他职能部门的专有数据。其目的是提高政府内部办公效率，加强各职能部门之间的合作，通过整合各职能部门分散的数据库、信息系统、信息基础设施，开展协同式网上办公，为企业和市民提供“一体化”的政府信息服务打下良好的基础。

（2）不同层级政府之间的资源共享。其主要内容是下级政府能方便地访问上级政府的信息，以及上级政府如何访问、获取和分析下级政府的信息。其目的是加强上下级政府的沟通，为领导提供决策支持。

（3）国家权力机关与政府之间的资源共享。其主要内容是国家权力机关能实时访问政府数据，并作相应的分析。其目的是实现国家权力机关对政府的动态监督，变事后惩处为事先预防，以建设“阳光”政府，有效遏制腐败。

（4）政府与企业之间和政府与公民之间的资源共享。其主要内容是政务公开，让企业和公民能方便地通过网络获取自己所需要的政府信息。其目的是为企业和公民提供优质、便捷的信息服务。

2.政府信息资源共享的意义

资源共享是在充分重视个体潜力展现的同时强调合作，减少资源的浪费与冲突，政府信息资源共享更具有特别的意义。

（1）政府信息资源共享是职能部门之间开展协同办公的需要，能提高政府管理的效率。政府信息资源共享是实现协同办公模式的基础，只有在政务信息资源共享条件下，政府各职能部门才能有效地实现协同办公模式。例如，美国政府机构间信息共享的缺失曾严重阻碍了对进出口商品的统计和管理，而进出口数据库实现了美国进出口商品的流水作业。

（2）政府信息资源共享是构建节约型社会的需要，能带来良好的经济效益。首先，政府信息资源共享能实现政府公共数据的统一采集、统一加工、统一维护和共同使用，从而能降低信息资源重复采集、重复存放等带来的成本；其次，同一数据的单次采集、共同使用使得由于数据不一致带来的管理漏洞所造成的损失减少；最后，政府信息资源共享能带动信息基础设施、信息系统的整合，使得服务器等设备减少，从而节约大量的资金。例如，我国电子口岸建立了公共数据中心，使得海关及有关部门的进出口业务数据实现全面共享，使跨部门交叉稽查成为可能，有效地减少了走私等带来的经济损失。

（3）政府信息资源共享是为市民提供一体化电子服务的需要，能带来良好的社会效益。电子政务的重要目标之一就是为市民提供"一站式"的电子服务。政府信息资源共享能够为建立"一体化"的电子政务打下坚实的基础，为市民提供便捷、优质、无缝隙的公共服务，从而有效地提高企业和市民的办事效率。

（4）政府信息资源共享是政府正确决策、整体规划的需要，能有效提高政府的决策水平。首先，政府信息资源共享能为政府作出快速、有效的决策提供充分的、集成的信息储备；其次，政府信息资源共享能为政府决策支持系统的建立提供基础框架，为知识挖掘和知识管理打下坚实的基础。

3.政府信息资源共享的模式

政府信息资源共享模式是政府合理配置信息资源、有利于信息资源共享的规定性方式。共享模式的形成是由运用和配置信息资源的基本价值观决定的，同时也受到信息资源环境、基础设施和技术条件的影响，当然，信息资源的利用效益和效率也是决定信息资源共享模式的重要因素，如图6-3所示。

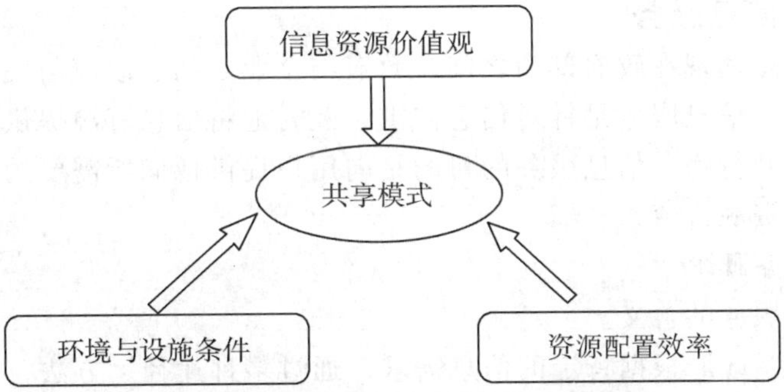

图6-3 政府信息资源共享模式影响因素

在不同的影响因素及不同影响强度的作用下，政府信息资源呈现出不同的共享模式。

（1）集中供给模式。

所谓集中供给模式，就是借助于已形成的政府网络基础设施，集中组织和整合政府信息资源，建立信息范围广泛的政府信息资源库，通过统一的政府信息门户网站，实现信息资源共享。

在我国，网络环境下的政府信息资源共享模式，基本是按照集中供给模式进行建设的。集中供给模式的基础设施建设已经形成，包括：①电子政务平台，即政务内外网；②政府业务系统，如政府办公业务资源系统、政府应急指挥系统等；③信息资源库，包括人口基础信息库、法人单位基础信息库、自然资源和空间地理基础信息库以及宏观经济数据库等；④政府门户网站。

集中供给模式是以政府行为主导为特征的信息资源共享模式，其价值取向上对政府自身整合信息资源和共享信息资源有利。因此，在构建或运行这种信息资源共享模式时，应把信息资源建设重点放在公共服务方面，强调社会公众对政府信息资源的共享。

（2）分布共享模式。

分布共享模式是指政府按照政府职能分工和管辖区域的不同，分布式配置政府信息资源，构建专门化或有地方特色的信息资源共享格局，通过不同类型的政府信息资源管理中心，实现信息资源共享。

分布共享模式是信息化发展的自然进程形成的结果。但从资源配置角度看，这种方式存在信息资源重复建设、信息优化程度不均衡、信息资源整体性和统一性不足等方面的问题，会影响分布共享模式的信息资源共享。但是，由于政府的服务和管理活动存在职能特点和地方特点的差异，政府服务和信息资源共享内容、方式上的差异，因而，分布式共享也并非一无是处，其存在的价值取决于对政府信息资源的整体规划和广泛的信息标准的建立。

（3）共建共享模式。

共建共享模式是指为了某项牵涉各方的社会事务，相关政府职能部门之间、政府部门和社会团体（企业/公众）之间合作，共同建立并共享信息资源体系。这是各相关政府职能机构共同高效管理社会事务的重要条件和保障。

某些信息资源体系，如企业信息资源、人口信息资源，不仅牵涉政府部门，也会牵涉其他社会机构或社会公众，因此必须政府与社会共同建设，才能使信息资源的整体性得到保障。某些政府信息资源需要借助社会的资金、设施和条件来实现价值，共建共享是利用信息资源的一种基本共享模式。

6.3.2 政府信息服务

政府信息服务是体现在政府部门之间、政府与企业之间、政府与民众之间的信息资源服务行为。一般的，信息服务是针对信息需求，及时地将信息资源提供给用户的活动，主要是政府的信息公开行为。信息服务的目的是向用户提供他们所需要的信息，以便信息发挥效应，提升信息资源价值。

1.政府信息服务概述

（1）政府信息服务的含义。

政府信息服务是政府根据特定的信息需求，通过多种途径、方法，利用各种信息技术收集、加工、整理、传播与交流信息，提供公共服务，满足公众需求的信息处理过程。

（2）政府信息服务的意义。

政府信息服务是各国电子政务的重要目标和任务，在我国电子政务取得长足进展之时，完善和发展高效的信息服务系统具有积极的现实意义。

①政府信息服务是促进政府转变职能的核心内容。

在信息社会中，传统的政府管理职能已经不能适应形势的发展，社会需要政府的咨询服务和政策指导服务，公众希望通过信息化的政府获得快捷、方便的服务，因此，政府信息资源的开放是政府职能转变的核心内容之一。

②政府信息服务是电子政务推行效率的指向标。

政府机构改革对人员工作效率、业务管理和协调能力提出了更高的要求和挑战，通过电子化政府信息服务可以提高工作效率，减轻工作人员负担和加强政府的管控力度，提高政府部门之间的沟通能力。

③政府信息服务是实现政府公共服务信息化的必要途径。

政府信息化是社会信息化的基础。电子化的政府通过信息服务为电子商务和企业信息化提供良好的支持环境和对接方式，而且也成为电子商务服务的对象和客户。在这个意义上，政府信息服务将成为社会信息化水平的重要标志以及国内信息产业和信息服务业发展的关键动力，成为实现政府公共服务信息化的必要途径。

（3）政府信息服务的方式。

政府信息服务可分为手工服务，出版服务，电话、传真服务，广播、电视服务，网络服务以及手机服务。

①手工服务。

手工服务是指政府机构以手工方式为公众提供纸质形态的信息，具体途径有制发各类证明文件和表格、张贴公告、阅览、借阅、咨询等。

②出版服务。

出版服务是指政府信息公开出版发行，既可以以摘要、全文等形式刊载在报纸、期刊上，也可以结集出版。

③电话、传真服务。

如果用户需要获得为数不多的信息，或者获得某个信息线索，可以不必到现场，只需要通过电话的方式提出请求，服务人员可以在电话中响应请求，也可以传真的方式将信息传递给用户。

④广播、电视服务。

广播、电视是老百姓较为喜闻乐见的信息传播方式。将政府信息通过广播、电视发布，会在社会范围内产生较大的影响。广播服务成本较低，用户依靠听觉获得信息；电视服务方式直接，集成多种媒体，受众面广。但是在广播、电视服务中，公众只能被动接受信息。

⑤网络服务。

网络由于具有实时性、跨地域性、全天候等其他服务手段不具备的优点，正在变得越来越普及。政府通过互联网提供的信息服务包括信息发布、信息搜索、文件下载、电子邮件、留言板、公共论坛、网上业务咨询等。其中，信息发布是最基本的，也是应用最广泛的一种网络服务。

⑥手机服务。

随着无线网络的发展，信息服务项目正在转移到手机平台上，较为常见的是手机短信服务，包括天气信息服务、位置信息服务等。通过手机服务的方式提供政府信息，将有非常大的发展空间。

2.政府信息公开

（1）政府信息公开的含义。

政府信息公开又称行政资讯公开，它是指行政机关在行使公共权力和利用公共资源中收集、获取的信息和情报，除法律规定应当保密的以外，允许公民、法人或者其他组织通过便利方式和途径了解、掌握和保存。公开的范围包括政府主动向社会公开的信息和接受权利人请求被动公开信息两方面。

（2）政府信息公开的形式。

政府信息公开分为主动公开和依申请公开两种形式。无论哪一种公开形式，对于信息的保密性审查都是必不可少的一个环节，保密信息的审查依据是保密法律等相关法律规定等。鉴于我国国家秘密、商业秘密和个人隐私的法律法规不完善，在确定信息保密性时应该积极地听取有关部门的意见。

①主动公开政府信息。

政府主动公开信息，是指涉及公民、法人或者其他组织切身利益、需要社会公众广泛知晓或者参与、反映本行政机关机构设置、职能、办事程序等情况和其他依照法律、法规和国家有关规定的信息。中国大部分的政府已经设立网站，可以看到很多信息，中央政府也设立中央网站，可以看到很多信息法规，这就是主动公开。

根据我国目前政府部门的信息公开流程，结合《中华人民共和国政府信息公开条例》的颁布，这里给出了政府信息主动公开的参考流程，如图6-4所示。

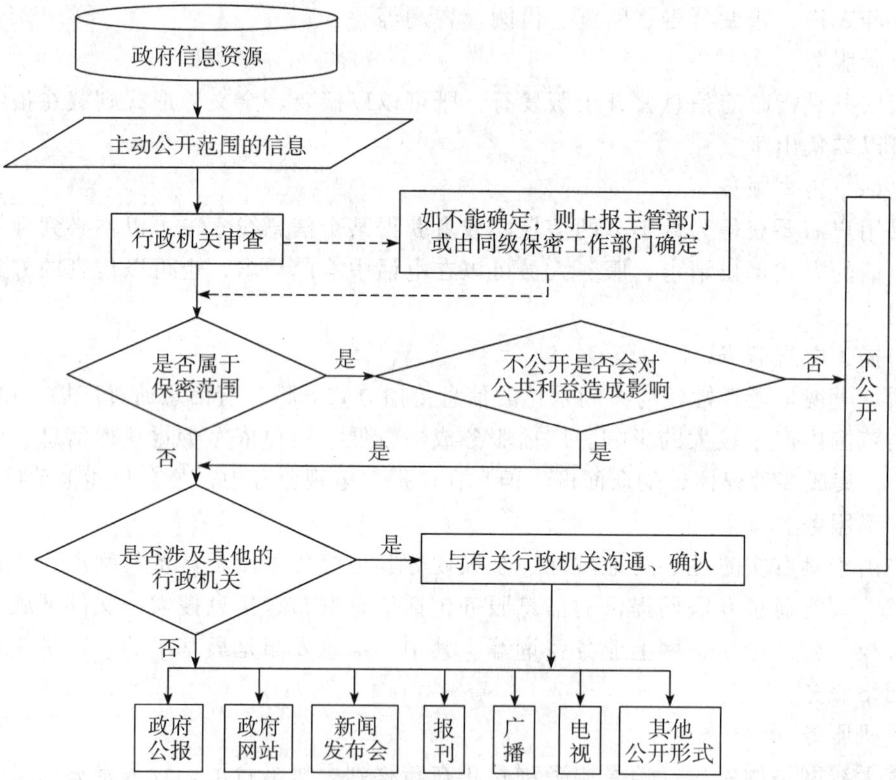

图6-4 政府信息的主动公开流程

第一，从政府信息资源中找出主动公开范围的政府信息。这里的信息可以是文档、视频、音频等各种形式。

第二，对符合公开范围的信息进行保密性审查。这一过程主要是由相关的行政机关执行，如该行政机关无法确定信息是否属于保密范围时，应该上报主管部门或由同级保密工作部门确定。这里会出现3种情形：属于保密范围，不公开不会对公共利益造成影响；属于保密范围，不公开会对公共利益造成影响；不属于保密范围。

对于第一种情况，即属于保密范围，不公开不会对公共利益造成影响的信息，可以不进行公开。当审核的结果属于后两种情况，则应转到第三步。

第三，审查信息公开是否涉及其他行政机关。如不涉及，则应该对信息进行公开；如涉及，则应与有关行政机关沟通、确认，然后将信息公开。

信息公开可以通过政府网站、新闻发布会以及报刊、广播、电视等便于公众知晓的方式公开。对于主动公开的信息应该在20个工作日内予以公开。

②依申请公开政府信息。

依申请公开是指公民、法人或者其他组织可以根据自身生产、生活、科研等特殊需要，向国务院部门、地方各级人民政府及县级以上地方人民政府部门申请获取相关政府信息。

根据《中华人民共和国政府信息公开条例》的规定，公民、法人或者其他组织有主动申请政府信息公开的权利。依申请公开的政府信息公开流程如图6–5所示。

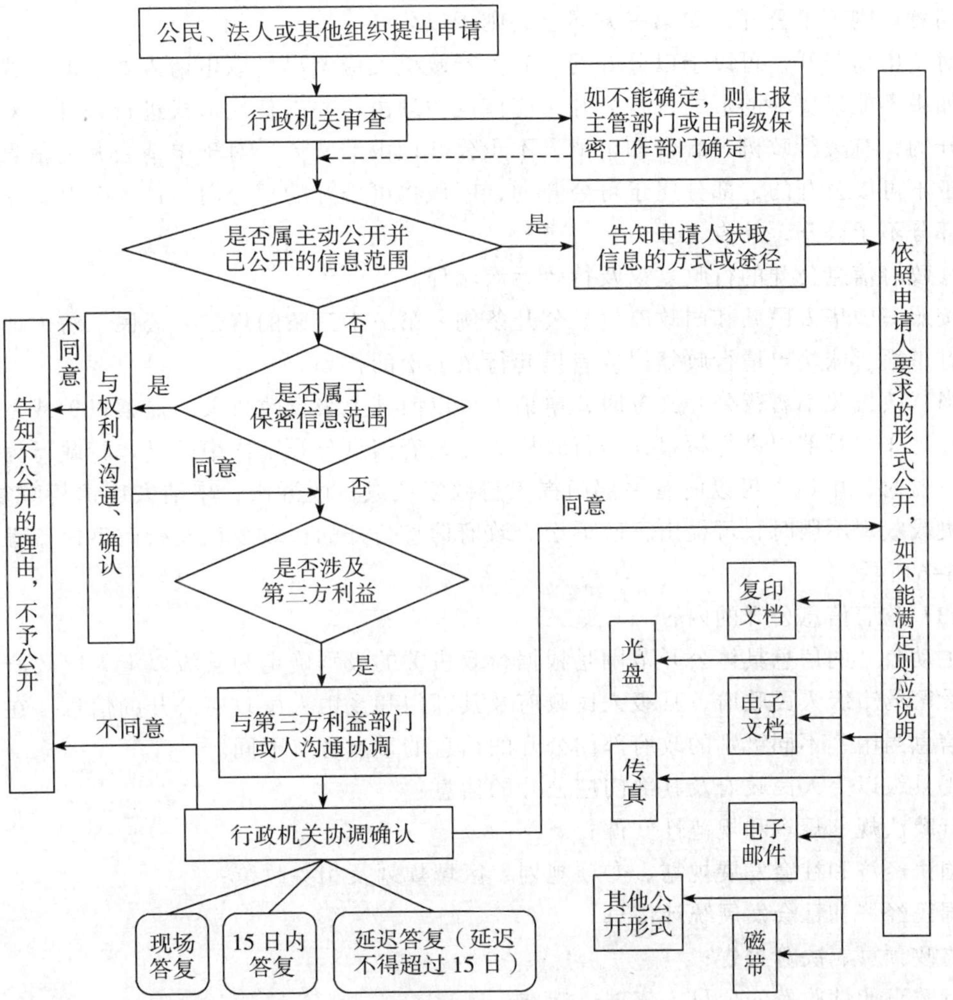

图6–5 政府信息的依申请公开流程

第一，公民、法人或者其他组织根据自身生产、生活、科研等特殊需要，向国务院部门、地方各级人民政府、县级以上地方人民政府部门提出政府信息公开的申请。

第二，相关行政机关接受申请，对该申请涉及的政府信息进行审核。对于属于主动公开范围的信息，应该告知申请人，并告知获取信息的方式或途径。对于不属于主动公开范围的，进入第三步，进行保密性审查。

第三，对于申请的信息进行保密性审查，有以下3种情况：不属于保密性信息；属于保密性信息，有关权利人同意；属于保密性信息，有关权利人不同意。

对于第三种情况，即属于保密性信息，有关权利人不同意，则信息不予公开。对于前两种情况，公开流程转入下一步，审查是否涉及第三方利益。

第四，审查所申请公开的信息是否涉及第三方利益。这里涉及第三方利益的政府信息主要指与行政执法活动有关并且公开后可能会妨碍检查、调查、取证等执法活动或者危及他人人身安全的信息。行政机关进行协调确认，对申请者进行答复的形式有三种：现场答复、15日内答复和延迟答复。对于延迟答复，延迟时间不得超过15日（工作日）。如第三方不同意，则不予公开；如第三方同意，则予以公开。

对于申请公开，可以予以公开的，有关行政机关应该尽量以申请人要求的形式进行公开，如果不能以要求的形式进行公开，应该说明理由，并以替代形式进行公开。对于不可以公开的，有关行政机关有告知申请人不予公开理由的义务。对于申请公开的信息，如部分属于不可以公开的，部分属于可公开的，应该将可公开的部分向申请人公开，不可以公开的部分不予公开，并告之理由。

③政府信息公开的行政复议及行政诉讼流程。

按照《中华人民共和国政府信息公开条例》第三十三条的规定，公民、法人或者其他组织有举报、依法申请行政复议或者提起行政诉讼的权利。

当行政机关不履行公开义务时，申请人可以向其上级行政机关、监察机关或者政府信息公开工作主管部门进行举报；当行政机关在政府信息公开工作中的具体行政行为侵犯其合法权益时，申请人可以向有关部门提出行政复议或行政诉讼；申请人申请行政复议时，对判决或裁定不服时，可提出行政诉讼。政府信息公开的行政复议及行政诉讼流程的步骤如图6-6所示。

（3）政府信息公开的内容。

主动公开的信息具体公开范围是根据行政机关的级别确定为县级以上人民政府及其部门、设区的市级人民政府、县级人民政府及其部门和乡镇人民政府公开的信息。在主动公开的信息当中，不同级别的政府部门公开的信息的重点也有不同。

①县级以上人民政府及其部门应公开的信息：

行政法规、规章和规范性文件；

国民经济和社会发展规划、专项规划、区域规划及相关政策；

国民经济和社会发展统计信息；

财政预算、决算报告；

行政事业性收费的项目、依据、标准；

政府集中采购项目的目录、标准及实施情况；

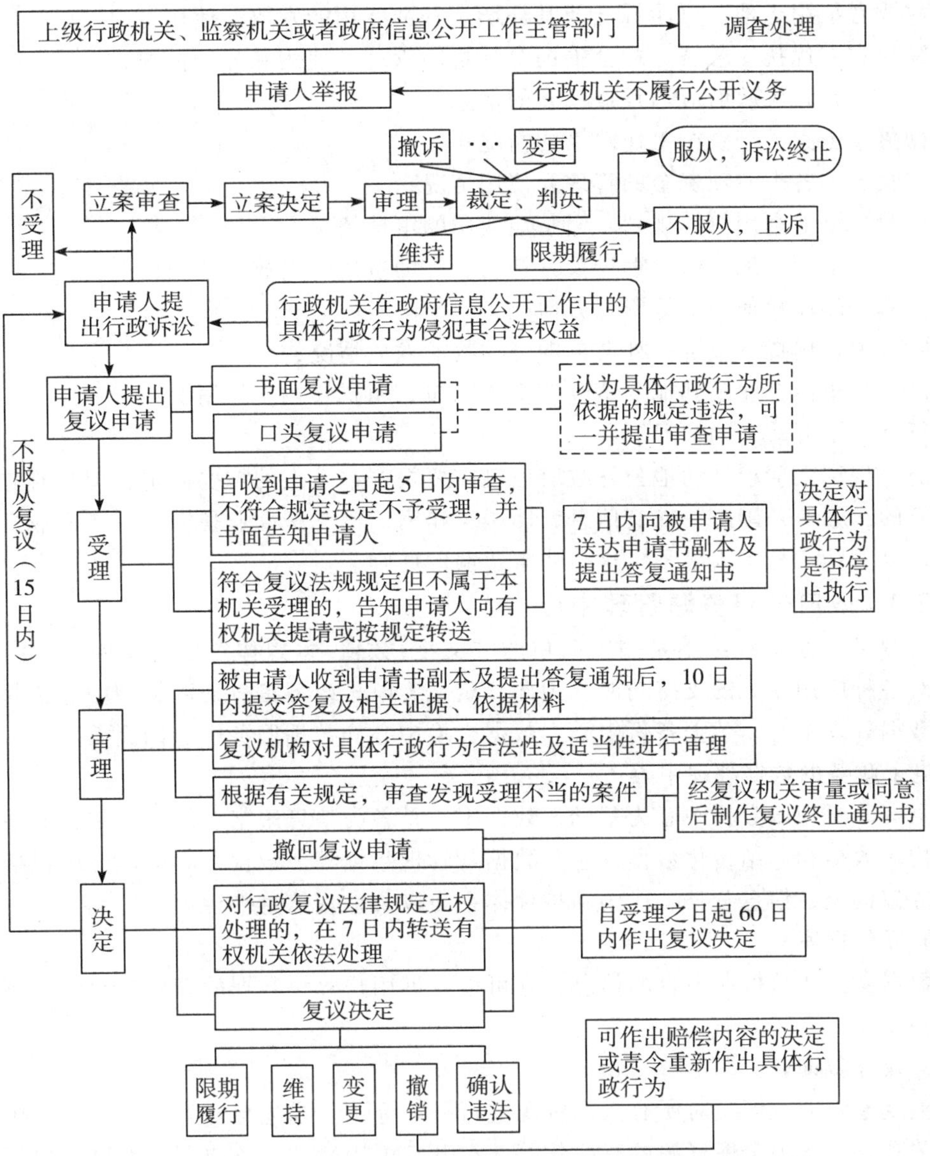

图6-6　申请人举报、行政复议、行政诉讼流程

行政许可的事项、依据、条件、数量、程序、期限以及申请行政许可需要提交的全部材料目录及办理情况；

重大建设项目的批准和实施情况；

扶贫、教育、医疗、社会保障、促进就业等方面的政策、措施及其实施情况；

突发公共事件的应急预案、预警信息及应对情况以及环境保护、公共卫生、食品药品、产品质量的监督检查情况。

②设区的市级人民政府、县级人民政府及其部门应当重点公开的信息：

城乡建设和管理的重大事项；

社会公益事业建设情况；

征收或者征用土地、房屋拆迁及其补偿、补助费用的发放、使用情况；

抢险救灾、优抚、救济、社会捐助等款物的管理、使用和分配情况。

③乡（镇）人民政府应当重点公开的信息：

贯彻落实国家关于农村工作政策的情况；

财政收支、各类专项资金的管理和使用情况；

乡（镇）土地利用总体规划、宅基地使用的审核情况；

征收或者征用土地、房屋拆迁及其补偿、补助费用的发放、使用情况；

乡（镇）的债权债务、筹资筹劳情况；

抢险救灾、优抚、救济、社会捐助等款物的发放情况；

乡（镇）集体企业及其他乡镇经济实体承包、租赁、拍卖等情况；

执行计划生育政策的情况。

政府应权利人请求被动地公开政府信息需要根据请求人的需要而定，但是有三种信息是不公开的：第一是国防、外交信息，即国家秘密。第二是商业秘密，或者商业运作需要保护的信息。第三是个人隐私，这是非常普遍的原则。

6.3.3 政府信息资源管理中心

电子政务信息资源绝不是一个简单的“文字+数值+多媒体”的信息库，它同时还需要具备对各种应用模式的支持功能。为此，定义为电子政务信息资源管理中心，其主要功能包括数据处理中心、数据备份中心、数据交换中心和数据服务中心四大方面。

1. 电子政务的数据处理中心

信息资源管理以数据中心为基础，数据中心是各类信息采集、加工和整合的平台。除了有结构化数据和非结构化数据及业务数据与管理数据外，数据中心资源必须包括元数据库，政务叙词表，信息分类、代码和指标体系表以及地理信息平台等。

（1）元数据库。

元数据是描述数据库内容的信息，它可以告诉用户每块数据的更新时间以及每块数据的格式和用途。

（2）政务叙词表。

规范政务叙词表即是对所有入库资源进行科学标引、描述与分类，建立资源在主题层的映射关系，以实现全库资源的有序化，并提升其可用性。政务叙词表大致由如下分词表组成：机关公文主题词表、宏观经济主题词表、行业主题词表、社会事业主题词表以及科学与技术主题词表等。

（3）信息分类、代码和指标体系表。

这些分类代码体系涉及国民经济行业分类代码、联合国及各国海关协调制度分类与代码、北美工业标准分类代码、全国行政区划分类与代码、全国工农业产品/商品分类代码、各主导行业信息分类与代码以及文件格式及其结构描述规范代码等。字段统一、代码统一、格式统一、定义统一的表格是主管部门从事经济分析、数据再处理和决策支持的前提。

（4）地理信息平台。

地理信息系统与专业数据结合的各类专题电子地图更是各地政府进行区域经济与社会

发展规划、开展招商引资、比较本地与周边地区竞争优势不可缺少的工具。近几年某些城市已经开发了政务地理信息系统，在公安和交通部门应用较为广泛，为“打防控”、指挥决策、应急反应、反恐防暴、重大警务活动、犯罪分析、交通管理等公安实战提供了快速、及时、准确的数据和应用，并在实践中发挥了积极而重要的作用。

2.电子政务的数据备份中心

备份作为信息资源管理的最后一道防线，目的是当系统数据崩溃时能够快速恢复，因此，必须保证备份数据和原数据的一致性与完整性，消除系统使用者的后顾之忧。

系统备份在国内的发展先后经历了单机备份、局域网络备份、远程备份三个阶段。目前国内政府机关主要还集中在局域网络备份阶段，但是政府的正常运作和数据的安全存储又给备份提出了更高的要求，一些政府机关不约而同地产生了建立专职备份中心的方案。其实，国内的一些商业银行、电信企业、保险和证券公司已经走在了前面。目前备份的最好解决方案是基于建立备份中心的具有“容灾”性能的远程备份解决方案。

3.电子政务的数据交换中心

在政府系统中，交换中心是机构间协同作业的基础空间，交换是资源共享和升值的前提。交换中心起到资源采集和整合交换的作用，这是系统中难度较大也是最具现实意义的一项服务，交换中心最重要的是其处理流程和目录系统。

（1）交换中心处理流程。

基于政府信息资源交换体系的数据交换流程如图6-7所示。

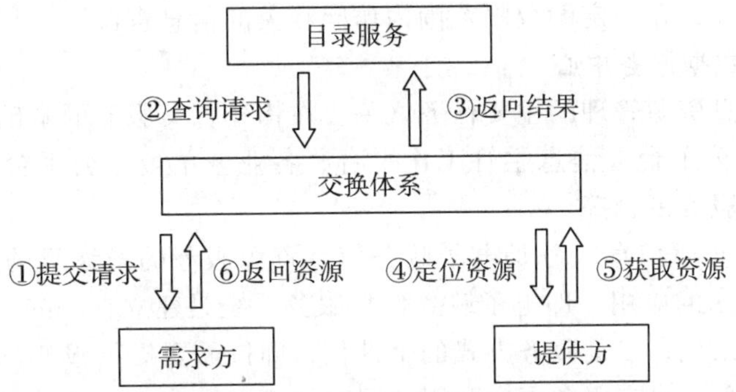

图6-7　基于交换体系的数据交换流程

① 需要资源的部门系统提供资源请求；

② 交换平台获取请求后，查询目录；

③ 目录返回结果给交换平台，包括资源名称、负责方、需求方、资源格式信息（字段属性）、在线资源链接地址（获取资源的服务地址或接口地址）；

④ 交换平台根据目录返回的结果定位资源；

⑤ 交换平台根据服务地址或接口获取资源；

⑥ 交换平台将获取的资源返回给需求方。

（2）目录集成。

一个完整的目录体系服务模型由三部分组成，即目录生产者、目录管理者和目录使用者，如图6-8所示。

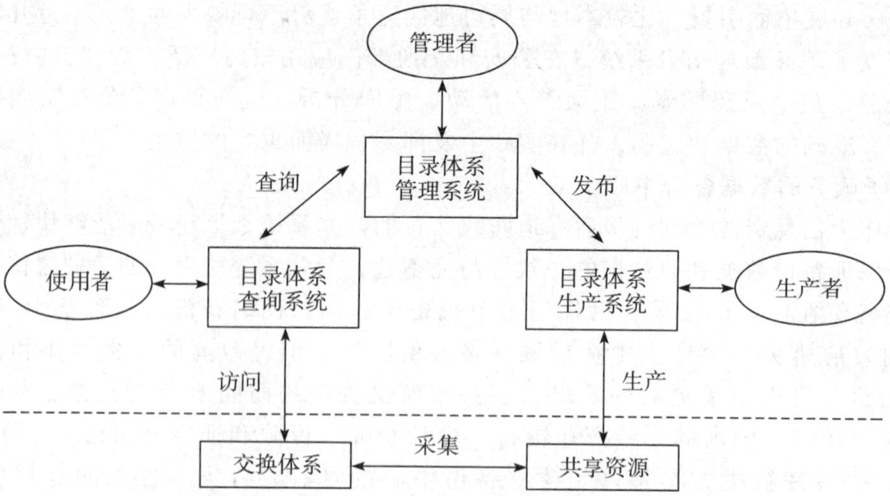

图6-8 政府信息资源目录体系服务模型

① 目录的生产者是政府信息资源的业务部门或管理部门，它们负责对本部门产生的政府信息资源进行元数据编目，将编目数据保存在本部门的元数据库中，然后通过注册机制，将本部门的元数据注册到目录管理者目录系统中。

② 目录管理者根据各种分类体系构建相关的目录库，审核生产者提交的元数据，并将其列入相关的目录下发布，同时维护和管理目录库以及整个目录体系。

③ 目录使用者通过目录体系提供的查询工具和检索工具，查询所需的目录信息，并根据目录信息的指引，在一定的权限范围内访问相关的信息资源。

4. 电子政务的数据服务中心

信息服务是信息资源管理的主要任务之一。在构建各类服务的基础上组成不同的用户平台，包括决策办公平台、信息主管工作平台、各业务单位办公平台、服务对象使用平台、一般用户信息服务平台等。

提供个性化的Web信息服务是电子政务信息资源服务的最终目的。它包括两个关键特点：一是Web技术的应用，即电子政务信息服务系统是建立在Internet/Intranet网络环境下的综合信息服务系统；二是服务方式的个性化，即按需要提供服务。个性化服务不存在绝对的权限高低之分，只有服务内容和服务层次的不同之分。

随着信息与通信技术的迅猛发展以及互联网的普及，政府信息资源以前所未有的速度增长，信息资源的质量不高、难以共享、难以使用等问题逐渐暴露出来。政府机构作为最大的信息资源生产者、拥有者、处理者和使用者，掌握着全社会信息资源中价值更大、质量更好和可信度更高的部分。政府机构的信息资源管理水平直接关系到国民经济与社会发展的状况和水平，关系到我国信息化的进程。我们应该重视政府信息资源的管理和利用，促进政府信息资源的有序组织和共享利用，以实现政府信息资源的价值最大化。

思政课堂

我国电子政务在线服务目标

新华社北京3月12日电，《中华人民共和国国民经济和社会发展第十四个五年规划和

2035年远景目标纲要》发布。报告显示，将数字技术广泛应用于政府管理服务，推动政府治理流程再造和模式优化，不断提高决策科学性和服务效率。

一、加强公共数据开放共享

建立健全国家公共数据资源体系，确保公共数据安全，推进数据跨部门、跨层级、跨地区汇聚融合和深度利用。健全数据资源目录和责任清单制度，提升国家数据共享交换平台功能，深化国家人口、法人、空间地理等基础信息资源共享利用。扩大基础公共信息数据安全有序开放，探索将公共数据服务纳入公共服务体系，构建统一的国家公共数据开放平台和开发利用端口，优先推动企业登记监管、卫生、交通、气象等高价值数据集向社会开放。开展政府数据授权运营试点，鼓励第三方深化对公共数据的挖掘利用。

二、推动政务信息化共建共用

加大政务信息化建设统筹力度，健全政务信息化项目清单，持续深化政务信息系统整合，布局建设执政能力、依法治国、经济治理、市场监管、公共安全、生态环境等重大信息系统，提升跨部门协同治理能力。完善国家电子政务网络，集约建设政务云平台和数据中心体系，推进政务信息系统云迁移。加强政务信息化建设快速迭代，增强政务信息系统快速部署能力和弹性扩展能力。

三、提高数字化政务服务效能

全面推进政府运行方式、业务流程和服务模式数字化智能化。深化“互联网+政务服务”，提升全流程一体化在线服务平台功能。加快构建数字技术辅助政府决策机制，提高基于高频大数据精准动态监测预测预警水平。强化数字技术在公共卫生、自然灾害、事故灾难、社会安全等突发公共事件应对中的运用，全面提升预警和应急处置能力。

资料来源：新华社．中华人民共和国国民经济和社会发展第十四个五年规划和2035年远景目标纲要[EB/OL]．[2021-03-13]．http：//www.gov.cn/xinwen/2021-03/13/content_5592681.htm.此处摘编部分内容．

本章小结

政府信息资源是一切产生于政府内部或虽然产生于政府外部但对政府各项业务活动有影响的信息的统称。政府信息资源的内容包括政府决策信息、为社会各界服务的信息、反馈信息和政府间交流信息。根据政府信息公开的程度划分，政府信息资源可以分为完全公开的信息、跨系统（部门）共享信息、系统（部门）内部共享的信息和针对性开放信息四种。

政府信息资源的来源，也称政府信息的信息源，按信息加工程度划分，信息源可分为初始源与再生源。

政府信息资源管理具有管理目标的多样性、管理模式的灵活性、管理手段的多维性的特点。政府信息资源管理框架体系结构将电子政务的信息资源管理分成三个层次：政府信息资源的需求分析、政府信息资源的过程管理以及政府知识资源的管理。

政府信息资源共享从需求和内容上可划分为政府各职能部门之间的资源共享、不同层级政府之间的资源共享、国家权力机关与政府之间的资源共享以及政府与企业之间和政府与公民之间的资源共享四个层次。政府信息资源共享模式可以分为集中供给模式、分布共享模式和共建共享模式。

政府信息服务体现在政府部门之间、政府与企业之间、政府与民众之间的信息资源服务行为。政府信息服务的方式可分为手工服务，出版服务，电话、传真服务，广播、电视服务，网络服务以及手机服务。政府信息公开分为主动公开和依申请公开两种形式。

电子政务信息资源管理中心，其主要功能包括数据处理中心、数据备份中心、数据交换中心和数据服务中心四大方面。

综合训练

6.1 单项选择题

1.“政府上网工程”传到面向公众的互联网上的信息是（　　）。

A.完全开放信息　　B.跨系统共享信息

C.针对性开放信息　　D.系统内部共享的信息

2.属于政府内部信息的是（　　）。

A.公共部门信息　　B.政府信息机构

C.国外政府机构　　D.咨询机构

3.政府信息资源组织管理的任务是（　　）。

A.对各类政府信息资源建设进行科学规划

B.使参与政府信息资源开发和利用活动的人员明确自己在活动中的位置

C.提高政府公务员的素质

D.构建信息资源建设的保障环境

4.政府信息资源共享从需求和内容上可划分为四个层次，最高层次为（　　）。

A.政府各职能部门之间的资源共享

B.不同政府之间的资源共享

C.国家权力机关与政府之间的资源共享

D.政府与企业之间和政府与公民之间的资源共享

5.属于不应公开的信息的是（　　）。

A.国民经济发展规划　　B.征收或征用土地情况

C.国防、外交信息　　D.扶贫政策

6.政府信息资源的业务部门是政府信息资源目录服务体系中的（　　）。

A.目录的生产者　　B.目录的开发者　　C.目录的管理者　　D.目录的使用者

6.2 多项选择题

1.政府信息资源的特点有（　　）。

A.综合性　　B.时效性　　C.共享性　　D.机密性

2.属于政府信息的初始源的是（　　）。

A.政府领导　　B.网络　　C.图书　　D.公民

3.政府信息资源管理的目标是（　　）。

A.为政府决策提供支持

B.传递政治、军事、科技、经济和文化思想，实现政府职能

C.实现“电子政府”

D.降低政府的透明度

4.建设全新的信息获取机制，涉及的内容有（　　）。

A.建立无偿使用信息制度　　B.建立信息任务外托制度

C.政府部门的信息中心要承担责任　　D.积极引导发展信息服务业

5.政府信息服务的方式主要有（　　）。

A.手工服务　　B.手机服务

C.网络服务　　D.电话、传真服务

6.属于县级以上人民政府及其部门应公开的信息有（　　）。

A.行政法规　　B.征收或征用土地情况

C.教育政策　　D.抢险救灾款物的发放情况

6.3　思考题

1.简述政府信息资源的含义及特点。

2.政府信息资源的来源有哪些？

3.政府信息资源管理包含哪些内容？

4.政府信息资源管理如何实现？

5.政府信息资源共享有哪些模式？

6.政府信息资源服务的手段有哪些？

第7章

电子政务公共服务体系

学习指南
引导案例
§7.1 政府公共服务及其电子化
§7.2 政府“一站式”服务
§7.3 政府电子化采购
§7.4 行政审批
思政课堂
本章小结
综合训练

学习指南

【学习目标】政府电子化公共服务使政府服务向多种形式、多种渠道转变，真正建立起“以公众需求为中心”的新型政府公共服务理念。通过本章的学习，理解政府电子化公共服务的含义及内容；掌握“一站式”服务的功能及构成；掌握政府电子化采购的过程及实现；了解基于角色网络的模型框架；掌握“一站式”行政审批系统体系结构。

【关键概念】政府公共服务　政府电子化公共服务　政府门户网站　“一站式”服务　政府电子化采购　行政审批

引导案例

重庆"24小时不打烊"的智慧政务服务中心

为深入推进"互联网+政务服务"，围绕"我为群众办实事"实践活动，建立24小时智慧政务服务中心，提供全天候全时段"一站式"智慧政务服务，助力打造"杨家坪–谢家湾"片区智慧城市展示带，这也是重庆市首个位于商圈内的24小时智慧政务服务中心。

一、首个位于商圈的24小时政务服务大厅启用

九龙坡区24小时智慧政务服务中心分设自助服务区、自助填单区、自助投寄区，配置政务服务自助机2台、税务自助服务设备2台、公安自助服务设备5台、人社自助服务设备1台、不动产登记自助服务设备1台、"渝快办"自助查询机1台和电子存取件柜。

中心借助人脸识别、云计算、大数据等技术，打破时间和空间限制，实行24小时无障碍全自助服务。中心可办理身份证明、车管体检、旅游签注、违章处理、驾照领换、税票申领、文艺演出、危化经营、医疗机构、卫生许可、医师护士、出版物零售、民办教育、民非社团、体育经营、医疗器械、公积金查询等207项事项（第一批）业务，其中全国通办事项6项，全市通办事项56项。

二、市民在24小时政务中心办理业务

若是不涉及纸质材料流转的事项，通过集成打印机、身份证读卡器、高拍仪、摄像机、指纹仪等设备将相关材料信息上传，如果居民自己不会办理，还可以经远程视频咨询、自助申报、打印回执等简单流程，实现24小时全天候全时段无障碍业务办理。涉及纸质材料流转的，企业、群众可通过自动生成的二维码打开指定的电子存取件柜，将申报资料装入专用文件袋投入其中便可，系统会以短信通知工作人员前来收取申报资料。

三、办理业务很方便

据了解，九龙坡区24小时智慧政务服务中心是九龙坡区打造一流营商环境示范区的又一便民利企举措，强化政务数据资源汇聚应用，提供"24小时不打烊"服务，弥补工作时间和非工作日服务盲点，方便企业群众"就近办、随时办"，切实解决群众办事远、办事难、时间受限等难题，不断增强群众获得感、幸福感，让"阳光政务、真情服务"理念落地生根，惠及更多群众。

资料来源：王渝凤，周邦静. 记者打探重庆"24小时不打烊"的智慧政务服务中心 [EB/OL]. [2021-08-11]. http: //www.e-gov.org.cn/egov/web/article_detail.p hp? id=178109.经删减整理.

在社会对政府公共服务的效率、质量、多样化和个性化要求越来越高的今天，全面改善政府公共服务的根本途径在于大力推进政府公共服务电子化的发展进程，使电子政府在服务社会、服务人民、服务经济发展等方面发挥重要作用。只有通过以互联网为核心的政府公共服务的开展，才能建立起高效、便捷、顺畅的社会服务系统，才能使其更好地符合现代社会对政府服务高质量、多层次的需要。

政府电子化公共服务水平是反映电子政务应用与发展的重要标志。深入研究政府电子化公共服务的基本规律，有效推进电子政务公共服务的快速发展，是我国各地、各级政府加快政府管理体制转变，提高政府的生产力、发展力、竞争力的需要。本章主要介绍了电子政务公共服务的含义，详细介绍了政府“一站式”服务、政府电子采购和行政审批几项公共服务。

§7.1 政府公共服务及其电子化

7.1.1 政府电子化公共服务

1.政府公共服务的含义及特点

政府公共服务是由政府机构向公众、企业、社团组织等提供服务。政府作为一种特殊的组织，它所提供的公共服务具有不同于商业服务的一些特点：

（1）非营利性。政府公共服务与商业服务明显不同的是，政府公共服务是政府职能的一部分，不具有营利的特性，它更多地表现为政府的一种义务，一种责任。政府公共服务即使有收费，也只是为了维护与改进政府服务的水平，而不是以营利为目的。

（2）垄断性。政府公共服务往往具有垄断性，对服务对象来说具有不可选择性。比如：居民身份证、企业经营执照的发放等。由于垄断的存在，在保证了政府服务行为权威性的同时，也在一定程度上影响了政府公共服务的质量。

（3）普遍性。政府服务的对象具有普遍性，而商业服务针对某一细分对象。所以，提供政府服务时要考虑不同对象的接受能力，使政府服务能为每一服务对象所接受。

（4）特定性。政府公共服务还受特定的行政区域管辖范围的限制，也就是说，政府服务只向本行政区内的服务对象服务，不属于行政区域管辖范围的公民、企业及其他社会组织都不属于当地政府机构的服务对象。例如，政府部门提供的就业服务、福利保障服务等主要面向当地居民，外地居民不享受相应的服务。

2.政府电子化公共服务的含义

政府电子化公共服务是指政府机构为了使社会公众更好、更快、更多、更节省地享受政府公共服务，充分利用现代信息通信技术，通过互联网、呼叫中心、电话、信息家电、移动通信等各种途径向社会提供全天候、全方位的政府公共服务。按照政府服务性质的不同，政府电子化公共服务主要可分成4种类型：

（1）信息服务。信息服务是指直接通过网站等途径向社会公众提供单向的、非接触的政府公共信息服务，如利用政府网站提供法律、法规、政策条文，政府各职能部门的联络方式、具体分工、办事程序等。信息服务是政府电子化公共服务中最基础、最容易实现的形式。

（2）沟通服务。沟通服务是指政府机构充分利用网络的交互功能，实现政府与社会公众的双向交流。例如，政府通过电子邮件、BBS论坛等获取公众对政府服务的请求并作出及时回复；又如，政府针对某项决策通过互联网收集社会各界对方案的具体意见，以提高政府决策的民主性、科学性。

（3）专门化服务。专门化服务是指政府机构根据社会公众的个性化需求，通过电子化手段提供政府相关的服务。例如，政府通过公民关系管理系统为公民提供个性化的教育、医疗、就业服务；又如，政府通过互联网为企业提供国际经贸等专项服务。

（4）交易类服务。交易类服务是指政府机构作为交易的监管方或直接的参与方，为交易参与各方提供相应的电子化服务。例如，政府在网上为交易双方提供身份认证、信用鉴定等配套服务；又如，政府为企业提供网上纳税、电子合同签订等相应服务。

3.电子化公共服务的特点

电子化公共服务作为一种新型的公共服务，一方面它具备传统公共服务的一般属性，另一方面它又具有自身鲜明的特点：

（1）不受时间地点的限制。政府电子化公共服务通过互联网、现代通信等技术的应用，使得政府服务突破了时间、空间的限制。

（2）以公众为导向。以公众为导向是指政府提供各项服务时以公众的利益为中心，提高服务效率、降低服务成本、改善服务品质。

（3）个性化和自助化。这是指政府的服务能力显著提高，能为社会提供个性化的、"一对一"的服务，如教育培训、税务服务等。

（4）集成性与智能化。这是指政府把众多部门的不同职能通过互联网集成在一起，让公众享受"一站式"服务，以有效地节省时间，提高服务效率。

（5）双向互动服务。电子化公共服务的服务方式由单向变为双向，公众可以通过网络发表意见、提出申请等，由一方主动变为双方主动。

4.政府电子化公共服务的价值

政府电子化公共服务使政府服务向多种形式、多种渠道转变，真正建立起"以公众需求为中心"的新型的政府公共服务理念。

（1）政府为公众提供更方便的公共服务。互联网特有的交互性使政府公共服务更加方便、直观，多媒体的应用又使得信息内容更为生动活泼，给公众带来极大的便利。

（2）降低政府公共服务成本。电子化公共服务可以有效减少政府服务人员的数量，减少纸张、通信的费用，对缩减政府部门和办公设施都有很大帮助。

（3）提升政府公共服务品质。电子化公共服务可以充分利用互联网获取公众访问政府网站的状况、对政府现有服务的评价以及进一步明确潜在的服务需求，并针对公众的需求提供个性化服务，让公众得到更为满意的服务。

（4）促进电子化民主进程。政府电子化公共服务将使政府与公众的关系发生根本性的变化，这表现在两个方面：一方面，由于电子化公共服务要求政府服务部门牢固树立起"以公众需求为中心"的服务理念，这必然会提高政府服务的自觉性和主动性，以赢得社会公众的积极支持和广泛参与；另一方面，电子化公共服务为公众参与政府事务提供了畅通的渠道，既可以让公众有效监管政府的各种行为，使政府事务更为公开、透明，又可以让他们参与政府的具体决策，从而大大提高政府决策的科学性和民主性。

（5）推动政府服务的持续创新。互联网在政府与社会公众之间架起了一座畅通、便捷、高效的服务桥梁，为政府公共服务的持续创新提供了广阔的空间。

5.电子化公共服务的业务流程

政府电子化公共服务通过计算机网络的应用使得不同政府部门的服务得到有机的集成，公众可以通过访问政府网站、拨打电话、发送电子邮件、发传真等各种形式从单一的政府"窗口"获取专门化的政府服务。政府电子化公共服务流程如图7-1所示。

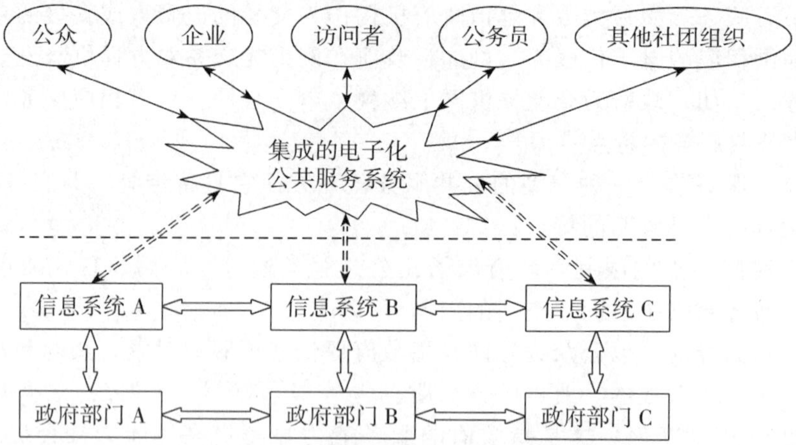

图 7-1　政府电子化公共服务流程图

从图 7-1 可以看出，政府服务分化成前台服务与后台办公两部分，公众、企业、公务员等通过前台向政府电子化公共服务系统提出服务请求，政府公共服务提供部门则通过后台提供专业化服务支持。这里提到的公务员具有公众和公务员双重身份：作为公众，其可以享受政府提供的服务；作为公务员，其可以享受政府提供的移动办公服务。其中，移动办公服务的内容属于内网业务系统的功能，本章不涉及此部分内容。电子化公共服务，一方面，方便了公众随时随地获取政府服务；另一方面，大大减轻了政府公共服务的工作量，进一步提高了政府服务的效率和水平。

7.1.2　政府电子化公共服务的模式

电子化公共服务主要可分为面向公民个人的电子化公共服务和面向企业的电子化公共服务两大类。

1. 面向公民的电子化公共服务

面向公民的电子化公共服务（G to C）将会对政府服务方式、服务内容和服务水平产生根本性的影响。目前，国际、国内比较成功的 G to C 电子化公共服务可分为以下几类。

（1）公民日常管理服务。政府作为本国、本地公民的管理者，承担着大量日常管理的任务。通过电子化手段可以实现的公民日常管理服务包括：申办出生证明并查询相关信息；申办户籍证明及查询相关信息；申办结婚证书并查询相关信息；登记申领身份证预约服务；财物报失、招领及捐赠；政府公众服务及公安部门介绍；更改公民个人资料；申办死亡证明并查询相关信息等。

（2）电子化教育服务。政府在优化教育资源的配置、发挥教育资源的效益方面发挥着重要的作用。政府电子化教育服务主要包括：辖区教育资源分布状况公示；相关院校招生、就业信息；网上学习课程及注册管理；教育贷款网上申请；各类考试信息发布；相关考试成绩网上查询；毕业与学位证书网上认证；境外院校合作办学服务；社会办学机构认定服务；相关院校科研成果转化服务等。

（3）电子化就业服务。促进就业是各级政府的重要责任，利用电子化手段为社会提供就业服务是政府电子化公共服务的重要内容。其具体形式有：政府空缺职位信息发布；社会招聘岗位信息发布；招聘单位招聘信息登记；求职人员查询招聘信息；求职人员网上登记；就业政策与相关法规；政府网上就业培训；就业合同网上鉴证鉴证等。

（4）电子化交通运输服务。面向公民个人的电子化交通运输服务的内容主要有：申请换领驾驶执照；申请换领车辆牌照；特殊车牌网上拍卖；申领车辆登记细节证明书；申请续办驾驶执照和车辆牌照；网上办理车辆年检；网上缴付交通相关费用；旧车网上交易；交通道路整修信息；交通堵塞报告；电子交通地图等。

（5）电子化旅游服务。促进旅游资源开发与利用，加快旅游业的快速发展是各级政府十分关注的问题。利用电子化手段面向公众提供电子化旅游服务的主要形式有：旅游景点网上展示；旅游天气预报网上发布；旅游交通时刻表网上发布；旅游线路网上设计；旅游电子地图；旅游服务机构网上推介；旅游票务机构网上预订；旅游信息资料下载；旅游服务质量网上投诉；旅游突发事件网上求助等。

（6）电子化福利服务。为广大公民谋求最佳服务是每一个政府机构共同追求的目标，以电子化的手段为社会公众提供福利服务也是提高福利水平的重要内容。电子化福利服务的主要内容有：政府福利政策网上介绍；政府救助对象网上登记；公众公益捐款网上受理；孤儿网上认养；寻亲信息网上发布；政府捐助信息网上发布；福利彩票网上发售等。

2.面向企业的电子化公共服务

政府利用信息通信技术为企业提供高水平、全方位的服务，是开展电子化公共服务的一项基本任务。目前，面向企业的电子化公共服务（G to B）发展的重点主要有以下几个方面。

（1）面向企业的基础管理服务。企业要开展各项经营活动都应该接受政府的管理与监督，利用电子化公共服务方式向企业提供一系列基础管理服务可以为政府和企业双方都带来极大的好处。这类服务主要包括：网上查询企业名称与预登记服务；网上申请营业执照以及相关信息查询服务；网上查询相关企业资信与经营状况；网上申请企业出口配额；网上更改企业登记信息等。

（2）面向企业的税收服务。利用通信技术发展电子税务，不但可以为企业提供极大的便利，还可以有效地规范企业的纳税行为，加强政府对税收的监控。面向企业的税收服务主要包括：网上申请税务登记证以及相关信息网上查询；税收政策网上发布；网上纳税咨询；网上远程纳税；企业所得税的申报与评估通知；企业增值税的申报与评估通知；企业员工增值税的网上申报与预扣等。

（3）面向企业的政策信息服务。为企业提供信息服务是在市场经济条件下政府为企业提供公共服务的重要内容，也是政府改变职能的表现形式。面向企业的政策信息服务主要包括：网上发布与企业相关的政府政策信息；网上宣传与企业相关的法律、法规；政府政策与法律法规的网上咨询服务等。

（4）面向企业的经营服务。为企业更好地开展各项经营活动提供各种形式的支持与服务，是新形势下的政府服务经济工作的具体体现。面向企业的经营服务主要包括：国际经贸信息服务；招商引资政策与信息服务；企业合资、合作信息服务；中小企业投资与贸易指南；网上发布市场供求信息；网上发布行业发展动态等。

（5）面向企业的管理与技术服务。利用通信技术为本地区企业，特别是大量的中小企业提供管理与技术服务也是政府电子化公共服务的重要内容。这类服务主要包括：政府在网上发布人才供求信息；政府在网上提供技术转让服务；政府为企业组织网上培训服务；政府在网上为企业提供技术推广及应用服务支持等。

政府电子化公共服务应从实际出发，充分利用现代信息通信技术作为服务工具，为社会各界提供全方位的政府公众服务。

7.1.3 公共服务系统的重要窗口——政府门户网站

政府公共服务系统主要是以政府网站的形式出现，在各种各样的政府网站中，最重要也最具代表性的是政府门户网站。

1.政府门户网站的定义

政府门户网站是由政府统一建立的网站，它通过高速接入互联网实现资源共享，是电子化公共服务统一的对外窗口，为公众、企业、社团组织或下属单位等提供信息和服务，并使其以最简便的操作方法快速地找到自己所需要的服务和信息。政府门户网站的突出特性是：友好的网站界面、清晰的网站导航、完善的帮助系统、完整的信息和完善的在线服务。

2.政府门户网站的内容

政府门户网站所提供的公共服务内容一般包括：政府新闻、统计资料、政府出版物、数据库查询、问题咨询、邮件列表、服务承诺、隐私保护政策、办事指南、政府公告、网上投诉、网上查询投诉结果、各种政府表格下载、在线提交申报表格、网上查询办事进程、网上招标、网上缴税及支付各种费用等。

政府门户网站是连接政府和政府、政府和公众、政府和企业的纽带。电子公共服务的功能和内容基本上是通过政府门户网站的形式表现出来的，外界许多人对政府的了解也是从政府门户网站开始的。作为电子化公共服务的窗口和应用平台，政府门户网站的建设一定要向信息丰富、更新及时、功能强大等方面努力，以提高政府网站的使用率，体现电子政务的实质。

政府门户网站与一般的门户网站不同，它以服务为主，突出特征就是要为公众、企业、社团组织和政府系统服务，服务是政府门户网站的生命线。

§7.2 政府“一站式”服务

与传统办公自动化系统相比，网上办公自动化系统最大的特点是：对内实现协同工作，对外提供“一站式”服务。“一站式”服务模式深受广大公众的欢迎，它简化了政府许多繁琐的办事流程，提高了政府的办事效率。作为一个网上集成办公系统，必须具备“一站式”服务功能。

7.2.1 “一站式”服务概述

电子政务的核心内容是信息时代的政府变革，政府网站不仅是一个窗口，更是政府职能和服务的延伸。电子政务采用先进的信息技术，借鉴优秀的管理理念，为政府提供“一站式”互动运作平台，协助其面向社会、大众、服务对象提供服务；帮助政府整合资源，构建基于网络的在线办事服务体系。

1.“一站式”服务的定义

“一站式”服务一词最早来源于英文的“one-stop”，电子政务的“一站式”服务，就是政府职能上网，即利用现代信息技术和网络技术，在对传统政府的组织结构进行重组和流程再造的基础上，将政府部门的内部和外部的管理和服务的职能放到网络上完成。电子政务信息网站是适应网络信息政府工作和管理方式的载体和门户。

电子政务“一站式”服务的建立和发展，改进了政府部门工作方式，提高了政府的工作效率和为社会服务的能力，为公众树立了崭新的政府形象。同时也增进了部门之间的联系和相互了解，缩短了公众的办事周期，有利于公众对政府各部门的监督评价。

2.“一站式”服务的功能

电子政务的“一站式”服务特点可总结为“以网络为工具，以用户为中心，以应用为灵魂，以便民为目的”。“一站式”服务平台主要包含以下功能：

（1）提供政府网上服务。政府对外职能部门在“一站式”服务平台提供网上服务栏目，用于为公众提供各种查询、交费、注册、申请许可等服务。由于这些栏目充分发挥了网络的优势，将分属政府各部门的业务集中在一起，相关部门密切关联，协同工作，并与相应的网上支付系统配套使用，因而具有了“一站式”“24小时”“自助式”等特点，体现了网上虚拟政府的发展方向，极大地方便了公众办事。

（2）提供全面的政务信息。“一站式”服务平台从内容上来看，它不仅能够为公众和企业提供丰富的行业和经济、生活服务信息，同时还能提供有关政府政策、法规、新闻等政务方面的信息，这些信息包括：政府领导人的重要活动，政府工作的最新动态，公众到政府办理注册、登记等事项的有关信息，与政府工作相关的研究、支持机构的有关信息等。可以说，大部分与公众相关的政府事务，都能及时通过政府网站获得详尽的信息。

（3）政府资源共享。各级政府通过政府网站，向公众提供政府所拥有的公用资料库信息资源，从而实现公共信息资源的更充分利用。各种社会经济统计指标、地区经济发展状况、旅游资源状况、网上图书馆、网上地图也在政府网站提供的服务之列。

（4）个性化的服务。政府“一站式”服务的个性化体现在两个方面：一是提供个性化的服务资源搜索引擎。电子政务系统利用知识管理工具，构造智能化的搜索引擎，根据公众的政务资源需求，制定搜索策略，通过信息的“推送”策略，将查询结果主动提供给公众。例如，当有公民需要知道关于小微企业的最新税收优惠时，政务资源搜索引擎根据需求者定制的搜索策略，将该领域发生的最新情况提供给需求者。二是能提供网上服务个性化的过程服务。政府在为公众和企业进行网上服务时，应保证公民和企业的知情权和隐私权，即制定完整的安全策略，既要保证提出网上政府服务的需求者能够实时了解事务的进展情况，又要在法律的范围内保证参与者的隐私不受侵犯。

7.2.2 “一站式”电子政务办公服务系统框架

1.“一站式”电子政务办公服务系统框架的总体描述

“一站式”电子政务可以使企业、民众办事简单快捷，不需要在政府部门间来回奔走，通过系统的统一入口的服务平台，“一站式”得到全程电子政务服务。另外，它还使政府公务员无须在不同信息系统中反复进出办公，从而提高了办公效率。

“一站式”电子政务办公服务系统框架的总体描述如图7-2所示。

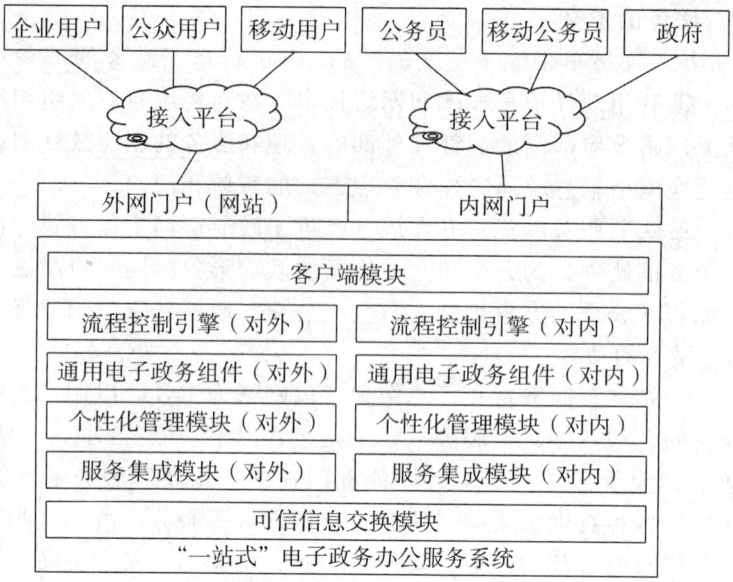

图7-2 “一站式”电子政务办公服务系统框架

2.“一站式”服务系统框架核心模块描述

（1）可信信息交换模块。由于电子政务的公众服务系统客观上需要与内部的政府业务系统之间进行数据交换，以实现政府服务请求的转入和服务结果的反馈，因此，在“一站式”框架中提供了可信信息交换模块，专门在对外（公众）服务与对内（政务）服务两个部分之间进行安全的、双向的数据交换。

（2）流程控制引擎。流程控制引擎是“一站式”框架中对各政务业务系统所提供的政府服务进行协调和统一调度的功能模块。目前，用于流程控制的方法主要是工作流技术和角色网络技术。对跨政府部门的工作流进行支持是“一站式”电子政务服务框架的基本要素。流程控制引擎提供的主要功能包括以下3个方面内容：①异构计算环境下的跨部门工作流程及日志支持功能；②工作流的授权支持功能；③单点登录支持功能。

（3）通用电子政务组件。对于“一站式”服务而言，每个政务业务系统所提供的服务中都有许多通用的功能模块。通用的政府业务组件主要是在可信的网络服务的基础上实现，主要包括以下功能：①基于数字证书的用户身份认证功能；②基于数字证书的操作授权功能；③安全数据交换功能；④可信日志功能；⑤系统配置管理功能。

（4）个性化管理模块。作为面向大规模应用的“一站式”服务，由于所面临的客户群体具有较大的差异性，因此，必须提供个性化的服务功能，允许用户根据自己的偏好来定制所需要的政务服务。个性化管理模块所提供的功能主要包括以下两方面的内容：①用户服务定制功能；②基于客户关系管理的服务定制功能。

（5）服务集成模块。服务集成模块主要是在“一站式”框架层次上提供进一步的应用服务与集成支持功能。服务集成模块提供的功能主要包括：①跨计算平台的接口功能，提供对C/S、B/S以及非可信的网络服务等多种类型的计算平台的集成支持，提供了更广泛的异构计算平台的资源整合功能；②安全机制集成和访问控制。

（6）客户端模块。客户端模块是“一站式”框架的客户端支持模块。由于整个“一站式”系统都是建立在网络平台上，因此，客户端主要是一个通用的浏览器，而且客户端模块主要是以插件的形式工作的。客户端提供的功能主要包括：①证书管理功能；②用户界面定制功能。

7.2.3　我国政府“一站式”服务存在的问题和解决对策

1.存在的问题

（1）服务内容贫乏，服务水平不高。我国只有少数政府网站能够提供网上办公服务，多数政府网站目前只能提供网上表格下载和办事指南，不能开展在线办公服务。

（2）政府网站的应用水平低。我国多数政府网站没能正式开通网上政府采购项目，或只是提供少部分招标信息，而网上专家评标、企业竞标更是罕见。缺乏政府搜索引擎，无法将全国各地的政府网站连成一体。

（3）交互式服务功能欠缺。能够提供双向形式的互动服务是同时体现网站建设和应用水平高低的一项重要内容，好的交互式服务还能够在提高网上办公项目申请后，对办公状态和结果进行跟踪查询，但目前我国只有少数政府网站能够做到这一点。例如，在线信访、市长接待室、政府问讯台等这样一些交互性很强的网上服务项目目前在网上办公系统中极少见到。

（4）缺乏“一站式”服务。我国政府网站的服务模式仍然是以部门来分类服务项目，要办理多个事项就必须分别访问多个直属部门站点，这与“一站式”服务模式相违背，可以说这只是消极的模仿手工作业，没有做到积极创新，改革旧的工作模式。

（5）忽视网站的保密性和安全问题。在我国，政府网站对保护隐私权的问题越来越重视。为了消除公众的顾虑，在网站接受公众的网上举报、投诉时，还是应该参照国外政府网站的做法，声明保密政策。国务院办公厅印发的《2018年政务公开工作要点》明确指出，要依法保护好个人隐私，除惩戒公示、强制性信息披露外，对于其他涉及个人隐私的政府信息，公开时要去标识化处理，选择恰当的方式和范围。同时，安全问题仍然是影响政府网上办公的一个瓶颈，公民即使是接受政府的服务，其隐私权也应该受到保护，不能在网上随意公布或被其他人查询。2014年7月，中央政府采购网信息显示，某期信息类协议供货强制节能产品招标，所有计算机类产品不允许安装Windows 8操作系统。可以想见的是，这是出于安全的考虑，也代表了安全意识的提高和改进。

2.解决对策

为了适应“一站式”服务的需要，电子政务信息网站需要从下列3个方面加强。

（1）信息资源建设。增加切实可行的网上办公服务项目的比例，为了更好地为企业和公众服务，电子政务信息网站应该丰富信息内容，适当增加适应企业和公民需要的服务，如增加经济、行业、采购招标、招聘类信息的发布；增加在线服务种类，提供网上查询、户籍管理、申报审批等相关的在线服务项目种类。

（2）统一政府门户建设。规范政府网站建设标准，加强政府网站资源的统筹规划，整合利用地方政府门户网站资源，同时加强电子商务与电子政务的联系，尽快建立一套相对科学、全面的电子政务网站综合测评指标体系，推进电子政务网站的建设和发展。

（3）加强电子政务的安全保障。加强电子政务的安全保障主要体现在两个方面：一是加强技术的保障，实行安全认证与隐私保护；二是要加快电子政务法律和法规的制定，完善与安全有关的各项制度，从而保护政府信息，加强对隐私保护的力度。

§7.3 政府电子化采购

政府采购是政府获取货物、工程与服务最基本的方式，也是政府公共财政支出的重要内容。政府电子化采购作为电子政务的基本组成部分，正在成为政府采购的重要形式。它在更好地体现政府采购的“公开、公平、公正”原则，提高采购效率，降低采购成本，贯彻落实“以信息化带动工业化”的发展战略等方面都将起到积极的推动作用。因此，研究政府电子化采购的相关问题，对加快我国政府电子化采购的发展具有重要的理论价值和现实意义。

7.3.1 政府电子化采购的含义与流程

1.政府电子化采购的含义

政府电子化采购又称作政府网上采购，简单地说，是指通过互联网来完成政府采购的全部过程；具体来说，包括网上提交采购需求、网上确认采购资金和采购方式，网上发布采购信息、接收供应商网上投标报价、网上开标定标、网上公布采购结果以及网上办理结算手续等。目前，国内政府电子化采购的对象主要以列入政府集中采购目录的标准化货物为主，如计算机、打印机、复印机、办公用纸、空调、汽车、药品、公务用车维修及加油等，但政府电子化采购的范围在不断扩大，逐步会涵盖政府采购的全部范围。

2.政府电子化采购的价值分析

（1）政府电子化采购的优势。与传统的采购模式相比，电子化采购在采购需求的提出、供应商的选择和评价、采购合同的签订以及货款的支付等各个方面都发生了重大的变化，对降低政府的采购成本、提高采购效率、增加政府采购的透明度、保证采购质量、提高政府决策水平等都起到了很好的帮助作用，更好地体现了政府采购所要求的“公开、公平、公正、诚信和高效”原则。

（2）政府电子化采购的意义。政府电子化采购对政府具有重要的意义主要体现在：规范政府采购行为，促进政府廉政建设；有助于实施“信息化带动工业化”发展战略，促进企业电子商务深层次发展；树立政府良好形象，促进招商引资。

3.政府电子化采购的流程

不同的政府采购部门往往采用不同的电子化采购解决方案，具体的采购流程也会有一定的差别。一般来说，政府电子化采购的流程包括以下一些步骤：生成采购单、发布采购需求信息、供应商应标、网上开标、定标、签订采购合同、供应商供货、货款结算和支付。政府电子化采购流程可用图7-3表示。

7.3.2 政府电子化采购系统的组成

政府电子采购必须通过专门的电子化采购系统来实现，不同的政府机构由于实施电子化采购的目标和要求各不相同，政府电子化采购系统的组成也有不少差异。从一般意义上来看，政府电子化采购系统至少应包括采购中心内部办公系统、电子支付系统、电子化招标系统和政府采购网站系统等4个子系统。

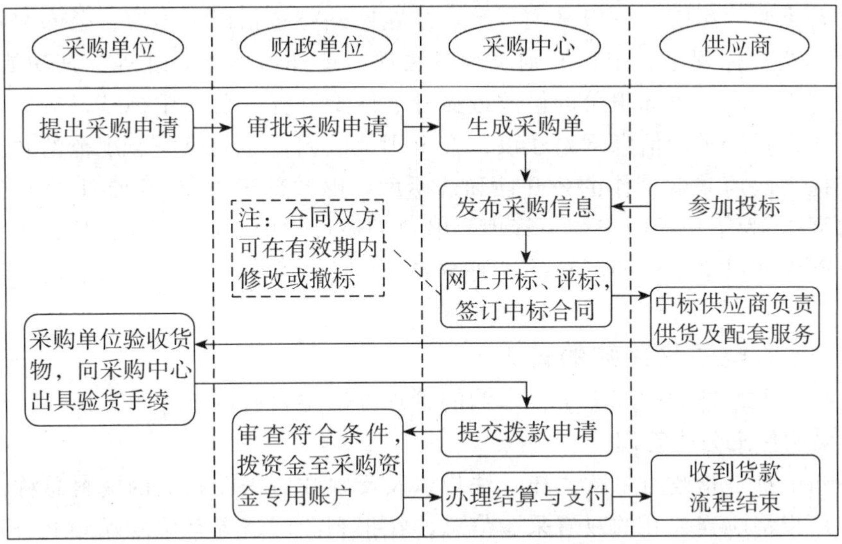

图7-3　政府电子化采购流程图

1.采购中心内部办公系统

政府采购中心内部办公系统是开展政府电子化采购的基础条件。该系统通过连接采购中心内部所有部门和工作人员的局域网，针对政府采购的办事特点，运用Lotus、Office等各种办公自动化工具和平台软件，实现采购中心电子邮件、信息共享与检索、公文流转、档案管理和行政事务等的电子化处理，建立内部无纸化办公系统。

政府采购中心是政府电子化采购的主要组织者和执行者，它的内部办公自动化应用水平对政府电子化采购的实施与发展有直接的影响。

2.电子支付系统

电子支付系统是政府电子化采购系统的重要组成部分，主要用来实现采购过程中的货款支付等功能。目前，政府采购中的电子支付基本通过政府的银行信用卡来实现，进行电子转账支付。政府采购要建立政府采购资金账户，以确保资金优先到位，专款专用。

3.电子化招标系统

电子化招标系统是政府电子化采购的核心系统，在政府电子化采购中起着十分重要的作用。它的主要功能是对传统的招投标工作流程“发标-招标-开标-评标-决标”等进行电子化管理，并实现网络化在线运行，系统包括供应商信息库、专家信息库、采购对象信息库、招标立项、招标信息发布、评标管理以及项目档案管理等子系统，系统可按采购对象的不同随机挑选评标专家，而且评标专家可从网上直接查阅投标文件，对每个项目进行评价，并能作出简要的说明，推荐中标人。

电子化招标系统可自动根据政府采购的5种方式，包括公开招标、邀请招标、竞争性谈判、询价采购、单一来源采购的特点，实现招投标文件的制作，招标文件的发送，投标文件的接收，招标数据自动归类与列表等功能，并可实现与政府采购中心内部办公系统的集成。

4.政府采购网站系统

政府采购网站是实现政府电子化采购的基本载体，它的建设水平和功能设置对电子化采购工作有着重要的影响。一般来说，政府采购网站应包括以下内容：公布采购须知、网员单位条件、招投标程序、定标原则、政策法规、意外情形的处理等。其功能主要包括：网员单位的管理及网上投标报价的修改或撤标、网上开标、公布中标结果等。

我国为加强政府采购信息网络建设，在全国范围内建立起统一、规范的政府采购信息发布渠道，提高政府采购工作的公开性和透明度，财政部于2000年12月31日创办了“中国政府采购网”。为了加强网络统一管理，财政部通过“中国政府采购网”，为各地方政府采购部门分别设计风格统一的网页并注册域名，各分网为“中国政府采购网”的有机组成部分。

7.3.3 政府电子化采购的管理

从中央到地方，针对政府电子化采购的管理办法主要有以下几个方面。

1.政府采购信息公告管理

政府采购信息是指政府采购法律、法规以及反映政府采购状况的资料总称。而政府采购信息公告是指将应当公开的政府采购信息，在报刊和网络等有关的媒介上公开披露。财政部出台的《政府采购信息公告管理办法》虽然没有对政府电子化采购的信息公告作专门的说明，但对政府采购信息公告的内容和范围作了一般性的规定，这些规定同样适用于政府电子化采购。

2.供应商网员管理

供应商要参与政府电子化采购活动，首先必须在政府电子化采购系统注册成为政府采购中心的会员单位，纳入采购中心的统一管理。不同地区的政府机构对不同的政府采购对象都有不同的网员单位资格要求，但基本上是大同小异。成为供应商网员后，供应商就有了一定的权利与义务。

（1）供应商网员资格要求。供应商要参与政府电子化采购，一般应满足以下6个条件：①具有中国独立法人资格；②有固定的营业场所；③注册资金达到一定的数额，财务状况良好；④有良好的售后服务和技术保障队伍；⑤具有良好的信誉，具备履行合同的能力和良好的履行合同的记录；⑥公司已上网，具备利用互联网管理招标信息的能力。

（2）供应商网员的权利。供应商在参与电子化采购时，享有以下权利：①在投标截止期之前，对政府采购中心公布的采购信息有自由选择参加与否的权利；②对政府采购管理部门的处罚有申诉的权利；③举报政府采购活动中违纪、违规行为的权利；④在政府采购活动中自身合法权益受到损害时，有要求赔偿的权利；⑤随时退出网员单位的权利。

（3）供应商网员的义务。成为供应商网员后，应履行以下义务：①自觉遵守国家法律、行政法规以及当地政府机构颁布的各项政府采购规章制度；②严格按政府电子化采购的规则进行业务运作；③严格按标书签订并履行合同；④在政府采购活动中接受监察和政府采购管理部门的监督和检查；⑤对自己在政府采购上所传送信息的合法性、真实性、安全性负责；⑥负责本单位基本信息的维护，凡涉及市场监管、税务、银行账户、业务资质等重要事项的变更，应自变更之日起在规定的时间内自行维护变更的信息，并向采购中心提供有效的书面材料以备核实；⑦涉及可能影响履约能力的重大事项，包括经营范围变化，重大投资行为，主要资产抵押、出售，信用、信贷等级变化，重大合同纠纷，重大诉讼等，应及时书面通知采购中心；⑧接受采购中心根据相关规定得出的关于本单位的诚信度的评定。

（4）供应商网员违规行为的认定。供应商网员出现以下条款之一的，视为违规：①提供虚假材料、骗取网员资格的；②参加网上投标，提供虚假数据和材料的；③采取不正当手段诋毁、排挤或串通其他供应商的；④中标后无正当理由不签订采购合同或者不履行合同的；⑤不能按照合同条款提供售后服务的；⑥拒绝接受采购中心的监督检查，并且不如实反映情况的；⑦不能按时交付货物、以次充好、哄抬价格，中标后提出额外的不合理条件和要求的；⑧向政府采购中心、采购单位行贿或提供其他不正当利益的；⑨通过非法手段窃取投标资料、传播病毒、破坏计算机网络系统安全的。

3.定标管理

（1）定标方法。具体定标方法有以下几种：①最低投标报价法。这是指在所有符合条件的投标人中，选择报价最低的投标人为中标人。其对一些标准化的商品，如电脑设备、办公设备、机电产品等较为适用。②打分法。这是指由定标小组根据价格、质量、信誉、服务、供货时间等因素确定评分标准，定标小组成员对每个满足招标文件要求的投标人进行评价、打分，给出每个投标人的分值，选择最高得分者为中标人。这种方法对工程、服务的招投标比较适合，特别是对那些技术要求复杂、交付期限较长、采购数额较大的项目更为适合。

（2）定标原则。通常在定标时，应遵循以下原则：①在满足采购项目的技术规格、性能和售后服务的前提下，按价格优先、信用优先、时间优先的顺序确定中标供应商；②当首选中标供应商不能履约时，采购中心可以选择与第一位候选供应商签约，并依此类推；③定标小组在定标过程中如有争议，应讨论解决，如经讨论无法形成统一意见，按照少数服从多数的原则处理。

（3）无效投标的认定。一般出现以下情况之一，即认定为无效投标：①投标书内容不全或自相矛盾，足以影响投标的；②同一项目有多个投标报价，且未声明以哪一个为准的；③投标时间在规定的投标截止时间之后的；④投标内容与需求的品牌、配置有重大偏离，未能实质性响应需求的；⑤投标报价低于产品成本价或明显高于市场价的；⑥投标内容中对规格要求、分项报价等信息说明含糊不清或者不予说明的。

（4）无效采购的认定。当政府采购出现下述情况之一时，即为无效采购：①在投标有效期内采购中心收到的有效报价不足3家时，可改由其他方式采购；②当供应商的最低报价明显高于市场价时，采购中心可直接改为在市场上进行采购。

4.对政府电子化采购的监督管理

（1）参与政府电子化采购的各方应自觉接受检察部门、财政部门、审计部门、新闻媒体以及社会各界的监督。

（2）采购中心应根据规定对供应商资格进行审查，对供应商参与政府电子化采购进行指导，并对供应商的信用情况作出评价。

（3）政府采购监督管理部门应督促供应商和采购单位双方按合同规定和招标通告上的条件要求履约，处理各项纠纷和作出处罚决定。

（4）采购中心应当在收到供应商的书面询问或质疑后一定期限内作出答复，并以书面形式通知质疑供应商。

（5）如供应商的异议成立，应当宣布原中标结果无效，并重新进行网上竞价采购，或改用其他方式进行采购。

（6）当供需双方认为自己的合法权益受到损害时，可以向有关部门提出书面投诉，有关部门应依法及时作出处理，以保护供需双方的利益。

7.3.4 世界贸易组织《政府采购协议》

长期以来，各国都将政府采购作为保护国内企业的重要措施，政府采购市场实行封闭管理。1947年，关贸组织制定的关贸总协议中，也没有将政府采购纳入国民待遇的适用范围。关贸组织直到1979年才将政府采购纳入贸易投资自由化谈判领域，并制定了《政府采购协议》（通常称为“1979年协议”）。

1.《政府采购协议》概述

《政府采购协议》（Government Procurement Agreement，GPA）在世界贸易组织（World Trade Organization，WTO）的前身关税及贸易总协定（General Agreement on Tariffs and Trade，GATT）举行的第七回合谈判的过程中形成。GPA文本在1979年4月初完成，并正式移交给贸易谈判委员会，于1981年1月1日正式生效。截至2013年8月，全球共有43个WTO成员加入了GPA。其主要成员包括：美国、加拿大、欧盟28个成员国、日本、韩国、新加坡、中国台湾、中国香港等。

GPA确立了第一个国际性的政府采购贸易的权利与义务框架。自1981年执行后GPA进行了两次修改和完善，逐步降低了各国保护国内产品和供应商的程度，减少了对外国产品和供应商的歧视，增加了政府采购透明度，建立了监督、磋商和争端解决政府采购贸易的国际程序，它对规范世界政府采购规则具有重要意义。

2.《政府采购协议》的原则

（1）国民待遇和非歧视性待遇。各缔约方应保证无条件地向来自另一方的产品、服务及供应商提供不低于向国内产品、服务及供应商所提供的待遇；不低于向任何其他一方的产品、服务及供应商所提供的待遇。各缔约方还应保证，不能基于外国属性和所有权成分的比重而在当地设立的供应商之间实行差别待遇；不能基于被提供的产品与服务的生产国别而歧视在当地设立的供应商。

（2）发展中国家的特殊与差别待遇。协议中详尽地规定了对发展中国家的各种特殊与差别待遇，目的在于保障发展中国家的国际收支平衡，保证他们有足够的外汇储备来执行经济发展方案；扶持发展中国家那些完全或基本上依赖政府采购的工业单位；在向世贸组织部长会议提出并征得同意的条件下，鼓励发展中国家通过区域或全球安排来发展经济。

（3）透明性原则。每一缔约方应鼓励其采购实体说明受理来自非缔约方国家投标的条件，以确保各实体授予合同的透明度。缔约方须按协议技术规格的规定来拟订合同；用WTO的一种官方语言公布采购通告及其摘要，以及受理来自非缔约方有供应商投标的条件；确保不在采购过程中改变采购规则，一旦这种改变不可避免，应保证有满意的补救手段。

3.《政府采购协议》的适用范围

（1）采购主体。采购主体是由直接或基本上受政府控制的实体或其他由政府指定的实体，不仅包括政府机构本身，还包括其他实体，如政府代理机构；不仅包括中央一级的政府采购实体，还包括地方政府采购实体。各缔约方在加入GPA时应提供一份采购实体清单，列入GPA附件。只有被列入清单的采购实体才受GPA的约束。

（2）采购对象。适用于缔约方一定金额的货物、工程（基本建设工程特许合同除外）和服务的采购。对于涉及国家安全的采购，包括武器、弹药、战略物资的采购，或与国家安全及国防密切相关的连带采购，以及涉及维护公共道德、公共秩序、公共安全、人民与动植物的生命或健康、知识产权、保护残疾人、慈善机构或劳改产品等方面的采购，不适用《政府采购协议》。

（3）采购方式。GPA的采购方式比较灵活，主要有3种方式：

① 公开招标采购，是指通过公告程序，邀请所有感兴趣的国内外合格供应商参加招标的采购程序。

② 选择性招标采购，是指各采购实体在与采购制度的有效实施相一致的情况下，通过公告程序，最大限度地邀请国内外合格供应商参加投标的采购方式。

③ 谈判式采购，是指缔约方在严格的限制条件下，在授予合同程序中同投标人进行谈判。这些条件包括：采购方在发出招标邀请时已表达这种意图；通过评估，没有一个投标明显优于其他投标；谈判应主要用来鉴定各个投标的优劣；在谈判中采购人在不同的供应商中实行差别待遇。

4.中国加入GPA的历程

（1）首次出价。2007年12月底，中国启动了加入GPA的谈判。中国在递交加入申请的同时，向WTO提交了加入GPA初步出价。加入GPA谈判的主要内容是政府采购市场开放范围，包括与谈判方相互开放的中央采购机构、省级采购机构和其他采购机构清单，以及这些机构发放的货物、服务和工程采购项目。初步出价清单时，中国单方面承诺政府采购市场的开放范围。之后，美国、欧盟等参加方向中国提出了初步要价。

（2）第二次出价。2010年7月，中国向WTO提交了修改出价清单（即第二份出价）。其中按照中国向WTO提交的修改出价思路（即《中国加入WTO政府采购协议进展情况》），充分考虑参加方要价，对初步出价作出实质性改进，之后，一些参加方向中国提出了第二轮要价。

（3）第三次出价。2011年底中国向WTO提交了GPA的第三份出价清单。这份清单首次把地方政府作为采购实体纳入进来。

2014年12月，中国提交了第六份出价清单。在这份清单中，首次列入了国有企业。

（4）2020年10月，WTO的GPA2020年第三轮多边谈判以现场和视频相结合的方式召开。会议围绕GPA修订文本生效、新成员加入、政府采购委员会未来工作计划等问题开展讨论，其中中国加入GPA是会议重点议题之一。财政部国库司派人以视频方式参会，并就参加方针对我国第七份出价普遍关注的问题和要价作了解释说明。

5.加入GPA对我国的影响

（1）利于规范我国的政府采购市场。我国已经建立了以《中华人民共和国政府采购法》为中心的政府采购法律制度框架体系，但是法律梯度、体系及管理体制还不够健全，特别是各种监管机构的职能还没有完全构建起来。而GPA把打击腐败行为作为其宗旨，并且对公开招标、公开竞争、程序透明、信息披露和质疑程序等内容进行了详细的规定和说明，这些均会从一定程度上规范我国的政府采购市场。

（2）利于我国龙头企业市场份额的扩大。我国一些企业已经在技术、产品和服务上有着国际竞争优势，但是，一些国家通常借口多种原因对我国的企业实施歧视性政策，妨碍了这些企业在国际市场上的发展。因此，加入GPA能够帮助这些龙头企业通过参与国际政府采购的方式扩大市场，提高我国企业和产品的竞争力。

（3）利于提高我国的政府采购效益。政府采购的根本目的是提高财政资金的使用效益，自我国实施政府采购以来，取得了很好的效果。2003年至2013年，我国政府采购资金年节约率超过15%，累计节约财政资金6 600多亿元。加入GPA会使这种竞争扩大到全球的供应商，采购成本将得到进一步的降低，采购质量也将得到进一步的提升。

（4）提升我国的国家形象。随着经济实力的壮大，我国在世界经济中的作用越来越重要，国际影响力日趋显著。加入GPA能够促进我国建立一个更加开放、透明的市场经济体制，并且可以利用协定中创立的争端解决机制，有理、有据、有效地解决政府采购活动中发生的双边或多边争端，促进国家软实力的发展，从而提升我国的国家形象。

§7.4 行政审批

7.4.1 行政审批概述

行政审批，是行政许可的通俗说法，是指行政机关根据公民、法人或者其他组织的申请，经依法审查，准予其从事特定活动的行为。行政审批是国家干预市场、管理社会、对社会公共事务进行规范管理的一种重要手段。

行政审批系统作为政务信息化建设的重要组成部分，其实施的效果直接关系到电子政务整体建设。实行网上行政审批，目的在于通过信息化建设，全面梳理政府行政审批业务职能，并加以整改，通过对敏感行政审批业务的改革，转变政府职能，全面体现政府为企业和公民服务的思想，提升政府的公众形象。

电子政务行政审批主要有以下特点：一次受理，联动审批，整体监管，全程服务；行政审批系统综合了门户系统、数据交换系统和综合管理系统；行政审批系统与各单位内部业务审批系统实现无缝的互联互通；可以实现联办件的联合调度与并联审批。

7.4.2 行政审批系统分析

1.行政审批的组织结构分析

政府的组织结构是指政府存在的形式，是政府系统各构成部分和各组成要素间有机结合、整体运行的方式。组织结构涉及组织内部各组成部分和人员的具体分工和职能划分，它决定组织系统的整体性、各种机构和人员之间纵横交错的权责关系、工作分工，以及协调、沟通的具体方法。

我国政府的构成通常表现为纵的层级制和横的职能制等形式。政府的层级制是指在纵向上划分为若干层级，各层级的业务性质和职能范围基本相同，不同层级的管理范围自上而下逐级缩小，各层级分别对上一级负责，从而形成的政府结构。层级制结构主要指中央、省（自治区、直辖市）、市、县（县级市、区）、镇（乡）5级政府。

政府的层级、职能结构决定了上下级政府之间所建立的金字塔式的管理系统。在金字塔的内部，政府机关是由“条条”和“块块”结构所组成的，如图7-4所示，“条条”机构职能的配合与管理、“块块”机构职能的配合与管理以及“条”与“块”之间的相互关系构成了政府“条块”结构的主要内容。

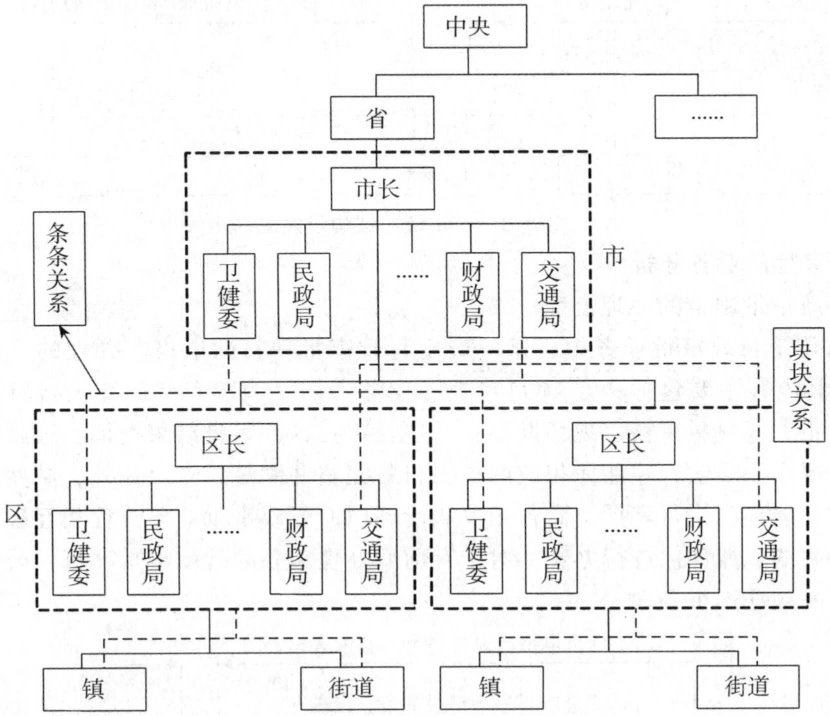

图7-4　政府的层级条块结构

（1）“条条”结构。

“条条”结构是指不同层级的政府之间上下贯通的职能部门或机构。“条条”的设置，一般是以上下级地方政府各自事权的不可替代性为动因，以上级业务主管部门的职责延伸为架构，以直线授权、业务主管部门负责工作为特征。“条条”中的各级部门和机构管理强调的是政令的上下一致和畅通，如图7-5所示。

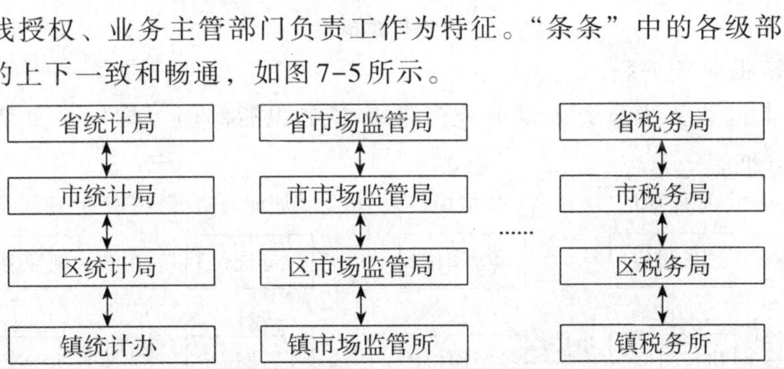

图7-5　“条条”中的直线式结构

（2）“块块”结构。

“块块”结构是指每一级地方政府内部按照管理内容划分的不同部门或机构，如图7-6所示。一级地方政府所需要管理的事务是很多的，针对众多而复杂的管理任务，地方政府一般在内部设置数十个机构和部门，分门别类配置职能，实行对口专业化管理。“块块”管理强调的是一级政府的独立与完整，以及内部各部门之间协调与配合。

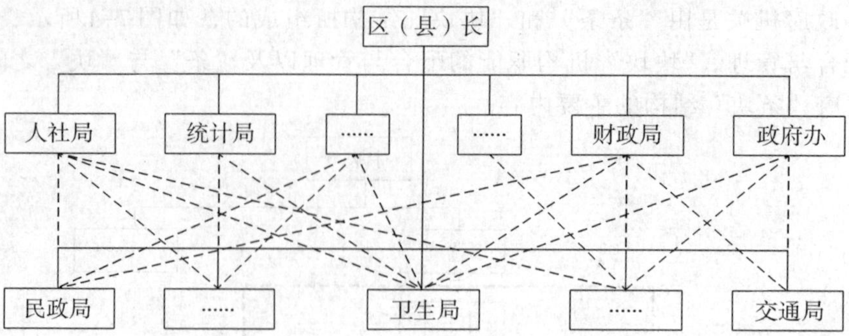

图7-6 “块块”结构示意图

2.行政审批的业务分析

（1）行政审批项目的办理流程。

典型的传统行政审批业务中，某一确定行政审批项目的申报、办理的一般流程如图7-7所示。其内容主要包括：①项目申报、业务咨询、领取表格；②表格填写、材料准备、项目申报；③材料审核、现场勘察；④项目审批；⑤审批结果查询。通常情况下，步骤②和③需要重复多次，才能使相应的申报材料完整并满足要求。此外，某些审批事项需要多个相关职能部门进行审批，而各相关职能部门的行政审批业务流程相互独立，公众必须逐个到相关的职能部门进行办理。对于有前后办理关系的行政审批项目，公众也通常按照“串联”的顺序逐个办理。

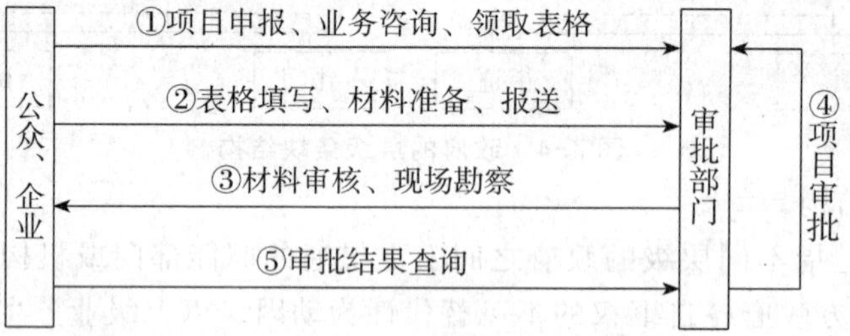

图7-7 传统行政审批业务流程

（2）行政审批业务关联。

从具体的审批业务来看，大部分业务涉及多个职能部门，构成了复杂的矩阵关联关系，如图7-8所示。

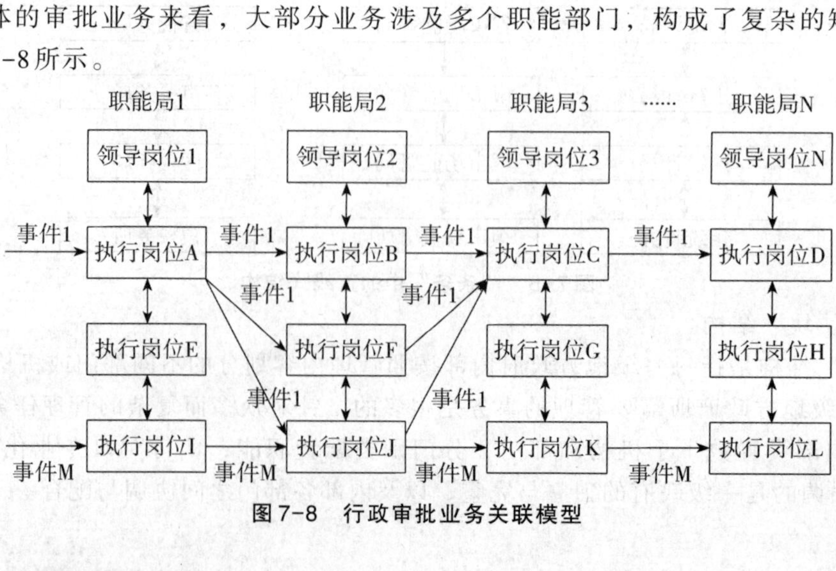

图7-8 行政审批业务关联模型

行政审批业务中，不同部门管理一个事件的不同环节，政府部门之间存在着复杂的前置、后置关系。例如，在事件1的审批过程中，必须按照“A→BFJ→C→D”的顺序来完成，前置部门没完成，则后置部门难以审批。此外，一个部门的同一岗位也可能管理多个事件的不同环节。在图7-8中，节点J既管理事件1的某一审批环节，又完成事件M的审批环节。

从行政审批的协作性角度，可将行政审批的业务协作模式分为：独立、并联、串联和混合四种审批模式：独立审批模式是指项目在某个职能部门内通过审阅申报的材料（或根据需要进行现场勘查）并按照相应的审批流程就可全部完成。并联审批模式是指项目需要多个部门配合审批，配合的方式可能是一家或多家作为前置部门。串联审批模式是指前置部门审批的结果将作为后置部门审批的依据。混合审批模式是指部分部门之间的审批可同时进行，而其他部门之间则互为前后置，共同组成审批流程。

（3）行政审批业务分类。

①完全结构化的行政审批业务。

这种业务过程的执行逻辑完全可以事先确定，即可以对其制订严格的工作计划，一旦这种工作过程开始运行，它将严格按照事先确定的逻辑顺序执行。例如，对机动车驾驶执照的申请办理，以及某些行政审批项目在相关职能部门内的审批过程即此类型。

②半结构化的行政审批业务。

这种业务过程的执行逻辑一部分可以预先确定，而另一部分无法事先确定，需要根据实际执行过程中的具体情况确定，即审批过程的基本结构（整体框架）可以事先确定，但是其中某些具体的任务逻辑根据实际执行情况动态确定。例如，市场监管部门的企业登记注册以及相关行政审批项目间的业务办理过程，其办理业务过程的基本框架是确定的，但是需要根据申报企业的性质、经营范围等信息，决定需要办理的“企业登记注册”相关的前置行政审批项目。又如，某些行政审批项目在相关职能部门内进行办理时，其审批过程可能根据具体的情况，在相应的审批过程框架内进行调整。

③非结构化的行政审批业务。

这种业务过程的执行逻辑无法事先确定，如某些重大问题的决策等，其决策的结果影响或直接决定了后续业务的办理。

相对于结构化业务占有绝对比例的传统工业生产（制造业）、银行、保险等行业的企业，行政审批系统中，半结构化和非结构化的行政审批业务占有相当大的比例。这也是政府业务与它们的本质区别之一。

7.4.3　行政审批模型框架

1.行政审批模型框架

行政审批模型框架如图7-9所示，可以分为5个子模型，分别是：控制模型、组织模型、功能（操作）模型、业务模型和信息模型。其中，控制模型是核心引导模型，整个建模工作由该模型扩展到组织模型、功能（操作）模型、业务模型、信息模型，并将它们紧密连接在一起，最后通过多模型的不断迭代完成整个建模过程。下面，对行政审批模型框架中的功能模型、信息模型、业务模型和控制模型分别进行介绍。

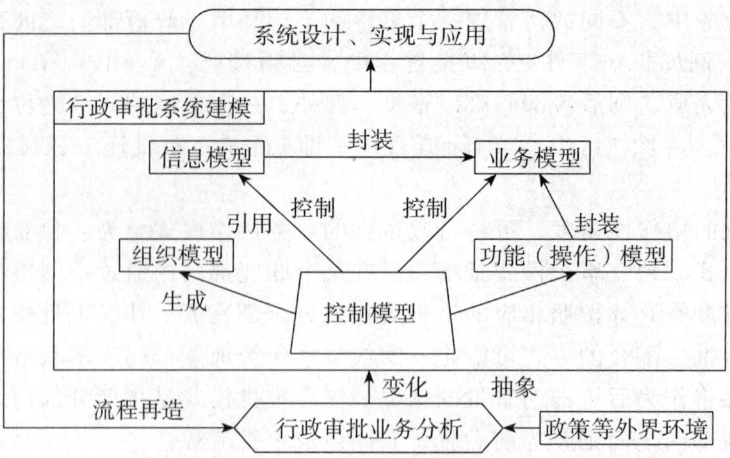

图7-9 行政审批模型框架

2. 功能模型

功能模型是行政审批系统模型框架的重要组成部分，其主要目的是描述系统的功能，即说明需要完成的工作或者任务是什么，或者说功能模型说明了系统中行为主体的目标是通过哪些具体的功能活动来实现的。行政审批系统的功能主要分为两大部分，即面向公众的功能和面向政府公务员的功能。

（1）面向公众的主要功能如图7-10所示。

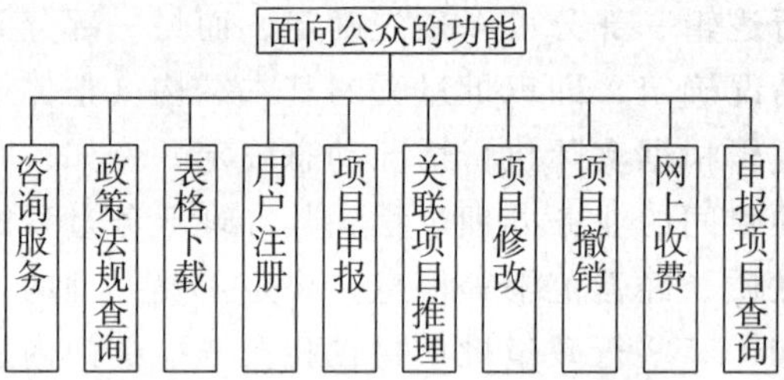

图7-10 面向公众的主要功能

（2）面向政府公务员的功能。其主要包括：面向政府的相关办公人员、监督部门和领导的功能，以及一些面向全体政府公务员的通用功能，如图7-11所示。

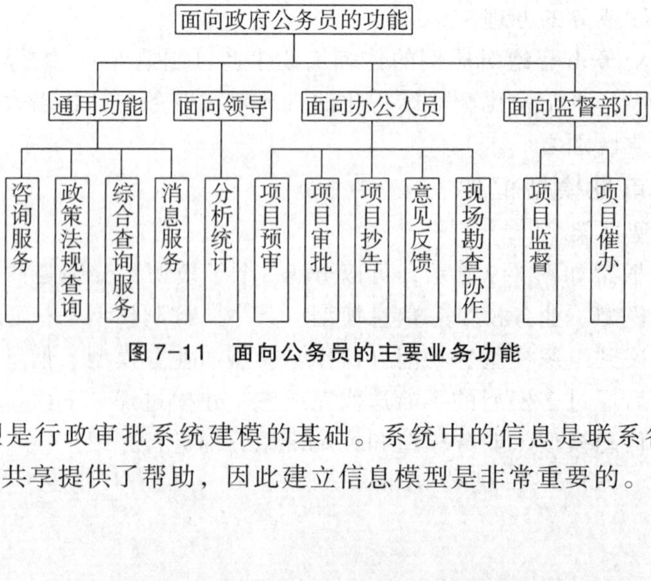

图7-11 面向公务员的主要业务功能

3. 信息模型

建立信息模型是行政审批系统建模的基础。系统中的信息是联系各个功能元素的纽带，同时也为信息共享提供了帮助，因此建立信息模型是非常重要的。信息模型描述了行政审批系统中所有的信息实体，以及实体间的关系。行政审批系统涉及大量的信息，大致可以包括以下几个方面：

（1）申报行政审批项目的企业或者个人的基本信息。其主要包括：企业（或个人）的名称、企业性质、企业代码、企业所属领域、企业（或个人）的联系方式（如电话、E-mail等）、注册资金、企业负责人、企业法人、注册地址、经营范围、经济性质、从业人数、隶属单位、经营方式、企业法人（或个人）的居民身份证等。

（2）所有申报材料的信息。其主要涉及系统中所有职能部门的所有行政审批项目所需要的材料的汇总信息，以及每一份材料中所包含的具体信息。

（3）行政审批项目的基本信息。针对每一个行政审批项目，其主要包括：项目名称、审批单位名称、责任科室、审批依据、适应范围、申报材料、审批程序、工作时限、收费标准等。

（4）行政审批项目的具体办理信息。针对每一个具体的申报项目，其主要包括以下信息：项目名称、申报人、申报的材料及每一份材料的提交时间和具体信息、项目状态、预审意见、预审时间、预审人、审批意见、审批时间、审批人等。

（5）系统中项目办理涉及的其他相关信息。根据不同地方政府的相关规定和具体情况，还可能涉及以下几方面的信息：①项目催办的相关信息，例如，具体催办的项目名称、被催办的单位名称、催办意见、催办人、催办时间等；②职能部门间的抄告信息，例如，具体抄告的项目名称、发送抄告部门、抄告事由、抄告时间、抄告经办人、被抄告部门、反馈意见、关联项目编号、处理经办人、处理时间等；③多个项目联合办理时的项目间的关联信息等。

4.业务模型

（1）审批的状态模型。

① 审批的基本操作。审批的基本操作包括项目申报、项目修改、项目撤销、项目预审、项目审批，其中前三项为企业或个人所执行的操作，后两项为政府业务办理人员所执行的操作。

② 审批的基本状态。审批基本的状态按办理的时间顺序依次为：项目申报状态、项目预审状态、项目审批状态和项目办结状态。审批的状态模型如图7-12所示。

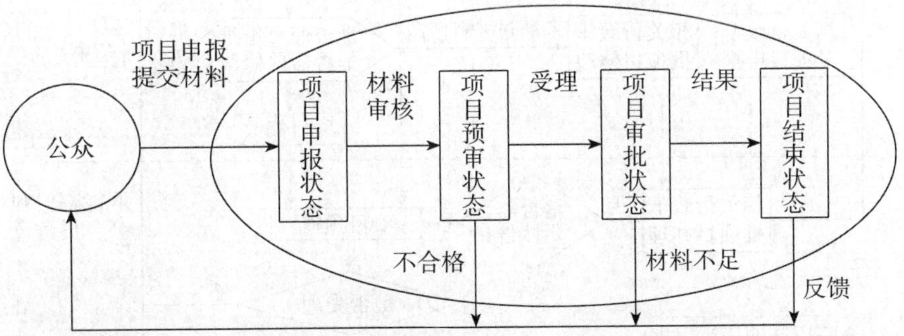

图7-12　行政审批项目的状态模型

（2）审批关联模型。

经过对整个行政审批业务深入分析可以发现，在行政审批过程中，审批间存在以下两类关联关系：

① 若要进行项目i审批，需要另一个项目j的审批结果文件，即需要公众执行项目j的申报，直到项目审批得出结果，才能进行项目i的审批。此时称项目j是项目i的前置审批项目。

② 若要进行项目i的审批，根据i的项目申报提交的材料来判断是否需要项目j的审批结果文件。此时称项目j可能作为i的前置审批项目。

这里，项目i的前置审批项目可以是0个，也可以是多个。基于审批间的关联关系，得到行政审批系统的业务关联模型。构造如下形式的关联函数矩阵：

$$A=[a_{ij}]_{n\times n}$$

$$\text{其中：} a_{ij}=\begin{cases}1\text{，项目j是项目i的前置审批项目}\\ \kappa\text{，项目j可能是项目i的前置审批项目，是则为1，否则为0}\\ 0\text{，其他}\end{cases}$$

这里，a_{ij}的最终取值为“1”或者“0”，表示项目x是否最终作为项目y的前置审批项目。这样，矩阵A中所有元素为0的行，表示其所对应的项目没有任何前置审批项目，可以独立审批。所有元素为0的列，表示其所对应的项目不作为任何项目的后置项目，是一个行政审批事务中最后审批的项目。

（3）业务办理流程。

行政审批系统的业务流程可以被看作在行政审批业务关联规则的约束下，角色调用业务对象的相应的操作，是使业务对象在角色间进行流转的过程。典型的项目申报及办理的相关业务流程简图如图7-13所示。

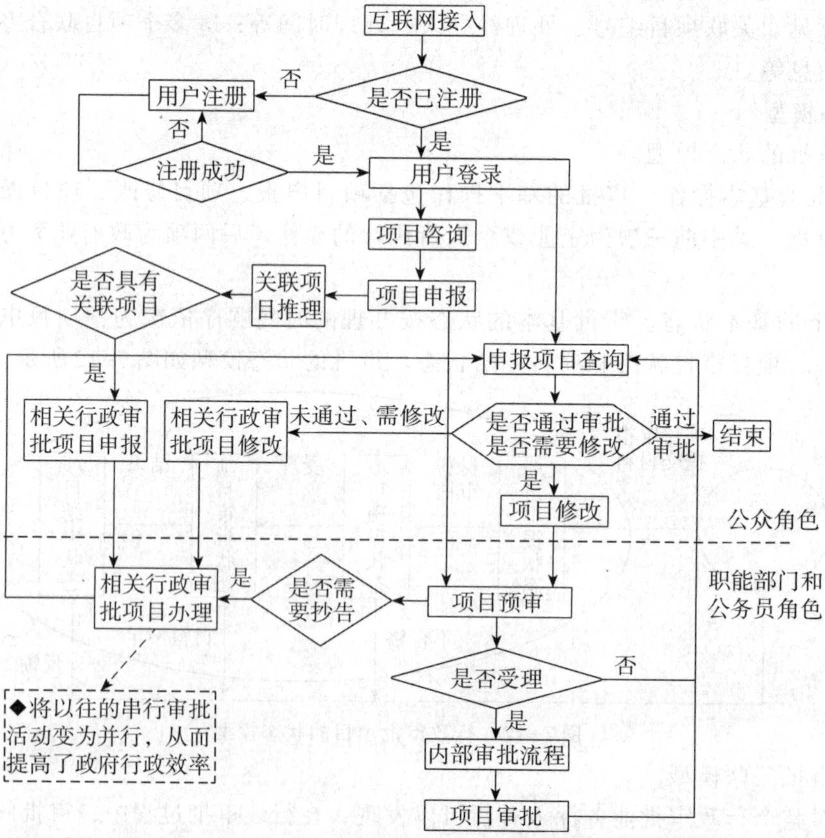

图7-13　一站式行政审批系统业务流程简图

5.控制模型

控制模型从角色出发，其目的是通过描述角色的权力、职责和义务，进而对角色间的信息共享和协作进行控制，并通过对角色间协作关系的控制实现对系统业务流程的控制。控制模型作为行政审批系统模型框架的引导模型，记录和维护了与其他模型之间的关系，较好地保证了模型间的一致性。

行政审批系统非常复杂，其存在和表现形式也多种多样，可以分为独立应用系统和应用系统集成两大类，这里给出的是一种基于角色网络的行政审批模型，目前广泛应用的还有基于工作流模型的行政审批系统。无论使用哪种流程控制技术，涉及的组织模型、功能模型、业务模型、信息模型都具有相同的内容，主要目的都是面向公众提供行政审批服务。

7.4.4 "一站式"行政审批系统的体系架构

1."一站式"行政审批系统的总体体系结构

"一站式"行政审批系统应采用外网申报、内网审批、外网发布的运行模式，其总体体系结构如图7-14所示。其中，服务门户子系统作为面向公众的统一服务门户，主要提供行政审批的咨询（包括交互式咨询）、项目申报和审批结果发布等功能，相关数据存储在门户数据库中。对于职能部门无相关业务系统的情况，可在审批子系统上搭建应用系统；对于职能部门已具有相关业务系统的情况，审批子系统通过适配器分别与相应的应用系统进行连接，并对其进行应用集成。这样，一方面，实现了各职能部门的材料预审和项目审批等功能，另一方面，基于审批子系统，将原来各自独立的职能部门及其相关业务集成起来。相关的业务信息充分共享，存储在审批业务数据库中。各职能部门协同工作，从而实现并联审批。监督部门可以监控和督办所有项目办理的全过程。同时系统也便于为领导决策提供辅助支持。

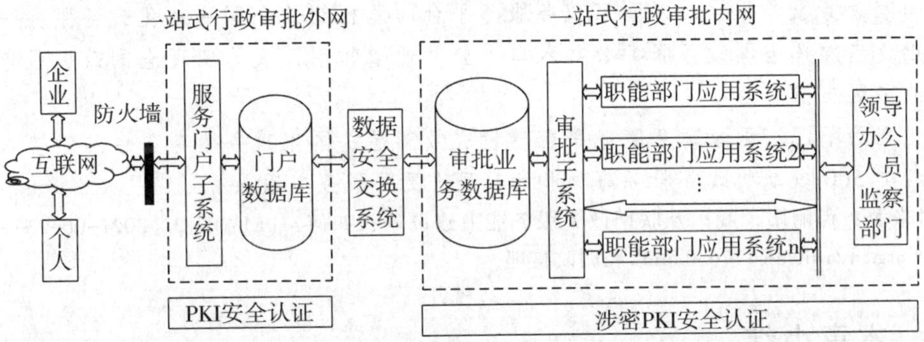

图7-14 一站式行政审批系统总体体系结构示意图

"一站式"行政审批外网与互联网之间用防火墙进行逻辑隔离。"一站式"行政审批内、外网分别采用各自的安全认证体系，并通过数据安全交换系统实现网间的信息安全交换。

2."一站式"行政审批系统的安全体系

"一站式"行政审批系统中管理着大量安全级别相对较高的业务和数据，这就要求尽可能地保证安全。

"一站式"行政审批系统按照其所保护的内容可分为网络安全、主机系统安全、信息及应用层安全和应用系统安全四大部分。在这四方面的要求下，通过集成PKI架构提供全局统一的信任服务体系，建立信息安全、统一认证的网络信任域，可信时间戳服务体系，以及协调完整的网络安全管理系统。有关电子政务系统的安全技术将在下一章进行介绍。

思政课堂

我国服务型政府建设的成就

互联网政务服务是推动数字政府建设的出发点，也是数字政府服务老百姓的落脚点。2020年，党中央、国务院顺应和把握全球信息革命最新发展趋势和特点，从推进国家治理体系和治理能力现代化全局出发，切实践行以人民为中心的发展理念，充分发挥全国一体化服务体系建设成效，大力推进数字政府建设，切实提升群众和企业的满意度、幸福感和获得感，为扎实做好“六稳”工作，全面落实“六保”任务提供服务支撑。

我国互联网政务服务用户规模不断增长。截至2020年12月，我国互联网政务服务用户规模达8.43亿，较2020年3月增长21.6%，占网民整体的85.3%。新冠肺炎疫情暴发后，“零见面、零跑腿、零成本”成为全国疫情防控最基本要求，也成为我国数字化政府建设的强劲动力。随着各地各行业陆续复工复产，“互联网+政务服务”的重要性不断凸显。

各类政府机构积极推进政务服务线上化，服务种类及人次均有显著提升。国家互联网信息办公室发布的《数字中国发展报告（2020年）》显示，《“十三五”国家信息化规划》主要目标任务顺利完成，数字中国建设取得重要成就。

各地区各级政府“一网通办”“异地可办”“跨区通办”渐成趋势，“掌上办”“指尖办”逐步成为政务服务标配，营商环境不断优化。

全国31个省（自治区、直辖市）及新疆生产建设兵团、46个国务院部门政务服务平台接入国家政务服务平台，以国家政务服务平台为总枢纽的全国一体化政务服务平台不断完善，正逐步发挥全国政务服务公共入口、公共通道作用，成为实现全国政务服务“一网通办”的重要支撑。

强化重心下沉，国家政务服务平台建设成效彰显。国家政务服务平台陆续接入地方部门各级各类500多万项政务服务事项和1.1万项便民服务应用。

资料来源：郝丽阳．我国互联网政务服务能力建设现状如何？［EB/OL］．［2021-06-23］．http：//www.e-gov.org.cn /article- 177630.html.经删改整理．

本章小结

政府电子化公共服务，是指政府机构为了更好、更快、更多、更节省地服务于公众，充分利用现代通信技术，通过互联网、呼叫中心、电话、信息家电、移动通信等各种途径向社会提供全天候、全方位的政府公共服务。政府电子化公共服务主要可分为面向公民个人的GtoC电子化公共服务和面向企业的GtoB电子化公共服务两大类。

电子政务的“一站式”服务，就是政府职能上网，即利用现代信息技术和网络技术，在对传统政府的组织结构进行重组和流程再造的基础上，将政府部门的内部和外部的管理和服务的职能放到网络上完成。电子政务信息网站是适应政府工作和管理方式的载体和门户。

政府电子化采购是指通过互联网来完成政府采购的全部过程。其具体包括网上提交采购需求、网上确认采购资金和采购方式、网上发布采购信息、接收供应商网上投标报价、网上开标定标、网上公布采购结果以及网上办理结算手续等。

行政审批是行政许可的通俗说法，是指行政机关根据公民、法人或者其他组织的申请，经依法审查，准予其从事特定活动的行为。行政审批是国家干预市场、管理社会、对社会公共事务进行规范管理的一种重要手段。

综合训练

7.1　单项选择题

1.政府电子化公共服务的特点不包括（　　）。

A.不受时间地点的限制　　B.以公众为导向

C.个性化和自主化　　D.单向互动服务

2.政府电子化公共服务分为政治服务、经济服务、文化服务和社会服务是按照（　　）划分的。

A.服务对象　　B.职能领域　　C.具体行政行为　　D.政府服务性质

3.网上办公自动化系统最大的特点是（　　）。

A.提供面向公民和企业的电子化公共服务

B.政府信息资源共享

C.提供政府和外界交流的渠道

D.对内实现协同办公，对外提供“一站式”服务

4.行政审批是（　　）干预市场、管理社会、对社会公共事务进行规范管理的一种重要手段。

A.国家　　B.政府　　C.企业　　D.人民

5.（　　）是指前置部门审批的结果将作为后置部门审批的依据的审批模式。

A.独立审批模式　　B.并联审批模式　　C.串联审批模式　　D.混合审批模式

7.2　多项选择题

1.相对于一般商业服务，政府公共服务具有以下特点（　　）。

A.营利性　　B.垄断性　　C.普遍性　　D.特定性

2.按照政府服务性质划分，政府电子化公共服务包含（　　）。

A.政府信息公开服务　　B.在线办事服务

C.行政许可服务　　D.政民互动服务

3.政府电子化采购系统由（　　）组成。

A.采购中心OA系统　　B.电子支付系统

C.电子化招标系统　　D.政府采购网站系统

4.以下行政审批的基本操作由企业或个人所执行的是（　　）。

A.项目申报　　B.项目修改　　C.项目撤销

D.项目预审　　E.项目审批

5.政府电子化监管的应用有（　　）。

A.监管职能效率化　　B.监管信息数字化

C.监管服务人性化　　D.监管行为社会化

7.3　思考题

1.政府电子化服务的主要内容是什么？

2.政府电子化服务与一般服务的区别是什么？

3.政府电子化采购有何意义？

4.“一站式”服务的关键技术主要有哪些？

5.我国“一站式”服务存在哪些问题？应如何解决？

6.请简要介绍网上行政审批流程。

7.行政审批系统主要由哪几个部分组成？

第8章 电子政务安全体系

学习指南
引导案例
§8.1 电子政务安全概述
§8.2 电子政务安全体系框架
§8.3 电子政务安全技术保障体系
§8.4 电子政务安全运行管理体系
§8.5 安全基础服务保障体系
§8.6 社会服务体系
思政课堂
本章小结
综合训练

学习指南

【学习目标】电子政务涉及国家机密信息，涉及对公众提供服务的质量等，因此研究电子政务安全体系十分重要。通过本章的学习，了解电子政务安全发展的现状、电子政务面临的安全问题；掌握电子政务安全管理体系框架组成；理解加密技术、防火墙技术、防病毒技术、身份认证等安全技术；掌握保障电子政务安全实施的措施。

【关键概念】异地容灾　物理隔离　加密　对称加密　防火墙　入侵检测系统　计算机病毒　数字证书　认证中心

引导案例

侵入政府网站勒索！竟是16岁“少年黑客”

2017年2月13日8时50分，揭阳市某区环境保护和安全生产监管局办公室人员来到该市公安局空港分局报案，称其单位网站里的所有文件内容都被加密，无法打开，显示网站被人控制。对方要他们在4天内支付0.5个比特币，如果4天内没有支付，便要支付1个比特币，并提供了支付地址、购买“比特币”的方法、联系邮箱等。

比特币是一种虚拟货币，其价格是波动的，可以在网络上交易，案发时一个比特币的价格是人民币7 000元左右。“黑客”索要比特币，实质就是敲诈勒索钱财。2月15日，专案组民警在深圳市罗湖区将犯罪嫌疑人路某成功抓获。

经查，路某生于2001年，深圳罗湖人，现在深圳市某外国语学校读初三，因为家庭经济条件不错，路某从7岁就开始接触电脑游戏。上初中后，路某开始查看各类有关互联网的书籍、资料，自学掌握了网络编程技术。此后，他一边自学，一边在互联网上实践攻击他人的网站。从2016年开始，路某通过互联网选定目标网址，然后进行批量扫描，发现存在漏洞的网站他就尝试进行攻击。通过入侵网站并加密网站里的文件，使网站无法正常使用，然后要求网站支付一定数额的比特币才帮其解锁。至案发，路某入侵的网站多达30个，获利2万元左右，都是通过云币网的提现功能转到其母郎某的账户。

2017年2月11日，百无聊赖之余，路某入侵了揭阳市某区环境保护与生产安全监管局的官方网站，对其进行加密，使其无法正常使用，并让该网站向其支付比特币，孰料3天后即落入法网。当民警问路某知不知道这种行为会造成什么后果时，他称此举会造成被入侵的网站瘫痪，影响正常业务开展，严重损害国家和个人的经济利益。民警再问他知不知道这种行为已触犯法律？他表示自己只想获得更多比特币而已，没想到这是违法行为。

网民如果遇到不法攻击，要保存相关数据，及时向警方报案，尽可能减少损失。网络警察要经常通过电话、邮件和告知书的形式对各地各单位网络安全情况及时预警，及时消除网络安全隐患，减少网络安全事件的发生。网警部门若发现安全隐患、安全漏洞要及时通知和引导各单位系统运营维修人员进行技术封堵，迅速处置系统和网站安全隐患，避免不法分子恶意攻击，保障网站正常运营。广东警方表示，网络空间不是法外之地，任何通过网络实施违法犯罪的行为都难逃法律的制裁。

资料来源：欧汉华，林晓，杨静文. 是什么催生了青少年“黑客狂人”？[N]. 科教新报，2017-04-19（14）. 经删减整理.

电子政务系统中，政府部门的公文往来、资料存储和服务提供都以电子的形式来实现。政务活动关系到党政部门乃至整个国家的利益，政务信息涉及国家的政务机密。因此，在保证网络可靠运行、政令畅通的同时，必须采取有效的安全措施，确保政策、政令信息不被窃取、伪造和篡改。“安全第一”应当成为电子政务系统建设的基本原则。本章主要介绍了电子政务安全技术、安全认证及电子政务安全实施。

§8.1 电子政务安全概述

电子政务涉及对国家秘密信息和高度敏感度的核心政务的保护，涉及维护公共秩序和行政监管的准确实施，涉及为社会提供公共服务的质量保证。因此，研究电子政务安全体系十分重要。

8.1.1 电子政务安全现状及原因

1.构建电子政务安全管理体系的重要性

电子政务的构建是以互联网为平台，而互联网的安全先天不足，存在各种人为与非人为造成的安全隐患，包括黑客入侵、病毒感染、信息间谍的潜入、内部人员的违规和违法操作等，这些都会对电子政务造成致命的危害。根据美国FBI的调查，美国每年因为网络安全造成的经济损失超过170亿美元。

电子政务安全遵循“木桶原理”，即一个木桶的容积取决于它最短的一块木板，电子政务系统的安全强度取决于它最薄弱环节的安全强度。因此，电子政务必须建立在一个完整的、多层次的安全体系之上，因此构建一个合理的电子政务安全管理体系显得尤为重要。

2.国内外电子政务安全现状

（1）国外电子政务的安全现状。

加拿大、美国、新加坡等发达国家是全球电子政务的领跑者，20世纪90年代初期以来的30多年时间里，其电子政务的安全性渐入佳境。其电子政务安全现状可以归纳如下：

① 安全组织机构的建设。发达国家一般都建立有网络安全管理机构，如美国安全委员会下设的国家保密政策委员会和信息系统安全保密委员会等。

② 重视对网络安全基础设施建设和安全技术研发的投入。2001年，加拿大完成了由政府、企业共同参与建设的国家光纤网。同年，为确保整个政府完成安全的、重隐私的、无缝隙的电子交易，加拿大开始实施一项关于“安全通道”的工程，目前已为该项目投资10亿加元。该项目成功实施后，将使电子政务的安全性提高到一个新的高度。

③ 制定及时、统一的法规政策和标准体系，该体系涉及的问题包括隐私、安全、身份认证、信息管理等。目前，世界上很多国家制定了与网络相关的法律法规，如美国政府制定了《政府信息公开法》、《个人隐私权保护法》和《美国联邦信息资源管理法》等一系列法律法规。加拿大政府不仅颁布了《隐私法》，还专门制定了“隐私影响评估政策”。

（2）我国电子政务安全的现状。

我国的电子政务处于发展的初级阶段，各地电子政务建设水平参差不齐，存在较大的安全隐患，主要表现在：①信息与网络安全防护能力较弱，许多应用系统处于不设防的状态。②国内的IT厂商在自有知识产权、研发等方面能力较弱，一旦引进的技术设备存在漏洞或“后门”，会对我国政务网络的安全运行产生重大影响。③人员的安全意识不强，综合素质有待提高。④缺乏一系列的网络安全标准。⑤网络安全相关的法律法规不健全。

3. 电子政务安全问题产生的原因

（1）技术保障措施不完善。

① 计算机系统本身的脆弱性。计算机系统无法抵御各种自然灾害的破坏，也难以避免偶然和无意造成的危害。例如，洪水、火灾、地震的破坏，系统所处环境的影响（温湿度、磁场、碰撞、污染等），硬件设备故障，突然断电或电压不稳定及各种误操作等。这些危害会损害系统设备，有时会丢失或破坏数据，甚至毁掉整个系统。

② 软件系统存在缺陷。系统软件本身缺乏安全性。软件安全功能较少或不全，以及系统设计的漏洞，给危害网络安全的因素留下了许多“后门”。例如，美国微软公司就经常针对已经发现的系统漏洞发布补丁程序。在应用系统中，数据库服务器、电子邮件服务器等也存在大量的安全隐患，很容易受到病毒、黑客攻击；另外直接面向用户的应用系统也存在着信息泄露、信息篡改、信息假冒等危险。

③ 网络的开放性。由于互联网的全球性、开放性，任何人都可以自由地参与政务活动，这将给政府的政务活动乃至国家安全造成重大的影响。网络的不安全性表现在下面4个方面：互联网本身的不安全因素、通信线路的开放性、网络资源共享存在安全隐患、病毒感染。

（2）管理体系不健全。

有调查表明，80%的网络安全威胁来自管理风险，而电子政务作为网络应用的一个特殊领域，更应重视管理问题。管理体系的不健全主要表现在以下4个方面：

① 组织及人员风险。政府部门如果缺乏安全管理组织，工作人员缺乏安全意识，操作不规范，就容易导致安全隐患。

② 管理制度不完善。如果政府部门没有相应的安全管理制度约束，就缺少对人员的监督和约束，会导致权责不明。

③ 安全策略有漏洞。安全策略是一组规则的正式声明，对电子政务系统有访问权的用户都必须遵守。一个有效的安全策略能确保电子政务的网络信息避免受到破坏和不适当的访问，一旦存在策略上的漏洞，就会对网络安全构成威胁。

④ 缺乏应急体系。网络的脆弱性表现在其随时可能发生突发性事件，而这些事件产生的后果是难以预料的。政府机构网络的特殊性，决定了它更加需要一种应对突发事件的应急响应体系，如不能及时地解决问题，恢复网络的正常运行，后果将不堪设想。

（3）基础设施建设不健全。

基础设施建设包括法律体系建设、安全标准体系建设和电子政务信任体系建设3方面，具体表现在以下几个方面：

① 法律体系不健全。法规不健全，信息市场交易秩序的维护、信息犯罪的惩处等就无法可依，使信息犯罪者有空子可钻。另外，网络作案手段新、时间短、不留痕迹等特点，给网上犯罪案件的侦破和审理带来了极大的困难。中国目前已颁布相当数量的信息安全方面的法律规范，但立法层次不高，现行的有关信息安全的法律规范大多是国务院制定的行政法规或国务院部委制定的行政规章；立法理念和立法技术相对滞后，出现众多网络挑战法律的现象。目前尚无专门的较完整的网络法律加以规范，而更多散布在诸如保密法、国家安全法、档案法中的相关条款已很难满足现实的需求。现行政策法规难以适应网络发展的需要，信息立法还存在相当多的空白。个人隐私保护法、数据库保护法、数字媒

体法、计算机犯罪法以及计算机安全监管法等数字经济正常运作所需的配套法规急需制定。

② 安全标准体系不完整。标准是技术性法规，作为一种依据和尺度，没有标准就没有测评认证。在信息安全这一特殊高技术领域，没有标准，国家有关的立法、执法就会因缺乏相应的技术尺度而失之偏颇，最终会给国家信息安全的管理带来严重后果。中国安全标准化在制定和实施的过程中，依然存在着许多问题：标准的制定水平较低，基本停留在翻译国际标准的阶段；没有与国内的实际情况紧密结合，标准的制定与标准的使用严重脱节，出现了"有了标准没人用，订了标准不好用"的情况；使用单位对执行标准的重要性认识不足。有的单位信息系统已粗具规模，甚至已经制定了本系统或本行业的标准。国家标准出台以后，不想执行国家标准对信息系统进行相应改造，怕影响自己的业务系统，因此出现了"信息割据"。

③ 电子政务的信任体系问题。电子政务要建立比较完善的安全保障体系，第三方认证是必不可少的。只有通过一定级别的第三方认证，才能说建立了一套完善的信任体系。

(4) 社会服务体系问题。

社会化的信息安全服务体系是保障电子政务安全的重要环节。信息安全服务包括安全管理服务、安全测评服务、应急响应服务和安全培训服务等几个方面。目前，社会化的信息安全服务体系还处于完善过程中，不是很健全，存在着不少的问题，如第三方安全服务提供商的选择问题。安全服务提供商的专业水平、服务水平、信用保障等多方面可能影响电子政务系统的安全运行。

8.1.2　电子政务安全分类

依据不同的角度，可以将电子政务安全分为不同的类型。按照导致电子政务安全产生的因素，将电子政务面临的安全威胁划分为两类：一种是非人为的安全威胁，如天灾（地震、水灾等）；另一种是人为的安全威胁。

(1) 非人为的安全威胁。

非人为的安全威胁主要分为两类：一类是自然灾害；另一类为信息技术的漏洞和局限性。

① 自然灾害。电子政务系统都是在一定的物理环境下运行，自然灾害对信息系统的威胁也是非常严重的，典型的自然灾害包括：地震、水灾、火灾、风灾等。另外，计算机设备本身就有电磁辐射问题，易受外界电磁波的辐射和干扰，辅助保障系统中水、电、空调中断或不正常也会影响系统运行。

② 信息技术的漏洞和局限性。信息技术不是十全十美的，也存在着局限性、漏洞和缺陷，人们很难预先知道。典型的漏洞包括：系统、硬件、软件的设计漏洞、实现漏洞和配置漏洞。信息系统的高度复杂性以及信息技术的高速发展和变化，使得信息系统的漏洞成为严重威胁信息系统安全的重大隐患。

(2) 人为的安全威胁。

电子政务面临的人为安全威胁主要分为以下几类：

① 内部人员安全威胁。内部人员安全威胁往往由内部合法人员造成，他们具有对政

务信息系统的合法访问权限。内部人员安全威胁分为恶意安全威胁和非恶意安全威胁两种。恶意安全威胁是指内部工作人员出于各种目的而对所使用的政务系统实施的攻击。非恶意安全威胁则是合法用户的无意行为对政务信息系统所造成的攻击，他们并非故意要破坏信息和系统，主要由于误操作、经验不足、培训不足等而对系统造成无意的破坏。

② 外部人员的攻击威胁。外部人员的攻击威胁有被动攻击、主动攻击、邻近攻击和分发攻击几种，见表8-1。

表8-1 **外部人员攻击类型**

类型	特点	典型行为
被动攻击	被动攻击者监视、接收、记录开放的信道上的信息传送。攻击者的目的只是获取信息，不会篡改信息或危害系统。一般不易被发现	监视通信数据、通信流量分析和口令截获
主动攻击	攻击者主动对信息系统实施攻击，包括企图避开安全保护，引入恶意代码，以及破坏数据和系统的完整性，正如许多计算机病毒对信息系统造成的危害	修改数据、盗取合法建立的会话、越权访问和拒绝服务攻击。利用恶意代码、协议、软件、系统故障和后门等
邻近攻击	攻击者试图在物理上尽可能接近被攻击的网络、系统和设备，目的是修改、收集信息，或者破坏系统	偷取磁盘后又返还；偷窥屏幕信息；收集作废的打印纸；物理毁坏通信线路；利用电磁辐射和泄露接收电磁信息
分发攻击	攻击者在电子政务软件和硬件的开发、生产、运输和安装阶段，恶意修改设计、配置的行为	恶意修改软件、硬件

目前，电子政务安全主要有两种分类方法，分别是按政务活动主体和按攻击手段分类。

1.按政务活动主体分类

政务活动的主体定义为服务方和客户方。服务方专门负责提供相关服务，满足客户方的各种请求；客户方则专门提出自己的要求，希望得到响应和解决。

（1）服务方面临的安全威胁，主要包括系统中心安全性被破坏、竞争者的威胁、机密信息的丢失、假冒的威胁和拒绝服务。

（2）客户方面临的安全威胁，主要包括虚假请求、机密性丧失。

2.按攻击手段分类

（1）系统穿透：未经授权人通过一定手段对认证系统进行攻击，假冒合法用户接入政府内部系统，实现对文件进行篡改、窃取机密信息、非法使用资源等。

（2）违反授权：授权进入系统做某件事的用户，在系统中进行未经授权的其他事情。

（3）植入：入侵者要在系统中设置一种能力，为以后攻击提供方便条件。植入一般在系统穿透或违反授权攻击成功后，采取向系统中注入病毒等。

（4）通信监视：在通信过程中从信道进行窃听、监视。

（5）通信串扰：攻击者对通信数据或通信过程进行干预，对完整性进行攻击，篡改系统中数据的内容，修正消息次序、时间，注入伪造消息。

(6) 中断：攻击者对系统可用性进行攻击，使系统不能正常工作。

(7) 拒绝服务：合法接入者所进行的正当行为无故受阻。

(8) 否认：一个实体进行某种通信或交易活动后否认曾进行过有关活动。

§8.2 电子政务安全体系框架

8.2.1 电子政务的安全风险

在研究保障电子政务安全的措施之前，必须先了解电子政务将受到的威胁，使其处于一个主动防范的地位。

1. 技术风险

从OSI参考模型的各协议层来分析各层所面临的安全攻击，有些攻击跨越了OSI参考模型的几层协议，我们把这些威胁归属在其影响的第一个协议层上，见表8-2。

表8-2　**电子政务安全技术风险表**

OSI协议层	安全威胁	威胁及风险描述
1. 物理层	网络布线损坏	由于自然灾害和人为破坏而造成的物理链路的损坏，网络设备的破坏、存储媒体损坏
	设备损坏	
	存储媒体损坏	
2. 数据链路层	嗅探攻击（2～7层）	从线缆上捕捉数据包，获得目标系统的信息
	MAC欺骗	攻击者将自己的MAC地址改为受信任系统的MAC地址，以窃取数据流量并使访问权增大
	MAC泛洪	以假冒的源MAC地址和目的MAC地址将数据包从攻击者的系统发送到以太网网络上，发生信息泄密
	ARP重定向	攻击者假冒ARP广播，替代默认网关的MAC地址，使出站请求由攻击者机器转发，导致数据包的读取、修改或丢弃
3. 网络层	探测与扫描（3～7层）	利用特定工具进行扫描来获取信息
	IP欺骗	假冒IP包头的字段，发送非法数据包，使访问权限增大
	Smurf和DDoS攻击	以假冒的ICMP广播包消耗链路带宽，导致拒绝服务
	IP重定向	通过向网络中发出虚假通告，改变路由系统中的信息流
4. 传输层	UDP欺骗	假冒UDP报头字段，发送非法数据包，发生信息泄密
	TCP欺骗	假冒TCP抱头字段，发送非法数据包，发生信息泄密
	TCP SYN泛洪攻击	发送一个TCP SYN数据包，然后不再作出确认，接收方无限地等待下去，会耗尽服务器内存
	传输重定向	在系统中安插窃听器，将查询从一个系统和端口重定向到另一系统和端口
	UDP欺骗	假冒UDP报头字段，发送非法数据包，产生信息泄密

续表

OSI协议层	安全威胁	威胁及风险描述
5.会话层	—	—
6.表示层	—	—
7.应用层	身份欺骗	密码破解、暴力登录尝试、数字证书窃取和伪造等
	应用程序漏洞	应用程序存在后门、弱点，导致非法访问，信息泄漏
	应用程序泛洪	为消耗系统资源的攻击如垃圾邮件等
	病毒和特洛伊木马	网络间传播的恶意代码，使系统无法正常工作

2.管理风险

有调查表明，80%的网络安全威胁来自管理风险，而电子政务作为网络应用的一个特殊领域，更应重视管理风险问题。

（1）组织及人员风险。没有安全管理组织及管理制度，工作人员缺乏安全意识，操作不规范，这些都容易导致安全隐患。

（2）管理制度不完善。缺乏相应的安全管理制度，就缺少对人员的监督和约束，会导致权责不明，这都是管理的大忌。

（3）安全策略有漏洞。安全策略是一组规则的正式声明，对电子政务系统有访问权的用户都必须遵守它。一个有效的安全策略能确保电子政务的网络资产避免受到破坏和不适当的访问，一旦存在策略上的漏洞，就会对网络安全构成威胁。

（4）缺乏应急体系。网络的脆弱性表现在其随时可能发生的突发性事件，而这些事件产生的后果是难以预料的。政府机构网络的特殊性，决定了它更加需要一种应对突发事件的应急响应体系，如若不能及时解决问题、恢复网络的正常运行，其后果不堪设想。

3.服务风险

（1）第三方安全服务提供商的选择风险。安全服务提供商的专业水平、服务水平、信用保障等多方面都可能影响电子政务系统的安全运行。

（2）法规、标准不健全。缺少网络安全的法律法规，缺乏电子政务安全法制约束，引起犯罪。缺乏标准化的导向作用，使各子系统互操作性差，重复建设现象严重。

8.2.2 电子政务的安全需求

电子政务所涵盖的信息系统是政府机构用于执行政府职能的信息系统。政府机构从事的行业性质跟国家紧密联系，所涉及的众多信息对安全性要求都比较高。一方面，政务信息关系到党政部门乃至整个国家的利益，比个人或商务信息更为敏感，需要更高的安全性；另一方面，电子政务行使政府职能的特点导致更容易受到来自外部或内部的攻击，包括黑客组织、犯罪集团和信息战时期的信息对抗等国家行为的攻击。

电子政务的安全需求是：保护政务信息资源价值不受侵犯，保证信息资产的拥有者面临最小的风险和获取最大的安全利益，使政务的信息基础设施、信息应用服务和信息内容为抵御上述威胁而具有保密性、完整性、真实性、可用性和可控性的能力，从而确保一个政府部门能够有效地完成法律所赋予的政府职能。具体表现在以下几个方面：

1.信息的真实性

信息的真实性是指保证接收方获得的信息是从发送方发出的真实信息，即对信息的来源进行判断，能对伪造来源的信息予以鉴别。作为国家机关的政府，无论其提供的公众服务信息，还是自身所用的内部政务专网和核心政务网，第一个要保证的就是信息的真实性。保证信息的真实性，确保信息可靠，这样信息才能得到利用，才能为有效利用网络的政务平台提供保障。因此，在电子政务平台的构建过程中要充分考虑到保障信息真实性的技术和制度的要求，确保信息真实性。

2.信息的保密性

信息的保密性是指信息不泄露给非授权的用户、实体或过程，或供其利用的特性，即只有那些被授予特定权限的人才能够访问信息。作为政府内部的政务专网和核心政务网，有很多消息是涉及国家安全和国家机密的，所以要保证这些信息的保密性。这些非公开的信息，对当地政府乃至国家的安全与稳定都将具有重要的意义。信息的保密性是整个电子政务安全体系建设的核心，在一定程度上可以说，电子政务的安全就是保证国家机密不被窃取，所以保密性工作对电子政务的构建来说，是重中之重，对电子政务的安全举足轻重。

3.信息的完整性

信息的完整性是指数据未经授权不能进行改变的特性，即信息在存储或传输过程中保持不被修改、不被破坏和丢失的特性。信息的完整性对于有效的传输信息、公文的传达、公函的送递和政府重要通知的下达等方面都具有重要意义。只有在保证了信息的完整性的基础上才能进一步要求政府行政行为的具体正确性和行为的落实。构建有效的数据信息的验证系统，确保信息传输过程中的完整，是非常必要的。

4.信息的不可否认性

信息的不可否认性，或称不可抵赖性，是指信息的发送者和接收者无法否认自己发送或接收过信息的行为，即对出现的网络安全问题能提供调查的依据和手段。在电子政务系统构建中要注意，由于网络的虚拟性，对于信息的发布和确认都要有一套完整的机制和技术手段来约束，以达到对信息的原发者起到不可否认的制约，使信息的原发者和参与信息传输过程中的参与者无法否认已发生的事实。

5.信息的可用性

信息的可用性是指可被授权实体访问并按需求使用的特性，即当已被授权的用户需要时，应能存取所需的信息。电子政务系统构建的目的是让各种信息都能流通，使需要的人能够得到应有的帮助，以达到便利之目的。但为了避免一些没有必要的使用者的恶意闯入，在构建电子政务系统过程中，也要考虑到使用该系统的用户身份的验证和鉴别问题。通常可以通过数字签名和数字证书相结合的方式实现用户身份的鉴别。

总之，电子政务的安全是一个大范畴，在现实中要多方面充分考虑到之中涉及的各种制度、法律和技术上的需要，使电子政务安全问题成为一个既有技术支持又有法律和制度规范的完整的体系。

根据以上对电子政务的安全威胁的分析，我们很容易找到应对的措施，也就是电子政务的针对技术风险、管理风险和服务风险的安全需求，见表8-3、表8-4、表8-5。

表 8-3　　电子政务安全技术需求

	安全层面	OSI层	安全需求	安全描述
技术需求	物理安全	物理层	环境安全	按照国家有关标准设计网络布线、消防报警、防盗报警、温湿度控制等
			线路设备安全	实行机房监控、线路和设备备份、防电磁泄漏等
			存储媒体安全	防盗、数据备份
	网络安全	数据链路层	加密系统	通过不同的加密技术，保证通信过程中的信息安全
			防火墙	执行网络之间的访问控制策略，防止外部威胁
		网络层传输层	交换机安全配置	端口安全技术、STP防护、VLAN等
			路由器安全配置	特殊过滤技术、路由选择认证和VPN等
			隔离技术	网络的逻辑隔离和物理隔离
	系统及应用安全	应用层	入侵检测系统	实时监控网络传输，检测可疑行为
			防病毒系统	防范病毒的硬件与软件系统
			漏洞扫描系统	模拟黑客攻击方式，检测网络和系统的安全漏洞
			安全认证	保证身份的真实性
			安全补丁	保证操作系统和应用程序获得最新的更新
			日志记录	系统日志能够帮助管理员找出故障

表 8-4　　电子政务安全管理

	安全需求	管理描述
管理需求	行政管理	安全组织机构的建设，安全管理制度建设
	安全策略管理	制定电子政务系统安全规则，并确保安全策略的有效实施
	风险管理	识别、控制、降低安全风险的过程，包括安全控制和应急方案

表 8-5　　电子政务安全服务需求

	安全需求	管理描述
服务需求	第三方安全服务提供商	为电子政务系统提供完整的安全解决方案
	PKI/PMI认证平台	认证与密钥管理平台
	安全法规及标准	法律电子政务的基础和保障，标准是电子政务的建设指导

8.2.3　电子政务安全管理体系框架

根据对电子政务安全需求的分析，构建了电子政务安全管理体系的总体框架，如图 8-1 所示。

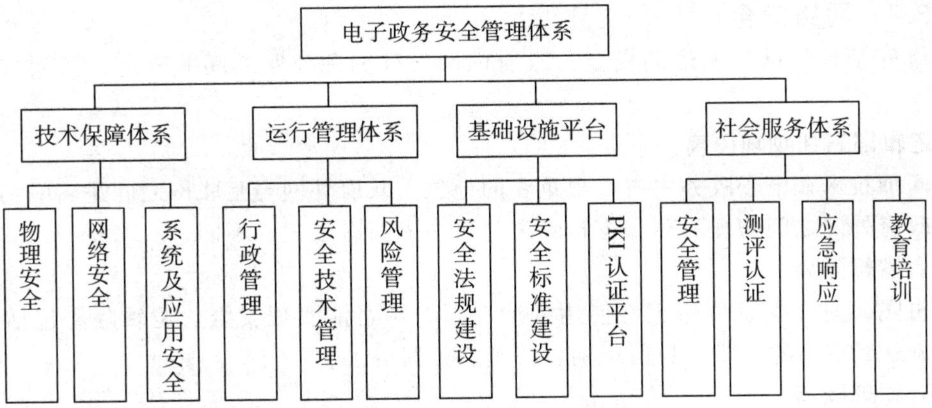

图8-1　电子政务安全管理体系框架图

电子政务安全管理体系框架包括技术保障体系、运行管理体系、基础设施平台和社会服务体系4个方面。

首先，只有在安全技术支撑平台上操作，才有可能保障电子政务的安全。技术保障体系涉及物理安全、网络安全和系统及应用安全。其次，常言道"三分技术、七分管理"，安全方案的实现离不开管理。运行管理体系涉及行政管理、安全技术管理和风险管理。最后，网络安全必须构筑在一个坚实的安全服务基础之上，支撑整个电子政务安全稳定的基础是"信任"。安全基础设施平台涉及电子政务安全法规、电子政务安全标准、PKI认证平台3个部分；社会服务体系涉及安全管理、测评认证、应急响应和教育培训4个部分。

当然，只有一个方面是不行的，只有各个方面密切合作，才能保证电子政务在安全的环境下顺利实施。下面依次详细介绍电子政务安全管理体系。

§8.3 电子政务安全技术保障体系

8.3.1　物理安全

物理安全就是保证对物理设施的合法访问，避免人为破坏，并将自然灾难的影响降到最低。这包括3个方面的内容：环境安全、线路设备安全和存储媒体安全。

1.环境安全

环境安全是指严格按照国家有关标准设计实施电子政务系统的运行环境，合理部署网络，具备消防报警、安全照明、温湿度控制、防盗报警、不间断供电等能力。此外，针对自然灾害造成的破坏最好的办法就是异地容灾。**所谓异地容灾，是将全部数据的拷贝保存到异地，一旦发生灾难能够将服务提供快速由本地转移到异地。**

2.线路设备安全

实现线路设备安全的方法包括：控制对设施、数据中心的物理访问，实施机房监控；注意对设备线路的检测、维护和保养，防止电磁泄漏；线路的冗余设计及关键设备的备份。

3.存储媒体安全

存储媒体安全除了存放环境的安全，就是防止窃取。

8.3.2 网络安全

网络安全是指网络通信的安全，政府内网、外网和公网之间的隔离，访问权限的界定等。

1.逻辑隔离和物理隔离

这两种技术在电子政务中占有很重要的地位。政府外网与互联网之间逻辑隔离，政府内网与政府外网之间物理隔离。逻辑隔离与物理隔离有很大的不同。

（1）逻辑隔离。

逻辑隔离是在保证网络正常使用的情况下，尽可能实现安全。逻辑隔离包括VLAN、访问控制、VPN、防火墙、身份识别、代理服务器等。

（2）物理隔离。

物理隔离是不安全就不联网，要绝对保证安全。物理隔离采用隔离网闸技术。隔离网闸如同一个高速开关在内外网之间来回切换，中断或保持两个网络之间的直接连接，所有的数据交换必须通过物理隔离网闸，网闸从网络层的第七层将数据还原为原始数据，然后通过开关完成数据中转。典型的设备有基于信息渡船原理的内外网安全隔离系统。

2.加密技术

加密技术是最基本的安全技术，是实现信息保密的一种重要手段，其目的是防止非法用户获取信息系统中的机密信息。加密，就是利用基于数学方法的程序和保密的密钥对信息进行编码，把计算机数据变成一组杂乱的、难以理解的字符串，也就是把明文变成密文。加密可以有效地对抗信息的被拦截以及被窃取。加密是由加密过程和解密过程组成的。一般地，发送方在发送信息前先用加密程序将明文加密成密文，接收方在接收到消息后，用解密程序将密文再解密成明文。由此可知，在加密和解密过程中，涉及的内容有信息（明文、密文）、密钥和算法几项。密钥是一串随机的二进制位串。密钥的长度即位数取决于特定的加密系统。数据加密过程可如图8-2所示。

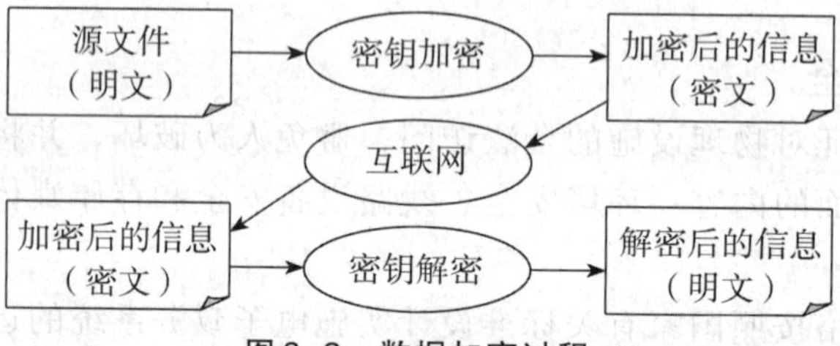

图8-2 数据加密过程

加密技术有两种基本的形式：对称加密技术和非对称加密技术。

（1）对称加密技术。

对称加密技术，也称为私有密钥加密技术，对称密钥体制自20世纪70年代初就应用于商业网络。所谓对称加密，是指使用同一把密钥对信息加密、对信息解密。一个加密系统的加密密钥和解密密钥相同，或者虽然不同，但可以由其中一个推导出另一个。

使用对称加密技术对信息进行加密和解密的速度很快，效率也很高，但需要妥善保存密钥。私钥密码体制采用相同密钥进行加密和解密，其保密性主要取决于密钥本身的保密强度和密钥传送通道的安全性。常用的私钥密码技术有两类：一类是流密码技术；另一类是分组密码技术。前者是将明文内容按字符逐位进行加密，而后者是将明文先按一定的大小进行分组，再对各组逐一加密。流密码技术包括同步流密码技术和自同步流密码技术等，分组密码技术包括DES、IDEA、RC-5等。对称加密的典范是DES算法，自1977年至1998年，其一直是美国国家加密标准。

（2）非对称加密技术。

非对称加密又称为公开密钥加密，是1976年由斯坦福大学提出来的。与对称密钥系统相比，公开密钥加密技术需要使用一对相关的密钥：一个用来加密，另一个用来解密。该技术的设想是，密钥是与相应的系统联系在一起的，其中私有密钥是由系统所保密持有的，而公开密钥则是公开的，但知道公开密钥是不能推导出私有密钥的。

依据公开密钥是用作加密密钥还是解密密钥的不同，公开密钥系统可分为两种基本的模式：加密模式和验证模式。一般来说，既能工作在加密模式又能工作在验证模式的公开密钥加密系统被称为可逆的公开密钥加密系统。有些公开密钥加密系统只能运作于验证模式而不能运作于加密模式，这种系统被称为不可逆的公开密钥加密系统。

目前，著名的公开密钥加密系统RSA是于1977年由美国麻省理工学院的3位教授联合发明的。它是一种可逆的公开密钥加密系统。它通过一个称为公共模数的数字来形成公开密钥，公共模数是通过两个形成私人密钥的两个质数的乘数来获得的。

3.防火墙

防火墙（Firewall）是指一个由软件或软件及硬件组合而成，处于内网与外网之间，用来加强互联网与内部网络之间安全防范的一个或一组系统。它具有限制外界用户对企业内部网络访问及管理内部用户访问外部服务的功能。

（1）防火墙的安全策略。

① 一切未被允许的访问都是禁止的。基于该准则，防火墙应封锁所有信息流，然后对希望提供的服务逐项开放。其弊端是，安全性高于用户使用的方便性，用户所能使用的服务范围受限制。

② 一切未被禁止的访问都是允许的。这种方法构成了一种更为灵活的应用环境，可为用户提供更多的服务。其弊端是，在日益增多的网络服务面前，很难提供可靠的安全防护。

（2）防火墙的分类。

根据所采用技术的不同，一般来说，防火墙可分成3种基本类型：数据包过滤型、应用级网关型和代理服务器型。

① 数据包过滤型防火墙。在遵守TCP/IP协议的网络中，数据是分解为不同的IP数据包进行传输的。数据包过滤型防火墙是应用数据包过滤技术在网络层对数据包进行选择，截获每个通过防火墙的IP数据包，并进行安全检查。如果IP数据包能通过检查，就将该IP数据包正常转发出去，否则就阻止IP数据包通过。由于数据包过滤型防火墙逻辑简单，价格便宜，易于安装和使用，适合安全性要求较低的小型系统。

② 应用级网关型防火墙。应用级网关（Application Level Gateways）是在网络应用层上建立协议过滤和转发功能。它针对特定的网络应用服务协议使用指定的数据过滤逻辑，并在过滤的同时，对数据包进行必要的分析、登记和统计，形成报告。数据包过滤型防火墙和应用级网关型防火墙有个共同特点，都是依赖特定的逻辑判断是否允许数据包通过，这不利于抗击非法访问和攻击。

③ 代理服务器型防火墙。代理服务器（Proxy Service）是针对数据包过滤和应用网关技术存在的缺点而引入的防火墙技术。其特点是将所有跨越防火墙的网络通信链路分为两段。防火墙内外的计算机系统间应用层的“链接”，由两个代理服务器上的“链接”来实现，外部计算机的网络链路只能到达代理服务器，从而起到了隔离防火墙内外计算机系统的作用。此外，代理服务器也对过往的数据包进行分析、注册登记，形成报告。同时，当发现被攻击迹象时会向网络管理员发出警报，并保留攻击痕迹。代理服务器的工作原理如图8-3所示。

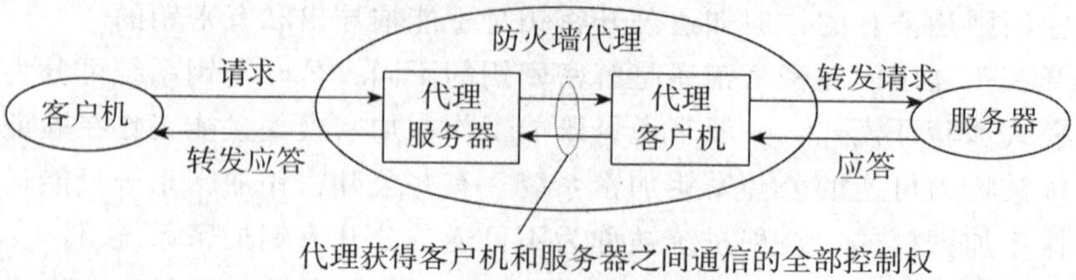

图8-3 代理服务器的工作原理

代理服务器型防火墙工作在OSI模型的最高层，掌握着应用系统中可用作安全决策的全部信息，但价格比较贵，且安装和使用比数据包过滤型防火墙复杂。

（3）防火墙的局限性。

防火墙保护内部网不受外部攻击，但同时必须注意防火墙并非万能的，具有以下局限性：①防火墙不能阻止来自内部的破坏；②防火墙不能防止绕过它的连接；③防火墙无法完全防止新出现的网络威胁；④防火墙不能防止病毒。

由于防火墙只是一种被动的防卫技术，它只能对跨越防火墙的信息进行检测、控制，不能防范不通过它的连接，不能防范恶意的知情者，并且由于防火墙只是针对TCP/IP协议簇，并不能防范所有的潜在危险，所以防火墙并不是网络安全的全部保证，需要结合其他的安全措施，共同保证网络的安全。

4.交换机、路由器安全

交换机和路由器是网络互联的核心设备，它们的配置直接影响网络的安全性。交换机是第二层设备（某些交换机可以提供第三层功能），用于连接局域网分段，利用MAC地址表来转发数据帧。交换机安全包括端口安全、专用VLAN安全等。

路由器工作在第三层，是广域网互联设备。路由器提供的安全功能更多也更复杂，包括访问控制、网络地址转换、身份验证、流量过滤、SSH远程管理、配置VPN、日志功能等。

8.3.3 系统及应用安全

系统及应用安全主要保证操作系统和应用服务的安全性。

1.入侵检测系统

入侵检测系统（Intrusion Detection Systems，IDS）是依照一定的安全策略，对网络、系统的运行状况进行监视，尽可能发现各种攻击企图、攻击行为或者攻击结果，以保证网络系统资源的机密性、完整性和可用性。

（1）入侵检测系统的类型。

① 基于主机的IDS。基于主机的IDS（Host-based Intrusion Detection System，HIDS）

考查若干日志文件（系统、服务器、网络、防火墙等），并把日志文件和常见已知攻击的内部数据库进行比较，若发现异常则向管理员报警。

② 基于网络的IDS。基于网络的IDS（Network Intrusion Detection System，NIDS）是在路由器或主机上扫描网络分组、审查分组信息，并在一个特殊文件中详细记录可疑分组。根据这些可疑分组，基于网络的IDS可以扫描它自己的已知网络攻击特征数据库，并为每个分组指定严重级别。如果严重级别够高，它就会给安全组的成员发送电子邮件或通知呼叫机，因此安全组的成员就可以进一步调查这些异常特点。

③ 分布式IDS。分布式IDS（Distributed Intrusion Detection System，DIDS）综合了HIDS和NIDS的优点，既通过基于网络的传感器收集网络上流动的数据包，又通过在重要的服务器端安装代理程序来收集系统日志等系统信息，以此寻找、分析可能的攻击数据包并在必要的时候进行报警。DIDS是目前比较先进的、也较有应用前景的一种综合IDS技术。

（2）入侵检测的方法。

对入侵进行检测有很多方法，其中不少还处在发展完善阶段，有的甚至还只是处于研究阶段。比较成熟的入侵检测的方法包括：基于特征的检测、基于异常的检测和完整性校验。

① 基于特征的检测。基于特征的检测需要我们事先建立攻击特征信息数据库，然后捕获网络数据包进行解码、对照分析、报警。它可以检测具有普遍特征的攻击，如拒绝服务（Denial of Service，DoS）或分布式拒绝服务（Distributed Denial of Service，DDoS）等，但更多的是用于对具有明显特征的攻击进行检测。

② 基于异常的检测。根据网络正常时的通信状况建立基线或快照（也可能是本地系统资源利用率的一个基线），当有异常时报警。例如，协议分布异常、罕见协议，特定IP地址或子网的通信时段异常，通信量及网络利用率异常等。

③ 完整性校验。在系统完整、正常时对所有文件或关键文件创建完整性校验文件，并在之后定期重新计算并检查新、旧校验文件的一致性来检测攻击。其一般在UNIX系统上使用得较多。

（3）入侵检测系统的主要功能。

入侵检测系统的主要功能有：①监测并分析用户和系统的活动；②核查系统配置和漏洞；③评估系统关键资源和数据文件的完整性；④识别已知的攻击行为；⑤统计分析异常行为；⑥操作系统日志管理，识别违反安全策略的用户活动。

2.防病毒系统

防病毒技术分为主机防病毒和网络防病毒。主机防病毒主要是安装防病毒软件，对电脑文件访问实时监测，发现病毒就立即清除或修复。网络防病毒通常由安全提供商提供一整套的解决方案，针对网络进行全面防护。

（1）计算机病毒的特点。

计算机病毒是指编制或在计算机程序中插入的破坏计算机功能或者毁坏数据，影响计算机使用，并能自我复制的一组计算机指令或者程序代码。计算机病毒有主动传染性、隐藏性、欺骗性、破坏性、衍生性等特点。

（2）计算机病毒的防治方法。

我们应从以下几方面进行计算机病毒防治：

① 构建综合的安全体系。计算机病毒的防治在于完善操作系统和应用软件的安全机制，形成一整套的安全机制是最有效的网络安全手段。

② 采用多层防御体系。反病毒的解决方案应该既具有文件的病毒检测功能，又具有客户机/服务器数据保护能力，也就是覆盖全网的多层次防毒。

③ 防毒与网络管理集成。将管理与防范相结合，这样才能保证系统的良好运行。

④ 在网关、服务器上防毒。这样前端用户根本没有感觉，甚至不知道杀毒的过程，这是比较科学的全面解决方案。

⑤ 及时更新防毒软件。由于病毒在演变，如果软件不升级，就会给用户带来意想不到的麻烦。

3.漏洞扫描系统

漏洞扫描系统能够帮助了解系统存在的安全漏洞，采取相应的防范措施，从而降低安全风险。漏洞扫描系统的功能包括：动态分析系统的安全漏洞，检查用户网络中的安全隐患，发布检测报告，提供有关漏洞的详细信息和最佳解决对策，堵塞漏洞，降低风险，防患于未然。

4.安全认证

用户访问系统之前要经过身份认证系统，监控器根据用户身份和授权数据库决定用户能否访问某个资源。电子政务系统必须建立基于CA认证体制的身份认证系统。

（1）数字证书。

① 数字证书的概念。数字证书是由权威公正的第三方机构即CA中心签发的包含公开密钥拥有者信息以及公开密钥的文件，可以用来证明数字证书持有者的真实身份。

② 数字证书的作用。其作用是：使信息除发送方和接收方外不被其他人窃取；信息在传输过程中不被篡改；发送方能够通过数字证书来确认接收方的身份；发送方对于自己的信息不能抵赖；信息自数字签名后到收到为止，未曾作过任何修改，签发的文件是真实文件。

③ 数字证书的形式。证书的格式遵循ITU-T X.509标准。该标准是为了保证使用数字证书的系统间的互操作性而制定的。X.509是国际标准化组织CCITT建议作为X.500目录检索的一部分而提供的安全目录检索服务。一份X.509证书是一些标准字段的集合，这些字段包含有关用户或设备及其相应公钥信息的一种非常通用的证书格式。X.509的证书格式包括证书内容、签名算法和使用签名算法对证书内容所作的签名三部分。数字证书的内容包括：版本、序列号、签名算法标识、签发者、有效期、主体、主体公开密钥信息、CA的数字签名、可选项等。

④ 数字证书的类型。其包括：个人数字证书，主要为某一个用户提供，以验证用户身份，保证信息的安全，主要是针对个人的电子邮件安全；服务器证书，主要为网上的Web服务器提供；开发者证书，通常为互联网中被下载的软件提供。软件开发者可以利用这种数字证书作为软件的数字标识，在互联网上进行安全地传送。

⑤ 数字证书的生成。其主要包括以下内容：CA检索所需的证书内容信息；CA证实这些信息的真实、准确；CA用其签字密钥对证书签字；CA将证书的一个拷贝送给注册者，必要时要求注册者回送证书接收到的收据；CA将证书送入证书数据库时，向公用检索业务机构公布；CA将证书存档（可选）；CA将证书生成过程中的一些细节记入审计记

录中（可选）。图8-4显示了数字证书生成的一般步骤。

图8-4 数字证书的生成

（2）认证中心。

认证中心又称认证机构，是承担网上认证服务、能签发数字证书并能确认用户身份的受大家信任的第三方机构。认证中心通常是企业性的服务机构，其主要任务是受理数字证书的申请、签发及对数字证书进行管理。认证中心的功能包括证书的颁发、证书的更新、证书的查询、证书的作废、证书的归档。

§8.4 电子政务安全运行管理体系

8.4.1 行政管理

1. 安全组织机构

电子政务的安全必须由特定的安全组织进行管理。这种安全组织机构应该独立于信息部门，直接隶属于各地方的最高政府机关。安全组织机构的主要职责有：对整个电子政务系统进行整体的安全规划，制订整体的安全解决方案，包括相应的安全策略，应急方案等；制定安全管理制度，权责分明；实时监控网络的安全性，监督安全方案的实施情况，根据出现的问题漏洞，及时修改、补充安全方案。安全组织机构结构如图8-5所示。

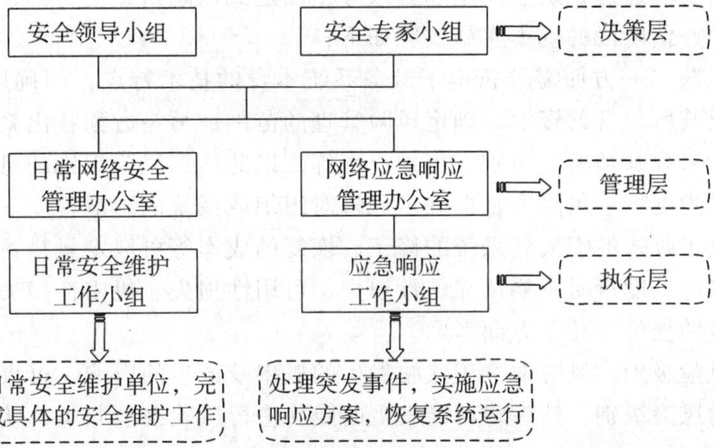

图8-5 安全组织机构图

2. 安全管理制度

安全管理制度保障安全管理的有效实施，规范安全管理人员的行为，降低人为因素造成的安全隐患。安全管理制度包括：人员管理制度；系统运行维护管理制度；密钥管理制度；保密制度；访问控制管理制度等。

8.4.2 安全策略管理

电子政务的安全技术管理涉及硬件实体的安全管理、软件系统的安全管理和密钥管理3个方面。

（1）硬件实体的安全管理。

硬件实体的安全管理的目的是保护计算机和网络设备、设施免遭地震、水灾、火灾以及人为等因素的破坏，主要涉及环境安全、设备安全和存储媒体安全3个方面。

（2）软件系统的安全管理。

软件系统的安全管理具体包括：保护软件系统的完整性，防止软件丢失、被破坏、被篡改、被伪造；保证软件的存储安全，如保密存储、压缩存储、备份存储，以及系统恢复等重要措施，保障软件的安全传输、加密传输、安全下载、用户识别等要素，保障软件的合法使用和合理使用、用户合法性的管理、授权访问、系统的访问控制、防止软件滥用、防止被窃取、防止被非法复制、按规程操作等。

（3）密钥管理。

密钥管理包括系统的初始化、密钥的产生、存储、备份/恢复、装入、分配、保护、更新、控制、丢失、吊销、销毁等内容。安全的密钥管理要求：一是密钥难以窃取；二是密钥有使用范围和使用时间的限制；三是密钥的分配和更换过程对用户透明，而用户不需要亲自掌管密钥。

8.4.3 风险管理

风险管理是组织管理的核心要素之一，电子政务离不开安全风险管理。安全风险管理包括三大要素：安全风险评估、安全风险控制和应急管理。

1.安全风险评估

安全风险评估是确定电子政务系统面临的风险级别的过程，是风险控制的前提和基础。在风险评估阶段通过识别、度量和分级等手段达到风险认知的目的，并据此制定风险管理策略。风险评估阶段的基本实施步骤如下：

（1）识别风险。一方面需分析电子政务系统本身的技术特点，明确风险分析的对象，标识系统边界及其所包含的资源，确定风险管理的范围；另一方面找出系统本身的薄弱环节，分析威胁的来源、类型、级别、出现概率等，以此达到风险识别的目的。

（2）进行风险度量。风险度量即确定风险对组织或系统的影响程度。不过这种度量较难精确量化，除了收入的损失、系统的修正、恢复的成本等可以定量描述外，绝大部分指标都只能定性描述。度量时主要从完整性损失、可用性损失、机密性损失、责任性损失以及相关保证措施的损失等几个方面考虑。

（3）确定风险级别。风险取决于威胁发生的概率及产生的影响，可事先定义好不同范围、不同程度的风险级别，然后将可能发生的威胁进行风险级别归类，从而达到风险等级划分的目的。

（4）制定相应的风险管理策略。在上述步骤的基础上，还应制定相应的风险管理策略。目的在于最有效、最大限度地消除威胁、降低风险，并为后面的风险控制提供指导。

电子政务不是越安全越好，也不可能无限制地提高安全保护措施，还要考虑安全成本与效率平衡等因素，因此，只需要将相应的风险降到可接受的程度即可。

2.安全风险控制

安全风险控制是根据风险评估阶段的结果，采取规避、转移和降低等手段，对已标识的风险采取相应的措施，将电子政务系统的安全风险降低到可接受的水平，并保持对系统其他功能的影响最低。安全风险控制的主要步骤如下：

（1）选择风险控制手段。风险控制手段主要包括以下3种：

① 预防手段，预防手段通过消除系统缺陷而排除系统所面临的威胁；

② 限制手段，限制手段是将威胁的影响限制在一定范围之内；

③ 检测响应手段，检测响应手段是指主动进行入侵检测并积极响应以消除不利影响。

（2）风险规避。工作人员采取风险规避措施，如将重要的计算机系统与外网隔离，以避免外部攻击的风险；建立并实施恶意软件控制程序，以减少系统受恶意攻击的机会；通过教育和培训来强化工作人员的安全意识与安全操作技能，以减少组织或系统的薄弱点等。

（3）实施必要的风险转移措施。例如，通过购买商业保险将风险进行转移，不过这种方式只能补偿部分经济损失。

（4）尽可能降低威胁的影响程度。例如，建立并实施持续性的安全管理计划，包括对应急、备用、恢复等活动的安全要求；建立并实施对系统进行监控的程序，以主动探测威胁，抑制其扩大。

（5）对剩余风险的接受。因为系统的绝对安全（零风险）是不可能的，在采取各种安全控制手段后，仍有部分风险未能控制或未被考虑到，这部分便是剩余风险。接受剩余风险是一个对剩余风险进行确认和评价的过程，将剩余风险分为可接受和不可接受的风险。对于无法接受的风险应考虑再增加控制，以进一步降低这些风险。

3.应急管理

应急管理主要指政府在突发事件发生之后所采取的有效应对措施，进而降低突发事件的负面影响。应急管理的主要内容包括应急预案的制定、防止突发事件蔓延、整合社会资源处置突发事件、维护社会秩序、保护人民权益等。

（1）应急管理的主要阶段如下：

① 减灾阶段。在突发事件发生之前，政府需要采取相关措施来减少突发事件发生的几率，增强突发事件的可预测性，进而降低突发事件的危害性。

② 备灾阶段。当突发事件发生前，政府部门应针对可能发生的突发事件进行准备性应对，制定相应的救灾计划和救援服务措施，做好后勤支援规划、资源管理等工作，加强对灾害预警和监控。

③ 应急阶段。在突发事件发生之后，政府部门应及时采取相应的应急措施，营救生命，减少人们的财产损失。

④ 灾后恢复阶段。在突发事件发生之后，政府部门应做好灾后恢复和重建工作，制定灾后重建规划，加强对灾后重建的全面管理。

（2）我国电子政务应急管理体系的构建策略。

① 构建电子政务应急管理机制组织：在网络环境下开展电子政务应急管理需要创新政府的应急管理组织机构，增强应急管理组织机构的协调性。

② 保证电子政务应急管理运行：首先，制定完备的预案；其次，建立有效预警机制；再次，做好应急处置；最后，做好应急管理监测工作。

③ 采取电子政务应急管理保障措施：保障措施是我国政府部门在网络环境下开展电子子政务应急管理必不可少的措施。

§8.5 安全基础服务保障体系

8.5.1 法规基础设施

目前，世界上很多国家制定了与网络安全相关的法律法规，如英国的《官方信息保护法》等。中国颁发了一些与网络安全有关的法律法规，如《计算机信息系统安全保护条例》《计算机信息系统保密管理暂行规定》等。在完善法律法规的同时，还应该加大执法力度，严格执法。

相关的法规建设主要有以下几方面：

（1）在国家宪法和各部门法中对各类法律主体的有关信息活动涉及国家安全的权力和义务进行规范，形成国家关于信息及信息安全的总则性、普适性的法规体系。

（2）针对各类计算机和网络犯罪，制定直接约束各社会成员的信息活动的行为规范，形成计算机、网络犯罪监察与防范体系。

（3）对信息安全技术、信息安全产品（系统）的授权审批应制定相应的规定，形成信息安全审批与监控体系。

（4）针对信息内容的安全与保密问题，制定相应规定，形成信息内容的审批、监控、保密体系。

（5）从国家安全的角度，制订网络信息预警与反击体系等。

8.5.2 安全标准建设

标准是技术性法规，在信息安全这一特殊高技术领域，没有标准，国家有关的立法、执法就会因缺乏相应的技术尺度而失之偏颇，最终会给国家信息安全的管理带来严重后果。

中国信息安全标准化工作起步较晚，但是近10年来发展较快，在国家质量技术监督机关领导下，全国信息化标准委员会及其下属的信息安全分技术委员会在制定中国信息安全标准方面做了大量的工作，国标、国军标、行业标准对信息安全领域均有涉及，初步形成了中国信息安全测评认证的基础。

随着中国信息安全测评认证制度的建立与推进，以及有关主管部门管理力度的加大，信息安全标准化建设任务将更为艰巨，需尽快完成信息系统安全性评价准则及测试规范、商用密码产品安全技术要求、信息安全服务评估准则、信息安全工程质量管理要求、交换机安全技术要求、PBX安全技术要求、电子商务产品安全测评规范、电子商务认证中心（CA）安全评估要求等应用急需的标准，并进一步完善国家信息安全标准体系。

8.5.3 PKI/PMI认证平台

国家信息安全基础设施（NISI）由公钥基础设施（PKI）和授权管理基础设施（PMI）组成。PKI提供智能化的信任服务；PMI构成授权管理平台，在PKI信息安全平台的基础上提供智能化的授权服务。PKI/PMI认证平台为电子政务提供了一整套的、遵循标准的密钥管理基础平台，为用户安全访问电子政务系统提供了可靠的保证。

1.公开密钥基础设施概述

（1）公钥基础设施。

公钥基础设施（Public Key Infrastructure，PKI）又叫公钥体系，是一种利用公钥加密技术为电子商务、电子政务提供一套安全基础平台的技术和规范。PKI基础设施采用数字证书来管理公钥，通过第三方的可信任机构——认证机构（Certification Authority，CA），把用户的公钥和用户的其他标识信息捆绑在一起，提供身份验证机制。

（2）PKI的基本组成。

完整的PKI系统必须具有权威认证机构、数字证书库、密钥备份及恢复系统、证书作废系统、应用接口（API）等基本构成部分。PKI各组成部分的功能为：①认证机构是数字证书的申请及签发机关，CA必须具备权威性的特征；②数字证书库用于存储已签发的数字证书及公钥；③密钥备份及恢复系统对加密系统的密码进行备份和恢复，签名私钥一般不做备份；④证书作废系统用于证书密钥丢失或证书作废的处理；⑤应用接口可以使PKI与其他应用交互。

（3）PKI的应用。

PKI作为一组安全服务的集合，可以在分布式计算机系统中使用公钥加密机制和证书。PKI也可以让一个组织通过认证层次关系或者交叉认证，来同其他安全域建立可信关系。图8-6充分体现了PKI的应用范围及中心作用。

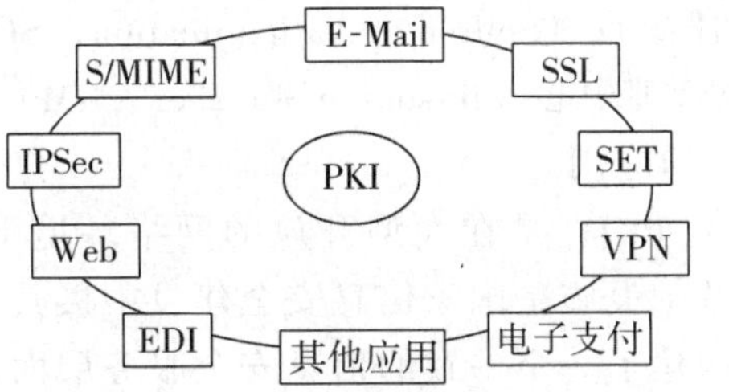

图8-6　PKI应用的范围及中心作用

2.授权管理基础设施

（1）授权管理基础设施概述。

授权管理基础设施（Privilege Management Infrastructure，PMI）是国家信息安全基础设施（National Information Security Infrastructure，NISI）的一个重要组成部分，目标是向用户和应用程序提供授权管理服务，提供用户身份到应用授权的映射功能，提供与实际应用处理模式相对应的、与具体应用系统开发和管理无关的授权和访问控制机制，简化具体应用系统的开发与维护。

授权管理基础设施是一个由属性证书、属性权限、属性证书库等部件构成的综合系统，用来实现权限和证书的产生、管理、存储、分发和撤销等。PMI使用属性证书表示和容纳权限信息，通过管理证书的生命周期实现对权限生命周期的管理。属性证书的申请、签发、注销、验证流程对应着权限的申请、发放、撤销、使用和验证的过程。使用属性证书进行权限管理方式使得权限的管理不必依赖某个具体的应用。

（2）PMI与PKI。

PMI实际提出了一个新的信息保护基础设施，能够与PKI和目录服务紧密地集成，并系统地建立起对认可用户的特定授权，对权限管理进行了系统的定义和描述，完整地提供了授权服务所需过程。PKI与PMI之间的比较如下：

① 解决的问题不同。PKI解决对身份的认证问题，即你是谁的问题；而PMI是在知道你是谁之后，决定你具有什么权限、可以做什么的问题。PMI必须建立在PKI的基础

之上。

② 证书不同。首先，公钥证书必须包含拥有者的公钥，而属性证书则不必包含拥有者的公钥，而是有一个到证书拥有者的链接。公钥证书上的CA签名用来证明证书拥有者公/私钥与其身份之间的关系，而属性证书上的属性签名则用于证明证书拥有者所具有的特权。其次，证书的有效时间通常也不同，属性证书的有效时间通常比公钥证书的有效时间短，因为对应于应用的逻辑，一个人的身份通常是长期固定的，而其拥有的权限则经常变化，生命周期也短得多。

③ 管理部门不同。公钥证书和属性证书的管理颁发部门有可能不同。以护照和签证为例，颁发护照的是一个国家，而颁发签证是另一个国家；护照往往只有一个（多国籍的除外），而签证数量却决定于要访问国家的多少。公钥证书由身份管理系统进行控制，属性证书则与具体的应用密切相关。一个系统中，每个用户只有一张合法的公钥证书，而应用可以有多个；每个用户可能对不同的应用具有一张属性证书，也可能对一个应用具有多张属性证书。

④ 体系结构类似。PKI是从根CA、下级CA、注册中心（Registration Authority，RA）到最终用户，PMI是从信任源点（Source of Authentication，SOA）、授权服务中心（Attribute Authority，AA）、资源管理中心（Resource Manager，RM）到最终用户。

（3）PMI在电子政务中的应用。

采用公钥密码体制构建PKI，是在大型开放的网络环境下解决信息安全问题的最可行、最有效的办法。公钥基础设施是国家信息安全建设中极其关键的基础性设施，它在底层网络基础设施的基础上构建了一个一致的信息安全服务层面，可以满足各种应用在安全方面的需求。

授权管理基础设施PMI以一个身份鉴别体系（如PKI体系）为基础，向应用系统提供全面统一的授权管理和访问控制服务。授权管理基础设施PMI主要提供分布式计算环境中应用系统的访问控制功能，通过将访问控制机制从具体应用系统的开发和管理中分离出来，使访问控制机制与应用系统之间能灵活而方便地结合和使用。具有我国自主知识产权的授权管理基础设施现已研发成功。

可信时间戳服务系统是国家信息安全基础设施的另一重要组成部分，它将精确授时技术和PKI技术有机地结合起来，通过对证书或相关的数据加上时间标记，以此建立证据表明证书或数据的存在和有效性，从而为电子政务的各种应用提供可靠的时间戳服务。授权管理基础设施技术是一个新出现的技术，我国在这方面的研究与国外先进水平相差不多，PMI技术在整个电子政务系统中发挥着重要作用。

§8.6 社会服务体系

8.6.1 安全管理服务

信息安全管理服务是一个正在崛起的业态模式，一些信息安全管理服务提供商（Managed Security Service Providers，MSSP）正在逐步形成，它们有的是专门从事安全管理服务达到增值目的的，有的是一些软件厂商为弥补其软件系统的不足而附加一些服务的，有的是一些从IT集成或咨询商发展而来提供信息安全咨询的。安全服务提供商提供由网络安全专家、专业的网络安全工具和安全管理策略组成的完整的安全解决方案。

1.MSSP服务的内容

（1）安全咨询服务。其具体内容包括系统安全策略咨询、安全解决方案咨询、安全规范、安全制度等管理方面的咨询。

（2）安全技术管理服务。例如，对网络系统的入侵检测、网络周边扫描、VPN/防火墙的监视与管理、防病毒内容保护、数据/文件的加密服务等。

（3）数据安全分析服务。MSSP事先建立自己的知识库，通过知识库来分析数据中是否隐藏攻击行为及其攻击模式，并判断威胁的严重性级别。

（4）安全管理评估服务。定期的评估报告可以帮助客户及时调整安全策略、弥补安全漏洞、更新安全系统、改进管理措施等。

2.MSSP的特点

安全管理服务提供商具有以下特点：

（1）安全管理服务商是一个介于客户与产品之间的桥梁，站在客户的立场上，选择最适合于解决用户网络安全问题的产品，全方位地解决用户网络安全问题。

（2）安全管理服务商的最终目的是让客户的成功最大化，使客户的网络安全问题得到最终解决，以赢得客户长久的信任，从服务中受益。

（3）安全管理服务商提供的是本地化的安全产品全系列的服务，不是某一个产品的服务，而是某类产品的服务。

8.6.2 安全测评服务

测评认证的实质是由一个中立的权威机构，通过科学、规范、公正的测试和评估向消费者、购买者即需方，证实生产者或供方所提供的产品和服务，符合公开、客观和先进的标准。由于信息安全直接涉及国家利益、安全和主权，各国政府对信息产品、信息系统安全性的测评认证要比对其他产品更为严格。

（1）市场准入控制。在市场准入上，发达国家为严格进出口控制，通过颁布有关法律、法规和技术标准，推行安全认证制度，以控制国外进口产品和国内出口产品的安全性能。

（2）安全产品认证。对国内使用的产品，实行强制性认证，凡未通过强制性认证的安全产品一律不得出厂、销售和使用。

（3）核心技术控制。对信息技术和信息安全技术中的核心技术，由政府直接控制，如密码技术和密码产品，多数发达国家都严加控制，即使政府允许出口的密码产品，其关键技术仍然控制在政府手中。

（4）管理体制建设。在国家信息安全各主管部门的支持和指导下，由标准化和质量技术监督主管部门授权，并且依托专业的职能机构提供技术支持，形成政府的行政管理与技术支持相结合、相依赖的管理体制。

8.6.3 应急响应服务

应急响应是计算机或网络系统遇到突发性安全事件（如黑客入侵、网络恶意攻击、病毒感染和破坏等）时，所能够提供的紧急的响应和快速的救援与恢复服务。1988年，

Morris蠕虫程序破坏事件，直接导致了计算机网络应急服务组织的诞生。

1.应急管理的步骤

在电子政务系统的实际应用中，并不是所有的风险都能够被识别，识别出的风险也并不是都能够找到安全应对措施。控制这种剩余风险的最好的方法，就是制定应急策略，对突发事件进行控制，应急管理的内容如下：

（1）监测。

应急管理服务对身份认证系统、访问控制系统、入侵检测系统、安全审计系统等安全部件的日志及其他安全信息进行检查，分析网络及系统的行为模式，从整体的角度对事件行为信息进行全面的同步、合成和分析；监视并控制已有的网络环境，检测潜在的异常行为，同时维护相关的日志记录，用于事后调查或事件恢复。

（2）响应。

在事件分析完成之后，一旦发现安全问题，工作人员应作出安全预警，根据安全策略数据库和用户信息数据库中定义的响应策略采取相应的响应措施。

（3）恢复。

恢复包括以下两方面的内容：修正系统以弥补引起攻击的漏洞，如系统升级、安装补丁等；对受损系统进行灾难恢复，包括系统恢复、数据恢复和功能恢复。

2.应急管理体系建设

在中国，一些政府机关和大型企业已经成立了计算机网络安全技术与管理部门，负责自身的计算机网络安全与应急处理工作，但目前大都处于筹建阶段或运行的初期，尚不足以提供全面的计算机网络安全与应急处理服务。而一些中小型的企业受限于规模，没有自己的安全技术队伍，同时也没有条件承担组建这支队伍所需要的经费，因此他们迫切希望能有专业组织来提供商业性的安全与应急处理服务。

为统一协调和管理全国的应急处理工作，2000年10月，成立了国家计算机网络应急技术处理协调中心（National Computer network Emergency Response technical Team/Coordination Center of China，CNCERT/CC，简称“国家互联网应急中心”），负责协调我国各计算机网络安全事件应急小组共同处理国家公共互联网上的安全紧急事件，为国家公共互联网、国家主要网络信息应用系统以及关键部门提供计算机网络安全的监测、预警、应急、防范等安全服务和技术支持，及时收集、核实、汇总、发布有关互联网安全的权威性信息，组织国内计算机网络安全应急组织进行国际合作和交流。

2002年8月，我国成为国际权威组织“事件响应与安全组织论坛”的正式成员。2003年，国家互联网应急中心在31个省、自治区、直辖市成立分中心，形成全国互联网的信息共享、技术协同。2005年2月，国家互联网应急中心当选为亚太地区计算机应急响应组织（Asia-Pacific Computer Emergency Response Teams，APCERT）的副主席单位。国家互联网应急中心与国外应急小组和其他相关组织进行交流与合作，是中国处理网络安全事件的对外窗口。我国形成了应急处理的基本构架，将“积极预防、及时发现、快速响应、确保恢复”作为我国应急处理工作的基本方针，本着自由、自主、自愿的原则，将行业安全组织和商业化的救援服务机构很好地融入我国的应急处理体系中来，充分调动各方面的积极性，尽快建立并完善我国的应急处理体系。

8.6.4　安全教育培训服务

根据不同层次的人才需求，社会化的信息安全人才培养体系应分为专业型教育、应用型教育和安全素养教育3个层次。

1.专业型教育

专业型教育主要是培养信息安全领域的专业研发、工程技术、战略管理等方面的人才。我国在这方面已初步形成一定基础，上海交通大学、山东大学、武汉大学等高校已经建立了信息安全科学研究及人才培养基地，它们开设了以计算机网络安全技术为核心的理论性和技术性课程体系。

2.应用型教育

应用型（半专业）教育则是以从事现代信息管理工作的人作为对象，培养目标是要求学生具备信息安全的基本知识、网络和信息系统安全防范技能、组织机构或系统安全管理的能力等。这种应用型的信息安全教育要求受教育对象数量要多，覆盖面要广，基本信息技能要强。从需求的角度看，这类人才的需求量是最大的，包括信息安全观念培训、安全技术培训、安全管理培训等。

3.安全素养教育

信息安全人才培养体系最基础的部分应该是信息安全素养教育，面向所有的社会成员，通过课程、讲座、宣传等多种形式，达到让每一个人都具备必要的信息安全意识和常规的信息安全自我防范技术的目的。要求企事业单位领导应具备必要的信息安全意识和安全知识；信息管理人员应具备一定的信息安全知识和基本技能；从事信息服务或信息安全服务的有关人员应具备必要的信息安全知识和技术基础等。

思政课堂

中国电子云以“安全”为先，助力现代数字城市建设

在云计算时代，安全始终是重中之重。中国电子云凭借在网信产业内积累的丰富经验及深厚的技术优势，可以为用户提供安全可信的云端解决方案。

据悉，中国电子云构建了“S-Security”立体防护的安全可信链，该安全链首次采用CPU内置可信技术及内存内置物理防护技术，可实现终端统一安全中心、云端统一安全管控的效果。

目前，在安全保障领域，中国电子云设立有云主机安全CHS及数据库审计DAS两大核心架构，前者可以针对云主机层进行安全防护，有效保证系统、应用以及服务的安全稳定。后者则能够为云用户提供稳定可靠的云数据库审计服务。此外，在身份验证与访问管理、防火墙、漏洞扫描、日志审计等环节，中国电子云也对应设立了专属安全监管体系，覆盖云端服务的全领域，全面打消用户顾虑。

以数字政府的建设为例，中国电子云构建了全栈云原生安全体系，以“本质安全+过程安全”为双轮驱动，使得用户可以掌握自主知识产权并获得完备的生态体系及先进的技术架构，从而主动把握网络安全的“命脉”。其间，中国电子云不断完善网络安全运营防护体系，建立主动免疫体系及聚合式信息安全保障服务，针对影响网络安全的关键节点

“查漏补缺”，从而实现对整个云端体系的安全管控，快速推进数字化政府实现转型升级。

除了数字政府外，在公共服务、央企国企等场景方中，中国电子云也一样可以提供安全可信的数字底座，助力不同场景的用户实现数字化转型。

资料来源：佚名．中国电子云以“安全”为先，助力现代数字城市建设［EB/OL］．［2021-07-02］．http：//www.e-gov.org.cn/egov/web/article_detail.php？id=177773.经删改整理．

本章小结

按政务活动主体和按攻击手段分类，可以将电子政务安全分为不同的类型。按政务活动主体分类：分为服务方面临的安全威胁和客户方面临的安全威胁。按照是否由人为因素导致，分为非人为的安全威胁和人为造成的安全威胁。

电子政务安全要素体现在以下几个方面：有效性和真实性、机密性、数据的完整性、可靠性和不可抵赖性。

电子政务安全管理体系包括：技术保障体系、运行管理体系、基础设施平台体系和社会服务体系。技术保障体系涉及三个方面的问题：物理安全、网络安全和系统及应用安全。电子政务安全运行管理体系包括行政管理、安全技术管理和风险管理三个方面。基础设施平台包括法规基础设施、安全标准建设和PKI/PMI认证平台。社会服务体系包括安全管理服务、安全测评服务、应急响应服务和安全教育培训服务。

综合训练

8.1 单项选择题

1.监视通信数据、通信流量分析和口令截获属于（　　）。

A.被动攻击　　B.主动攻击　　C.临近攻击　　D.分发攻击

2.（　　）是依照一定的安全策略，对网络、系统的运行状况进行监视，尽可能发现各种攻击企图、攻击行为或者攻击结果，以保证网络系统资源的机密性、完整性和可用性。

A.防病毒系统　　B.漏洞扫描系统　　C.入侵检测系统　　D.安全认证

3.数字证书生成的第一步是（　　）。

A.信息检索　　B.信息验证　　C.证书生成　　D.证书发放

4.PMI与PKI的区别不包括（　　）。

A.解决的问题不同　　B.证书不同　　C.管理部门不同　　D.体系结构不同

5.安全组织机构中的安全领导小组属于（　　）。

A.安全层　　B.决策层　　C.管理层　　D.执行层

8.2 多项选择题

1.电子政务安全问题产生的原因不包括（　　）。

A.技术保障措施不完善　　B.管理体系不健全

C.基础设施建设不健全　　D.社会服务体系问题

2.安全风险评估的步骤包括（　　）。

A.识别风险　　　　B.风险度量

C.确定风险级别　　　　D.制定风险管理策略

3.PKI基础设施采用（　　）来管理公钥，通过（　　）把用户的公钥和用户的其他标志信息捆绑在一起，提供身份验证机制。

A.认证机构　　　　B.密钥备份及恢复系统

C.数字证书　　　　D.API

4.应急管理的内容包括（　　）。

A.监测　　B.控制　　C.响应　　D.恢复

5.下列关于安全管理服务的描述正确的是（　　）。

A.安全管理服务属于基础设施平台

B.安全管理服务的内容包括安全咨询服务、安全技术管理服务、数据安全分析服务和安全管理评估服务

C.安全服务提供商提供由网络安全专家、专业的网络安全工具和安全管理策略组成的半成品的安全解决方案

D.安全管理服务商的最终目的是让客户的成功最大化

8.3 思考题

1.电子政务安全需求有哪些？请阐述电子政务安全威胁产生的原因有哪几个方面。

2.简述电子政务安全保障体系的组成。电子政务安全技术保障体系包括哪几个方面？

3.PKI和PMI不同点和相同点有哪些？什么是计算机病毒？计算机病毒有什么特点？

4.简述电子政务安全管理体系框架的组成。从哪几个方面保障电子政务安全的实施？

第9章

电子政务标准

学习指南
引导案例
§9.1　电子政务标准概述
§9.2　我国电子政务标准体系结构框架
§9.3　我国电子政务标准的主要内容
思政课堂
本章小结
综合训练

学习指南

【学习目标】标准化是我国电子政务建设的基础性工作，是构成信息交换和互操作、信息安全等的技术起跑点，是电子政务建设的社会基础设施。通过本章的学习，了解我国电子政务标准发展的现况；掌握电子政务标准的目的；掌握电子政务标准体系结构；理解我国六项电子政务标准。

【关键概念】电子政务标准　元数据　数据元

引导案例

兴化市监局周庄分局发挥标准引领作用，推进电子政务服务水平

2020年12月，泰州市市场监督管理局下达了2020年度泰州市服务业标准化增补项目，兴化市市场监管局周庄分局电子政务服务标准化试点项目成功入选。

周庄分局窗口长期以来依托江苏工商电子政务（二期）管理信息系统实施经济户口管理、信用分类监管等工作，但随着经济社会的不断发展，人民群众对政务服务工作的期盼和要求越来越高，机构改革后传统的“二版软件”已不能完全适应基层电子政务服务和监管工作的需要。例如：它可以打印执照，却不能帮助指导填写申请材料、不能管理个体工商户登记档案；它可以生成全局统一编号的行政处罚决定书，却不能形成市场监管总局规定的行政处罚文书……为了更好承接更多新职能，更好地服务地方经济发展，周庄分局主动作为，运用标准化理念，发挥标准化技术支撑和引领作用，自主研发了一套与“二版软件”配套、称为“内勤宝典”的软件，可以根据基层市场监管分局服务、监管、执法工作的实际需要，对软件的功能进行优化，增减相应功能。

为保障“内勤宝典”更便捷、高效，可复制、可推广，周庄分局积极推动“内勤宝典”标准化建设，2020年1月成立分局标准化工作领导小组，负责标准化工作的统筹和协调，建立起以服务通用基础标准，包括服务保障标准和服务提供标准在内的标准化体系。内容涵盖基础设施保障、注册登记、关联监管、法制管理、安全信用、从业人员健康管理、填表器模块等方面，满足了分局电子政务服务发展的需要。

自开展标准化工作以来，周庄分局已梳理和制订标准120项，包括通用基础标准20项、服务保障标准33项、服务提供标准67项，同时定期对标准体系进行跟踪评价并持续改进，确保了电子政务标准体系正常有效运行。同时不断强化标准化理念，推动全局运用标准化方式监督、管理和服务，发挥标准对市场监管电子政务服务技术支撑作用，以便更大限度地优化营商环境，助推地方经济高质量发展。

资料来源：瞿毅，陈宇．兴化市监局周庄分局推进电子政务服务水平［EB/OL］．［2020-12-08］．http：//www.e-gov.org.cn/egov/web/article_detail.php？id=175213．经删减整理．

影响电子政务发展的因素很多，包括技术手段的可靠性、国家法律的认同程度、安全管理的严格程度、电子政务相关标准的完备程度等。在上述诸多因素中，电子政务相关标准的完备程度是影响电子政务发展的最基本因素之一。它为电子政务顺利有序地开展、电子政务效益的发挥提供了必要的基础。从某种程度上讲，电子政务标准是推动电子政务社会化发展的关键。本章主要介绍电子政务标准体系结构以及我国6项电子政务标准的内容。

§9.1 电子政务标准概述

9.1.1 电子政务标准发展现状

1.国外电子政务标准发展现状

国外电子政务起步较早，各国政府都十分重视标准规范的研究和制定，相关标准规范

比较完善，已经形成了较为成熟的体系结构。英国、新西兰都制定了指导电子政府的互操作框架，明确了建设电子政务的相关技术标准和规范。美国和澳大利亚各州政务建立了电子政务的标准化体系，制定了政府网站指南和相关技术标准。

国外电子政务标准的制定通常是由政府统一发起组织成立标准化工作组，其下设立多个子工作组分别负责特定领域的相关技术规范。此外，社会团体及标准化组织也积极参与标准的研究和制定。例如，美国 American National Standards Institute （ANSI）、InterNational Committee for Information Technology Standards （INCITS），加拿大 Treasury Board of Canada Secretariat，澳大利亚 National Archives of Australia 以及新西兰 E-Government Unit at the State Services Commission 等机构领导或参与了电子政务标准的制定。此外，一些国际性标准化组织制定的标准规范也为各国电子政务标准规范所采用，如 ISO、IEEE、W3C、DC、IETF 等。

2. 我国的电子政务标准发展现状

在我国，国务院信息化工作办公室和国家标准化管理委员会于2002年1月成立了电子政务标准化总体组，该小组对以下工作负责：构建电子政务标准体系框架；组织建立电子政务标准化工作系统；编制电子政务标准化指南；修订及制定急需的标准；开发相应的电子政务标准应用工具；推行与重大工程应用紧密结合的标准咨询与服务体系。

在标准化建设的研究方面，我国与国际同行业存在较大的差距，尤其是在电子政务领域。目前，进行电子政务标准化的当务之急是分门别类地实现政务流程和环节的标准化。国务院信息化办公室主张进一步完善标准化管理方式，建立有效的动态维护机制和标准咨询服务体制，建立标准符合性测试体系，加大标准宣传与贯彻力度，尽快完善使用标准，使之成为国家标准。

电子政务标准化总体组遵循“急用先行、成熟先上、科学先进、切实可行”的原则制定电子政务标准，标准的研究采取开放的方式展开，积极调动各部门尤其是企业的力量，充分发挥各方面的技术优势和积极性，力求有效利用现有的资源和标准化成果。

9.1.2 电子政务标准体系的基本要求

1. 电子政务标准的含义

电子政务标准就是指针对电子政务实施和应用的标准，它是以电子政务的理论研究和实践发展为基础，经政府相关部门与代表厂商协商一致，由政府部门批准，以特定的形式发布，作为电子政务发展过程中共同遵守的准则和依据。

电子政务是一项复杂的系统工程，利用一定的标准对其进行规范十分必要。按适用范围的不同，标准一般可分成以下几类。

（1）国际标准。这是指国际标准化组织（ISO）和国际电工委员会（IEC）制定的标准，以及国际标准化组织已列入《国际标准题内关键词索引》中的27个国际组织制定的标准和公认具有国际先进水平的其他国际组织制定的标准。

（2）国家标准。这是指对全国经济技术发展有重大意义，需要在全国范围内统一的技术要求所制定的标准。

（3）行业标准。行业标准是指对没有国家标准而又需要在全国某行业范围内统一的技术所制定的标准。行业标准是国家标准的补充，在国家标准公布实施后，相应的行业标准即废止。

(4) 地方标准。这是指对没有国家标准和行业标准而又需要在省、自治区、直辖市范围内统一的工业产品的安全、卫生要求所制定的标准。地方标准在本行政区域内适用，且不得与国家标准和行业标准相抵触。国家标准、行业标准公布实施后，相应的地方标准即废止。

(5) 企业标准。企业标准是指企业所制定的产品标准和在企业内需要协调、统一的技术要求和工作要求所制定的标准。企业标准是企业组织生产和经营活动的依据。

2.电子政务标准的目的

确立电子政务标准对电子政务的健康、快速、稳定和有序的发展有着不可低估的作用。推广和实施电子政务标准的目的主要表现在以下3个方面：

(1) 满足电子政务系统复杂性的需要。

电子政务系统的复杂性表现在很多方面，主要有：①全面的开放性。其要适合不同的平台，满足不同政府部门相互间的信息开放及政府信息向公众开放的要求。②必要的兼容性。新建的电子政务系统不是对原有系统全面的否定，而是要实现必要的兼容。③可扩展性。这主要表现在网络的可扩展性和应用系统功能的可扩展性，不具有扩展性的电子政务系统不会长久。④可维护性。电子政务系统要满足日常维护和长期维护的需要。⑤高度的稳定性。电子政务系统要能抵挡各种干扰和破坏，必须保证各个子系统的稳定可靠。⑥充分的安全性。没有充分的安全性，电子政务就不可能发挥其应有的作用。

由于电子政务建设具有以上多方面的复杂性，因此，制定电子政务标准是十分必要的。

(2) 更好地开发和利用政府信息资源的需要。

由于各地和各级政府部门长期以来在政务资源开发方面往往采取各自为战、条块分割的做法，因此事实上已经形成了一个又一个的信息资源“孤岛”，既不能实现必要的信息资源共享，也无法向社会提供应有的服务。

推行电子政务标准，其中一个重要的方面就是要对分散开发和建设的政府信息资源形成一定的规范，使其成为标准化的资源，能够为不同的政府部门、社会公众充分地共享。

(3) 促进电子政务健康有序地发展。

电子政务正在全球范围内快速推进，我国的电子政务发展也正在全国内如火如荼地展开。在这种环境下，如果没有一系列相应的规范和标准，必然会导致电子政务发展的混乱和无序。

为了更好地发挥电子政务标准在促进电子政务健康有序发展中的作用，就必须在标准的前沿性、先进性、科学性和合理性等方面下功夫，既要借鉴国际先进经验，又要考虑实际国情，使标准的价值得到最大限度的体现。

3.电子政务标准的基本要求

标准对电子政务起到规范、引导的作用，标准的统一实施有助于大规模电子政务的应用，提升电子政务建设的高效性和规范性。电子政务标准体系应符合以下基本要求：

(1) 标准应该具有开放性、兼容性和公正性。标准的制定要选用民主方式，积极吸收社会各种力量，充分发挥各方面的技术优势，有效利用现有的资源和标准化阶段成果。

(2) 标准应该具有发展性和延续性。标准的制定应有一定的技术导向和前瞻性，同时也能确立技术市场的发展方向，不能把制定标准变成技术壁垒或成为技术发展的阻力。

（3）标准应该和应用结合。电子政务建设是一个渐进的过程，标准的制定也需要不断发展、完善。有了标准并不意味着电子政务的成功，标准不可能代替应用，我们必须把标准和应用结合起来，以应用促进标准，以示范工程项目推动标准的制定和完善，标准化必须为应用服务。

§9.2 我国电子政务标准体系结构框架

9.2.1 我国电子政务标准化总体框架

2002年3月24日，电子政务总体组确定了《国家电子政务标准体系框架》和《国家电子政务标准研究项目管理办法》，确定了首批电子政务词汇标准。为了确定电子政务标准化体系框架的内容，标准化总体组开发了电子政务的参考模型如图9-1所示，基于这个模型，又确定了电子政务标准化体系框架的六大部分内容，即总体标准、应用业务标准、应用支撑标准、网络基础设施标准、管理标准和安全标准，如图9-2所示。

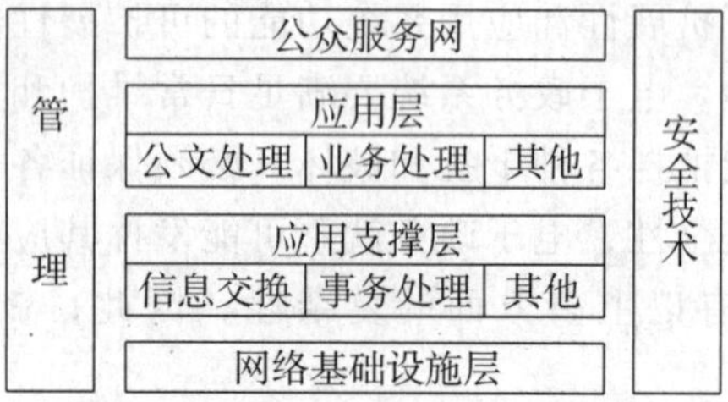

图9-1 国家确定的电子政务参考模型

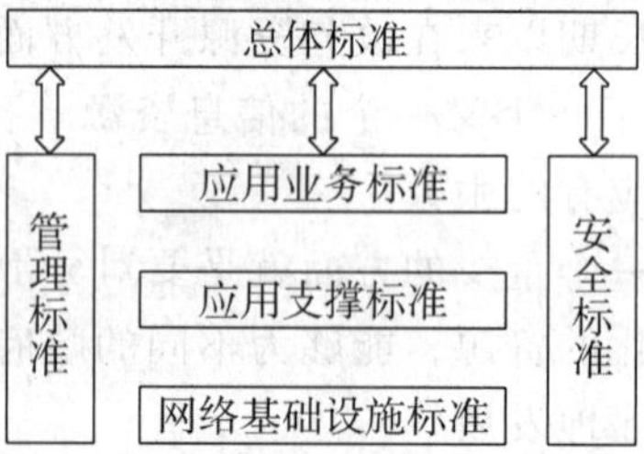

图9-2 电子政务的标准化体系框架

9.2.2 电子政务总体标准

电子政务总体标准分为整体框架、术语标准和中文信息处理标准3个部分。这里分别对每部分的标准进行分别介绍，并列举部分标准的详细内容。

1.整体框架

整体框架包括电子政务标准体系、电子政务标准化指南、电子政务综合业务网总体技术要求、电子政务内部办公网总体技术要求、电子政务公众服务网总体技术要求、电子政务互操作性框架。

2.术语标准

术语标准中包括对电子数据交换术语（EDI）、算术和逻辑运算、设备技术、数据的组织、数据的表示法、数据的准备和处理、计算机程序设计、安全、数据通信、操作技术和设施、处理器、外围设备、计算机图形、可靠性、维修和可用性、程序设计语言、人工智能基本概念与专家系统、军用计算机安全术语等的界定。

3.中文信息处理标准

中文信息处理标准包括信息交换用7位编码字符集、信息交换用汉字编码字符集基本集、体系结构与基本多文种平面、信息交换用汉字编码字符集基本集的扩充、信息处理用现代汉语分词规范、数字键盘汉字输入通用要求、信息处理设备中汉字点阵字模数据的检测方法、印刷体汉字识别系统要求与测试方法的界定。

9.2.3 网络基础设施标准

网络基础设施标准是为电子政务提供基础通信平台的标准，包括建设规范、网络管理规范和信息安全标准。

（1）建设规范。

电子政务建设规范包括电子政务综合业务网建设规范、电子政务内部办公网建设规范和电子政务公众服务网建设规范。

（2）网络管理规范。

网络管理规范涵盖电信管理和相关技术的标准、网络管理接口测试方法、用户接入网网络管理接口技术规范（通用传输部分）、宽带接入网网络管理接口技术规范（ADSL部分）、电子政务综合业务网（专网）管理系统技术要求、电子政务内部办公网（内网）管理系统技术要求、电子政务公众服务网（外网）管理系统技术要求等共21个管理规范。

9.2.4 电子政务应用支撑标准

应用支撑标准主要针对部门的电子政务应用，在规范部门电子政务应用方面有着重要的作用。电子政务应用支撑标准包括信息交换标准、置标语言标准、数据库标准、服务标准。

9.2.5 应用业务标准

应用业务标准是为承担电子政务系统开发的软件厂商提供的，对规范系统开发，提高系统开发的兼容性和通用性有很大的指导意义。应用业务标准包括元数据标准、代码标准、单证格式标准、业务流程4个方面。

（1）元数据标准。元数据是用于描述数据及其环境的数据。元数据标准涵盖了贸易元数据，目录标准元数据，用于行政、商业和运输业电子数据交换的复合元数据目录，用于行政、商业和运输业电子数据交换的复合元数据目录，电子公文元数据目录。

（2）代码标准。代码标准涵盖了标准化工作导则信息分类、校验码系统、全国干部及人事管理信息系统指标体系分类与代码、公民身份号码、各种机关代码、城市代码、货物代码、用于行政及商业和运输业电子数据交换的代码表、电子政务主题词表等。

（3）单证格式标准。单证格式标准涵盖了国家行政机关公文格式、发文稿纸格式、文书档案案卷格式、单证标准编制规则、外贸进出口相关单证、基于XML的电子公文格式等。

（4）业务流程。业务流程涵盖了电子政务业务流程设计方法通用指南、电子公文交换处理规范、电子公文存档管理规范、电子公文处理流程规范、电子政务业务生成的通用技术要求、XML业务表示规范。

9.2.6 安全标准

安全标准包括信息安全体系结构、信息安全框架、信息安全模型、加密技术、签名技术、完整性机制、鉴别机制、抗抵赖机制、密钥技术规范、物理环境和保障、信息安全产品、系统与网络标准、应用与工程标准、管理标准。

(1) 信息安全体系结构。信息安全体系结构涵盖了安全体系结构、TCP/IP安全体系结构、通用数据安全体系、通用数据安全体系、认证体系建立标准、计算机信息系统安全等级保护体系结构、计算机信息系统安全保护等级通用标准。

(2) 信息安全框架。信息安全框架涵盖了信息技术开放系统、互联开放系统安全框架，包括鉴别、访问、抗抵赖、机密、完整、安全、跟踪和告警框架、互联网协议安全架构（基于VPN)。

(3) 信息安全模型。信息安全模型涵盖了开放系统互联高层安全模型、开放系统互联通用高层安全、保护传送语法协议实现一致性声明形式表、信息技术底层安全、计算机信息系统安全保护等级模型等。

(4) 加密技术。加密技术涵盖了国家主管部门批准的算法、N位块密码算法的操作方式、军用信息系统网络安全保密要求、SSL、PGP、IPV6。

(5) 签名技术。签名技术涵盖了安全技术、消息恢复的数字签名方案、安全技术带附录的数字签名和散列函数。

(6) 完整性机制。完整性机制涵盖了用作密码校验函数的数据完整性机制、安全技术电文鉴别代码、用块密码的机制。

(7) 鉴别机制。鉴别机制涵盖了安全技术电文鉴别代码、用块密码的机制、实体鉴别、开放系统互联鉴别框架。

(8) 抗抵赖机制。抗抵赖机制涵盖了安全技术抗抵赖机制、使用对称技术的机制、使用非对称技术的机制。

(9) 密钥技术规范。密钥技术规范包括公钥基础设施（PKI）技术规范、授权管理基础设施（PMI）技术规范、密钥管理基础设施（KMI）技术规范3种。①PKI技术规范涵盖了CA中心标准体系指南、PKI体系结构标准、PKI证书规范、PKI证书服务业务流程规范、PKI目录结构规划、PKI体系结构标准、属性证书规范；②PMI技术规范涵盖了PMI证书服务业务流程规范、PMI目录结构规划；③KMI技术规范涵盖了KMI体系结构标准、KMI服务业务流程规范。

(10) 物理环境和保障。物理环境和保障涵盖了计算机场地安全要求、计算机场地通用规范、电子计算机机房设计规范、计算机信息系统防雷保护器、计算机信息系统设备电磁泄漏发射限值、计算机信息系统设备电磁泄漏发射测试方法、电话机电磁泄漏发射限值及测试方法等。

(11) 信息安全产品。信息安全产品涵盖了网络代理服务器的安全技术要求、路由器安全技术要求、过滤防火墙安全技术要求、应用级防火墙安全技术要求、计算机病毒防治产品评级准则。

(12) 系统与网络标准。系统与网络标准涵盖了网络层安全协议、安全报警报告功能、安全审计跟踪功能、电子政务信息交换安全技术要求、电子政务XML安全技术指南、电子政务网络（专网与内网）安全技术规范、XML数据安全指南、XML加密、XML访问控制技术、XML数字签名、电子政务网络传输加密技术要求、电子政务安全防范指南、计算机安全技术指南、电子政务鉴别框架等。

（13）应用与工程标准。应用与工程标准涵盖了电子政务安全认证技术要求，电子政务业务加密、数字签名、电子印章等的技术要求，电子政务系统安全保护等级技术要求，网络身份认证系统安全保护等级评估标准，网络身份认证平台安全保护等级技术要求，网络身份认证应用安全保护等级要求，生物特征身份认证安全保护等级技术要求等。

（14）管理标准。电子政务的管理标准主要是为了确保电子政务工程建设质量所需的标准。管理标准涵盖了计算机信息系统安全保护等级划分准则、信息安全管理标准、安全性评估准则、电子政务安全级别管理规范、涉及国家秘密的计算机信息系统保密技术要求和方案设计指南、公钥基础设施中的密钥管理指南、公钥基础设施指南、认证中心管理指南、计算机信息系统五层面安全保护等级标准系列，系统层面安全保护标准、网络层面主要构件安全保护标准、应用层面安全保护标准等。

9.2.7 电子政务管理标准

电子政务管理标准主要是为了确保电子政务工程建设质量而建立的标准。电子政务管理标准为实施电子政务监理和评估提供了基本的依据，有利于保障电子政务的实施质量和水平。

电子政务管理标准包括电子政务软件工程、电子政务项目验收与监理、电子政务系统测试与评估以及电子政务信息资源评价体系等涉及工程建设管理的标准。

§9.3 我国电子政务标准的主要内容

我国关于电子政务方面的标准正在陆续出台，2014年，国家标准化管理委员会和国务院信息化工作办公室联合下发了《电子政务标准化指南》和6项电子政务标准试用和征求意见的通知，这份通知中对我国电子政务标准做了介绍，主要包括以下内容。

1. 电子政务业务流程设计方法通用规范

这一标准为业务人员表达业务流程提供了一种描述业务流程的手段，同时还为业务人员与软件开发人员进行交流提供了有效的途径。该标准提供了一种用于描述业务流程的方法，并给出了描述业务流程细致程度的具体指标，从任务分工责任化、业务运行责任化以及信息处理精细化等方面促进业务管理规范化。

2. 电子政务数据元设计与管理规范

数据元是构建元数据和元数据实体的基本单元。数据元是有效实现和增进跨系统和跨环境数据共享的基础。电子政务数据元是政府所有业务活动中所涉及数据元的总称。这一标准主要规定了电子政务数据元的基本概念和结构、电子政务数据元的表示规范以及特定属性的设计规则和方法，并给出了电子政务数据元的动态维护管理机制。该标准可用于指导各级政府部门编制各种通用或专用的数据元目录。

3. 基于XML的电子公文格式规范

这一标准分为总则、公文体、展现、办理、交换、归档及安全等7个部分，是利用

XML对机关电子公文的处理过程的相关信息进行结构化描述，并通过制定统一的电子公文标准，实现党政机关公文处理的电子化、自动化和标准化。这一系列标准对建立统一的电子公文格式标准，实现政务系统的互联互通和政府信息资源的共享产生重要的影响。

4.电子政务主题词表编制规则

电子政务主题词表是供国家各级政府部门在网络环境下处理政务使用的重要检索语言工具。该标准用于规范电子政务主题词表的编制、控制质量以及实现检索语言在网络环境下的兼容与共享。这一标准规定了电子政务主题词表（包括综合电子政务主题词表和专业电子政务主题词表）编制中应遵循的规则、方法和要求，主要内容有词表结构、选定词、参照系统、主题词款目格式、排序、主表、附表、索引、出版形式、综合电子政务主题词表与专业电子政务主题词表的关系等。

5.XML在电子政务中的应用指南

《XML在电子政务中的应用指南》属于置标语言标准，是电子政务标准体系应用支撑标准中的重要组成部分，将对国家电子政务建设起到积极推动作用。XML及构筑其上的各类相关技术，依赖其本身的技术特点，能有效地运用在电子政务框架体系的各个层次中。同时，在电子政务框架体系的各个层次中，通过对XML技术的恰当运用，能有效解决目前电子政务中面临的资源共享、安全控制、业务协同和业务集成等一系列核心问题，并为与其他领域（如电子商务等）的业务互通、互联提供适当的技术基础。

6.信息化工程监理规范

信息化工程监理工作的主要内容是对信息化工程建设的设计、开发、实施各阶段进行质量控制。信息化工程监理规范是一个系列标准，在《信息化工程监理规范》的总标题下，分为总则、综合布线系统工程监理、计算机机房系统工程监理、计算机网络系统工程监理、应用软件开发系统工程监理和信息安全系统工程监理等6部分。这一标准对于指导和规范我国电子政务监理工作的开展起到重要的作用。

为建立我国的政务信息资源目录服务体系，2007年，《政务信息资源目录体系》国家标准颁布。政务信息资源目录体系包括：总体框架、技术要求、核心元数据、政务信息资源分类、政务信息资源标识符编码和技术管理要求。政务信息资源交换体系包括：总体框架、分布式系统间信息交换技术要求、异构数据库接口规范和技术管理要求。

电子政务标准的完善是一个渐进的过程，需要社会各界的共同努力，更需要在实践中进行大胆的探索。

思政课堂

推进我国电子政务标准体系建设

近日，中共中央、国务院印发的《国家标准化发展纲要》明确了到2025年，实现标准供给由政府主导向政府与市场并重转变，标准化发展由数量规模型向质量效益型转变的发展目标，并提出了重点推进政务服务等标准制定与推广，加快数字社会、数字政府标准化建设等工作要求。

2020年6月，市场监管总局等六部门印发了《国家电子政务标准体系建设指南》，提出由总体标准、基础设施标准、数据标准、业务标准、服务标准、管理标准、安全标准7部分组成的电子政务标准体系框架。针对制约电子政务发展的主要矛盾和突出问题，围绕政务数据开放共享、公共信息资源开发利用、电子文件、“互联网+政务”等重点工作，提出了相应的标准子体系框架及建设重点。目前电子政务现行及在研的标准共计100余项。

电子政务是深化“放管服”改革和建设服务型政府的战略举措，也是政府部门提升管理能力的重要手段。标准化是电子政务落实和推广的基础和前提，是电子政务高质量发展的重要组成部分。国家电子政务质检中心将持续秉承“提质增效，标准先行”的原则，以国家电子政务相关政策为根本遵循，以政务信息化高质量发展需求为驱动，积极参与国家电子政务标准化工作，将检验检测技术创新经验转化为质量标准，为政务信息系统全生命周期全层面质量保障提供基本准绳和方法指南，促进我国电子政务高质量发展。

资料来源：佚名．国家电子政务质检中心积极参与电子政务标准化建设［EB/OL］．［2021-10-20］．http：//www.e-gov.org.cn/egov/web/article_detail.php？id=178816.经删改整理．

本章小结

电子政务标准体系由整体标准和电子政务应用支撑标准、网络基础设施标准、信息安全标准和业务标准4个分类标准构成。

我国电子政务有6项电子政务标准：电子政务业务流程设计方法通用规范、电子政务数据元规范、基于XML的电子公文格式规范、电子政务主题词表编制规则、XML在电子政务中的应用指南、信息化工程监理规范。

综合训练

9.1　单项选择题

1.我国电子政务方面的标准以（　　）为主。

A.国际标准　　B.国家标准　　C.行业标准　　D.地方标准

2.（　　）是为承担电子政务系统开发的软件厂商提供的，对规范系统开发、提高系统开发的兼容性和通用性有很大指导意义的标准，包括元数据标准、代码标准、单证格式标准和业务流程。

A.电子政务应用业务标准　　B.电子政务安全标准

C.电子政务应用支撑标准　　D.电子政务管理标准

3.下面不属于电子政务管理标准的是（　　）。

A.信息安全产品　　B.软件工程标准

C.验收与监理标准　　D.系统测试与评估标准

4.下面关于电子政务标准的描述错误的是（　　）。

A.进行电子政务标准化的当务之急是分门别类地实现政务流程和环节的标准化

B.电子政务标准化总体要遵循“急用先行、成熟先上、科学先进、切实可行”的原则

C.电子政务标准对于推动电子政务社会化发展起到的作用是次要的

D.电子政务是一项复杂的系统工程，需要利用一定的标准对其进行规范

5.网络建设规范和网络维护管理规范属于（　　）。

A.电子政务总体标准　　B.网络基础设施标准

C.电子政务应用支撑标准　　D.电子政务管理标准

9.2　多项选择题

1.电子政务标准的基本要求有（　　）。

A.标准应该具有开放性、兼容性和公正性

B.标准应该具有发展性和延续性

C.标准应该满足电子政务系统复杂性的需要

D.标准应该和应用结合

2.下面属于电子政务安全标准的是（　　）。

A.元数据标准　　B.信息安全框架　　C.加密技术　　D.签名技术

3.密钥技术规范包括（　　）。

A.PKI技术规范　　B.PMI技术规范　　C.KMI技术规范　　D.Internet协议

4.电子政务标准的主要内容有（　　）。

A.基于XML的电子公文格式规范　　B.XML在电子政务中的应用指南

C.电子政务业务流程设计方法通用规范　　D.信息化工程监理规范

5.电子政务标准的目的有（　　）。

A.满足电子政务系统复杂性的需要　　B.更好地开发和利用政府信息资源的需要

C.促进电子政务健康有序的发展　　D.建立一个国际化标准

9.3　思考题

1.什么是电子政务标准？电子政务标准有哪些种类？

2.制定电子政务标准的目的是什么？

3.请说明我国电子政务标准体系的框架结构。

4.电子政务安全标准包括哪些内容？

第10章 电子政务建设与管理

学习指南
引导案例
§10.1 电子政务系统规划
§10.2 电子政务系统项目建设过程
§10.3 电子政务系统的项目管理
思政课堂
本章小结
综合训练

学习指南

【学习目标】电子政务系统的建设，是一个具有较强综合性、复杂性的过程，需要吸收成形的项目管理的理论知识作为管理基础，吸收成功的电子政务系统建设经验，形成一种建设模式，以指导其他电子政务系统项目的实施。通过本章的学习，掌握电子政务系统规划的内容和步骤；掌握电子政务系统项目建设的过程；理解电子政务系统项目管理的内容。

【关键概念】电子政务系统规划　战略集转化法　关键成功因素法　电子政务系统项目管理　项目风险　需求管理　进度管理　项目质量管理

引导案例

汕头市加快推动数字政府改革建设

据了解，汕头市积极推进数字乡村建设、助力乡村振兴，以政务服务村村通、金融服务户户通为目标，将自助服务延伸到群众“家门口”。

应用智慧不智慧、操作起来方便不方便，群众最有话语权。汕头市政务服务数据管理局认真落实全省数字政府改革建设部署要求，持续发力深化“放管服”改革，用心用情用力推动便民惠企最大化，全力推动数字政府改革建设，并取得积极的阶段性成效。

一、率先实现“粤智助”村（社区）全覆盖

“群众只需验证身份，就能轻松在家门口自助办理100多项政务服务、公共服务事项。”如此方便的办事服务，是在“粤智助”平台上实现的。

在南澳县，46个村（社区）“粤智助”政府服务一体机已全部安装到位，成为全省第一个实现“粤智助”在村（社区）全覆盖的区县。

汕头积极发挥数字政府技术赋能，先后建成“汕头政府在线”、一门式一网式服务系统、基层公共服务平台、政府门户网站等重大电子政务项目，推动实现办公移动手机与生活手机“两机合一”，成功打造覆盖134个市直单位、577个区直单位、67个镇街、1 086个村居的一体化政务服务平台，形成“横向到边、纵向到底、一体运作”的政务外网格局。

二、智能化服务助老人跨越“数字鸿沟”

汕头各政务服务办事大厅提供刷身份证“秒核”健康码等便捷服务。老年人无须翻找手机程序，只要刷身份证，即可同步实现人、证、码“三合一”查验，实时核验健康状况、个人行程轨迹等信息。

汕头市政府门户网站适老化及无障碍改造工作已于2021年9月底基本完成，政务服务网汕头分厅也基本完成改造。升级改造后的网站有显示放大字体、一键操作、文本输入提示等多种无障碍便捷功能，提升网站应用适老水平及无障碍普及率。

三、深化“互联网+”，延伸政务服务链条

10月25日，“粤盾2021”广东省数字政府网络安全攻防演练活动在广州闭幕，汕头市荣获“地市优秀防守单位”称号，在粤东西北各地级以上市中居第一名，全省排第五名。

为推动政务数据资源的有序汇聚，汕头还建成广东省政务大数据中心汕头分节点及政务大数据展示平台。推动深汕政务服务协作深度开展，汕头还以深化“互联网+政务服务”改革为抓手，开设“跨域通办”专栏、两地互置政务自助一体机、综合窗口服务无缝对接，推动企业和老百姓异地“跨城通办、一次办成”。

资料来源：佚名. 汕头市加快推动数字政府改革建设［EB/OL］.［2021-11-11］. http: //www.e-gov.org.cn/egov/web/article_detail.php? id=179069.经删减整理.

对于一个涉及部门广泛、运作过程复杂的电子政务系统而言，在开发过程中需要政府各部门人员、系统设计人员等多方面的通力合作。协调合作关系、衔接项目，必须采取一定的项目管理手段和有关措施，这就是电子政务系统开发的项目管理。强调和重视项目管理在电子政务系统开发的作用，可以确保电子政务系统开发的高效率，保证电子政务系统的开发沿着健康轨道进行。

§10.1 电子政务系统规划

10.1.1 电子政务系统规划综述

1. 电子政务系统规划的概念

电子政务系统规划就是政府机构信息系统建设的战略规划，它是一种从政府业务发展和政府改革的战略角度考虑，对电子政务系统的目标、发展战略以及政务系统资源和开发工作的综合性计划，是针对电子政务系统的最高层次的管理和规划。其规划工作的主要目标是明确电子政务系统的发展方向、电子政务系统规模和开发计划。

2. 电子政务系统规划指导思想

明确电子政务建设的指导思想，是做好电子政务系统规划的关键。只有遵循科学的原则、明确目标，才能保障规划方向的正确。综合近几年我国电子政务建设的实践，在电子政务系统规划中，应遵循以下指导思想：

（1）审时度势、量力而行。

要看到不同地方政府、不同政府部门对电子政务的发展要求及基础条件有很大差别，因此，要对需求进行全面分析，并综合信息环境制定出既符合形势发展的需求又符合实际要求的建设规划。

（2）明确任务、突出重点。

近期我国电子政务建设的主要任务包括：第一，建设两个平台（政务内网平台、政务外网平台）和一个门户网站；第二，建设四个重要的数据库（人口、法人机构、空间地理和自然资源以及宏观经济数据库）。此外，还要建设和完善一批急需的业务系统。电子政务系统的建设项目庞杂，在进行规划时，要按照重要程度对项目进行分类，然后，按轻重缓急合理确定优先项目和重点项目。

（3）组织保证、统筹协调。

电子政务建设是一项长期的战略系统工程，必须有专门的组织机构，该组织机构的职责如下：负责统筹协调政府行政体制改革及电子政务发展的要求；负责电子政务的规划与管理；管理组织的业务流程；制定组织的信息政策和基础标准，为实施电子政务提供必要的技术支持及效益评价；负责电子政务的宣传、咨询和必要的培训工作以及组织的内外协调与沟通工作。

（4）技术可靠、安全实用。

电子政务系统的安全性和实用性，是不可忽视的问题。一旦系统出现问题，可能会给国家带来损失，甚至会危及到国家的安全。电子政务的安全问题既有技术层面的，也有管理层面的，在电子政务建设规划中，这两方面的安全措施都要充分考虑。电子政务系统还要能够最大限度地满足政府办公及用户的需要，应使其无须经过复杂的培训就能方便地使用。

3. 电子政务系统规划的内容

（1）电子政务系统的目标、总体结构和发展战略。

电子政务系统的规划应根据机构的战略目标和内外约束条件（如地域因素、行业因素、经济因素等），确定政府电子政务系统的目标、电子政务系统的总体结构、电子政务系统建设的发展战略等。电子政务系统的目标指明电子政务系统的发展方向；总体结构确定信息的主要类型以及主要的子系统，为电子政务系统的开发提供框架；发展战略则提出具体的步骤和各阶段应达到的分目标，并提供衡量具体工作效果的标准。

（2）电子政务系统建设现状分析。

对机构信息系统建设现状的分析涉及很多具体的资料和数据，包括截至制定电子政务系统规划时的整体信息化水平、信息化建设所处的阶段、信息系统的分布、各信息系统的进展及应用效果、机构已购置的软件与硬件设备的数量、设备利用情况、人员和技术储备、资金投入和费用分析等。这些资料将成为制定下一步发展战略的基础数据。分析的准确与否将直接影响战略规划的质量。在调查这些和信息系统建设直接相关的数据的同时，也不能忽视对机构当前的组织结构、业务流程、机构文化、管理制度等情况的分析。

（3）对相关信息技术发展的预测。

根据信息技术目前的发展和应用趋势，信息技术主要包括计算机软件与硬件技术、网络技术及数据处理技术等。电子政务系统规划随时会受到这些技术发展的影响。因此，应该对规划中涉及的软硬件技术和方法论的发展及对电子政务系统的影响作出预测，必要时进行技术评估，以提高技术选型和产品选型的先进性、正确性、安全性。这是衡量电子政务系统是否具有可持续发展潜力的关键因素之一。

（4）近期发展的计划。战略规划涉及时间跨度较长（5年以上），在战略规划适用的几年中，应对即将到来的一段时期（如一两年）作出具体安排，包括信息系统建设工作进度表，具体项目开发、实施、维护的进度安排，软件、硬件设备购置时间表，系统评价方法，人力、资金的需求计划，相关岗位培训计划等。规划除了为电子政务系统的开发指明方向之外，还通过机构系统的总体结构以及近期发展计划确定开发的优先次序，初步解决机构资源分配和系统落实的问题。

电子政务系统战略规划的内容并不是一成不变的，这里所介绍的只是一些必要的内容。各个机构应根据各自的特点和更加具体的要求对规划的内容作出增删或调整。由于机构职能的转变、组织结构的调整、管理方法的更新、技术的变革等都可能会对已有的规划产生影响，因此机构信息系统的战略规划即使在适用期内也需要不断地修改。

4.电子政务系统规划的步骤

从目前的经验来看，进行电子政务系统规划包括以下步骤：

（1）建立、完善领导机构和实施机构。其具体内容包括：成立系统建设领导小组，统筹领导和协调系统建设的全过程；组成项目执行机构，确定决策层和实施层两个机构。

（2）确定明确的需求。这是指以问题和需求为导向，设定总体目标和阶段目标。整个电子政务系统的建设要以优化政府管理工作的各个核心业务流程，提高工作效率，更好地发挥政府宏观管理、综合服务的职能为总体目标，根据实际需求，分轻重缓急进行安排，循序渐进，逐步加以完善。

（3）规划和设计信息系统。这是指结合电子政务系统信息和应用的特点，进行信息系统总体设计，确定开发应用标准和规范。这一步要综合考虑网络体系、支撑安全体系、应用体系等组成部分，进行系统的总体设计，同时要建设各子系统所必须依据的统一技术规范、应用平台、指标体系、信息代码、运行管理制度等，以确保整个政务系统成为高效运行的有机整体。这是从整体上将电子政务的任务进行分工。

（4）从技术和功能层面构建基本支撑和应用体系。构建基本支撑体系方面的通常工作有：确定底层通信网，如通常选用TCP/IP网络；选用合适的技术开发工具和开发平台；构建安全管理体制，包括安全监测、实体安全、运行安全、信息安全、网络公共秩序和人员管理等安全法规，以及稽查制度和事故应变制度等；确定系统可靠性方案，如备份、防病毒、复杂系统的容错、应急体系等。

5.电子政务系统规划应注意的问题

电子政务系统战略规划不仅是机构信息系统建设的总体部署，而且也是机构整体战略规划的重要组成部分。制定规划的过程是不断调研、分析、讨论、思考的过程。在这个过程中应该注意以下问题：

（1）电子政务规划必须考察应用需求，并对机构的组织环境、管理环境和技术环境有全面的了解和评价，以作出尽量准确的需求分析。

（2）电子政务系统规划要与机构发展总体目标相吻合，要分清近期目标和长远目标。

（3）电子政务系统规划能够随环境发展而变化，因此规划不宜过细，它只能给后续工作以指导，但不能代替后续工作。

（4）电子政务规划要重视运营维护环节，在系统建设中应重视咨询服务带来的价值，提高规划的质量。

10.1.2 电子政务系统规划的方法

电子政务系统规划就是政府机构信息系统建设的战略规划，一个好的规划需要根据实际情况选择合适的规划方法。到目前为止，用于信息系统规划的方法很多，主要有战略集转化法、关键成功因素法和企业系统计划法。这些方法中的一些重要概念已经在我国企业界产生了深远的影响并得到了广泛的应用。除了以上列出的三种方法外，还有机构信息分析与集成技术、投入产出分析方法、零点预算法、投资回收法、征费法等。下面主要介绍战略集转化法、关键成功因素法和企业系统计划法三种较为成熟、使用较多的规划方法。

1.战略集转化法

战略集转化法（Strategy Set Transformation，SST）由威廉·金（William King）于1978年提出，他把企业的整个战略目标看成一个“信息集合”，由使命、目标、战略和其他战略变量（如管理的复杂性、改革习惯以及重要的环境约束）等组成，信息管理的战略规划过程是把机构的战略目标转变为电子政务系统战略集的过程。战略转化过程如图10-1所示。

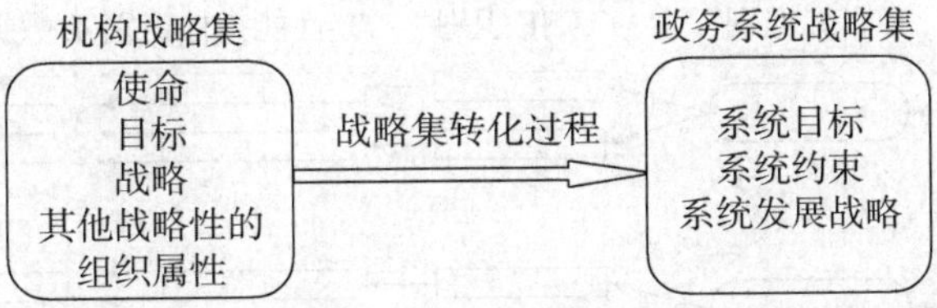

图10-1 战略转化过程

电子政务系统总体规划的目的是确定电子政务系统的战略和目标，并保证它们与机构总的战略和目标一致，从而实现这些信息系统对机构长久战略的支持。

（1）战略转化过程。

① 机构战略集。机构战略集由使命、目标、战略和其他战略性的组织属性等组成：机构

的使命回答了机构是什么，为什么存在，它能为社会作出什么贡献等问题；机构的目标就是机构发展希望达到的目标，这些目标可以定量描述，也可以定性描述；机构的战略是为达到目标而制定的总体发展方针；其他战略性的组织属性包括管理水平、管理者对信息技术的了解、改革习惯以及重要的环境约束等。机构的战略集在很多情况下并没有以书面形式存在。因此，在大多数情况下，机构都是通过重新考察、分析和整理得到机构战略集的。

② 政务系统战略集。政务系统战略集由系统目标、系统约束和系统发展战略构成：政务系统目标主要定义电子政务系统的功能目标，其描述比机构目标的描述更加具体；政务系统约束包括内部约束和外部约束，内部约束包括内部人员组成、资金预算等，外部约束则来自政府机构外部，如公众或企业对政府的要求，同其他电子政务系统的接口环境等；政务系统发展战略是系统开发中应当遵循的一系列原则，如电子政务系统的安全可靠、兼容能力、应变能力等要求，以及开发的科学方法和合理的管理等。

（2）战略集转化法的实施步骤。

战略集转化法的实施大致可分为两步。第一步是识别机构的战略集。首先考察该机构是否有成文的战略集长期计划，如果没有，则要按如下步骤构造该战略集合：描绘出机构各类人员结构；识别每类人员的目标；对于每类人员识别其使命及战略。当企业战略初步识别后，应立即送交企业有关领导审阅和修改。第二步再将该机构战略集转化成电子政务系统管理战略。

2.关键成功因素法

1970年，哈佛大学的教授在信息系统模型中提出关键成功因素（Crucial Success Fact, CSF），这些因素直接影响信息系统的成败。10年后，麻省理工学院教授约翰·罗卡特（John Rockart）把关键成功因素提高成为信息系统的战略。

所谓关键成功因素，是指对成功实现目标起关键作用的因素。在不同类型的职能活动中，关键成功因素会有很大的不同，即使在同一类型的活动中，不同时间，其关键成功因素也会不同。**关键成功因素法就是通过对机构目标的识别和分解，找出影响目标成功实现的关键因素，再围绕这些关键因素来确定电子政务系统的需求，并进行规划**，如图10-2所示，主要步骤如下：①了解政府机构（或电子政务系统）目标。②识别关键成功因素：对政府机构某战略目标的实现起关键作用的因素及其子因素。③识别性能的指标和标准：即给出每个关键成功因素的性能指标和测试标准。④识别测量性能的数据，形成数据字典，帮助制定决策。

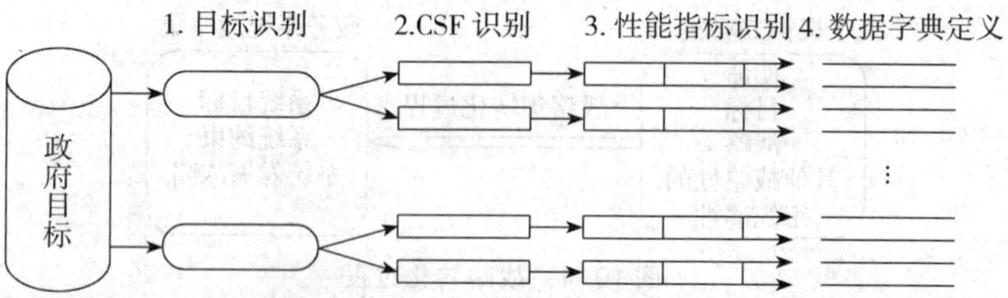

图10-2　CSF基本思路示意图

至于在众多的成功因素中确定哪些因素是关键成功因素，针对不同机构用不同的方法。关键成功因素法在高层应用中一般效果比较好，因为高层领导人员日常总在考虑什么是关键因素。该方法对中低层领导来说一般不大合适，因为中低层领导所面临的决策绝大多数是结构化的具体工作。

3.企业系统计划法

企业系统计划法（Business System Planning，BSP）是20世纪70年代由IBM公司推出的一种企业信息系统规划方法。它要求通过全面调查分析企业信息需求，制订信息系统总体方案。它能够确定出未来信息系统的总体结构，明确组成系统的各子系统及其开发顺序，并对数据统一规划管理和控制，能保证信息的一致性。

BSP规划法是能够帮助规划人员根据机构目标制定出信息系统战略规划的结构化方法，具有一定的通用性，因此，也能满足政府用作电子政务系统的规划要求。BSP法的基本思路如图10-3所示。

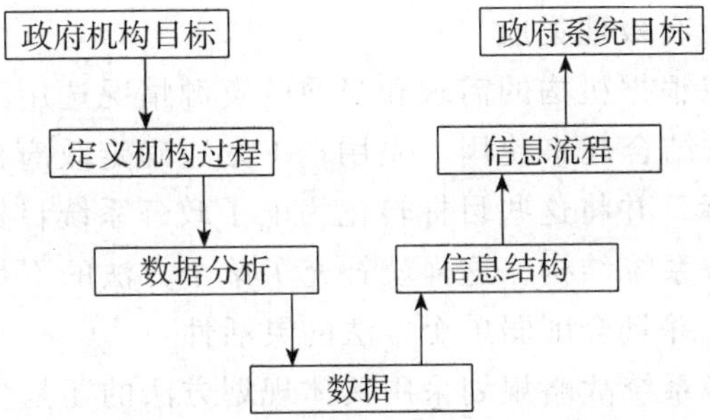

图10-3　BSP法基本思路示意图

BSP法的主要步骤如下：

（1）准备工作。成立由最高领导牵头的委员会，下设一个规划研究小组，并提出工作计划。

（2）调研。规划组成员通过查阅资料，深入各级管理层，了解本机构有关决策过程、组织职能和部门的主要活动以及存在的主要问题。

（3）定义业务过程。所谓业务过程，是指组织机构管理中必要且逻辑上相关的、为了完成某种管理功能的一组活动。

（4）业务过程重组。这是指取消或优化那些与现代信息技术环境不相适应的或低效的业务过程。

（5）定义数据类。数据类是指支持业务过程所必需的逻辑上相关的数据。规划人员分别从各项业务过程的角度将与该业务过程有关的输入数据和输出数据按逻辑相关性整理出来归纳成数据类。

（6）定义信息系统总体结构。利用U/C矩阵法划分子系统。

（7）确定总体结构中的优先顺序。按子系统的优先顺序制订系统的开发计划。

（8）提交BSP研究报告。

4.3种规划方法的比较

我们介绍了关键成功因素法、战略集转化法和企业系统计划法等3种系统规划方法。这3种方法的特点如下：

（1）CSF方法的优点是它能使目标的识别突出重点，集中于获取高层领导的信息需求，并且进行信息需求调查所需的时间较少。它的不足在于数据的汇总过程和数据分析都是一种随意的方式，缺乏严格的方法将诸多关键成功因素进行汇总。另外，也难以解决个人和组织的关键成功因素不一致问题。

（2）SST方法从另一个角度识别管理目标，它识别出的目标反映了各种人的要求，而且给出了按这种要求的分层，然后转化为信息系统目标的结构化方法。它能保证目标比较全面，疏漏比较少，这是CSF方法所做不到的。虽然SST方法保证战略目标比较全面，但在突出重点方面却不如前者。

（3）BSP方法是将企业战略转化为信息系统的战略，它的优点是保证信息系统独立于企业的组织结构，即使企业的组织结构和管理体制发生变化，也不会对信息系统的结构体系构成太大冲击。其主要缺点在于收集数据的成本较高，数据分析难度大，真正实施起来非常耗时、耗资。另外，它不能够为新信息技术的有效使用确定时机，也不能将新技术与传统的数据处理系统进行有效地集成。

在实际工作中，可以根据机构的需求和当前的资源情况选用不同的方法。如果条件允许，还可以把这3种方法结合起来使用。先用CSF方法确定政府机构目标，然后用SST方法补充完善政府机构目标，并将这些目标转化为电子政务系统目标，再用BSP方法校核两个目标，并确定电子政务系统结构，这样就补充了单个方法的不足。当然，这也可能使整个规划的过程过于复杂，并且会削弱单个方法的灵活性。

目前，国内电子政务系统战略规划采用具体规划方法的还是少数。对于是否需要开展如此细致的系统规划似乎还有争议。但在系统规划过程中应该强调这样一些问题：其一，必须承认没有充分踏实的调查研究，没有采用较为成熟的规划方法，规划的科学性难有保障；其二，选择规划方法时，要全面考虑机构的规模、特点和需求，应该秉承实事求是、因地制宜的原则选择规划方法；其三，战略规划本身就是一个非结构化的问题，不可能有唯一的解，也不会有最好的解法。因此，即使初步选定了某种方法，也可以进行更有针对性的灵活应用。

§10.2 电子政务系统项目建设过程

电子政务系统的建设，是一个具有较强综合性、复杂性的过程，其建设过程中存在着巨大的风险，需要掌握成熟的项目管理理论知识作为管理基础，吸收成功的电子政务系统建设经验，形成一种建设模式，以指导电子政务系统项目的实施。

电子政务系统项目建设过程一般包括：项目准备、项目启动、项目采购、项目实施和系统评价几个阶段。各阶段的不同组织成员，以不同的工作方式完成不同的任务，共同对范围、时间、成本费用、质量、人力资源、沟通、风险和采购等方面进行管理，以达到最终的电子政务系统建设目的。电子政务系统项目建设过程如图10-4所示。

同其他信息化工程一样，电子政务建设首先是一项项目工程，因此必须在其建设过程中采用项目管理的思想和方法。每阶段都有需要解决的主要问题、涉及的负责人。表10-1给出了电子政务系统项目建设阶段的关键问题及负责人。

10.2.1 项目准备阶段

1.项目准备阶段的任务

电子政务系统建设是一个复杂的系统工程，涉及方方面面的技术和管理问题，成功地

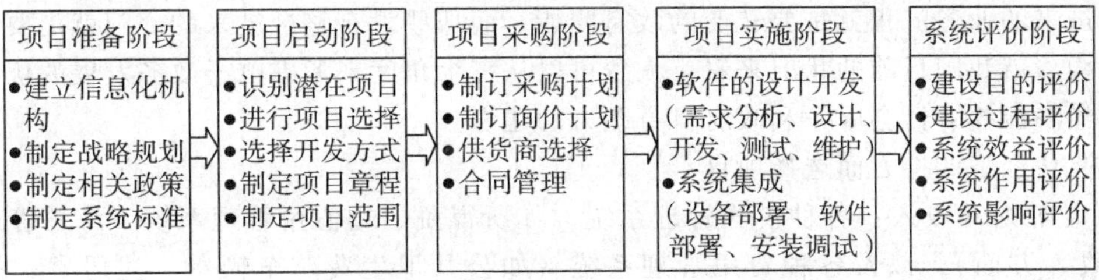

图10-4　电子政务系统项目建设过程

表10-1　　电子政务系统项目建设阶段的关键问题

阶段	关键问题	负责人
项目准备	战略规划的制定	政府领导负责、顾问专家协助
项目启动	项目的目标和需求	政府组织者、使用者、企业共同参与
项目采购	如何选择合适的开发商	政府组织者和招标公司共同负责
项目实施	组织、经费、进度、质量	企业或政府信息部门
系统评价	效果如何保障、如何评价	政府信息部门或第三方

推进信息化，除了需要有相当的专业知识和丰富的经验外，更需要强有力的、有效的信息化管理与领导。项目准备阶段的任务就是要建立信息化机构、制定战略规划、制定相关政策和标准化，为具体项目的成功打下管理基础。

2.项目准备阶段的关键

电子政务系统建设过程中包含“三分技术、七分管理”，项目建设最终能否成功，管理的好坏起着决定性的作用。政府信息化在很大程度上涉及部门之间和个人之间的利益的重新分配，这势必会遇到各种阻力。能否平衡好部门之间的利益，协调好人际关系是非常重要的问题。因此，信息化的管理部门必须具有一定的层次，它需要一个综合部门，有一定的行政权力，有各种各样的手段和工具来保证其协调职能的实施，特别是协调各部门的利益冲突。否则，即使有了信息化管理，这种管理的效力也不会太大。所以，要进行政府信息化建设，首先必须成立信息化建设领导小组，或者叫电子政务协调领导小组，该小组必须有最高行政领导直接参与，以保证实施有效的组织与控制。而战略规划的制定和相关政策、标准化体系的建立，将为电子政务系统建设提供一个健康有序的建设环境。

10.2.2　项目启动阶段

在项目启动阶段，需要完成四个方面的工作：识别潜在项目，进行项目选择；选择项目开发方式；制定项目章程；制定项目范围说明书。

1.识别潜在项目，进行项目选择

在电子政务系统开发项目启动阶段，首先要做的工作是识别潜在项目，应当以政府的业务流程为主线，在信息化规划的基础上进行。以政府业务流程为主线发展电子政务实际上就是利用信息技术对政府业务流程重新进行分析和整理，把那些最急需的政府业务流先整理出来。按照优先顺序把业务流程整理后，一个电子政务的总体结构就出来了。那些没有整合进来的业务流程就是要转变的政府职能，而那些没有整合进来的部门就是要调整的政府机构。就我国目前的状况来看，大致可以从三个角度来考虑电子政务发展的优先级问题，即经济调控、社会服务和政府自身能力的建设。

（1）从经济调控方面选择项目。

① 增加财政收入：各种税收管理系统，如所得税、增值税管理系统，海关管理系统（关税收入方面），以及各种费用管理系统（如公共卫生费、车辆费、注册费、执照费等）。此为“开源”，凡能帮助政府增加收入者均在此列。

② 营造良好的市场和投资环境：如市场监管系统、进出口管理系统、国内与国际贸易管理及市场信息系统、产业部门统计分析与市场预测、经济分析及投资数据、新技术及技术转让机会信息、专利信息、外资管理信息系统，以及各种相关的政府法规信息及服务系统等。

③ 资源和计划管理：如地理信息系统、资源信息系统、土地与地产管理系统、国有资产管理系统、城市规划与建筑管理系统等。这类系统通过有效和高效率的管理间接产生经济效益。

④ 财务管理：包括工资管理、支付和开支管理、各种投资和建设项目的管理等。其主要目的是保证资金进出的有效管理，实现“节流”。

（2）从社会服务方面选择项目。

① 面向居民的各种服务系统：如居民登记系统，包括出生、死亡、婚姻、迁移等；居民身份证、护照发放系统；汽车证照和驾照发放系统；各种证件的防伪系统；社会保障系统，如失业补贴发放、求职援助等；社区的各种服务和管理系统；土地和住房的注册登记系统等。

② 公安系统：如出入境管理系统、罪犯管理系统、监狱管理系统、交通监测和管理系统，以及其他的公安管理系统等。

③ 环境保护和环境信息系统：如环保信息系统、气象预报系统、地震监测系统等。

④ 医疗与保健系统：如医院信息系统，包括网上挂号系统、远程医疗系统、网上药物销售系统、器官移植信息中心、血液中心、医疗保险系统等。

⑥ 公共教育和文化系统：如电子入学管理系统，包括大中小学上网、毕业证书和学位证明查询系统、数字图书馆、数字博物馆、社区公共信息中心等。

（3）从政府自身的建设角度选择项目。

① 提高政府核心业务运行的有效性和效率：如国防、安全、情报系统、首脑机关（党中央、国务院等）的各种监控系统、决策信息系统、公文流转管理系统、内部通信系统、信息与知识管理系统等。

② 政府信息资源的开发：如各种法律信息系统、政令信息系统、文件管理系统和档案管理系统等。

③ 增加政府的透明度和反腐倡廉：如财政预算管理系统、人事管理系统、电子采购系统、政府工程招投标系统和信访监察系统等。

上面所举的仅是发展电子政务应从不同角度考虑的部分系统和项目，而并非全部，政府电子政务发展的过程还很漫长，所覆盖的政府业务范围也远比这里列举的要大得多。

2.选择项目开发方式

电子政务系统的开发方式主要有自行开发、联合开发、外包、购买现成软件等4种方式。

(1) 自行开发。这是指最终用户自己开发，目前在电子政务系统的开发中，这种开发方式用得越来越少。它主要用于两种情况：其一，机构具有较强的信息技术队伍，这些技术人员的技术水平比较高，并且能够全职或大部分能够全职地从事开发工作。其二，政府机构要开发的系统规模小，功能简单。

(2) 联合开发。采用联合开发方式的优点是比较节约资金、需求分析较为准确、通过信息系统的开发可以完善和提高自己的技术队伍素质。另外一个优点就是这种开发方式简化了系统维护工作。但其也有一些缺陷，如开发组织工作难度较大，双方在技术、管理、经济上的关系微妙，需要在合同中细致地加以规定，以避免不必要的纠纷等。

(3) 外包。这是用资金购买信息系统产品或者信息技术服务的一种开发方式。外包已经成为政府系统开发和实施的首选。外包根据购买物性质的不同，可以分为两种：①产品外包，即仅仅委托开发商进行信息系统的开发等工作，待系统实施后，由机构自己负责运行维护；②业务外包，机构不仅请外部公司开发系统产品，甚至请外部的公司来负责系统的日常管理和运行维护，这种方式更为彻底。

(4) 购买现成软件。由于电子政务带来的巨大商机，目前从事各类电子政务系统开发的公司越来越多，并已形成一些特定的政务系统解决方案，所以在机构决定开发方式的时候，直接购买现成的产品也就成为一个可选的方案。直接购买现有软件能够避免重复劳动，节省时间和费用，系统技术水平较高，但缺点也比较明显：专用性较差，很难全面满足机构的需求，因此有时需要进行二次开发。

总之，不同的开发方式有不同的长处和短处，需要根据政府机构及其系统的实际情况进行选择，也可综合使用各种开发方式。表10-2对上述4种开发方式进行了简单的比较。

表10-2 项目开发方式比较

开发方式	自行开发	联合开发	外包	购买现成软件
分析设计能力要求	高	较高	一般	较低
程序编写能力	高	较高	低	较低
实施难易程度	高	较高	较低	较低
运行维护的难度	高	较高	较低	较低
所需费用	低	较低	高	较低

3.制定项目章程

项目选择的结果是形成项目章程，项目章程应当包括：项目名称和授权日期、项目负责人、项目简要的范围说明书、计划的项目管理方法总结、角色和职责矩阵图、签名部分和评述等。项目章程中要注意项目负责人的选择。

电子政务项目的负责人应具备以下素质：

(1) 有较丰富的工作经验，熟悉政府的业务流程，具备信息系统规划设计的能力。

(2) 协调沟通的能力。电子政务系统所面临的问题是全方位的，涉及方方面面，需要不同的部门、企业协同工作。如果不擅长沟通，那么许多优秀计划和项目可能会“搁浅”。

（3）判断、跟踪和捕捉IT技术的能力，负责人应具备一定的信息技术知识，以保证他懂得如何将最合适的技术运用于本部门，实现战略目标。

4.制定项目范围说明书

在项目章程的基础上，应当进一步形成较详细的范围说明书，为将来的项目决策奠定基础，包括怎样判断项目和项目阶段已经成功完成的基本标准。项目范围说明书应包括：项目论证、项目产品简述、所有项目可交付成果的总述以及对决定项目成功因素的说明等内容。

（1）项目论证：描述了促使项目创建的业务需求。例如，采用先进的信息技术，实现机关办公的电子化、自动化和网络化。

（2）项目产品简述：概括项目所要产出的产品或服务的基本特征。例如，决策支持系统为机关各级领导和工作人员的管理与决策活动提供信息支持。办公自动化系统为领导提供监督组织运行的工具，帮助业务人员减少手工劳动，提高工作效率，协助后勤服务部门科学管理车辆、办公用品等各种资源等。

（3）项目可交付成果总述：用来列出项目的所有可交付成果。例如，一个软件产品应当包括计算机程序代码、用户手册、人机交互学习程序等。一旦明确，应该识别非可交付成果，任何没有明确要求的结果，都意味着它在项目可交付成果之外。

（4）项目成功因素：列出项目成功必须达到的量化标准，其中最重要的是成本、工期和质量。当然，这些标准也可以在项目采购过程中逐步完善明确。

10.2.3 项目采购

项目采购阶段涉及项目管理知识领域的采购管理，如采购与询价计划制订、询价、供货商选择、合同管理等。同时，它又是计划过程的一个组成部分，涉及项目的时间、费用、质量、人力资源、沟通等方面的管理。在采购输出阶段，不仅要选择供应商并签订合同，还要给出详细的范围定义、项目进度表、费用估计与预算分配、质量计划、沟通计划以及风险应对计划等。现阶段，我国政府采购主要有以下几种方式：①公开招标；②邀请招标；③竞争性谈判；④单一来源采购；⑤询价；⑥国务院政府采购监督管理部门认定的其他采购方式。如果电子政务系统项目采用外包方式进行开发，一般情况下，政府都会以招标的采购方式采购。限于篇幅，有关项目采购的相关内容这里只作简单介绍。

1.招标的基本概念

（1）招标。招标是一种在一定范围内公开货物、工程或服务采购的条件和要求，邀请众多投标人参加投标，并按照规定程序从中选择交易对象的市场交易行为。被选择的“实施者”被称为应标人或投标人。实施者参与业主所进行的招标活动和行为，称为应标或投标。

（2）招标代理机构。招标代理机构是依法设立从事招标代理业务并提供服务的社会中介组织。招标人有权自行选择招标代理机构，委托其办理招标事宜。

（3）评标人。评标人是招标人和投标人以外的第三方，他们将在众多参与投标活动的投标人中客观、公正地评审出中标者。该活动称为评标。

（4）招标的方式。按政府采购的公开程度，招标的方式可划分为公开招标采购、邀请招标采购、竞争性谈判采购、询价采购和单一来源采购五种方式。

（5）招标的范围。《中华人民共和国招标投标法》第三条明确规定，在中华人民共和国境内进行下列工程建设项目，包括项目的勘察、设计、施工、监理以及与工程建设有关的重要设备、材料等的采购，必须进行招标：①大型基础设施、公用事业等关系社会公共利益、公共安全的项目；②全部或部分使用国有资金投资或者国家融资的项目；③使用国际组织或者外国政府贷款、援助资金的项目。

必须进行招标的项目而不招标的、将必须进行招标的项目化整为零或者以其他任何方式规避招标的，责令限期改正，可以处以项目合同金额千分之五以上千分之十以下的罚款；对全部或者部分使用国有资金项目，可以暂停项目执行或者暂停资金拨付；对单位直接负责的主管人员和其他直接责任人员依法给予处罚。

（6）招标的作用。招标投标制度在节省开支、提高效率方面发挥着积极的作用。招标行为的公开、公正和公平性，使采购活动被置于透明的环境之中，能够有效地防止腐败行为的发生，也使工程、设备等采购项目的质量得到了保证。

2.招标的一般程序

公开招标采购分为前期准备、招标、开标、评标和定标、签约和违约处理等几个阶段，每个阶段又包括不同的步骤，招标的一般程序如图10-5所示。

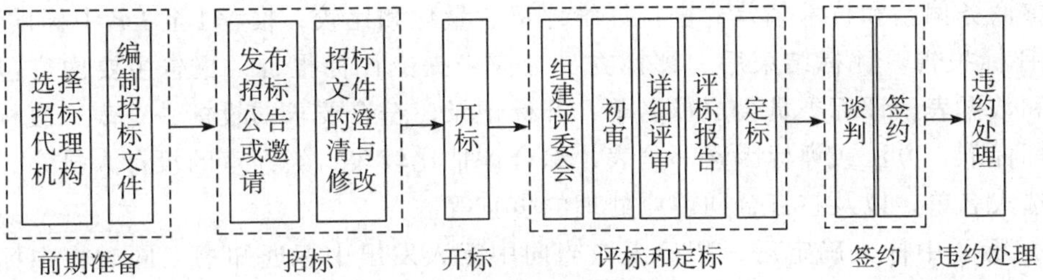

图10-5　招标的一般程序

（1）前期准备。

① 选择招标代理机构。《中华人民共和国招标投标法》规定，招标人可以采取自行招标和委托招标代理机构代理招标两种方法开展招标工作。

② 编制招标文件。委托招标的，招标文件由招标代理机构编制。

（2）招标。

① 发布招标公告或邀请。采用公开招标方式的，在国家及本市指定的报刊、信息网络或者其他媒介上发布招标公告。招标公告应说明项目概况、项目法人授权范围与授权期限、投标人资格要求、获取招标文件的办法、投标截止时间等事项。自招标文件开始发出之日起至投标人提交投标文件截止之日止不少于20天。采用邀请招标方式的，向3个以上具备承担招标项目能力、资信良好的法人或者其他组织发出投标邀请书。

② 招标文件的澄清与修改。招标代理机构以会议记录或其他书面形式进行的解释或者对招标文件的修改，应当作为招标文件的组成部分。招标代理机构应当在投标截止时间至少15日前，将招标文件中澄清或者修改的内容，以书面形式通知所有招标文件的收受人。

（3）开标。

在规定的日期、时间、地点公开启封收到的所有投标书，当众宣布投标者名称和报价，使所有与会的投标者了解各家的报价和自己在其中的位次。开标时宣读的内容统称为“报价”，实际内容一般包括总标价（文件中应包括各部分的分报价）、总工期、材料、设备及软件列表说明型号、数量和价格，以及其他附带条件或说明。招标代理机构只能逐一宣读投标书，不能解答任何问题。开标在招标文件中确定的提交投标文件截止时间的同一时间公开进行。开标地点为招标文件中预先确定的地点。开标由招标代理机构主持，邀请所有投标人参加，可以邀请公证机构进行现场公证。

（4）评标和定标。

① 组建评标委员会。一般来说，评标委员会由招标人的代表和有关技术、经济等方面的专家组成，成员人数为5人以上的单数。这些专家应当从事相关领域工作满8年并具有高级职称或者具有同等专业水平，与投标人有利害关系的人不得进入相关项目的评标委员会。评标委员会成员的名单在中标结果确定前应当保密。评标会议应在严格保密的情况下进行，任何单位和个人不得非法干预、影响评标的过程和结果。

② 初审。评标委员会应当按照有关法规和招标文件的规定，对投标文件进行初审。同时可以要求投标人对投标文件作必要的澄清、说明或者纠正，从而审查和确认投标的有效性。

③ 详细评审。对于初审合格的投标，评标委员会按照招标文件规定的评标标准和方法，调整商务偏差和技术偏差，进行详细评审、量化和比较，推荐1至3名中标候选人。

④ 评标报告。评标结束后，评标委员会应当提交评标报告。报告主要内容包括：基本情况和数据表，评标委员会成员名单，开标记录，符合要求的投标一览表，废标情况说明，评标标准、方法或评标因素一览表，综合评估比较表，经评审的投标人排序，推荐的中标候选人名单，以及签订合同前应处理的事宜等。

⑤ 定标。中标人确定后，招标人应当向中标人发出中标通知书，同时将中标结果通知所有未中标的投标人。中标通知书对招标人和中标人具有法律效力。招标人和中标人应当自中标通知书发出之日起30日内，按照招标文件和中标人的投标文件订立书面合同。政府机构还应注意，对于《中华人民共和国招投标法》规定的依法必须进行招标的项目，招标人应自确定中标人之日起15日内，向有关行政监督部门提交招标、投标情况的书面报告。

（5）签约。

确定中标人后，应在一定时间内签署承包合同。中标人借故不承包，或招标人另行改换中标人，均属违约行为，应按中标总价的一定百分比补偿对方的经济损失。签署合同后，中标人即改变身份为承包商了，并对所承包的信息工程负经济和法律责任。整个工程的招标及评标工作宣告结束。

合同内容要求包括：建设要求、功能要求、工程标准规范、设备型号、数量、配置与价格、设备到货与安装调试时间、软件要求、工程进度要求、测试方法、验收要求、培训计划、付款方式、技术文档要求、保修和售后服务以及违约责任等事项。正式合同签订后10日内，业主应将合同复印件报主管部门存档备案。

（6）违约处理。

中标人拒绝签订合同的，投标保证金不予退回。经招标委员会审议通过后，排名第一的候选中标人升为中标人；第一候选中标人拒绝签订合同的，第二候选中标人升为中标人；中标人和两名候选中标人全都拒绝签订合同的，应重新举行招标。相反，招标人若拒绝签订合同的，应向中标人支付双倍投标保证金。

中标人应当按照合同约定履行义务，完成中标项目。中标人不得向他人转包中标项目。中标人按照合同约定或经招标人同意，可以将中标项目部分非主体的专项工作（如布线、机房等）分包给他人完成。接受分包的人应当具备相应的资格条件，并不得再次分包。中标人应当就分包项目向招标人负责，接受分包的人就分包项目应承担连带责任。

10.2.4 项目实施

电子政务系统项目的实施一般包括软件设计开发和系统集成两个阶段。

1.软件设计开发

（1）需求分析。

在此阶段，开发部门系统分析员依据“项目建议书”或“客户需求说明”，以及合同、技术协议等相关背景资料，开展功能调研和数据调研；必要时，开发部门应与客户交流，对系统功能和数据需求作进一步调研分析。

开发部门系统分析员将分析结果编制成“软件需求分析说明书”和“总体设计说明书”，并按“设计评审程序”对其进行评审。合同规定或客户要求确认时，“软件需求分析说明书”和“总体设计说明书”应提交客户签字确认，可作为合同附件。编制时，应参照“软件需求说明书编写指南”及“软件总体设计说明书编写指南”执行。

（2）软件设计。

软件设计内容包括模块划分、程序实现设计、重要算法设计、数据库设计和用户界面的实现设计等。这个阶段需要开发人员详细了解用户对该软件功能的要求，制订软件设计工作计划，并根据“软件需求分析说明书”对软件进行设计，完成“总体设计说明书”、“详细设计说明书”和“技术规范”等软件开发和验收依据的制定工作。

（3）软件开发。

① 项目小组制订编码等软件实现工作的计划，并以软件需求和软件设计为依据，进行程序编码工作，编码工作包括必要的调试和单元测试，并形成用于运行的软件目标代码。

② 项目开发组长负责组织对编码工作进行确认，确认工作包括检查编码是否符合“软件开发规则、惯例和约定”的要求，以及代码复查等。

③ 在编码确认工作完成后，项目小组提交“代码复查报告”进行审批。未通过审批确认的编码，由项目组开发人员予以修改。

在软件开发阶段，需要按要求编制开发文档、实施计划和用户操作手册等相关文件，必须有效控制程序的编码和软件相关内容的实现，确保将程序错误率尽可能地降低，并保证软件实现的完整性。

（4）软件测试。

软件编码得到的目标代码必须经过软件测试，在软件测试过程中，项目小组负责对发现的编码问题进行解决。软件测试的目的是通过有效的测试，确保所开发软件的质量。

首先，组织测试人员进行软件测试工作，进行文档的规范化审核。

其次，根据软件需求说明和软件设计文档，编制“软件测试计划”，通过审批后，对软件相应模块开展测试工作。“软件测试计划”必须包含测试内容、人员和时间安排等内容，必须针对软件需求和软件设计，设计必要的测试用例。

最后，采用书面或电子文档的方式，对测试中发现的问题进行记录。必须对问题进行清楚的描述，并对问题的严重性和处理的紧迫性划分级别进行标记。将测试中发现的问题报告给项目组开发人员，由项目组开发人员负责答复或作相应的修改。对测试中发现的重大测试问题，由项目主管和项目测试负责人协商解决。项目测试负责人根据“软件测试计划”和测试进展情况，决定具体测试记录工作的结束并开始编写测试报告，提交项目执行负责人进行审批确认。

系统还可提交用户进行测试，但软件提交用户试用测试之前，必须先经过上述的内部测试过程。

软件开发与测试阶段，是一个多次循环的过程，在实际工作中，很少有一次完成的。

（5）软件的安装维护。

在完成软件的开发之后，要确保软件项目的顺利实施和软件产品的顺利推广，并保证提交给用户使用的软件的完整性。

项目主管组织相关人员完成软件版本发布前的整合工作，内容包括最终目标代码的整合生成、安装打包、形成软件最终载体等。项目开发小组提交软件版本发布评审所需要的软件最终载体、全套开发文档和必要的相关资料、记录，并且必须提交“开发文档清单”。

软件版本发布评审通过后，由项目执行负责人签署“软件版本发布审批表”予以发布，提交用户安装后进入维护性开发阶段。

2.系统集成

系统集成阶段，一般分3步完成，即基本设备部署、基础软件部署、系统安装调试。

（1）基本设备部署。

设备交付要求按照设备采购的约定进行。需要交付的设备包括依据合同须向买方提供的一切设备、备件、工具、软件、资料和其他材料。

投标人应在货物到达项目现场一周前，向买方提供详细的设备供货清单，由买方确认。当货物到达买方指定的安装现场后，依据约定的时间，买卖双方依据设备供货清单共同对设备进行开箱验收，并对设备的数量、品质进行逐项检查。根据到货和运输安排，交付可能分若干次完成。

在确认各项设备的基础上，由集成商按照用户要求和有关技术文件，制定“系统详细设计规格说明”，各部分设备分别由其安装负责人按照总体规范要求进行安装和调试，并在完成后进行测试。

（2）基础软件部署。

基础软件部署完成数据库等子系统的详细参数设计，并协调完成有关服务器组的安装配置和测试工作。基础软件部署一般包括以下内容：

① 数据库服务为整个系统的数据库管理提供数据库支持平台。

② 应用服务器为B/S方式的3层或多层结构软件提供运行平台。

③ 局域网文件和打印共享是网络资源共享的重要方式，使用户可以方便地通过共享传输文件、打印服务。

④ 为实现以上网络应用所必需的局域网环境和对TCP/IP网络协议的支持等。

（3）系统安装调试。

按照系统集成提出的要求和网络设计方案，完成整个系统的安装调试，保证新购设备和已有设备之间、新开发系统与原有系统之间的互联互通。在安装、调试过程中，乙方应向甲方提供安装调试过程中的各种文档资料，以便买方掌握操作方法和维护方法。

10.2.5　系统评价

1.系统评价概述

电子政务系统评价分为项目前期准备阶段的评估、项目投资实施时期的事中评价和项目建成之后的评价。这里讨论的系统评价是指项目建成之后的评价。它是指信息系统项目建设完成后，对信息系统项目建设的目的、建设过程、效益、作用和影响等情况进行全面系统的分析与评价，从而改进投资效益，提高宏观决策和管理水平，发现信息建设中存在的问题，为系统的正常运行和维护提供决策信息。

2.电子政务系统评价的目标

通过对电子政务系统评价可以达到以下目标：

（1）通过系统评价，检查电子政务系统建设的成效，检查项目建设过程是否规范。

（2）检查系统的功能是否符合用户的要求，系统性能是否满足业务处理的需要。

（3）通过对系统建设的效益进行评价，确定电子政务系统建设投入的成效。

电子政务系统建成投入使用后，并不意味着该系统建设工作的完结。应当认识到，电子政务系统建设是一项为了改进自身管理水平而进行的经常性工作，系统建成投入使用只是一个阶段性的“里程碑”，而不是政府信息化的“终点”或“句号”，有关部门还应对电子政务系统进行积极的、定期的系统评价，通过定量计算、定性分析，对系统的效用进行客观公正的评价，从不同的角度科学地揭示系统的应用现状，以有利于政府信息化的持续发展。

§10.3 电子政务系统的项目管理

10.3.1　电子政务系统的项目管理概述

项目管理是伴随着社会的进步和项目的复杂化而逐渐形成的一门管理学科。目前，项目管理的理念在人们工作实践中起到了越来越重要的作用。对于一个涉及部门广泛、运作过程复杂的电子政务系统而言，有效的项目管理是很重要的。

电子政务系统的项目管理的主要作用是对电子政务系统开发过程中所涉及的各项工作进行管理，目的在于利用有效的资源使电子政务系统开发达到最优化。电子政务项目具有紧迫性、独特性和不确定性等特点。虽然其项目的性质、规模、投资大小以及使用的技术千差万别，但从管理的角度分析，项目运作本身又都有其共性，都经历了项目启动、项目计划、项目实施（包括项目执行、项目监理）和项目验收过程，所涉及的管理内容也是基本一致的。

1.电子政务系统项目管理的概念

电子政务系统项目管理是指项目管理者按照客观规律的要求，在有限的资源条件下，运用系统工程的理论和方法，对开发电子政务系统这一项目所涉及的全部工作进行管理，

即对电子政务系统的需求发现到实施的全过程涉及的项目申报和审批管理、建设管理、资金管理、监督管理和验收评价管理，以实现项目管理的目标。在上述定义中包括以下几个要素：

（1）主体要素。电子政务系统项目管理的主体是电子政务系统的管理者，管理者应该是政府部门的工作人员。他们既是电子政务系统的投资者，也是电子政务系统的使用者，所以应该由他们对电子政务系统开发全过程进行管理。

（2）客体要素。电子政务系统项目管理的客体是电子政务系统开发涉及的全部工作，这些工作构成完整的系统运动过程——项目周期。

（3）目标要素。电子政务系统项目管理是为了实现电子政务系统开发的目标。管理的性质和功能决定了它本身不是目的，而是实现一定目标的手段。电子政务系统项目管理的目标是：在有限的资源条件下，保证电子政务系统开发的时间、质量、成本达到最优化。

（4）职能要素。管理的职能是计划、组织、指挥、协调和控制。管理者从事管理，必须行使一定的管理职能。电子政务系统项目管理的职能可以概括为计划、组织、指挥、协调和控制。

（5）管理依据要素。电子政务系统项目管理的依据是电子政务系统开发的客观规律。电子政务系统的项目管理是人为的主观行为，而主观行为必然要受到客观规律的制约。要实现电子政务系统的项目管理目标，达到预期效果，就必须尊重电子政务系统的客观规律。

2. 电子政务系统项目管理的内容

在电子政务建设中，于不同类型的电子政务系统的差异性很大，适合于所有电子政务项目过程的相关管理技术只能是抽象的。在实际的电子政务项目管理体系建设中，必须将这些管理技术与项目过程紧密结合，这样才能对电子政务的项目管理起到指导作用。这里侧重于电子政务系统项目的建设管理的内容，包括以下几个方面：需求管理、风险管理、进度管理、质量管理、人力资源管理、沟通管理、集成管理、文档管理，如图10-6所示。以下各节对各管理内容进行详细阐述。

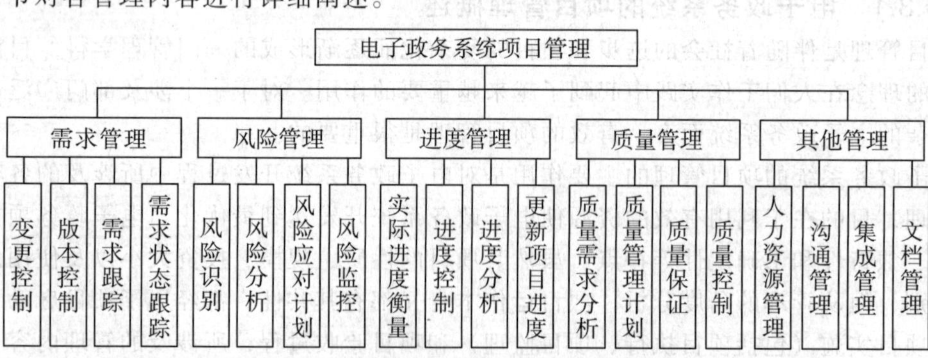

图10-6 电子政务系统项目管理的内容框架图

10.3.2 需求管理

“需求主导，突出重点”是国家信息化领导小组对于我国当前电子政务建设所提出的原则和指导思想之一。需求管理贯穿产品生命周期的全过程。

1.需求管理的概念

需求分析的过程，也叫作需求工程和需求阶段，它包括需求开发和需求管理两个部分。需求开发是指从情况收集、分析和评价到编写文档、评审等一系列产生需求的活动，分为4个阶段：问题获取、问题分析、制定规格说明和评审。需求管理是软件项目开发过程中控制和维持需求约定的活动，它包括变更控制、版本控制、需求跟踪、需求状态跟踪等工作。

2.需求管理的方法

需求管理的目的就是要控制和维持需求约定的活动，保证项目开发过程的一致性，使用户得到他们最终想要得到的产品。需求管理的方法主要包括：①确定需求变更控制过程。②进行需求变更影响分析。③建立需求基准版本和需求控制版本文档。④维护需求变更的历史记录。⑤跟踪每项需求的状态。⑥衡量需求稳定性。

3.需求分析评价标准

如何判断需求规格说明的好坏，不同的软件工程规范都有自己的标准。由美国国家航空和航天局软件工程实验室开发的软件工程规范，是五大常用国际软件工程规范之一，其对软件需求过程的评价标准是：清晰、完整、一致、可测试。

10.3.3 风险管理

1.风险管理的概念

项目风险是指在项目开发过程中遇到的预算和进度等方面的问题以及这些问题对项目开发进展的影响。项目风险会影响项目计划的实现，如果项目风险变成现实，就有可能影响项目的进度，增加项目的成本，甚至使项目不能实现。如果对项目进行风险管理，就可以最大限度地减少风险的发生。

2.风险的分类

同其他IT开发项目类似，电子政务工程项目的风险体现在以下4个方面：需求、技术、成本和进度。常见的风险有如下几类：需求风险、计划编制风险、组织和管理风险、人员风险、开发环境风险、客户风险、过程风险。

3.风险管理的内容和过程

风险管理涉及的主要过程包括：风险识别、风险分析、风险应对计划制订和风险监控。风险管理在项目的开始时就要进行，并在项目执行中不断进行。就是说，在项目的整个生命周期内，风险管理是一个连续的过程。

10.3.4 进度管理

1.进度管理的概念

电子政务系统开发项目的进度管理是指在系统开发过程中项目管理者围绕目标工期要求编制计划，付诸实施且在此过程中经常检查计划的实际执行情况，分析进度偏差原因并在此基础上不断调整，修改计划直至电子政务系统开发全部完成并交付使用；通过对进度影响因素实施控制及各种关系协调，综合运用各种可行方法、措施，将项目的计划工期控制在事先确定的目标工期范围之内，在兼顾成本、质量控制目标的同时，努力缩短建设工期。电子政务系统开发项目的进度管理是执行项目的重要且必要的组成部分，是确保项目按计划进行的必要手段。

2.电子政务项目进度管理的内容

进度管理贯穿于整个电子政务系统开发项目。合理确定报告期有利于保证在不牺牲项目范围、预算、进度或质量的情况下实现项目目标。所以，明确进度管理的内容、不断监测至关重要。进度管理包括以下几个方面的内容：

（1）衡量实际进度。确定电子政务系统开发项目中已经完成工作的实际耗费时间，以及到期尚未完成的工作，以掌握开发的实际进展。

（2）进度控制。进度控制是将项目变更融入计划，根据项目的实际进度，进行适当调整，以产生新的基准计划。项目变更的影响程度取决于作出变更的时间，发生在项目早期的变更对进度、成本的影响要比发生在晚期的变更小。所以必须密切关注项目进度，及时发现项目变更的情况，以确保在最短的时间内，对项目变更作出最适当的调整。

（3）进度分析。在电子政务系统开发项目实施过程中，要对每个因计划变更得到的新的进度计划进行分析，进度分析应该包括识别关键路径和任何有关负时差的活动路径，以及那些与以前进度计划相比偏离预定进度的路径。

（4）更新项目进度。这是指加速电子政务系统开发项目进度，而电子政务系统开发的重点应放在有负时差的路径上，时差的数值决定着重点努力的优先级，负时差最大的路径优先级最高，找出能够从项目中消除负时差的纠正措施，以减少有负时差路径上活动的工期估计。

3.影响电子政务项目进度管理的因素

由于电子政务工程项目规模大，复杂度高，影响进度因素较多，因此，编制计划和执行进度控制计划时必须充分认识和估计这些因素，才能克服其影响，使工程进度尽可能按计划进行。当出现偏差时，应考虑有关影响因素，分析产生的原因。其主要影响因素有：有关单位的影响、技术的影响、组织管理不力、意外事件的出现。

10.3.5 质量管理

1.质量管理的含义

质量反映的是项目对目标的需求及需求满足的程度。**项目质量管理通过制定质量管理方针、建立质量目标和标准，并在项目生命期内持续使用质量计划、质量控制、质量保证和质量改进等措施来落实质量方针的执行，确保质量目标的实现。**

2.质量管理的原则

电子政务项目建设中应该遵循满足需求、预防为主和团队自觉行动的质量原则。

（1）满足需求。

要理解、管理和引导电子政务系统使用者的需求，从而达到或超过他们的期望。电子政务系统开发项目所提供的产品或服务，既要达到项目要求又要满足使用者的实际需求。

（2）预防为主。

电子政务系统开发质量管理应是一个预防的过程。避免错误通常比纠正错误耗费的成本低得多，返工是电子政务系统开发项目延误的常见原因，所以在电子政务系统开发过程中应该强调一次性做好工作，尽一切努力避免返工。

（3）团队自觉行动。

电子政务系统开发的质量管理，应该是整个开发团队每个人的自觉行动。确保质量需要团队全体成员的努力而不仅仅是质量保证人员或质量控制人员的责任。

3.质量管理的内容

质量管理的主要内容包括质量需求分析、制订质量管理计划、质量保证和质量控制。

（1）质量需求分析。

质量需求分析就是确定与项目相关的质量目标和标准，根据项目需求确定质量目标、标准、级别和评判标准，并将其作为检验质量成果的基础。在确定质量需求时，特别在资源有限的环境中，要考虑到质量目标的优先级，以及质量、性能、费用和时间等影响客户满意度的要素间的平衡。

（2）制订质量管理计划。

质量管理计划就是为确定如何满足质量需求分析中制定的质量目标和标准，以及要采取哪些必要行动。质量管理计划包括质量控制、质量保证、持续改进措施等过程，以及在这些过程中所要采取的沟通、授权、明确职责、编制质量管理文件、质量检查、审计、报告和审查等管理活动。

（3）质量保证。

质量保证是保证质量管理计划得以系统实施的全部活动。应定期评价总体项目执行情况，以提供项目满足质量标准的情况，建立和维护质量管理系统，以保证有效沟通和输出实施质量管理计划的结果。

（4）质量控制。

质量控制监控项目活动的进程和结果，以确定其是否符合相关的质量标准；分析产生质量问题的原因，并制定相应措施来消除导致不符合质量标准的因素，确保项目质量得以持续不断地改进。

10.3.6　其他相关管理

1.人力资源管理

电子政务建设项目往往结构复杂，功能繁多，需要划分成若干子项目。除了主项目和子项目的关系之外，在相同级别子项目之间，还可能存在相互制约的关系。这种控制关系比较复杂，所以在项目管理中，既要考虑整体项目的人力资源配备，又要充分协调各项目之间人力的合理配置，提高人力资源利用效率。在对项目目标、规划、任务、进展以及各种变量进行合理、有序的分析、规划和统筹的基础上，对项目过程中的所有人员，包括项目经理、项目组成员、项目发起方、投资方、项目业主以及项目客户等予以有效的协调、控制和管理，使他们能够与项目组成员紧密配合，尽可能地适合项目发展的需要，最大可能地挖掘人才潜力，最终实现项目目标。

要做好项目的人力资源管理，必须建立良好的沟通渠道和机制，通过沟通才能了解项目成员的想法，消除理解偏差，达成共识。电子政务建设项目的人力资源管理，就是要加强项目团队的合作，提高项目团队的战斗力。在项目建设中，要充分运用人力资源的管理理论、激励理论、团队合作办法等，增强团队的合作精神，提高项目组成员的工作士气和效率。

2.沟通管理

沟通管理是一个收集与反馈、存储与加工、解决与发布在项目执行过程中所汇集的各种信息的处理过程，简单地说就是信息的传递和理解。电子政务建设中的项目沟通管理一般包括沟通计划编制（包括确定项目干系人的信息和沟通需要，谁需要什么信息，什么时候需要，如何把信息发送给他们）、信息分发（及时向各项目相关人提供所需信息）、绩效报告（收集并发布有关项目绩效的信息，包括状态报告、进展报告和预测）、管理收尾（生成、收集和分发信息来使阶段或项目的完成正规化）等过程。有效的沟通可以帮助解决电子政务建设项目中大量的分工协作问题。

项目组因开展项目而成立，因项目完成而解散，工程项目一次性的特点决定了项目组的成员来自不同的利益关系方，即使总承包方内部也有来自不同职能部门的成员，成员间并不完全了解，只有建立良好的项目沟通管理体系，成员间才能充分交流、分享信息、相互信任、相互支持。在项目中，信息丢失是沟通的一大障碍，因此，参与项目组的成员首先都必须以项目"语言"方式传达和接收信息，同时了解他们以个人身份涉及的信息将如何影响整个项目。其次，建立沟通平台，最大程度保障沟通顺畅，使得信息在传递中保持原始状态。最后，建立沟通反馈机制，保证沟通的有效性。在项目实践中，采用适当的沟通方式，运用有效的沟通技巧，并不一定就能得到准确的回应，因此，对于重大问题的沟通或者多人之间的沟通，要求信息接收方对信息的沟通结果进行确认和复述，以确保信息的正确和有效。

3.集成管理

建设项目集成管理，以建设项目为管理对象，结合建设项目的自身特点，在项目的建设过程中实现各参与方（投资者、业主、参建者、供应方、运营方、设计者等）最大限度地服务于建设项目目标以及各要素的利用最大化，采取一种主动寻优过程进行的构造和组合，以达到更快、更好、更有效地实现建设项目目标的目的。建设项目集成管理的构架由决策开发方、项目管理方和运营维护管理方、设计方、承包方、咨询方等根据自己的特点和在整个建设期间各阶段中的作用而体现出的过程集成管理（应用系统工程的工具综合考虑，对建设周期——决策期的开发管理、实施期的项目管理以及使用期的物业管理——各过程进行综合集成管理，将原来各个过程分散的单元系统组成一个协同工作，功能更强的新系统）、组织集成管理（为实现共同项目目标，承担各自的项目任务，应建立集成化的组织系统，建立工作流程和责任体系，使具有各自利益的各参与方最大限度地服务于建设项目目标）、信息（知识）集成管理（通过组建建设项目各参与方的局域网，完善和充实公用数据库，利用信息技术开发的各种信息集成平台和工具，建立完备的信息共享机制，提高建设项目实施过程的透明度和投资监控水平，充分合理地利用资源，使建设项目完成既定目标）3种集成管理。

4.文档管理

在项目管理过程中，文档管理往往容易被忽视。有些电子政务系统建成后，档案不全，给系统运行维护、升级、完善等带来不小的困难，也给系统带来风险和隐患。

文档管理应贯穿项目的整个过程。要求从立项一直到运行，每个阶段都要有完整的文档，在一个阶段完成后，及时进行文档处理，不能造成文档缺失。从立项开始就应该制定出各类文档规范的书写要求，对合同、协议、项目各阶段产生的文档（每个阶段都应有明确要求）、备忘录、变更文件等进行管理，要求按规范书写文档，要建立的文档包括立项阶段文档、需求分析阶段文档、方案设计阶段文档、实施阶段文档、测试阶段文档、调试阶段文档、竣工文档、培训文档等。

思政课堂

我国电子政务发展情况

大力发展电子政务是当下世界各国的普遍做法，但各国发展情况参差不齐。依照电子政务发展的深度，大致可以将其划分为两个阶段：一是政务数字化；二是政务智慧化。通过观察《东盟数字总体规划2025》可以发现，尽管东盟也强调提高电子政务的处理效率，但大体上，东盟目前的电子政务还停留在政务数字化阶段。对比而言，我国已经向政务智慧化转型，力图打造精准治理新模式、经济运行新机制、惠民服务新体系。

早在2018年，中国电子政务市场规模就已突破3 000亿元。随着5G技术的成熟和落地，我国的电子政务早已不再停留在行政数字化的表层，而是开始向真正的“智慧政务”迈进。通过5G网络，结合人工智能、虚拟现实等技术，各地均在部署5G技术加持下的智慧政务。例如，宁波市打造了全国首个5G智慧海关，推动5G技术、物联网、大数据、云计算、人工智能等在海关的应用，强化智能卡口、全景监管、移动查验等海关监管要素，目前已实现5G+AR全景监管和5G+智能卡口两项应用。诸如新华三技术有限公司、华为软件技术有限公司等市场力量也早已被运用到探索智慧政务发展路径的过程中。

资料来源：董宏伟，王琪．促进电子政务普及 提升电子政务质量［EB/OL］．［2021-07-09］．http：//www.ciia.org.cn/news/14559.cshtml.

本章小结

电子政务系统规划就是政府机构信息系统建设的战略规划，电子政务系统规划的方法主要有战略集转化法、关键成功因素法和企业系统计划法。在实际工作中，可以根据机构的需求和当前的资源情况选用不同的方法。如果条件允许，还可以把这三种方法结合起来使用。先用CSF方法确定政府机构目标，然后用SST方法补充完善政府机构目标，并将这些目标转化为电子政务系统目标，再用BSP方法校核两个目标，并确定电子政务系统结构。

电子政务系统项目建设过程一般包括项目准备、项目启动、项目采购、项目实施和系统评价几个阶段，其中项目采购阶段主要有以下几种采购方式：公开招标；邀请招标；竞争性谈判；单一来源采购；询价；国务院政府采购监督管理部门认定的其他采购方式。

电子政务系统项目的实施一般包括软件设计开发和系统集成两个阶段。其中软件设计开发阶段包括需求分析、软件设计、软件开发、软件测试和软件的安装维护几个步骤；系统集成阶段，可分为基本设备部署、基础软件部署、系统安装调试三个步骤。

电子政务系统的项目管理的目的在于，利用有效的资源使电子政务系统开发达到最优化。电子政务系统项目管理的基本内容包括以下几个方面：需求管理、范围管理、风险管理、进度管理、质量管理、人力资源管理、沟通管理、集成管理、文档管理。

综合训练

10.1 单项选择题

1.通过找出对成功实现目标起关键作用的因素并围绕其来确定电子政务系统需求并进行规划的方法称为（ ）。

A.战略集转化法　B.关键成功因素法
C.企业系统计划法　D.投资回收法

2.电子政务系统建设在项目准备阶段的关键问题是（ ）。

A.战略规划的制定　B.项目的目标和需求
C.如何选择合适的开发商　D.组织、经费、进度、质量

3.电子政务项目开发中实施难度最大的开发方式是（ ）。

A.联合开发　B.外包　C.自行开发　D.购买现成软件

4.电子政务系统项目实施的第一步是（ ）。

A.软件设计　B.需求分析　C.软件开发　D.软件测试

5.电子政务系统项目管理的客体是（ ）。

A.电子政务系统的管理者　B.电子政务系统开发涉及的全部工作
C.为实现电子政务系统开发的目标　D.计划、组织、指挥、协调和控制

10.2 多项选择题

1.电子政务系统规划的内容包括（ ）。

A.电子政务系统的目标、总体结构和发展战略
B.电子政务系统建设现状分析
C.对相关信息技术发展的预测
D.近期发展的计划

2.电子政务系统的开发方式主要有（ ）。

A.自行开发　B.联合开发　C.外包　D.购买现成软件

3.电子政务系统评价的目标有（ ）。

A.检查电子政务系统建设的成效　B.检查系统的功能是否符合用户的要求
C.确定电子政务系统建设投入的成效　D.检查系统是否完成

4.电子政务系统项目管理的内容有（ ）。

A.需求管理　B.风险管理　C.进度管理　D.质量管理

5.电子政务项目管理中进度管理的内容有（ ）。

A.衡量实际进度　B.风险监测　C.进度控制　D.进度分析

10.3 思考题

1.简述电子政务系统规划的内容及注意事项。

2.简述电子政务系统项目建设过程。

3.在电子政务系统建设过程中应进行哪些方面的管理？

第11章

电子政务监理、审计与评价

学习指南
引导案例
§11.1 电子政务信息系统监理
§11.2 电子政务信息系统审计
§11.3 电子政务评价
思政课堂
本章小结
综合训练

学习指南

【学习目标】电子政务建设是一种投入很大的项目，如何保证其建设顺利，如何评价是否达到预期的目标，是政府和社会关注的问题。通过本章的学习，理解电子政务信息系统监理的含义及内容；掌握电子政务信息系统审计的含义及内容；理解监理与审计的区别与联系；掌握电子政务系统评价和绩效评价。

【关键概念】电子政务信息系统监理　信息系统审计　电子政务评价　电子政务绩效　电子政务绩效评价

引导案例

浙江2020年累计减税降费4 061亿元

2021年7月28日下午，受浙江省政府委托，省审计厅厅长毛子荣向省十三届人大常委会第三十次会议作《2020年度省级预算执行和全省其他财政收支的审计工作报告》。2020年度全省预算执行情况良好，全省累计减税降费4 061亿元。

审计工作报告显示，2020年6月至2021年5月，浙江全省各级审计机关共组织完成审计和审计调查项目2 131个，促进增收节支和挽回损失330.03亿元。从审计情况看，2020年度全省预算执行情况良好，全省各级各部门为发展聚力、为企业赋能、为小康增色、为治理提效，各项工作取得了新成效。

2020年浙江财政管理及体制改革不断加力。坚持政府过紧日子，实施三轮压减支出措施，全省累计压减571亿元，力度超过往年；推进预算编制管理改革，对8个部门和1个专项转移支付资金试行"零"基预算编制。此外，2020年度贯彻重大决策部署扎实有力，例如，实施人才强省、创新强省首位战略，加快打造三个科创高地；落实中央和省级资金182亿元，统筹推进"四大建设"，加快构建省域、市域、城区"1小时交通圈"；全面推进乡村振兴战略。

2020年度浙江在稳企业保民生方面持续发力。报告显示，2020年度浙江大力保障疫情防控工作，全额补助确诊和疑似患者医疗费用个人负担部分；及时出台6类31条财政政策，支持率先推进复工复产；深入实施"五减"专项行动，全省累计兑现惠企财政政策补助支持资金2 026亿元、减税降费4 061亿元；快速推进"两直"资金直达基层，惠及小微企业和个体工商户79万户。而民生保障方面，省级民生支出占一般公共预算支出比例达74.3%，规模及占比三年来逐年增加。

资料来源：翁宇君．浙江2020年度审计工作报告出炉［EB/OL］．［2021-07-28］．https：//js.Zj ol.com.cn/ycxw_zxtf/202107/t20210728_22874349.shtml.经删减整理．

电子政务工程具有投资数额大、建设周期长、实施风险高、技术复杂、涉及面广等特点，在具体的实施过程中难免会遇到各种困难和问题。如何化解电子政务项目实施的风险，提高电子政务的成功率和效果，是一个必须认真对待和重点考虑的问题。根据国际、国内的电子政务的发展经验，实施电子政务工程的监理、审计，加强电子政务项目的评价，是一项重要而又有意义的工作，必须高度重视。

§11.1 电子政务信息系统监理

11.1.1 电子政务信息系统监理概述

1.电子政务信息系统监理的产生背景

20世纪90年代以来，大量的资金投入到了信息工程建设和信息系统建设中，这些工程中真正按进度、保证质量、按投资预算要求完成且用户满意的不多，每个工程都或多或少地存在着一定的问题。有调查表明，约70%的电子政务系统建设超出预定的开发周期，20%～50%超出计划交付时间，90%以上开发费用超出预算。而在电子政务系统的建设过程中，安全和质量尤为重要。因此，引入专业的第三方监理机构对于提升系统的安全性、质量具有重要意义。

2. **电子政务信息系统监理的概念**

2002年发布的《信息系统工程监理暂行规定》中对信息系统工程作了如下定义：信息系统工程是指信息化工程建设中的信息网络系统、信息资源系统、信息应用系统的新建、升级、改造工程。

信息系统工程监理是指依法设立且具备相应资质的信息系统工程监理单位，受业主单位委托，依据国家有关法律法规、技术标准和信息系统工程监理合同，对信息系统工程项目实施的监督管理。

电子政务信息系统监理是以电子政务信息系统为对象的信息系统监理，具体是指依法设立且具备相应资质的信息系统工程监理单位，受国家或政府部门委托，依据国家有关法律法规、技术标准和信息系统工程监理合同，对电子政务信息系统工程项目建设全过程实施的监督管理。

电子政务信息系统监理的阶段、对象、内容、依据和主体如图11-1所示。

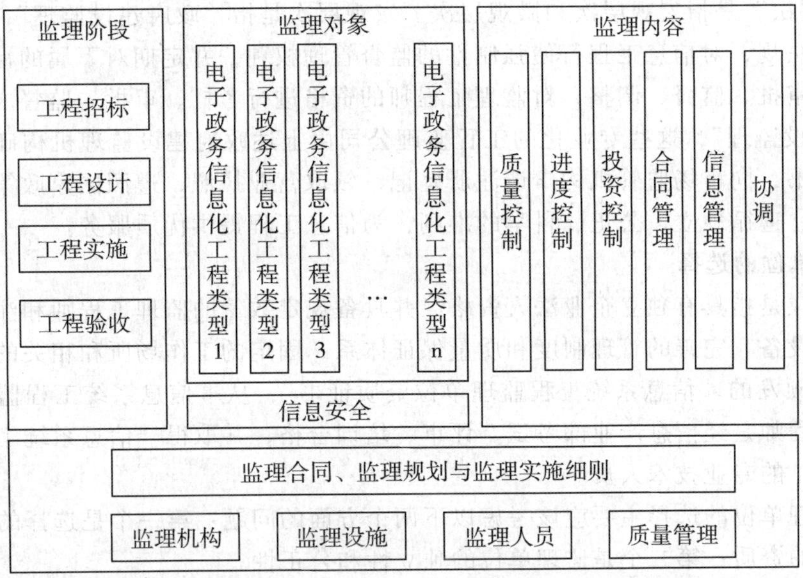

图11-1 电子政务信息系统监理示意图

3. **电子政务信息系统监理的分类**

电子政务信息系统监理按照其方式的不同，可分为咨询式监理、分段式监理和全程式监理3类。

（1）咨询式监理。咨询式监理是指对用户方提出的电子政务信息化过程中的问题进行解答，是最简单的一种监理，其性质类似于业务或方案咨询。咨询式监理的特点是费用较少，监理方的责任最轻，适合于基础设施较好、技术力量较强的政府机构采用。

（2）分段式监理。分段式监理是指将电子政务信息系统的建设分成若干个阶段，在每个阶段完成后，由专业的监理方对该阶段进行审查和测试。分段式监理与咨询式监理相比费用高，监理方的责任也较之增大。采用分段式监理应该注意的是，对每个阶段的界定应该由用户、监理方和实施方共同参与。

（3）全程式监理。全程式监理是指对电子政务信息系统建设过程中的每个阶段都进行审查，并有专门人员进行全程跟踪、搜集电子政务信息系统开发中的信息，不断地评价和监控实施方的实施过程。全程式监理是责任最大、费用最高的一种监理方式，适合于基础设施不完善、技术力量较弱的政府进行监理。由于电子政务工程自身的复杂性，实施难度较大，很多政府为了保证实施效果，往往采用这种方法。

11.1.2 电子政务信息系统监理的框架

1. 电子政务信息系统监理的框架

电子政务系统工程建设监理属于信息工程的建设监理，它作为我国政府职能部门的一项管理制度，目前采用的是“一个体系、两个层次”的框架体制。

（1）“一个体系”。

“一个体系”是指组织上和法规上形成体系。政府在组织机构和手段上加强并完善对电子政务系统项目建设过程的监理与控制的同时，实行社会监理的开放体制。

（2）“两个层次”。

“两个层次”是指宏观层次和微观层次。宏观层次是指“政府建设监理”，即由政府机构制定监理法规，对信息工程行使强制性的监督管理权利，并定期对下属的社会建设监理单位考核、审批、监督、调整，对监理工程师的资格进行考核、审批、监督。微观层次是指“社会建设监理”，这些专业化的工程监理公司由上述政府建设监理机构确认、批准并获取资格证书，向市场监管机构申请注册登记，领取营业执照，遵照国家政策法规、国内外相关标准，遵循独立、公正、科学的准则，为信息工程提供优质服务。

2. 监理单位的选择

监理单位是指具有独立企业法人资格，并具备规定数量的监理工程师和注册资金、必要的软硬件设备、完善的管理制度和质量保证体系、固定的工作场所和相关的业绩，取得信息产业部颁发的“信息系统工程监理单位资质证书”，从事信息系统工程监理业务的单位。监理工程师是经信息产业部考试、评审、培训合格，并取得“信息系统工程监理工程师资格证书”的专业技术人员。

对于监理单位的选择主要应该考虑以下两个方面的问题：第一个是选择的监理单位是否具有相当的资质；第二个是监理单位的独立性和公正性。

11.1.3 电子政务信息系统监理的内容

电子政务信息系统监理的主要任务是科学地规划和控制工程建设项目的投资、进度和质量三大目标，有效协调各方相互之间的关系，确保电子政务项目能按时、按预算、按质量要求完成任务。电子政务监理的内容包括两个方面：第一，对电子政务工程的质量、进度和投资进行监督；第二，对项目合同和文档资料进行管理。具体来说，电子政务监理的主要内容可以概括为“三监理”、“三控制”、“二管理”和“一协调”。

1. “三监理”

电子政务中的“三监理”是指事前监理、事中监理和事后监理。

（1）事前监理。

事前监理，即工程设计阶段监理，是指在电子政务信息系统实施前对其可行性论证和规划等问题进行事前准备调查等活动，其流程如图11-2所示。

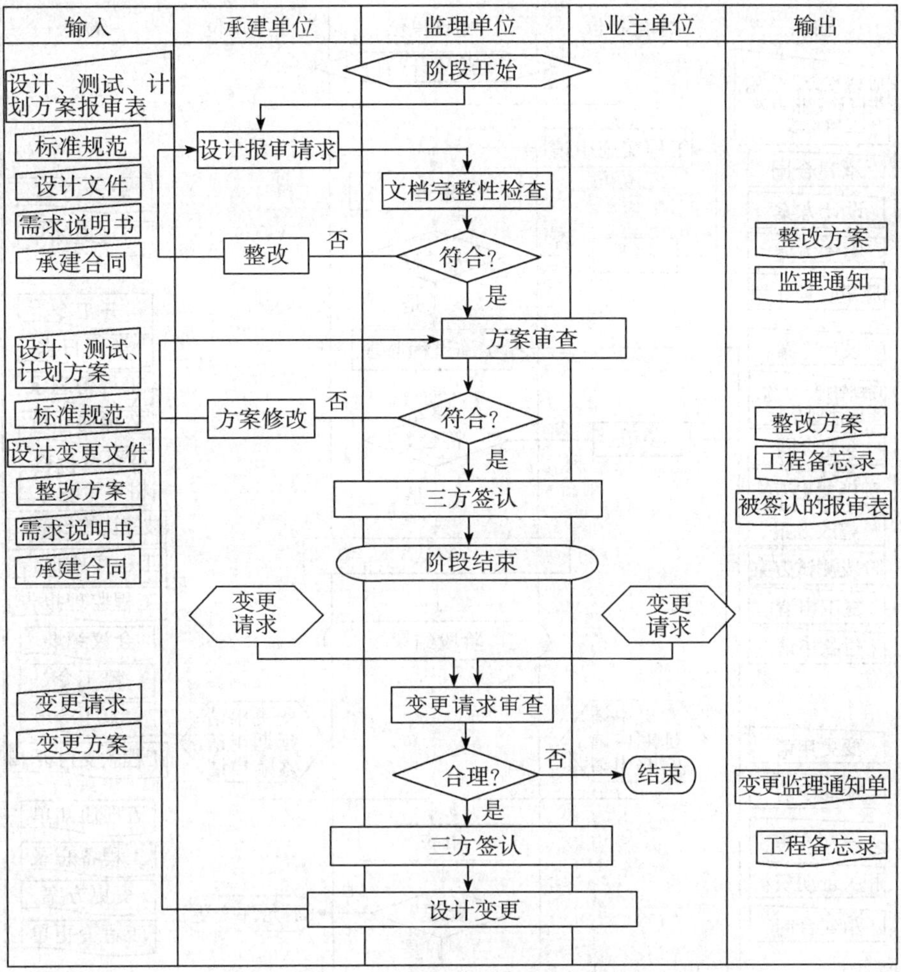

图11-2 工程设计阶段监理流程图

电子政务监理在这一阶段的主要任务包括与业主一起共同对拟实施的电子政务项目进行评价，包括项目的可行性研究、投资进度等综合分析等；协助业主组织有关领域的专家对拟实施的电子政务项目的总体规划、技术方案和设备选型等方面进行论证和优化，确定工程的设计要求，参与计划任务书的编制；帮助业主编制招标文件，并组织招标、投标活动，确定正式的实施单位；参与合同谈判，协助业主与实施方签订实施合同；参与设备选型，审定设备造价；帮助业主制订必要的人员培训计划。

（2）事中监理。

事中监理，即工程实施阶段监理，是指在电子政务实施过程中对其进行的各项审查、监督等活动，其流程如图11-3所示。事中监理是整个电子政务监理活动的核心环节，具有跨越时间长、工作难度大的特点，是电子政务监理的重点所在。

在这一阶段的主要任务包括协助业主方对项目实施过程进行质量、投资和进度的监控；评价实施方的实施计划，对其分包方案进行审查；检查实施准备情况，审查实施方的质量控制体系和措施；监督实施方按合同要求的标准或规范施工，督促其实现合同目标要求；核查质量文件，对施工质量进行监督、评价或整改；主持协商项目设计变更，调解业

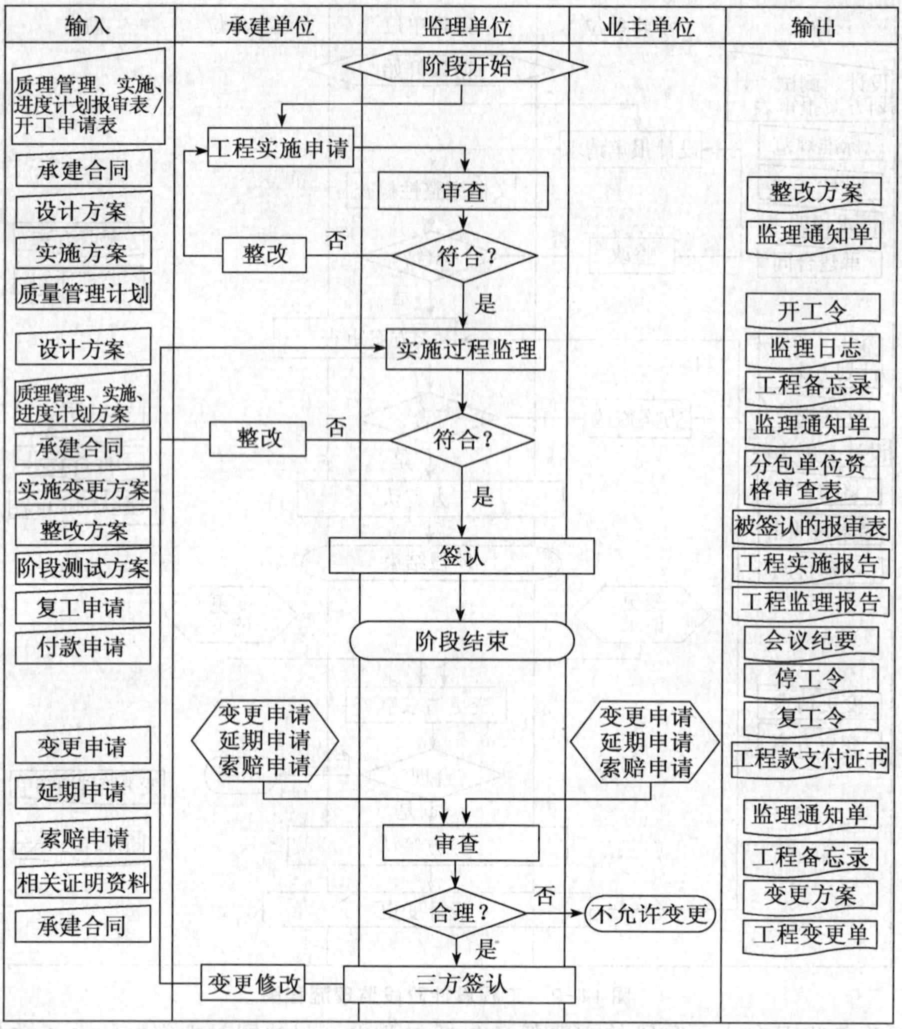

图 11-3 工程实施阶段监理流程图

主方和实施方之间可能出现的各种争议；针对实施过程中出现的新情况、新问题提出可行的调整方案和补救措施；消除各种障碍，保障实施过程顺利进行。

（3）事后监理。

事后监理，即工程验收阶段监理，是指在电子政务工程建成后对其进行的后续监督、检测、测评等活动，其流程如图 11-4 所示。事后监理是在电子政务项目实施结束后开始的。

这一阶段的主要任务包括会同业主方共同组织项目竣工验收，协助组织成立验收专家组，做好验收准备工作；全面验收工程的各项指标和性能，逐项检查与合同要求的相符性；按照验收测评情况出具验收报告；对实施方在后续服务期内服务要求、服务规范进行进一步明确；督促实施方整理和移交各种技术档案资料；整理和移交项目监督的各种技术档案资料；帮助业主方制定系统运行管理规章制度。

2.“三控制”

电子政务监理的“三控制”是指质量控制、投资控制和进度控制。

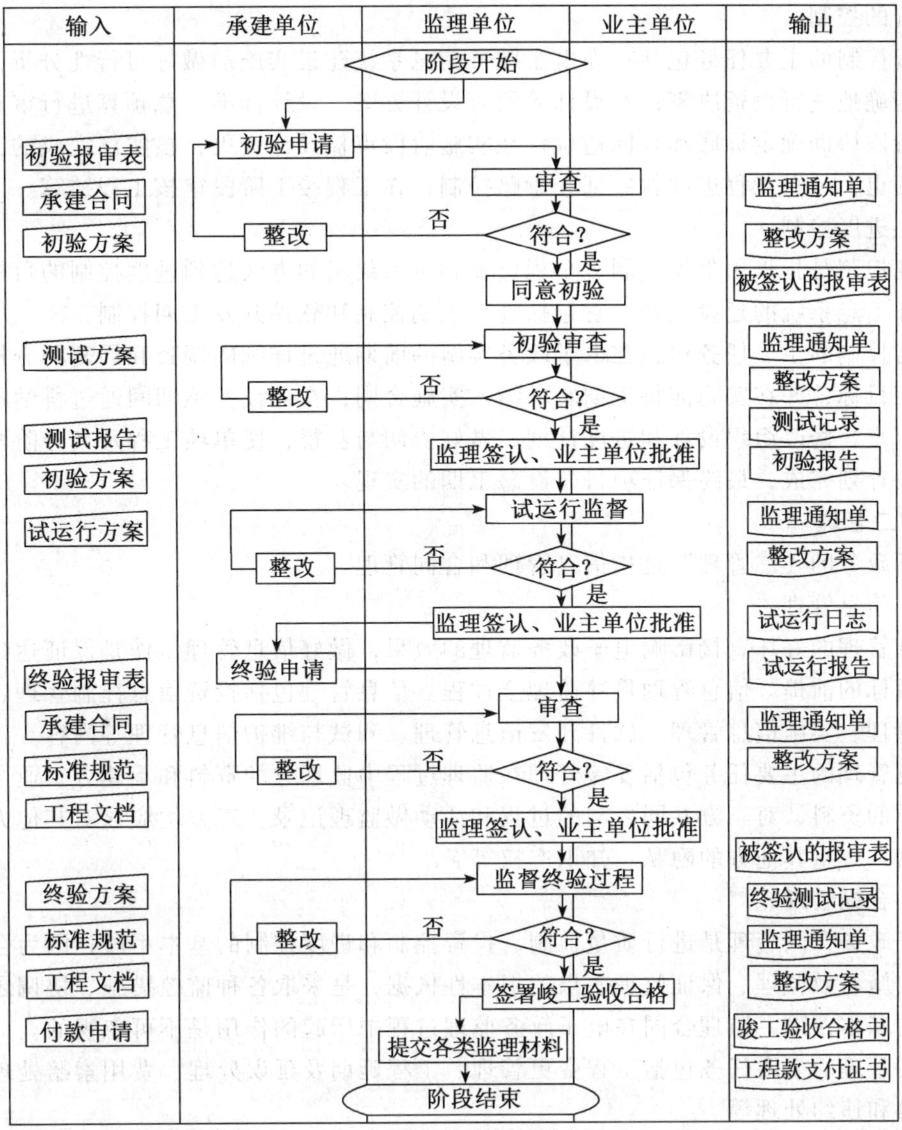

图11-4 工程验收阶段监理流程图

（1）质量控制。

质量控制是指在电子政务监理整个过程中严格审查关键性过程和阶段性结果，检查其是否符合预定的质量目标。质量控制是电子政务监理中最重要的环节，它贯穿电子政务监理的全过程，包括采购进货、网络施工、软件开发测试和验收等。

质量控制主要包括组织设计方案评比，进行设计方案磋商及审核，控制设计变更；在实施前审查实施单位的资质和相应条件等；在实施过程中通过多种控制手段检查监督标准、规范的贯彻；通过阶段验收和竣工验收做好电子政务项目的质量控制工作。

（2）投资控制。

投资控制是指在整个监理的过程中，严格审查和控制工程成本，在建设中出现重大变更时，严格审查、核定变更费用，确保资金合理使用。它包括硬件投资、软件投资和附属设备投资的控制。

投资控制的主要任务包括：在电子政务信息系统建设实施前做好可行性分析，协助实施单位正确地进行投资决策；在设计阶段对设计方案、设计标准、总预算进行审查；在实施准备阶段协助确定标底和合同造价；在实施阶段审核设计变更，核实已完成的工程质量及投资变更，进行工程进度款签证和索赔控制；在工程竣工阶段审核工程结算。

（3）进度控制。

进度控制是指采用事先控制、全程监督和事后纠正的方法达到进度控制的目标，确保电子政务信息系统的建设工期。它包括施工工期控制和软件开发工期控制。

进度控制的主要任务包括在电子政务实施的前期通过详细的调查和周密的分析确定合理的工期目标，并在实施前将工期要求纳入实施合同；在建设实施期间通过科学的规划和安排，审查、修改组织设计和进度计划，做好协调与监督，使单项工程及其分阶段目标工期均能按计划完成，最终保证项目建设总工期的实现。

3.“二管理”

电子政务的“二管理”是指信息管理和合同管理。

（1）信息管理。

信息管理的好坏直接影响电子政务监理的效果，做好信息管理工作是保证达到电子政务监理目标的前提。信息管理贯穿监理全过程。信息管理包括投资信息控制管理、设备信息控制管理、实施信息管理、软件开发信息管理、测试与维护信息管理等内容。

信息管理的主要任务包括妥善管理在监理过程中监理方的资料和承建方、业主方提交的监理方的资料，对三方共同参与的过程和活动做监理记录，三方均应该对其他方的重要信息保密，尊重其他方的隐私、知识产权等。

（2）合同管理。

电子政务合同管理是进行质量控制、投资控制和进度控制的基本手段，因为合同是监理单位实施有效监理、保证监理效果的根本性依据，是采取各种监控措施、协调矛盾和调解纠纷的基本保障。监理合同在电子政务监理过程中所起的作用是不可忽视的。

合同管理的主要任务包括工程变更管理、工程延期及延误处理、费用索赔处理、合同争议调解和违约处理等。

4.“一协调”

协调主要指建立相关各方的沟通机制，如专题会议制度、文件传送制度等，协调项目建设过程中发生的变更、争议和索赔等。协调是电子政务监理过程中重要的一项工作，因为在建设过程中相关各方由于认识不一致等问题，矛盾纠纷不可避免，因此监理方要能够及时化解矛盾，保证电子政务信息系统的建设顺利推行。

§11.2 电子政务信息系统审计

11.2.1 电子政务信息系统审计概述

1.电子政务信息系统审计的概念

信息系统审计的概念开始出现于20世纪60年代，当时称为计算机审计，主要对计算机的性能和效益进行监测和评价。近年来，随着信息网络的广泛应用，信息系统更加复杂，对其进行审计也越来越为人们所重视。

信息系统审计是指根据公认的标准和指导规范对信息系统及其业务应用的效能、效率、安全性进行监测、评价和控制的过程。审计的目的是确认预定的业务目标是否得到了实现。

信息系统的审计主要包括对技术基础设施、业务应用系统、组织机构保证、安全性和灾难恢复能力的审计等，其审计内容是比较全面的。为了确保审计工作的公正性和客观性，专业的第三方审计机构和具有资格的注册审计师队伍、公认的审计标准和规范以及相应的执行监督职能机构或部门都是必要的。

2.政务信息系统审计的发展

(1) 国外政务信息系统审计的发展。

政务信息系统审计的研究和应用在国外起步很早。美国、日本等国家早在20世纪七八十年代就建立了信息系统审计体系，其中就包括了与政府部门信息系统相关的内容。

美国是世界上最早开展信息系统审计的国家。从电子政务角度看，美国政府的大部分信息系统在立项、招标、建设和运行中，往往聘请民间的信息系统审计公司进行审计和评价，并将其报告作为重要的参考和依据提交给国会，以便国会对相关部门进行考核和制订下一步的投资计划。目前专门论述电子政务信息系统审计的著作还比较少见。

日本政府于20世纪70年代中期先后派人到美国考察，然后制定了大量的信息系统审计标准和指南等文件。1984年，日本通产省发表了《IT审计标准》，并设立了专门的机构对日本政府信息系统以及政府投资的信息系统项目进行全过程的审计，以保证这些系统的顺利建设和运行。

(2) 我国政务信息系统审计概况。

我国电子政务信息系统的审计起步较晚，而且主要以审计署为主，审计署对电子政务项目的审计通常与预算实施的审计相结合，如对金关工程、金税工程的审计等。审计对电子政务投资进行评价的主要目的在于判断：该投资是否能改进政府的监管能力；电子政务项目的设计是否合理；电子政务项目是否真正发挥了功能。

我国电子政务信息系统的审计工作主要有对象过于具体化、缺乏全面性和系统性、技术与管理相脱节方面的问题。

3.电子政务信息系统审计与监理的关系

电子政务信息系统审计与监理之间既相互联系，又存在区别。

(1) 电子政务信息系统审计与监理的联系。

电子政务信息系统监理针对的是该信息系统从开始准备建设到建设完成的整个过程，目的是确保电子政务信息系统按照要求完成。在日常运行和管理过程中也会存在着各种问题，如何确保系统的正常运行是非常重要的，电子政务信息系统的审计正是适应了这种需求。

电子政务信息系统的监理和审计共同完成了对电子政务信息系统的监督管理工作。电子政务信息系统监理与审计之间的联系见表11-1。

表11-1 电子政务信息系统监理与审计之间的联系

比较项目	信息系统监理	信息系统审计
执行方资质	单位具有相关资格	单位具有相关资格
执行依据	需要遵守标准和规范	需要遵守标准和规范
关联关系	规划和控制工程建设的投资、进度和质量目标	确认预定的业务目标是否得到了实现

（2）电子政务信息系统审计与监理的区别。

电子政务信息系统审计与监理的区别主要表现在：

①两者的实施主体不同。

信息系统工程监理主体只能是完全独立于信息系统工程业主单位和承建单位的外部第三方——信息系统工程监理单位及隶属于监理单位的信息系统工程监理工程师，不得与被监理项目的承建单位存在隶属关系和利益关系，不得作为其投资者或合伙经营者。

信息系统审计主体包括内部信息系统审计主体和完全独立的外部信息系统审计主体两类。当信息系统审计师和审计机构隶属于被审计单位时，称为内部信息系统审计；当信息系统审计师和审计机构完全独立于被审计单位时，称为外部信息系统审计。

②两者业务范围和目的不同。

首先，信息系统审计是一个获取并评价证据，以判断信息系统是否能够保证资产的安全、数据的完整以及有效利用组织的资源并有效实现组织目标的过程。其业务范围包括与信息系统有关的所有领域，如对信息系统的战略规划与组织的审计（主要集中在信息系统的战略规划、业务流程重组、信息系统的策略和流程、组织结构和职责等方面）；对技术基础平台建设的审计（包括信息系统硬件、信息系统软件、信息系统网络及通信技术基础平台）；应用系统建设审计（包括系统开发方法、系统开发工具、系统开发过程、项目管理等）。而信息系统工程监理是具有信息系统工程监理资质的单位，接受建设单位的委托，依据国家有关规定、信息系统工程建设标准和工程承建、监理合同，对信息系统工程的质量、进度和投资方面实施监督。

其次，信息系统审计的目的是保证信息系统能够保护资产的安全、数据的完整、系统有效地实现组织目标并有效地利用组织资源，其关注的核心是资产保护与信息系统的效率、效果。只要信息系统在运行，审计活动一直存在。信息系统工程监理的目的是保证工程建设质量、进度和投资额满足建设要求。监理活动随着工程的完成而结束。监理关注的是项目建设的质量、成本和进度。

③两者的方法不同。

信息系统审计的方法主要有系统审计和传统的数据审计两大类。在信息系统审计中，不仅要采用系统符合性测试、系统风险评价、系统实质性测试等系统审计方法，还要充分利用传统数据审计的各种方法，包括查错纠弊审计、制度基础审计、风险基础审计以及全面审计和重点审计等方法。信息系统工程监理在系统开发过程中，主要采用成本核算、价值分析、网络计划、全面质量管理等方法进行投资、工期、质量的动态控制、跟踪、纠偏，以达到既定目标。

④两者的作用不同。

信息系统审计的作用主要有：第一，鉴证作用。信息系统审计的鉴证价值是指通过审计，合理地保证被审计单位信息系统及其处理、产生的信息的真实性、完整性与可靠性以及政策遵循的一贯性。第二，咨询作用。为减少信息化风险，信息系统审计师可凭借其专门知识和实践经验，受托或主动服务于被审计单位的管理者或其业务人员，帮助政府建立健全内部控制制度，确定信息化的目标和内容，选择合适的软件产品，帮助政府调整现有的管理架构和流程或修改软件产品，使其更好地服务于管理的需要。

信息系统监理的作用主要有：第一，监督控制作用。信息系统工程监理可以帮助业主单位更合理地保证工程的质量、进度、投资，并合理、客观地处理好它们之间的关系，帮助业主单位对工程有关方面控制的再控制。第二，合理地协调业主单位和建设单位之间的关系。在信息系统工程建设中，业主单位和承建单位都希望由第三方对工程的立项、设计、实施、验收、维护等各个阶段的效果给予公正、恰当、权威的评价。另外，还需要协调系统内部关系以及系统外部关系中的非合同因素等，以保证项目顺利实施。

电子政务信息系统监理与审计之间的区别见表11-2。

表11-2　**电子政务信息系统监理与审计之间的区别**

比较项目	信息系统监理	信息系统审计
实施主体	监理工程师隶属外部第三方监理单位	审计师可能隶属于被审计单位内部或外部
业务范围	对工程质量、进度和投资方面实施监督	与信息系统有关的所有领域
目的	项目建设的质量、成本和进度满足建设要求	资产保护与信息系统的效率、效果
实施方法	成本核算、价值分析、网络图、质量管理	系统审计和传统的数据审计
作用	监督控制、协调业主单位和建设单位间的关系	为被审计单位鉴证、咨询

11.2.2　电子政务信息系统审计的依据

电子政务信息系统审计的依据是国际信息系统审计与控制协会（Information Systems Audit and Control Association，ISACA）制定和颁布的信息系统审计标准和电子政务相关IT标准。

1.信息系统审计标准

信息系统审计标准列出了对信息系统实施审计的必要项目，是信息系统审计的纲领性规范，也是实施信息系统审计的基本准则和依据。其框架由基本标准、具体准则、职业指南三个层次组成。

（1）基本标准是信息系统审计的总纲，规定了信息系统审计行为和审计报告必须达到的基本要求，是制定其他相关标准、规范、准则和指南的基本依据。

（2）具体准则依据基本标准制定，为如何遵循信息系统审计基本标准提供详细规定和具体说明，是信息系统审计师实施审计业务、出具审计报告的具体规范。

（3）职业指南依据基本标准与具体准则制定，是信息系统审计的操作规程和方法，为信息系统审计师实施审计业务提供可操作的指导。

2. 电子政务相关IT标准

目前，国际标准化组织、国际电工委员会、统一代码委员会等机构颁发的现行标准，以及许多在信息行业中居垄断地位的国际公司制定的产品规范（也是事实上的国际标准）都被我国电子政务建设广泛采用。我国电子政务的标准与规范化的内容主要包括以下几方面：

（1）电子政务标准框架。电子政务标准框架主要是对电子政务的总体框架进行规范，并将其作为其他几部分标准化工作的基础框架，主要内容包括国家电子政务的体系结构基本术语、安全评价准则和建设指南。

（2）电子政务服务技术标准体系。该体系的重点是为国家电子政务建设过程中需要使用的各类电子政务服务的关键技术提供标准规范，为电子政务业务系统的建设提供一个统一的技术平台，主要内容包括国家电子政务的安全技术标准系列、可信计算技术标准系列、数据格式标准系列和授权标准模型系列。

（3）内部电子政务业务规范体系。该体系的重点是对内部办公、决策支持、政务资源共享等内部政务业务流程进行规范化，在电子政务服务技术标准体系的基础上，进一步确定业务的通用流程规范，为内部政务业务系统之间的互通、互联和互操作提供支持，主要内容包括国家电子政务办公信息流处理规范和资源业务共享规范。

（4）对外服务业务规范体系。该体系重点对市场监管、税务、社会保障等对外公共服务系统的业务流程进行规范化，在政务服务技术标准体系的基础上，进一步确定业务的通用流程规范，为外部政务服务系统之间的互通、互联和互操作提供支持，内容主要包括国家电子政务网上市场监管业务规范、网上税务业务规范、财政财务统一结算业务规范、网上社保业务规范、劳动就业管理业务规范、网上统计业务规范和金融服务业务规范。

11.2.3 电子政务信息系统审计的内容

电子政务信息系统的审计贯穿于电子政务系统的设计、实现、测试、运行、维护直至淘汰的每个阶段，从而确保其安全、完整、可靠、有效以及经济。电子政务信息系统审计框架如图11-5所示。

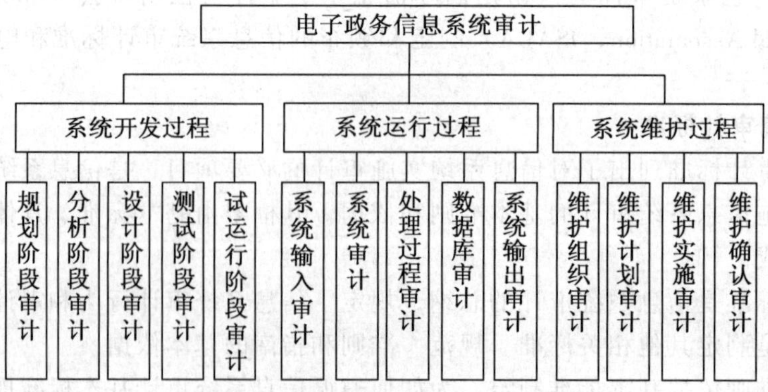

图11-5 电子政务信息系统审计框架

1.信息系统开发过程的审计

信息系统开发过程包括系统规划、系统分析、系统设计、系统测试和系统试运行五个阶段，审计目的是检查开发的方法和程序是否科学合理并得到恰当控制，系统资料和文档是否齐全、规范。

（1）系统规划阶段的审计。系统审计规划阶段的工作内容及审计内容见表11-3。

表11-3　**系统规划阶段工作内容及审计内容**

工作内容	审计内容
①提出电子政务的总体框架 ②提出系统建设方案 ③制订资源分配计划	①规划： ●是否符合机构的战略目标 ●是否得到机构最高领导的认可 ●是否明确信息系统的整体框架 ●是否明确系统开发的先后顺序 ●是否明确安全、保密等问题 ●是否随环境的变化而调整 ●是否明确了系统开发的组织方式 ②开发计划： ●是否得到最高领导的认可 ●是否建立在对各类信息技术详尽调查的基础上

（2）系统分析阶段的审计。系统分析阶段的工作内容及审计内容见表11-4。

表11-4　**系统分析阶段的工作内容及审计内容**

工作内容	审计内容
①了解现有系统的运行方式和缺陷 ②识别用户需求 ③评价新系统的可行性 ④提供新系统的方案	①用户需求： ●调查的对象、范围及方法是否明确得到广泛的认可 ●是否一致，是否存在相互矛盾和抵触的情况 ●是否充分考虑了软件、硬件和网络等的现状和需求 ●是否得到开发方及用户方的认可、是否能够解决用户需求 ②开发计划是否得到了有关方的认可 ③开发运行费用的计算是否合理 ④是否有替代的开发方案 ⑤对新系统所带来的业务调整和重组是否有充分的认识和相应对策 ⑥对现有系统的评价是否充分和客观

（3）系统设计阶段的审计。系统设计就是设计师在给定的条件下，设计出满足需要的最佳系统。系统设计阶段的审计内容应该包括：

① 系统设计报告是否得到开发方和用户方负责人的认可。

② 子系统的划分是否合理。

③ 输入、输出报表及界面的设计是否便于用户使用。

④ 数据库是否按业务内容进行设计，是否考虑了数据的完整性、准确性和安全性。

⑤ 网络结构的设计是否合理，是否满足业务内容和系统结构的要求。

⑥ 编码设计是否合理，是否考虑到信息系统的故障对策，是否设计了防止不正当行为及保护机密功能。

（4）系统测试阶段的审计。在这一阶段，测试计划和测试报告是审计师开展工作的重要依据。对测试计划和测试报告进行审查时，审计内容主要包括：

① 测试活动，是否按测试计划进行；是否有编程以外的人员执行；是否有用户参加。

② 测试结果，是否得到开发、运行、维护及用户的负责人认可。

（5）系统试运行阶段的审计。新的系统开发出来之后需要经过一段时间的试运行，该阶段审计的主要内容包括：

① 是否制订了系统运行计划，能否保证试运行所需人员、预算和设备等。

② 是否明确试运行结果的验收方法。

③ 试运行过程中是否遵守试运行的计划。

2.信息系统运行过程的审计

信息系统运行过程的审计是在信息系统正式运行阶段，针对信息系统是否有效运行，能否实现信息系统开发目标并满足用户需求而进行的审计。

审计内容主要包括系统审计、系统输入审计、处理过程审计、系统输出审计和数据库审计，具体审计内容见表11-5。

表11-5 **信息系统运行过程审计的内容**

运行过程	审计内容
系统审计	①对网络存取控制及监控是否有效 ②网络的利用状况是否有记录，是否定期进行分析
系统输入审计	①是否有防止输入数据差错、拒绝非法访问、数据保密等的措施 ②输入数据的存储和删除是否符合数据输入管理方法
处理过程审计	①对数据从被系统接收到处理完毕之间的整个处理过程进行检验 ②分析和评价数据处理的正确性和效率，给出评价报告和建议
系统输出审计	①是否已制定数据输出管理规定 ②是否有防止不当行为和保护机密数据的措施 ③输出数据是否及时、准确，格式是否规范
数据库审计	①对数据的存取控制及监控是否有效 ②数据的利用状况是否得到记录并进行定期分析 ③数据备份、数据灾难恢复等措施是否合理、有效 ④数据整个处理过程是否有防止差错、防止非法访问和保护机密数据的措施

3.信息系统维护过程的审计

系统维护过程的审计包括对维护组织、维护计划、维护实施和维护确认的审计，具体内容见表11-6。

表11-6　　系统维护过程的审计

维护过程	审计的内容
维护组织的审计	①维护组织的大小是否满足信息系统规模的要求 ②维护组织中人员的职责分工是否明确 ③维护组织是否有一套科学的内部管理和协调机制
维护计划的审计	①维护计划包含的内容是否完整 ②维护计划所需的资源是否明确并合理配置 ③维护费用的预算是否能满足维护活动的需要 ④维护进度安排是否合理 ⑤维护的测试计划是否明确
维护实施的审计	①系统开发设计中形成的各类文档是否按维护计划进行修改 ②程序的修改是否按顺序进行、是否得到负责人员的同意
维护确认的审计	①新程序的测试是否按测试计划进行、是否有用户参加 ②新程序的测试结果是否被记录下来、是否得到用户的认可 ③维护过程的文本是否齐全完整

§11.3 电子政务评价

电子政务评价是电子政务建设的重要问题。目前，相当一部分电子政务系统没有很好地用起来，这涉及的问题很多，急需建立一套科学的评价体系和有效的评价机制。对电子政务系统进行评价，可以充分反映专家意见、反映公众的要求，为我国电子政务的健康和顺利发展提供非政府和较为客观的第三方评价，增加政务透明度，有利于各级政府改善管理水平，提高效率。

11.3.1　电子政务评价概述

有些观点将电子政务的绩效评价作为对整个电子政务的评价，为了清晰、明确地厘清有关概念，本书将电子政务系统评价与电子政务绩效评价进行了规范和划分。在实际的电子政务评价过程中，电子政务的系统评价与电子政务的绩效评价之间也有交叉的内容。

1. 电子政务评价的概念

电子政务评价是依据电子政务的建设目标，运用科学的方法，在进行系统调查和分析的基础上，从建设、运行、管理和效果等几方面对电子政务进行综合性评价。电子政务评价包括电子政务系统评价和电子政务绩效评价两方面，二者关系如图11-6所示。

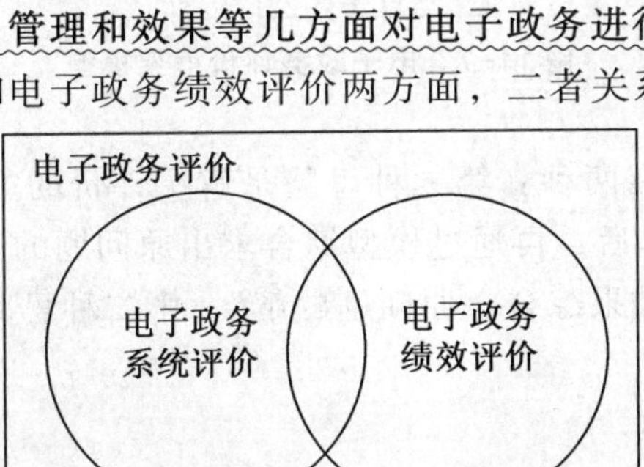

图11-6　电子政务系统评价与电子政务绩效评价之间的关系

电子政务系统评价与电子政务绩效评价之间的区别见表11-7。

表11-7 电子政务系统评价与电子政务绩效评价的区别

比较内容	电子政务系统评价	电子政务绩效评价
评价的阶段	系统规划建设阶段	系统运行维护阶段
评价的重点	系统的基础设施、技术、功能等	系统运行产生的影响和效益
评价的主体	多为第三方的评价机构	政府、第三方机构或公众多方面的人员
难易程度	较易	较难

2.电子政务评价框架

电子政务的评价体系框架包括评价主体、评价客体、评价思路、评价模型、评价流程和评价报告。首先确定评价主体和评价客体。然后在评价目标的指导下，形成科学合理的评价思路，沿着评价思路构建评价模型，评价模型又包括评价方法、评价基准、评价指标、评价数据，遵循既定的评价流程，运用评价模型对评价的客体进行评价。最后得出评价结果，形成评价报告。整个评估过程不是"一次性"的项目，而是伴随着电子政务工作在全年动态展开的，在过程中进行戴明循环（Deming Cycle）的"监控和评价"，实现对电子政务全生命周期的闭环管理和自我良性循环。同时，该评估体系自身也是个"小循环"，也需要根据评估工作总结经验，进行持续改进。电子政务的评价框架模型如图11-7所示。

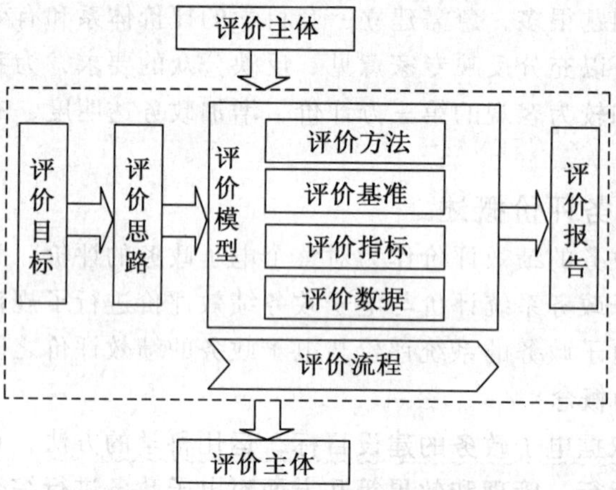

图11-7 电子政务评价框架模型

（1）评价思路。

电子政务评价的思路有两种：第一种思路是解决评价的方法问题，把原问题进行分解，得出各个派生问题的解后，再通过模型综合求出原问题的解，即"认识原问题→原问题分解→求解派生问题→结果综合→原问题的解"；第二种思路是解决对电子政务评价标准问题。

（2）评价的主体和客体。

评价主体是指接受委托施予评估的组织、个人或联合工作组。评价客体指的是评估的对象。其中，评价主体即"谁"评价，在整个电子政务评价体系中尤为重要，是一项较为敏感的工作，绩效评估主体必须具备相应权力且能够影响被评估者行为，向评估主体期望的方向调整，这对评估工作的顺利开展和评估结果的应用及跟踪改进能起到很大的作用。

（3）评价流程。

流程管理思想认为"流程决定结果"，电子政务绩效评价更要遵循严格的评价流程，评价流程涵盖从确定评价客体至完成整个评价工作的全过程。电子政务的评价流程如图11-8所示。

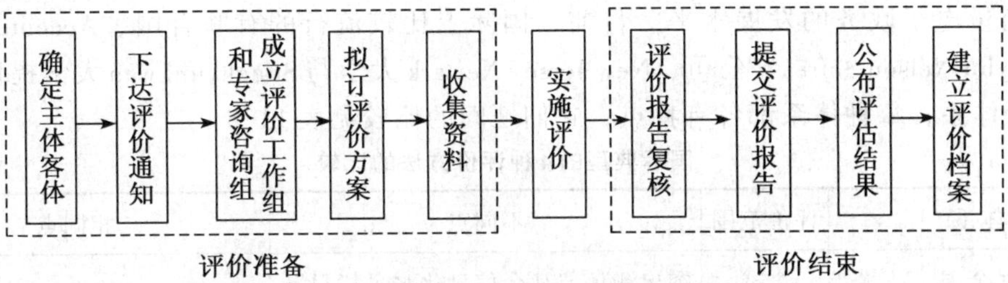

图11-8 电子政务评价流程

（4）评价报告。

在电子政务评价工作完成后，应该形成一个总评报告。评价报告应该由独立的审计人员进行符合性审核。评价结果应该反馈给政府决策部门和被评单位，作为电子政务投资决策、管理改善和绩效监管的参考依据，并作为对政府机构领导任期和任职绩效考核的依据，同时也可为其他相关单位提供信息咨询和管理参考。

（5）评价模型。

评价模型是整个评价体系的主体部分，评价方法、评价基准、评价指标和评价数据是评价模型最核心的四要素。

① 评价方法。目前，国内外关于多指标综合评价根据权重确定方法的不同，可分为两类：一类是主观赋权法，如层次分析法、德尔菲法、综合评价法等，多是采用综合咨询评分的定性方法。这类方法因受到人为因素的影响，往往会夸大或降低了某些指标的作用，致使排序的结果不能完全真实地反映事物间的现实关系。另一类是客观赋权法，其避免了人为因素带来的偏差，如主成分分析法、因子分析法、数据包络分析（Data Envelopment Analysis，DEA）方法等。其他一些评估方法中权重的确定基本上都离不开这两种思路。

② 评价基准。基准是电子政务评估的参考点，通过与参考点的对照可以认清单位自身所处的位置，从而识别前进的方向与目标。根据基准的参考点划分为内部基准和外部基准。内部基准是指以某一时间段的绩效情况作为参考点，反映出组织内部的绩效随时间变化的情况。外部基准是指该单位与外部组织的运营绩效情况进行比较的参照物。一种是与同行业的整体最佳实践者进行比较，以找出差距。另一种是只瞄准特殊的比照对象，进行比较，确定该单位目前所处的地位。

③ 评价指标。评价指标是评价模型的骨架。评价指标可以分为通用类指标、专用类指标和评议类指标三类，每一类指标又可以分为不同的级别。

④ 评价数据。评价数据是评估结果产生的源泉。数据分为定量数据和定性数据两种。定性数据的处理通常采用调查问卷法及实地检查等方法。定量数据按照指标和各单位具体

情况进行收集，数据的收集可能需要统计、财政、信息办等政府机构配合。

3.电子政务评价的发展状况

（1）国外的电子政务评价状况。

很多发达国家在电子政务的建设过程中都积极制定电子政务评价指标体系，对其建设水平进行定期评价。许多著名的IT咨询公司都推出了各自的电子政务评价指标体系，接受委托对各级电子政务进行评测。很多机关、学者也都在研究电子政务系统的评价指标体系用以衡量电子政务的发展水平。目前，国际上比较流行的有联合国、Accenture公司、TNS（Taylor Nelson Sofres）公司、New Jersey Newark大学与Sungkyunkwan大学提供的电子政务评价体系，每种体系都各有特点，它们之间的比较见表11-8。

表11-8 **国际典型的4种评价方法的比较**

体系	评价范围	不同点	相同点
联合国	全球	突出测评“社会信息化水平栏目”	①重视电子政务发展规划，强调以“公众”为核心 ②关注电子安全和隐私问题 ③重视电子参与和在线论坛 ④基本上都按“静态、单向双向、交易、网络”五个层次描述政务服务的深度 ⑤采用多指标的综合评价体系
Accenture公司	发达国家	突出“CRM”测评项目	
TNS公司	发达国家	以电子政务的“标志性特征”为基点，对政务网站进行特征分累计	
New Jersey Newark大学与Sungkyunkwan大学	各国主要城市	以电子政务的“标志性特征”基点累计的基础上，提出电子政务评价的5分体系（安全/隐私、可用性、站点内容、在线服务、公众参与）	

资料来源：杨云飞，白庆华. 电子政务评价指标体系［J］. 计算机应用与软件，2004（8）.

（2）中国电子政务评价的现状。

近年来，我国在电子政务系统评价方面受到政府和学术界人士关注。2003年1月28日，国脉互联发展研究部完成国信办委托的《中国电子政务发展评价模型研究》，开发出一系列模型。2003年10月9日，国脉互联发展研究部完成国家发改委委托的《我国电子政务建设评价与国民经济核算体系的对接研究》课题。电子政务示范工程总体专家组专家汪玉凯建议将关注门户网站放在2005年电子政务要做好3件事的首位，说明了我国现在对电子政务的重视程度。中国软件评测中心从2002—2008年连续7年受工业和信息化部委托对政府网站进行绩效评价，2008年从“信息公开”、“在线办事”、“公众参与”、“网站性能与维护”和“日常保障”等5项指标对网站进行评测，建立了一套较为成熟的政府网站评测体系。

目前，我国电子政务评价工作已经取得很大的进步，但是与国际上电子政务评价比较好的国家相比，还有较大差距，还需要不断完善。国脉测评体系是我国比较流行的一个有关电子政务的测评体系。

4.我国电子政务评价存在的问题

随着电子政务的不断发展，评价工作自然而然地成为政府和学者们关注的问题。但是，从目前的发展状况来看，存在着概念界定不清、评价对象片面的问题。

政府门户网站是实施电子政务的重要部分，但并不等同于电子政务整体。目前，很多学者提出的电子政务评价体系仅仅是针对政府门户网站的，具有一定的片面性。电子政务评价体系应该包括政府门户网站的评价（包括其绩效评价），同时还应该涵盖电子政务整体的绩效评价，包括经济效益、社会效益等诸方面。

11.3.2 电子政务系统的评价

目前，国家权威的电子政务评估指标体系还没有完全确立起来。我国已有一些机构做了大量的电子政务系统的评价工作，本书介绍国脉电子政务测评体系、中国软件评测中心政府网站评价体系和学术界上公认的电子政务系统的评价方法。

1.国脉电子政务测评体系

（1）国脉测评概述。

国脉测评是国脉互联与国内最有权威的电子政务研究专家开发的一套政府网站评价指标、改进模板和规划流程工具，包括：政府网站（主要是政府门户网站）的绩效评测与问题发现；政府网站规划；业务模型、流程优化、功能构建、系统开发、栏目规划、页面设计、建设与管理建议等；电子政务（政府门户网站）的整体绩效监理、评价与管理改进建议等。其评测业务已经在全国铺开，分别在上海、北京、浙江、四川、安徽、甘肃、辽宁、河南等地进行了成功的评测，并提供规划、监理、验收等服务。

国脉互联的评测工具将各级政府门户及部门网站目前的发展态势分为初级阶段、中级阶段、高级阶段，并且通过基础性指标、发展性指标、完美性指标三类监测指标体系进行分别评测，而每个大类又包含一系列具体参数。基础性指标一项中就包括了若干具体指标：信息呈现方面，要求丰富性、及时性与条理性；在信息获取方面，要求便利性与易用性，公众与政府互动，工具的多样性与是否有限制条件。发展性指标一项中又包含了网上办公、业务创新、部门整合程度、服务的对象细化程度等指标。完美性指标包括个性化程度，非关键服务信息，服务方式的多样性，发展能力，获奖情况，个性化服务、语种、声音与图像等媒体信息等。各级政府的评测指标，如省、市、区（县）门户网站指标要求不完全相同，而门户网站与部门网站（即各级子网站）的评测指标既有联系又有区别。

（2）国脉电子政务规划测评体系流程。

国脉电子政务规划测评体系具体流程如图11-9所示。

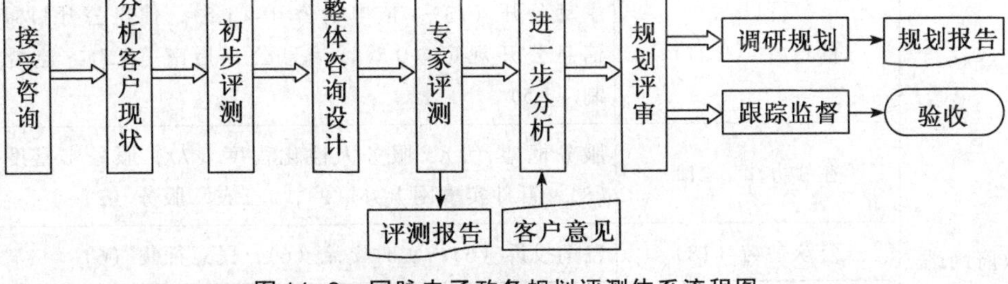

图11-9 国脉电子政务规划评测体系流程图

（3）国脉测评体系的政府门户网站评价标准。

国脉指标评测报告将门户网站的评测标准划分为网站内容、网站功能、网站建设、网站管理以及特色5个部分，并且以百分比分别赋分来量化门户网站的“政务公开”、“信息表现”、“网上办公”和“技术特性”等，每个部分又根据差异情况划分为若干档，每档间隔0.5分至1分，具体数字由各评测小组分别进行记分，再通过评价专家对有关指标进行抽查分析，复核后得到综合分。

国脉测评对测评的对象是有一定限制的，被评价的网站必须满足以下一些条件：存在能够正常运行的官方政府网站；提供信息发布、网上互动，提供市场、教育、劳动保障、社会福利服务等服务性信息，并能在线提供服务，使用唯一的网站域名；拥有完整的组织管理机构。

2. 中国软件评测中心政府网站评价

受工业和信息化部委托，中国软件评测中心多年来作为第三方具体实施中国政府网站绩效评估工作。一直从事政府网站的评价工作，且每次评价都广泛征求意见并不断地对评价指标进行修正。本书介绍中国软件评测中心提出的2008年中国政府网站绩效评估指标体系，见表11-9。

中国软件评测中心将政府网站分为部委网站、省级政府网站、地市级政府网站和区县政府网站四类，分别给出每类网站三级评价指标，并赋以权值。限于篇幅，这里只给出二级评价指标。

表11-9 **中国软件评测中心2008年政府网站评价指标体系**

网站类别	一级指标	二级指标
部委网站	信息公开（29）	主动公开信息（13.5），依申请公开（1.5），政府信息公开目录（9），信息公开规定（1），信息公开指南（1），监督保障机制（3）
	在线办事（16）	服务框架（4），服务人性化程度（6），服务内容（6）
	公众参与（27）	咨询投诉（9），实时交流（9），民意征集（9）
	网站性能及设计（3）	网站响应（0.7），页面展示（0.8），辅助功能（1），网站维护（0.5）
	日常保障（25）	2—4月日常保障情况的监测结果占7分；5—7月日常保障情况的监测结果占9分；8—10月日常保障情况的监测结果占9分
省级政府网站	信息公开（27）	主动公开（13），依申请公开（1.5），信息公开目录（10），信息公开规定（0.5），信息公开指南（0.5），监督保障机制（1.5）
	在线办事（21）	服务框架（2），服务人性化程度（7），服务丰富度和质量（8），百件实事网上办（2），“三农”服务（2）
	公众参与（18）	咨询投诉（6），实时交流（6），民意征集（6）
	网站性能及设计（3）	网站响应（0.7），页面展示（0.8），辅助功能（1），网站维护（0.5）
	用户调查（6）	认知度（4），满意度（2）
	日常保障（25）	2—4月日常保障情况的监测结果占7分；5—7月日常保障情况的监测结果占9分；8—10月日常保障情况的监测结果占9分

续表

网站类别	一级指标	二级指标
地市级政府网站	信息公开（26）	主动公开（12），依申请公开（1.5），信息公开目录（10），信息公开规定（0.5），信息公开指南（0.5），监督保障机制（1.5）
	在线办事（25）	服务框架（2），服务人性化程度（9），服务丰富度和质量（9），百件实事网上办（2），“三农”服务（3）
	公众参与（15）	咨询投诉（5），实时交流（5），民意征集（5）
	网站性能及设计（3）	网站响应（0.7），页面展示（0.8），辅助功能（1），网站维护（0.5）
	用户调查（6）	认知度（4），满意度（2）
	日常保障（25）	2—4月日常保障情况的监测结果占7分；5—7月日常保障情况的监测结果占9分；8—10月日常保障情况的监测结果占9分
区县级政府网站	信息公开（35）	主动公开（18），依申请公开（3），信息公开目录（9），信息公开规定（1），信息公开指南（1），监督保障机制（3）
	在线办事（35）	服务框架（4），服务人性化程度（14），服务丰富度和质量（13），“三农”服务（4）
	公众参与（27）	咨询投诉（9），实时交流（9），民意征集（9）
	网站性能及设计（3）	网站响应（0.7），页面展示（0.8），辅助功能（1），网站维护（0.5）

3.电子政务系统的评价方法

我国电子政务评价体系建设应积极吸收国际先进评价方法的精髓，结合我国现状，发展一套适用有效的方法。一套完整的评价方法应该包括定量和定性两个方面的指标。

(1)“四模块”评价方法。

电子政务系统的评价指标体系按照基础设施、电子安全、电子管理和系统功能四方面划分的“四模块”评价方法，具体的指标结构分布见表11-10。

表11-10　**电子政务系统评价体系的指标结构分布**

一级指标	基础设施	电子安全	电子管理	系统功能
二级指标	电信基础设施 网站	电子防御 电子信任 电子法规	网站维护 电子采购	电子办公 电子决策 电子服务

“四模块”评价方法建立的评价指标体系见表11-11。

表11-11　　电子政务系统评价指标体系的指标结构总表

一级指标	二级指标	三级指标
基础设施	电信基础设施	接入方式、带宽、支持的最多访问人数、平均无故障时间、互联通信设施
	网站	页面设计、网站导航、信息检索、多种语言支持、域名的规范性、网站的联系方式、界面友好性、个性化支持
电子安全	电子防御	病毒防御、入侵检测、漏洞扫描、网络隔离、安全锁
	电子信任	授权管理、数字证书/口令密码、时间戳
	电子法规	隐私政策、法律规范、用户权力
电子管理	网站维护	更新情况、故障情况、询问渠道
	电子采购	国防采购、政府采购、工程采购
系统功能	电子办公	事务处理、公文流转、与内网和互联网的协同办公能力、政府ERP、人力资源管理、财务管理等政府MIS
	电子决策	应急联动、电子媒体、电子论坛、民意测验、电子表决
	电子服务	“一站式”服务及流程、信息发布与公开、表格下载、在线咨询、在线审批

建立好评价指标体系后，二级指标按照AHP法确定加权权重，三级指标按照标志性特征数量累计得分，由此得到电子政务评价体系的指标结构。通过计算得出量化分数，然后把“得分表”转换成“阶段表”，将其转化成定性化描述，就可以完成电子政务的评价过程。

（2）AHP和理想解法的评价方法。①

这种方法将指标分为内部指标和外部指标两部分。

内部指标包括：①网络办公目标，其包括4个子目标——网上审批、认证的时效性、办公无纸化、网络办公采用的比例；②内部交流目标，其包括3个子目标——交流的方便性、交流的快捷性、交流方式的多样性；③信息资源整合目标，其包括2个子目标——资源共享程度、资源信息化程度。

外部指标包括：①一站式服务目标，其包括2个子目标——协同办公、在线服务；②为企业和居民服务目标，其包括4个子目标——网上办公、网上监督、公众反馈和身份认证的快捷性、统一性；③信息共享目标，其包括3个子目标——政府决策的公开化和透明化、信息发布的及时性、查询的方便性。

指标体系建立后，通过AHP确定指标体系中各部分的权重系数，最后利用理想解法对电子政务系统进行评价。

11.3.3　电子政务绩效评价

1. 电子政务绩效的内涵

电子政务的目标一般可表述为“提高行政效率，降低行政成本，改进政府管理，方便人民群众”。电子政务绩效就是效能与行政成本之比，即为实现电子政务的目标而进行的

①刘腾红，刘荣辉，赵鹏．电子政务系统评价方法研究［J］．武汉理工大学学报，2004（3）．

电子政务建设的一切投入和产出效能之比。电子政务的绩效评价一般有3层含义：一是从投入的角度看，强调投入的节约性；二是从产出的角度看，强调“快捷地生产或提供更多”，即提高电子政务的服务效率和服务供给能力；三是从最终的结果看，强调“所需要的产品或者服务”，即注重电子政务的产出对用户产生的实际效果。电子政务绩效评价的以上3层含义虽然可以分别进行相对独立的评估和管理，但它们是具有内在密切联系的，电子政务对用户产生的实际效果，是政务绩效的根本归宿，也是电子政务建设的出发点，它不仅引导着电子政务应当提供什么（产出），也引导着投入什么、如何投入。

电子政务绩效评价的具体要素包括评价指标体系、指标评价标准、指标权重、综合评分方法、数据采集方法。

2.绩效评价主体

电子政务绩效评价制度建设的主体只能是政府，但绩效评价主体的选择除了政府（包括由其聘请专家）之外，还可以是第三方机构和社会公众等。任何一个已确定的评价主体都有自身特定的评价角度，有不可替代的比较优势，同时，具有特定身份的评价主体亦有自身难以克服的评价局限。

（1）绩效评价的主体特点。

① 政府作为绩效评价主体，促使政府深入了解社会公众需求，并能够以行政权力保障绩效评价得到有力的推行，但是“政府机构在绩效信息的收集、处理方面不仅缺乏专业技术和管理技能，而且可能缺乏某种公正性”。

② 第三方机构作为绩效评价主体，其具有明显的智力优势并能够保证评价的公正性，但是，第三方机构缺乏强大的权力支撑，这使其在电子政务绩效评价运行中缺少必需的力量。

③ 社会公众作为绩效评价主体，具有广泛的代表性，可以按照社会公众的主观需求、愿望、价值观，并根据社会公众对电子政务效果的满意度来进行评价，以充分考察电子政务对公众需求的满足程度和公众对电子政务的满意度，能充分体现对公民负责的公共责任机制，蕴含着以公众需求为导向的政府管理理念，然而评价者的有限性和身份难以确定性以及评价技能的缺乏，使之又难以独自承担这项任务。

综合以上绩效评价主体的特点，可以得出结论，电子政务绩效评价主体的选择应该是多元化的。

（2）电子政务绩效评价主体的选择。

电子政务绩效评价主体的选择是与评价对象密切相关的。对于不同层次的电子政务绩效评价来说，评价的主导者、参与者都是不同的。政府可以主导、参与任何形式的电子政务绩效评价。当前，我国关于电子政务内部运行的绩效评价，以及电子政务建设项目的绩效评价等都需要由政府来主导和实施，因为这类的绩效评价需要政府内部的广泛支持。第三方机构可以成为各种形式的评价的参与者，但一般只能在特定的评价形式中——如政府网站绩效评价——才能够成为主导者。社会公众一般主要扮演评价参与者的角色，但是这种参与对于任何形式的电子政务绩效评价都是必要的。对于电子政务绩效评价实施过程来说，应该在保持有效领导和协调的同时，充分发挥不同评价主体的作用，争取各评价主体的共同参与。特别是第三方机构在电子政务绩效评价中所发挥的作用应该重点加强，需要探索政府与第三方机构之间的新型合作模式。

3. 电子政务绩效评价的内容

电子政务绩效是指政府在实施电子政务过程中所产生的结果和成效，主要包括以下几个方面。

（1）用户满意度。

推行电子政务的目的是提高公共管理的水平，公众、企业和社团组织的满意度是电子政务绩效评价的关键。通过电子政务的使用，突破了时间、空间的限制，增强了政府信息公开和政府行为的透明度，促进了公众的参与和监督，有助于构建服务型政府，进而提高社会公众对政府的满意度，提升政府的形象。

（2）成本-收益。

电子政务的绩效必须衡量电子政务建设项目的效用，避免比规模、比设备等贪大求全的趋势，防止出现项目建设规模不断膨胀、边际成本远远大于边际收益的不良现象。

（3）运作效益。

运作效益主要体现在电子政务系统在运行过程中的稳定性、适应性、可管理性和可扩展性。电子政务系统与公众之间的互动能否保持通畅，决定了电子政务系统能否实现其社会效益，能否提高政府的工作效率，能否提高公众的满意度。

（4）社会效益。

电子政务投入的产出主要应该是社会效益。这样就需要对社会效益进行比较准确的判定与测量。通常对社会效益的评价较难实现，可以通过用户满意度调查、运行数据统计等方法间接测量社会效益。

电子政务绩效评价的内容可总结如表11-12所示。

表11-12 电子政务绩效评价的内容

指标	评价的重点
用户满意度	公众的满意度、信息的处理时间、信息的准确性和及时性
成本-收益	成本、收入和应用比例的测量
运作效益	工作中的效率和有效性的测量
社会效益	运行数据的统计、间接测量社会效益

4. 当前中国电子政务绩效评价存在的问题

我国电子政务建设已取得了重大的进展，但如何客观评价电子政务的绩效，目前还缺少统一的标准和可行性的操作手段，主要表现在以下几个方面：

（1）认识不到位，重视程度不高。

在电子政务的实践中，对电子政务绩效评价重视程度不高，缺少绩效评价，有些项目即使有绩效评价这一项工作，也往往是走过场而已。只看到冰山露出水面的计算机技术、设备，却没有看到隐藏在水下的巨大工作：业务改造、人员培训、利益协调、机制建立等。

（2）标准不一致，权威性差。

现有的电子政务绩效评价，绝大多数不规范、不科学。从评价指标、评价方式、评价结果，到对工作的指导各方面都不一致，缺乏权威的、公信力高的指标体系、评价机构与操作方法。

（3）指导性不强，评价效果差。

有些电子政务项目虽然勉强做了一些评价工作，但是评价的结果差强人意，对本项目的改进、促进作用较少，同时更加缺乏对其他项目的借鉴作用。

（4）研究薄弱，可操作性不强。

多数的绩效评价体系经常由于缺乏可操作性而流于形式，或者是由于对制度激励效应研究不够透彻而产生潜在的副作用。评价的范畴很难照顾到其全面性，很少注意评价的连续性、整体性、过程性和引导性。在评价方式上，缺乏系统性，缺乏规范的评价模式。在规划、设计、建设、应用（运营）、完善等环节都缺少绩效评价，不能把评价贯穿到整个过程。

5.开展电子政务绩效评价的建议

目前，我国电子政务绩效评价工作还处于政府日常行政工作之外的一种边缘性地位，并没有建立专门的电子政务绩效评价机构。因此，电子政务绩效评价并不能够取得政府广泛的支持和响应，许多政府部门往往将电子政务绩效评价看作一种额外负担，这使电子绩效评价工作难以全面开展，评价结果也难以发挥应有的效力。我们可以从下面两方面解决这一问题。

（1）提升电子政务绩效评价的地位。

首先，通过一系列的行政法规、工作制度等将其纳入一般性的政府工作日程之中，并针对不同的评价对象，确立合理的评价周期，促使绩效评价能够长期、有效地发挥作用。其次，要基于电子政务绩效评价的结果，建立有效的激励机制。比较理想的方法是，将电子政务绩效评价纳入政府绩效考核的重要内容，将电子政务绩效评价结果作为衡量政府绩效的重要标准，使之成为衡量政府业绩的重要因素，从而为电子政务绩效评价制度的规范和发展奠定基础。

（2）建立专门的电子政务绩效评价机构。

从我国目前的社会发展现状，以及政府管理体制的角度分析，我国电子政务绩效评价工作仍需要由政府来主导。政府要实施绩效评价工作，就需要建立相应的评价机构，以获得组织内的权力、资金和人员的支持。电子政务绩效评价的机构可以是常设的，也可以是临时成立的。但是，由于绩效评价工作本身是一项专业性很强的工作，临时设立的评价机构可能会因为在短时间内难以聚集到所需资源和招募到合适人员而难以胜任评价工作。因此，立足于电子政务绩效评价工作的长期开展和全面实施，有必要建立专门的电子政务绩效评价机构。

思政课堂

加强审计监督

新华社北京6月7日电，近年来，我国审计整改力度持续加大，落地效果明显：截至2021年4月，对2019年度审计问题的整改金额已达2 545.4亿元，制定完善制度3 485项，追责问责722人。

这是2021年6月7日提请十三届全国人大常委会第二十九次会议审议的《国务院关于2020年度中央预算执行和其他财政收支的审计工作报告》中透露的信息。

受国务院委托，审计署审计长侯凯6月7日向全国人大常委会会议作了这个报告。报告显示，2020年，中央部门预算和投资计划执行情况总体较好。从对43个中央部门及所属439家单位2 314.33亿元财政资金的抽查情况看，财政拨款执行率为89.08%，比上年提高0.24个百分点。

审计机关还围绕与人民群众切身利益紧密相关的医疗、养老、保障性安居工程、退耕还林、脱贫攻坚和乡村振兴等问题，不断加强审计监督，深入揭示在政策落实、资金使用、项目运营等方面存在的突出问题。比如，基本医疗保险基金骗取套取手段花样翻新、基本养老保险应保尽保仍有漏缺、生态环保资金政策激励和引导作用发挥不充分等。对审计支出的中央决算草案个别事项编报不准确问题，财政部已对决算草案进行了调整。

资料来源：吴昊，邹多为．落地效果显现　审计公报显示整改问题金额已超2 545亿元［EB/OL］.［2021-06-07］. http: //www.npc.gov.cn/npc/c30834/202106/264e025cab2342219729df81a127426a.shtml.经删改整理.

本章小结

电子政务信息系统监理，具体是指依法设立且具备相应资质的信息系统工程监理单位，受国家或政府部门委托，依据国家有关法律法规、技术标准和信息系统工程监理合同，对电子政务信息系统工程项目实施的监督管理。电子政务监理的主要内容可以概括为“三监理，即事前监理、事中监理和事后监理；三控制，即质量控制、投资控制和进度控制；二管理，即信息管理和合同管理；一协调，即建立相关双方的沟通协调机制”。

信息系统审计是指根据公认的标准和指导规范对信息系统及业务应用的效能、效率、安全性进行监测、评价和控制的过程。电子政务信息系统审计与监理之间是有联系和区别的，联系是电子政务信息系统的监理和审计共同完成了对电子政务信息系统的监督管理工作；区别体现在实施主体、范围和目的、方法、作用四个方面。电子政务信息系统审计应该贯穿于设计、编程、测试、运行、维护直至淘汰的每个阶段，从而确保其安全、完整、可靠、有效以及经济。

电子政务的评价是依据电子政务的建设目标，运用科学的方法，在进行系统调查和分析的基础上，从建设、运行、管理和效果等几方面对电子政务进行综合性评价。电子政务的评价包括电子政务系统评价和电子政务绩效评价两个方面。电子政务的评价框架包括评价主体、评价客体、评价思路、评价模型、评价流程和评价报告。

电子政务系统的评价指标体系包括按照基础设施、电子安全、电子管理和系统功能四方面划分的“四模块”评价方法。电子政务绩效是指政府在实施电子政务过程中所产生的结果和成效，电子政务绩效评价主要包括用户满意度、成本-收益、运作效益和社会效益的评价。

综合训练

11.1 单项选择题

1.（ ）是以电子政务信息系统为对象的信息系统监理，具体是指对电子政务信息系统工程项目建设的全过程实施的监督管理。

A.电子政务信息系统建设　　B.电子政务信息系统监理

C.电子政务信息系统审计　　D.电子政务信息系统评价

2.下面关于电子政务信息系统监理的说法错误的是（ ）。

A.电子政务系统工程建设监理属于信息工程的建设监理

B.电子政务信息系统监理采用"一个体系、两个层次"的框架体制

C.监理单位的选择应该考虑是否具有相当的潜质以及独立性和公正性

D.监理单位不一定具有独立企业法人资格

3.下面电子政务信息系统审计与监理之间关系的描述不正确的是（ ）。

A.电子政务信息系统审计与监理均是由独立的第三方来执行业务

B.电子政务审计的业务范围是与信息系统有关的所有领域

C.电子政务监理的实施方法有系统审计和传统的数据审计

D.两者的作用也不同

4.电子政务绩效评价的主体不包括（ ）。

A.政府　　B.第三方机构　　C.社会公众　　D.系统建设方

5.电子政务系统评价的"四模块"评价方法一级指标不包括（ ）。

A.电子防御　　B.基础设施　　C.电子管理　　D.系统功能

11.2 多项选择题

1.电子政务信息系统工程项目的特点包括（ ）。

A.投资数额大　　B.建设周期长　　C.实施风险高

D.技术复杂　　E.涉及面广

2.电子政务信息系统监理按照其方式的不同，可分为（ ）。

A.咨询式监理　　B.分段式监理　　C.全程式监理　　D.系统式监理

3.下面关于电子政务信息系统监理的内容正确的有（ ）。

A.电子政务监理的主要内容可以概括为"三监理、三控制、二管理和二协调"

B.三监理包括事前监理、事中监理和事后监理

C.三控制包括质量控制、投资控制和进度控制

D.二管理包括信息管理和合同管理

4.下面关于电子政务系统评价与电子政务绩效评价关系的说法正确的有（ ）。

A.系统评价的阶段是在系统规划建设阶段，绩效评价是在系统运行维护阶段

B.系统评价的重点是系统的基础设施、技术、功能等，绩效评价的重点在于系统运行产生的影响和效益

C.系统评价的主体多为第三方的评价机构，绩效评价的主体是政府、第三方机构或公众方面的人员

D.系统评价相对于绩效评价难度较大

5.电子政务绩效评价的内容包括（　　）。

A.用户满意度　　B.成本-收益　　C.运作效益　　D.社会效益

11.3 思考题

1.什么是电子政务信息系统监理？

2.什么是电子政务信息系统审计？

3.电子政务评价的含义是什么？

4.简述电子政务评价框架的组成及各部分的含义。

5.目前我国的政府门户网站采用的评测方法有哪些？

6.适用于国脉测评的网站有哪些特点？

7.电子政务评价包括哪些内容？

第 12 章

电子政务的相关法律

学习指南
引导案例
§12.1 国外电子政务相关法律法规现状
§12.2 中国电子政务部分相关法律法规简介
§12.3 当前立法热点
思政课堂
本章小结
综合训练

学习指南

【学习目标】很多国家都认识到电子政务立法的重要性，不断发展和完善本国的立法工作。我国正处于电子政务立法工作的发展阶段。通过本章的学习，了解国外电子政务相关法律的发展现状和我国的电子政务的立法状况，掌握我国电子政务相关的法律，理解我国电子政务立法中存在的问题及立法中的热点。

【关键概念】域名　隐私权

引导案例

四家公司被要求实施网络安全审查

2021年7月4日，滴滴出行因“严重违法违规收集使用个人信息问题”被要求App下架并接受审查，7月5日，国家网信办又宣布：运满满、货车帮、BOSS直聘三家公司也被要求实施网络安全审查，审查期间，停止新用户注册。

对上述四家公司的网络安全审查依据的是《中华人民共和国国家安全法》和《中华人民共和国网络安全法》（以下简称《网络安全法》），具体由网络安全审查办公室按照《网络安全审查办法》实施。暂停四个平台App的用户注册，则是出于配合网络安全审查工作、防范风险扩大的考量。

滴滴等出行公司的数据安全重要性不仅在于拥有大量用户数据，还在于滴滴的自动驾驶技术中使用的高精度地图。而高精度地图与国家地理信息安全息息相关。满帮旗下的货车帮和运满满平台，拥有的数据涉及全国范围内的物流运输及ETC。满帮目前已经覆盖全国300多个城市，涉及超过10万条线路的全国运输网络。2020年12月，满帮平台上的货主MAU（月活跃用户）超过130万，GTV（平台交易总额）高达515亿元；到2021年3月，满帮平台货主月MAU达到140万。满帮的数据涉及全国范围内的道路交通运输数据、货运物流数据、ETC数据、金融保险数据等。

一位在网络安全、数据合规领域有丰富执业经验的资深律师向《财经》记者表示，网络安全和数据合规监管是大趋势，2017年《网络安全法》发布后，这类企业需求大量增长。他认为，目前的监管并非处罚，而是一种“制度性规定”。

2015年7月，《网络安全法》第一次向社会公开征求意见，2016年11月，全国人大常委会表决通过，于2017年6月1日实行。

2021年9月1日正式施行新修订的《网络安全法》。其中，第三十六条指出，非经中华人民共和国主管机关批准，境内的组织、个人不得向外国司法或者执法机构提供存储于中华人民共和国境内的数据。

《网络安全法》第三十五条规定，关键信息基础设施的运营者采购网络产品和服务，可能影响国家安全的，应当通过国家网信部门会同国务院有关部门组织的国家安全审查。滴滴、满帮与公共出行数据、地理位置信息等强相关，通常外界对这两家公司的监管有预期。BOSS直聘涉及个人信息安全，在《网络安全法》的管理之下，同样有据可依。

我国组织开展对关键信息基础设施采购网络产品和服务活动的网络安全审查，有效防范采购活动、数据处理活动以及国外上市可能带来的国家安全风险。

资料来源：刘以秦，顾翎羽，陈伊凡．中国进入网络安全监管新阶段［EB/OL］.［2021-07-05］. https：//baijiahao.baidu.com/s？ id=1704450538344579914&wfr=spider&for=pc.经删减整理.

随着各国电子政务的发展，必然产生各种新的社会问题和社会关系，带来各种社会关系的复杂化，并促成一系列旧的社会关系的变革。为了保证电子政务的健康有序发展，避免不当干涉、浪费资源等，各国均纷纷制定与电子政务有关的法律、法规、政策等，保障国家电子政务发展战略的有力实施。本章主要介绍各国电子政务的立法情况、我国电子政务的立法情况及存在的问题。

§12.1 国外电子政务相关法律法规现状

目前，各国针对各自的国情采取了不同的电子政务的立法策略，如为保障信息获取资格的平等，很多国家都已在相关的法律或法律条文中规定了政府信息资源开发的行为规范。这里介绍国外几个电子政务发展较好国家的电子政务立法概况。

12.1.1 美国相关法律法规发展现状及特点

1.美国的电子政务法律法规发展概述

（1）美国的电子政务法律法规发展历史。

美国的电子政务起源于20世纪90年代初。20世纪80年代，美国政府预算赤字很大，国会和选民都要求政府削减预算，提高效率。美国政府信息技术服务小组于1994年12月提出了《政府信息技术服务的前景》的报告，报告中提出要求建立以顾客为导向的电子政府，为民众提供更多获得政府服务的机会与途径。

1997年，美国政府信息技术服务小组制定了“走近美国”的计划，要求从1997年到2000年，在政府信息技术应用方面完成120余项任务。

1998年，美国通过了一项《文牍精简法》，要求政府在5年内实现无纸工作，联邦政府所有工作和服务都将以信息网络为基础。

克林顿政府在2000年9月建成了一个超大型电子网站——美国“第一政府网”（www.firstgov.gov）。在这个网站上可以查找到全美50个州以及各地县、市有关工商业、农业、食品加工、艺术和文化等各行业的材料，网站链接即点即通，最引人注目的是能在一个政府网站内解决竞标合同问题和直接实现向政府申请贷款。

2001年，布什政府上台后，加速了“电子政府”的发展。在美国白宫管理与预算办公室（OMB）成立“电子政府特别工作小组”。2002年2月27日，OMB公布了美国政府新的“电子政府战略”，布什政府决定把美国的电子政府从“以信息技术为中心”转变为“以公民为中心”。

2002年12月17日，美国总统布什签署了《电子政务法》，该法案在预算管理办公室之内成立电子政务办公室，加强电子政务管理，促进电子政务服务和处理能力，通过建立一套要求使用基于互联网的信息技术的措施框架，加强公民对政府信息的获取。

在21世纪初，美国政府对每个本国公民的服务都实现了电子化，政府工作的效率有很大的提高。为确保这些应用目标的实现，美国出台了一系列的法律和文件，一是实施电子政务的基础性法律和文件；二是以信息公开和隐私权保护为主要内容的法律和文件；三是以电子商务为主要内容的法律和文件；四是以知识产权保护为主要内容的法律和文件；五是以计算机安全为主要内容的法律和文件。

（2）美国的电子政务法律法规一览。

美国的《电子政府法》是专门规范及调整电子政府法律关系的法律，连同其他相关法律法规和文件，从整体上构成了电子政务的法律基础和框架。信息立法是电子政务立法的主要内容，信息安全立法是电子政务立法的重点，促进基础设施建设的立法是电子政务立法的基础，而电子商务与网络知识产权的立法又是电子政务立法的必要补充。表12-1为美国的电子政务法律法规一览表。

表12-1 美国的电子政务法律法规一览表

立法对象	法律法规、文件名称
宏观调控	《电子政府法》
信息	《电子信息自由法案》、《个人隐私保护法》、《公共信息准则》、《削减文书法》、《消费者与投资者获取信息法》、《儿童网络隐私保护法》和《电子隐私条例法案》
基础设施	《1996年电信法》
电子商务	《统一电子交易法》、《国际国内电子签名法》、《统一计算机信息交易法》和《网上贸易免税协议》
知识产权	《千禧年数字版权法》和《反域名抢注消费者保护法》
政策性文件	《国家信息基础设施行动议程》和《全球电子商务政策框架》
计算机安全	《计算机保护法》、《网上电子安全法案》、《反电子盗窃法》、《计算机欺诈及滥用法案》和《网上禁赌法案》

2.美国电子政务立法的特点

美国的电子政务以《电子政府法》来专门规范调整电子政府法律关系，与其他相关法律互相关联，一起构成美国电子政务的法律框架。美国在电子政务立法具有如下几个显著的特点：

（1）重视电子政务信息化发展法律环境的建设。

电子政务系统工程涉及的方面很广，对于技术的成熟度、可靠性、社会的认可程度、管理机构的参与和支持、基础设施的完善程度等各方面都有要求。

①信息化发展的基础环境法律构建。信息化发展的基础环境对于电子政务的发展非常关键。为促进计算机互联网和有线电视网方面的竞争，为其发展提供较为宽松的环境，美国政府出台了《1996年电信法》，打破了由原来的法律设置所带来的长期以来使电信业受到部门和地区限制的困扰，加深了部门和地区之间的合作与协调，达到了整合力量、优势互补、共同发展的目的。

为了完善基础环境，促进发展，美国政府还发布了《全球电子商务政策框架》，在该文件中，分别就关税与税收、电子支付系统、统一商务法则、知识产权保护、个人隐私安全、电信基础结构、内容和技术标准等九大方面阐述了政府的立场，并提出了私营企业应起主要作用、政府应避免不恰当的限制等基本原则。

②信息化建设法律环境构建。在美国《全球电子商务政策框架》中有这样的阐述："由于互联网的用途不断扩展，许多公司担心政府将对互联网和电子商务加以性质完全不同的、范围广泛的管制，可能出现的问题包括税收和关税、对传送信息类型的限制、控制标准的制定及对所提供的服务作为公用设施加以管制。政府对于互联网上商务活动的增加可以施加深刻的影响。要做到这一点，就必须保证政府在围绕电子商务制定政策时，应当采取非限制性的、面向市场的做法。很明显，政府需要提供一个透明的、和谐的法治环

境，使商业活动得以进行。”从中我们可以看出，美国政府十分重视促进电子政务发展的法律建设。

（2）政府积极参与。

在信息化立法的过程中，政府通过积极的推进者与参与者的角色定位，推进信息化的发展。在美国的发展模式中，政府对企业引导存在着引导和主导的关系。

美国政府的政策和法律明确规定了政府在国家信息化发展中的宏观规划指导作用，从战略的角度采用立法规划的手段对国家信息化建设予以支持，充分利用自由化发展和市场竞争的规则，动员企业及其他机构成为信息化建设的主导力量，大力推广普及信息技术，保护和促进企业间的竞争，建立全民参与信息化发展的机制。

12.1.2　日本相关法律法规发展现状及特点

1.日本的电子政务政策与立法现状

（1）日本的电子政务法律法规发展概述。

日本政府于2000年3月正式启动了“电子政务工程”。2001年1月6日，日本政府实施被称为《IT基本法》的《高度信息通信网络社会形成基本法》。2001年1月22日，日本政府制定了国家战略政策文件——《E-JAPAN战略》，随后几年中也颁布实施和起草了很多电子政务相关的法律法规。

经过近年大量的立法工作，日本已经出台了关于电子政务存在的大部分问题如电子签章及认证、个人信息保护、知识产权保护等方面的法律法规。

（2）日本的电子政务法律法规一览。

《IT基本法》对信息化社会事业的推进及相关法律关系进行了宏观的规范及调整，它和其他的法律法规共同规范和调整电子政务法律关系的法律框架。表12-2为日本的电子政务法律法规一览表。

2.日本电子政务相关政策立法的特点

日本电子政务与美国电子政务立法都是以一个法律法规作为宏观调控，与其他法律法规一起构成电子政务法律框架。日本的电子政务立法具有如下特点：

（1）重视电子政务的发展。

日本政府非常重视电子政务的发展，设置专门的部门负责电子政务的发展管理和宏观调控。日本内阁设立中央主管部门的高度信息通信网络社会推进战略本部，负责发展电子政务的工作，2001年1月22日，该部制定了国家战略政策文件——《E-JAPAN战略》。《E-JAPAN战略》中明确规定了应当推行的各项政策：“行政（国家及地方政府部门）内部的电子化”，“政府与公民接点的在线化”，“行政信息的网上公开和利用促进”，“地方政府部门的配合支援”，“规定、制度的改革”以及“通知方式的转变”。并且，该部还确立了具体的行动目标——“基于重点推进通过文书电子化、无纸化以及信息网络实现的信息共享、共用的政府业务改革；在2003年度，实现电子信息与纸信息的同等对待、处理，进而促进广泛的国民、机构的IT化”。

（2）确立了纲领性的法律法规。

在电子政务发展过程中，日本政府确立了纲领性的法律法规。经过几年大规模的立法活动，日本已基本构筑完成了以《IT基本法》为纲领性法律的，配合电子政府发展的，

表12-2 日本的电子政务法律法规一览表

立法对象	法律法规、文件名称
宏观调控	《高度信息通信网络社会形成基本法》
信息	《关于行政机关保存信息公开的法律》、《关于行政机关保存的个人信息的保护的法律》、《关于个人信息保护的法律》、《关于行政机关保存的电子计算机中相关个人信息保护的法律》和《关于特定电信职责提供者损害赔偿责任限制以及发信人信息公开的法律》
基础设施	《形成高度信息通信网络社会基本法》和《关于行政程序等中信息通信技术利用的法律》
电子商务	《关于修改居民基本台账法部分规定的法律》、《关于附书面文件交付义务法律的一次性法律修改的法律》、《修改商法等法律的部分规定的法律》、《关于申诉手续电子化等的法律》、《关于电子签名地方行政机关认证业务的法律》、《关于电子签名及认证业务的法律》、《关于使用电子计算机制作的税务账簿文书的保存方法等的特例的法律》、《关于修改商业登记法等法律部分规定的法律》和《关于修改特定商业交易法实施规则的部分规定的部门规章》
计算机安全	《关于禁止不正当接入行为等的法律》和《为进行犯罪搜查实施通信监视的法律》

涉及行政法、民法、商法、经济法、知识产权法、刑法、程序法等诸多法律部门及200多部法律的综合电子政府法律体系。该法律体系涵盖了电子签章及认证、电子证据及电子文件的合法性、电子商务行为的合法性、网络广告、消费者权益保护、网络犯罪、个人信息保护、知识产权保护、电子选举、反不正当竞争、电信技术及电信行业发展等各方面问题的法律法规。

12.1.3 其他国家的电子政务相关法律法规

1.加拿大电子政务立法政策

加拿大政府通过制定和实施政府通用安全框架来实现信息安全、网络安全法规的支持。加拿大国防部下属的通信安全部（Communications Security Establishment，CSE）是加拿大联邦政府信息技术委员会（Information Technology Committee，ITC）的领导机构。

（1）为了促进电子商务和电子政务的发展，CSE早在1998年就发布了《加拿大政府公共钥匙基础设施白皮书》，制定了政府的公共钥匙的发展框架。

（2）2000年5月，加拿大政府财政部通过了“服务提升计划（Service Improvement Initiative，SII）”，该计划制定了一个政策框架指导政府的服务不断改进和提高。

（3）2002年2月，加拿大政府颁布了新的政府安全条例，确定了政府各部门应遵守的最低级别的安全需求和需要采取的安全风险管理措施。

作为全球电子政务建设的领跑者，加拿大政府坚定不移地推进“整体政府战略”，其取得的成绩是国际公认的，对于成绩的取得，立法工作在其中所起的作用是不容忽视的。

2.德国电子政务立法政策

德国在电子政务建设中十分重视运用法律手段，联邦政府制订了具体的计划和措施加强互联网上的安全。

（1）1997年6月13日，德国颁布《电子服务法》，主要涉及电子签名，目的是为电子信息和通信服务应用建立统一的条件。2001年3月，德国议会通过《电子签名法》，旨在推进网上交易。它是国际上出台电子签名法比较早的国家之一。德国有关电子签名的法律是通过《德国电子签名框架条件法》来规范的。

（2）2002年1月1日，德国的《联邦数据保护法》、《信息和通信服务规范》和《电子政务手册》等数据保护、信息公开方面的法律法规都陆续生效了。

§12.2 中国电子政务部分相关法律法规简介

为促进电子政务的发展，需要对现有的法律体系进行调整，以加速我国电子政务的规范建设。国务院信息化工作办公室自2001年8月成立起，就致力于电子政务建设的政策法规制定。2002年7月，国家信息化领导小组通过了《电子政务指导意见》，近些年颁布了很多电子政务相关的法律法规和文件。各省级地方部门也都根据各自的情况，制定了相关的规章，这里主要介绍我国国家层面颁布的电子政务相关方面的立法。

12.2.1　中国电子政务立法现状与存在的问题

1.中国电子政务立法的发展和现状

（1）中国电子政务立法的发展。

从电子政务的兴起到1999年，中国的电子政务处于探索和研究阶段，电子政务的立法主要关注的是计算机网络本身，偏重于解决因互联网产生的技术层面的问题，立法阶位较低。当时发布的有《计算机软件保护条例》、《计算机系统安全保护条例》和《电信条例》等一系列法规，初步建立了电信行业管理法律体系、互联网网络管理法律体系、信息产业促进政策体系以及网络知识产权保护法律体系。

近几年，随着国家信息化领导小组的组建，以及“十二五”和“十三五”规划的实施，我国在电子政务立法方面也开始出现了发展的趋势。立法朝着较高阶位开展，如电子签名法规范了电子签名行为，确立电子签名的法律效力，为网络行政行为的可行性奠定了基础。我国相关部门和地方政府的电子政务立法活动也随之活跃起来，出现了很多地方性的电子政务相关的政策法规，如深圳的《深圳市政府信息网上公开办法》、天津的《电子政务条例》等。

（2）中国电子政务立法的现状。

根据《中国信息产业发展报告》的总结，伴随我国信息化的发展，我国信息化法律体系已经确立。目前，已经初步建立了较科学的电信行业管理法律体系，初步形成了较完备的互联网网络管理法律体系，初步建立了有效的产业促进政策体系，初步形成了较为合理的信息产业市场竞争法律体系，初步形成了促进信息化应用的政策体系，初步形成了较完备的信息安全法律体系，建立了强有力的知识产权保护法律制度。

据不完全统计，中国目前已颁布了大约60个与电子政务相关的法律法规与规章，涉及的面比较宽，根据这些法律法规与电子政务发展和建设的关系可归纳为4类：

① 计算机法规，主要是有关计算机系统安全和保密的法律规范以及计算机软件保护法，如计算机系统安全保护条例、计算机软件保护条例等。

② 互联网法规，主要是针对国际互联网的接入、安全、设施、经营以及主管部门等

事项作出规定，如《关于维护互联网安全的规定》、《互联网服务管理办法》和《中国互联网域名注册暂行规定》等。

③ 信息法规，主要是有关政府信息化的法律和规章，如《北京市政务和公开服务信息化工程建设管理条例》等。

④ 政务公开法规，主要是针对政府的有关业务流程和政策制定、执行及结果公开，如政府信息公开条例、行政许可法、政府采购信息公告管理办法等。

2. 中国电子政务立法存在的问题

中国电子政务立法的工作虽然已经取得了很大的进展，但仍然存在着一定问题，主要表现在以下几个方面：

(1) 立法模式存在的问题。

在国外，电子政务立法有统一立法与单行法相结合模式和分散模式，中国属于后者。有关电子政务的法律法规分散在计算机法、信息法、互联网法等单行法中。分散立法的缺陷是其法律环境适用复杂，中国特定的社会环境尤其使分散立法的缺陷更加突出，因为在中国大多是部门立法，法律阶位低，缺少统一的原则和标准，冲突现象严重，导致电子政务的特征不明显，实施效果差。

(2) 电子政务标准立法亟待完善。

虽然中国已制定了《电子政务标准》，但它只是一个框架性标准，可操作性和检验性较差，全国各省级政府电子政务建设还处于各自为政的状态。究其原因，一方面我国各级政府信息化的起步时间和发展阶段不同，发展水平也参差不齐；另一方面我国缺乏对电子政务建设标准的立法，在实践中采用不同的技术标准和传输协议。这就不容易互联互通，信息不能有效共享，形成“信息孤岛”现象，导致部门间协作性和安全可靠性较差，也不利于政府改进管理方式和提高行政效率。

(3) 立法滞后制约电子政务发展。

电子政务立法滞后，在一定程度上制约了电子政务的发展，主要表现在：许多亟待法律规范的事项并没有相应的法律规范；许多现有法律规范中的具体规定不适应电子政务发展需要，有的与电子政务发展相抵触，如对关于电子政务根本性质定位的电子政务的法律地位问题，我国法律并没作出明确规定；对电子政务建设资金的来源、预算、使用以及监督等问题，也基本上没有法律的统一规定；涉及政府信息资源管理、政府信息公开及知识产权保护的法律都需要修订和完善；有关网络安全、政府信息认证、加密以及公众知情权等方面的网络法律法规几乎是空白。

(4) 公民隐私权保护立法存在的问题。

在电子政务环境下，政府收集、储存和利用信息时，容易侵犯公民个人利益。政务公开要求政府职能部门将各自收集、储存及分析的信息公之于众，以保障公民的知情权，这将导致大量个人信息被公开，容易侵犯公民隐私权。这是电子政务发展过程中公民隐私权保护的特有问题，而我国现行法律对什么是个人隐私、如何保护个人隐私，尚无明确的规定。因此，如何加强对公民隐私权的保护，成为电子政务立法中不可忽视的问题。

12.2.2 中国电子政务法律环境

电子政务中的法律问题得到国际地区性组织和许多国家政府的高度重视，创造一个适合电子政务发展的法律法规环境，从而提高政务水平，实现电子政务存在和发展的意义。到目前为止，我国电子政务相关法律法规可以归纳为几个方面：信息安全、信息管理、域名政策、隐私权方面的立法，其中对隐私权的立法还不完善。

1.信息安全的政策法规

（1）我国电子政务面临的信息安全问题。

我国电子政务面临的信息安全问题主要表现在：

① 政府信息网络安全存在隐患。网络非常脆弱，各种安全隐患普遍存在。掌握一定技术的人可以轻易获取网络服务器上的用户账号信息和口令文件，并可进入系统修改、删除重要数据文件。一旦这些系统被非法侵入和破坏，将不能正常工作，甚至完全瘫痪。

② 网络犯罪活动日益增多。近年来，金融机构内部利用计算机犯罪的案件数量大幅度上升，在互联网上泄露国家秘密的案件屡有发生。另外，境内外黑客攻击破坏网络的问题十分严重。他们通常采用非法侵入重要信息系统，修改或破坏系统功能或数据，造成数据丢失或系统瘫痪，给国家造成重大政治影响和经济损失。

③ 管理体制不完善。管理问题主要体现在以下几个方面：组织管理不完善，安全管理任务没有办法落实到人，没有明确责权；管理规范未建立，制度不完善；技术管理不到位，大多数只考虑防火墙、防病毒等基本技术安全措施，并没有提高到管理程度；日常管理存在很多漏洞，计算机的日常使用，信息保存、流转、归档都存在不同程度的漏洞。

我国电子政务信息安全不仅是技术的问题，还有人员意识问题和管理问题。为了保证电子政务的安全性，政府必须从不同方面做好防范措施。除了要做到在电子政务投入使用之前设立电子认证机构，大力开发计算机防病毒技术和计算机安全技术，不断完善密码技术，在政府各部门建立安全管理体系外，在法律上逐步建立和完善相关的法案，给予电子签名与手写签名、盖章相同的法律保障，制定出规范电子政务安全性的法规，对于信息安全问题解决非常重要。

（2）我国信息安全的相关立法。

对于信息安全方面的立法在电子政务的立法工作中出现较早，随着电子政务的发展对于信息安全的要求升高，立法也逐渐增多。下面是部分典型的法律法规：

① 《中华人民共和国计算机信息系统安全保护条例》。1994年2月18日颁布的《中华人民共和国计算机信息系统安全保护条例》是我国专门针对信息网络安全问题制定的首部行政法规，目的是保护计算机信息系统的安全，促进计算机的应用和发展，保障社会主义现代化建设的顺利进行。该条例第四条规定，“计算机信息系统的安全保护工作，重点维护国家事务、经济建设、国防建设、尖端科学技术等重要领域的计算机信息系统的安全”。

② 《计算机信息网络国际联网安全保护管理办法》。1997年12月颁布了《计算机信息网络国际联网安全保护管理办法》，目的是加强对计算机信息网络国际联网的安全保护。

③ 《全国人大常委会关于维护互联网安全的决定》。2000年12月28日，九届全国人大十九次会议通过了《全国人大常委会关于维护互联网安全的决定》，这是我国针对信息网络安全制定的第一部法律性决定。

④ 《刑法》中与信息安全保密相关的规定。《刑法》中第285条、第286条是针对信息安全所作的规定，第287条是关于行为人利用计算机实施的犯罪危及信息安全的规定。

⑤ 《计算机信息系统保密管理暂行规定》。为保护计算机信息系统处理的国家秘密安

全，国家保密局制定了《计算机信息系统保密管理暂行规定》，并于1998年2月26日发布实施。

⑥《中华人民共和国电信条例》。为了规范电信市场秩序，维护电信用户和电信业务经营者的合法权益，保障电信网络和信息的安全，促进电信业的健康发展，制定了《中华人民共和国电信条例》，于2000年9月由国务院第31次常务会议通过，并于发布时开始实施。

⑦《中华人民共和国电子签名法》。2004年8月28日，为了规范电子签名行为，确立电子签名的法律效力，维护有关各方的合法权益，第十届全国人民代表大会常务委员会第十一次会议通过了《中华人民共和国电子签名法》，该法律于2005年4月1日开始施行。

⑧《互联网安全保护技术措施规定》。2005年11月24日，公安部部长办公会审议通过了《互联网安全保护技术措施规定》，该规定于12月13日正式颁布，并于2006年3月1日起实施。该规定对互联网服务单位和联网单位落实安全保护技术措施提出了明确、具体和可操作性的要求，保证了安全保护技术措施的科学、合理和有效实施。

⑨《信息安全等级保护管理办法》。为加强信息安全等级保护，规范信息安全等级保护管理，提高信息安全保障能力和水平，维护国家安全、社会稳定和公共利益，保障和促进信息化建设，我国制定了《信息安全等级保护管理办法》。该办法于2007年7月起施行。

⑩《网络与信息安全政府令》。北京市2006年发布全国首例《网络与信息安全政府令》，为信息安全的具体实施提供法律依据，对我国即将出台的网络安全等级保护制度提出了具体实施意见。

2.信息管理的法律法规

信息管理包括信息档案管理、信息工作管理、信息网络保障、信息网络服务行政管理5个方面，涉及信息管理的法律法规如下：

（1）《中华人民共和国档案法》。

1987年，《中华人民共和国档案法》颁布，其中规定了档案公开的期限，明确了经济、科学、技术、文化等类的档案，可以随时向社会公开，供人们阅览和利用，这标志着我国更加重视信息公开的立法问题，也是国家把政务信息公开方面的立法向国际化迈进的具体表现。

（2）《政务信息工作暂行办法》。

为了适应建立社会主义市场经济体制和政府管理职能转变的需要，实现全国政府系统政务信息工作规范化、制度化，加强我国政府职能部门政务信息工作的管理和有效控制，国务院办公厅于1995年颁布了《政务信息工作暂行办法》，于1995年11月1日开始实行。

该办法第二条规定："政务信息工作是各级政府及其部门的办公厅（室）的一项重要工作，其主要任务是：反映政府工作及社会、经济发展中的重要情况，为政府把握全局、科学决策和实施领导提供及时、准确、全面的信息服务。"

（3）信息网络基础保障的法律法规。

①《中华人民共和国电信条例》。2000年9月，国务院颁布了《中华人民共和国电信条例》，规定了电信市场、网间互联、电信服务、电信建设、电信安全等内容。该条例既属于信息安全的相关立法，也属于网络基础保障的相关立法。

②《关于贯彻国家西部大开发战略进一步推进西部地区信息产业发展的意见》。2004

年8月，信息产业部下发了《关于贯彻国家西部大开发战略进一步推进西部地区信息产业发展的意见》，要求全行业紧紧抓住西部大开发这一历史机遇，加快西部地区信息基础设施建设，并明确要求通信主管部门不断加强行业监管，继续完善信息基础设施的建设，努力提高西部地区的通信普遍服务水平。

（4）信息网络服务的法律法规。

目前我国针对信息网络接入服务、互联网信息服务以及互联网上网服务，均已制定了行政法规予以规范。

①《国际联网管理暂行规定》。1997年5月20日公布实施的《国际联网管理暂行规定》是规范我国互联网国际联网和接入服务最主要的法律性文件。

②《互联网信息服务管理办法》。2000年9月20日，国务院第31次常务会议通过了《互联网信息服务管理办法》并于当月25日公布实施。其目的是规范互联网信息服务活动，促进互联网信息服务健康有序发展。

③《电子认证服务管理办法》。为了规范电子认证服务行为，对电子认证服务提供者实施监督管理，2005年1月28日，中华人民共和国信息产业部第12次部务会议审议通过了《电子认证服务管理办法》，该办法自2005年4月1日起施行。

④《关于进一步加强互联网上网服务营业场所管理的通知》。2001年4月3日，国务院办公厅发布《关于进一步加强互联网上网服务营业场所管理的通知》。

⑤《非经营性互联网信息服务备案管理办法》。为规范非经营性互联网信息服务备案及备案管理，促进互联网信息服务业的健康发展，制定了《非经营性互联网信息服务备案管理办法》。该办法于2005年1月28日信息产业部第12次部务会议审议通过，自2005年3月20日起施行。

⑥《网络交易平台服务规范》。为规范网络交易平台交易服务，保障交易安全，保护相关当事人的合法权益，营造公平、诚信的交易环境，促进电子商务快速、健康发展，原信息产业部制定了《网络交易平台服务规范》，该规范于2005年4月18日开始实施。

⑦《互联网著作权保护办法》。2005年4月30日，我国第一部网络著作权保护规章——《互联网著作权保护办法》颁布，使那些在网上无偿占有他人劳动成果的行为成为非法行为，此举必将促进网络创作的繁荣。

⑧《信息网络传播权保护条例》。为了保护信息网络传播权，2006年5月10日，国务院第135次常务会议通过了《信息网络传播权保护条例》，该条例自2006年7月1日起施行。

（5）《中华人民共和国行政许可法》。

2003年8月27日，在第十届全国人民代表大会常务委员会第四次会议上，通过了《中华人民共和国行政许可法》。制定该法的目的是规范行政许可的设定和实施，保护公民、法人和其他组织的合法权益，维护公共利益和社会秩序，保障和监督行政机关有效实施行政管理。该法于2004年7月1日起施行。

该法第33条提及了电子政务，原文如下："行政机关应当建立和完善有关制度，推行电子政务，在行政机关的网站上公布行政许可事项，方便申请人采取数据电文等方式提出行政许可申请；应当与其他行政机关共享有关行政许可信息，提高办事效率。"

3.网站域名方面的政策法规

（1）域名的定义与功能。

域名是人们容易记忆的用点分隔的字符串，其与IP地址相对应，用于在互联网上标志一个计算机的地址。每一个域名与IP地址是一一对应的，人们输入域名，再由域名服务器解析成IP地址，从而找到相应的网站。域名是一种新的知识产权，它和传统的知识产权中的客体如商标、专利等有一定的相似之处。域名具有绝对的专属性、地域性、时间性和宽泛性。域名具有技术和标识两方面的功能：技术功能是指域名注册人在网络上的地址；标识功能是指域名注册人在互联网上代表自己的标志。地址性是域名的本质属性，是域名基本功能的反映；标识是域名的形式属性，它实质上反映的是域名的形式特征对人们心理的习惯影响。

（2）域名争议。

1995年，中国公用计算机互联网开通后半年内就出现了“域名抢注”一词。我国首例正式的抢注案件是“科龙公司诉永安制衣厂”案，其后中国出现了许多域名抢注纠纷，如上海东方网股份有限公司诉济南开发区梦幻多媒体网络技术开发中心域名纠纷案、宝洁公司诉上海晨铉智能科技发展有限公司“safeguard”域名抢注案等。“ikea”案是我国第一件涉外域名纠纷案，也是我国适用国际条约《保护工业产权巴黎公约》处理的第一案。

中国国际经济贸易仲裁委员会域名争议解决中心是经CNNIC授权，负责受理中文域名争议和通用网站争议的部门。我国的域名争议案件具有两个共同特点：第一，案件主要发生在北京、上海等经济发达的地区，这主要是由于互联网的地区发展不平衡造成的。第二，许多案件涉及跨国公司。

（3）中国域名相关立法。

①《中国互联网络域名管理办法》。为促进中国互联网络的健康发展，保障中国互联网络域名系统安全、可靠地运行，规范中国互联网络域名系统管理和域名注册服务，制定了《中国互联网络域名管理办法》。该办法于2004年9月28日由信息产业部第八次部务会议审议通过并于当年12月20日起实施。

②《互联网IP地址备案管理办法》。为加强对互联网IP地址资源使用的管理，保障互联网络的安全，维护广大互联网用户的根本利益，促进互联网业的健康发展，制定了《互联网IP地址备案管理办法》。该办法于2005年1月28日由信息产业部第十二次部务会议审议通过，自2005年3月20日起施行。

③《互联网电子邮件服务管理办法》。为了规范互联网电子邮件服务，保障互联网电子邮件服务使用者的合法权利，信息产业部制定了《互联网电子邮件服务管理办法》，该办法于2005年11月7日由信息产业部第十五次部务会议审议通过，自2006年3月30日起施行。该办法对互联网电子邮件服务器为互联网用户发送、接收互联网电子邮件提供条件的行为作了相关规定。

§12.3 当前立法热点

目前，我国电子政务的立法工作取得了很大的进步，在立法中存在的问题逐渐为各相关政府部门所重视，下面介绍电子政务立法的一些热点问题。

12.3.1 电信法

从1980年起，我国正式开始起草电信法的工作，并于1988年开始列入国务院年度立法计划。根据“国务院2006年立法工作计划”，电信法草案将提请全国人大常委会审议，全国人大常委会于2006年8月起对《电信法（送审稿）》进行审议。信息产业部配合国务院和全国人大常委会做好电信法草案的审查、修改和完善工作。据悉，与现行的《中华人民共和国电信条例》相比，电信法送审稿至少有五大突破：电信资费将逐步由政府定价、政府指导价向市场调节价过渡；成立独立电信监管机构；取消增值电信业务许可管理的做法，改为“登记管理”；“小区垄断”有望消失，保证各运营商平等接入到最终用户，并且保证用户的业务提供者选择权；对破坏网间互通者的最高罚款高达500万元。

12.3.2 政府信息公开条例

《中华人民共和国政府信息公开条例》（以下简称《政府信息公开条例》）已经于2007年1月17日国务院第165次常务会议通过，自2008年5月1日起施行。《政府信息公开条例》施行后，对政务信息公开做强制性要求，不能公开的信息主要是三种：国家机密、个人隐私、商业秘密。政府信息公开制度的理念是：“以公开为原则，不公开为例外。”公开的方式有主动公开和依申请公开。

《政府信息公开条例》通过立法促进政府信息资源开发，解决部门间互联互通、资源共享的瓶颈问题。随着行政体制改革的深入，将打破信息资源垄断，逐步提高政务信息资源的共享水平，提高政府的社会管理能力和为公众服务能力。

12.3.3 隐私权

隐私权是指公民个人的，与社会公共利益无关的正常生活不受他人非法干涉，涉及个人的有关事项不受他人擅自公开的权利。在发展电子政务的过程中，大量的个人资料被收集并储存于政府的数据库中，而这些个人信息在网络环境中又极易被不当利用。人们的个人空间越来越小，受到侵犯的可能性越来越大。隐私权问题已经成为制约电子政务发展的重大问题，需要各国认真研究和对待。

很多国家都制定了关于隐私权的法案，如美国的《全球电子商务框架报告》、《有效保护隐私权的自律规范》和《儿童网上隐私权保护法》；德国的《电信服务数据保护法》；英国的《数据保护法》；法国的《信息技术与自由法案》等。

目前我国制定的与隐私权的保护相关的法规主要有《中华人民共和国政府信息公开条例》、《中国互联网行业自律公约》和《最高人民法院关于审理名誉权案件若干问题的解答》等。

网络隐私保护立法的国际化，不仅有助于促进我国目前为止相对滞后的网络隐私保护的立法工作，而且会极大地方便未来可能出现的网络隐私保护司法的国际化操作，因此，对于隐私权，尤其是与网络相关的隐私权的立法工作是我国今后电子政务立法中的一个热点问题。

12.3.4 其他相关法律

近些年来，对于电子政务立法工作的研究越来越为人们所关注。有人提出建立“电子政务法”作为统一的立法。中国政法大学诉讼法研究中心的高家伟在《论电子政务法》中阐述了自己的观点，学术界还有其他人也提出了有关电子政务法的观点与看法，总的来讲，主要观点都集中在建立电子政务法的立法地位、必要性、原则及框架构成的研究等方面。

此外，还有很多法律都为学术界人士所关注，如在电子政务活动的核心性法律法规建设方面的电子政务行政程序法、电子政务信息技术管理法、电子政务标准法等；在电子政务活动的运作性法律法规方面的网上采购法、网上申报程序法、电子认证法、预算和会计法、电子文书法等。

思政课堂

共筑网络安全防线——我国网络安全工作取得积极进展

党的十八大以来，在习近平总书记关于网络强国的重要思想和关于网络安全工作“四个坚持”重要指示精神指引下，我国网络安全工作发展进入快车道，各项工作取得积极进展，形成了一系列生动实践和宝贵经验。

近年来，在中央网信委坚强领导下，以总体国家安全观为指导，国家网络安全工作顶层设计和总体布局不断完善，网络安全“四梁八柱”基本确立。

出台《网络安全法》、《数据安全法》、《个人信息保护法》、《国家网络空间安全战略》和《关键信息基础设施安全保护条例》等网络安全法律法规、战略规划，网络空间法治进程迈入新时代；印发《网络安全审查办法》《云计算服务安全评估办法》《汽车数据安全管理若干规定（试行）》等部门规章和规范性文件，国家网络安全工作的政策体系框架基本形成；制定发布322项国家标准，共有12项包含我国技术贡献和提案的国际标准发布，网络安全国家标准体系日益完善。

组织对面向党政机关和关键信息基础设施服务的云平台开展安全评估，加强云计算服务安全管理，防范云计算服务安全风险。截至目前，已有56家云平台通过云计算服务安全评估。

互联网通达亿万群众。网信事业要发展，必须贯彻以人民为中心的发展思想。

为维护公民个人信息安全，2019年以来，有关部门组织开展App违法违规收集使用个人信息专项治理，对问题较为严重的1 000余款App进行公开曝光。2021年，持续深入开展摄像头偷窥等黑产集中治理，下架违规产品1 600余件，并对存在隐私视频信息泄露隐患的视频监控App厂商进行约谈。

依法严厉打击网络黑客、电信网络诈骗等人民群众深恶痛绝的违法犯罪行为，“净网”专项行动深入推进，2021年以来共抓获违法犯罪人员1.6万余名，对其中6 700余人采取刑事强制措施，努力让人民群众在网络空间享有更多获得感、幸福感、安全感。

资料来源：王思北，余俊杰. 共筑网络安全防线——我国网络安全工作取得积极进展 [EB/OL]. [2021-10-10]. http://www.news.cn/2021-10/10/c_1127942981.htm. 经删减整理.

本章小结

国外的很多国家对电子政务立法都非常重视，美国和日本都出台了对整个法律体系进行调整的法律规范，美国的《2002年电子政务法》，日本的《高度信息通信网络社会形成基本法（IT基本法）》，加拿大设置了专门的部门负责电子政务建设管理，德国是世界上比较早颁布《电子签名法》的国家。

我国电子政务立法的工作虽然已经取得了很大的进展，但仍然存在着一定问题，主要表现在立法无统一规范，结构不清晰及立法层次不高。

我国电子政务相关法律法规可以归纳为几个方面：信息安全、信息管理、域名政策、隐私权方面的立法，其中对隐私权的立法还不完善。

当前电子政务立法研究的热点集中在信息标准化法、电信法、政府信息公开条例、隐私权等方面。

综合训练

12.1 单项选择题

1.美国电子政务起源于（　　）。

A.20世纪70年代　　B.20世纪80年代　　C.20世纪90年代　　D.21世纪初

2.下面法律法规、文件，不是日本出台的是（　　）。

A.《电子政务法》

B.《高度信息通信网络社会形成基本法》

C.《IT基本法》

D.《关于电子签名及认证业务的法律》

3.我国国务院信息化办公室从（　　）年成立起就致力于电子政务建设的政策法规制定。

A.2000　　B.2001　　C.2002　　D.2003

4.下面不属于信息管理方面法律法规的是（　　）。

A.《档案法》　　B.《政务信息工作暂行办法》

C.信息网络基础保障的法律法规　　D.《网络与信息安全政府令》

5.截至目前，我国电子政务相关法律法规几个方面中较不完善的是（　　）。

A.信息安全　　B.隐私权　　C.信息管理　　D.域名政策

12.2　多项选择题

1.美国电子政务立法的特点有（　　）。

A.重视电子政务信息化发展法律环境的建设

B.政府积极参与

C.重视电子政务的发展

D.确立了纲领性的法律法规

2.下面关于日本电子政务发展状况的描述正确的有（　　）。

A.日本政府于2000年3月正式启动了“电子政务工程”

B.2001年1月6日，日本政府实施了形成高度信息通信网络社会的纲领性立法——《高度信息通信网络社会形成基本法》

C.“高度信息通信网络社会推进战略本度”于2001年1月22日制定了国家战略政策文件——《IT基本法》

D.经过近年大量的立法工作，日本已经出台了针对电子政务中存在的大部分问题的法律法规

3.我国电子政务立法存在（　　）等方面的问题。

A.立法模式　　B.电子政务标准立法

C.立法滞后　　D.公民隐私保护立法

4.我国目前已颁布的60个与电子政务相关的法律法规与规章可分为（　　）等类。

A.计算机法　　B.互联网法　　C.信息法　　D.政务公开法

5.我国电子政务相关法律的研究热点有（　　）。

A.网络域名　　B.电信法

C.政府信息公开条例　　D.隐私权

12.3　思考题

1.你认为电子政务立法中应该考虑到哪些问题？

2.我国电子政务的立法中存在哪些问题？

3.当前我国电子政务立法中的研究热点有哪些？

第13章

电子政务发展前沿

学习指南
引导案例
§13.1　电子政务发展趋势综述
§13.2　电子政务理论的发展趋势
§13.3　电子政务技术的发展趋势
§13.4　国外电子政务的发展计划
§13.5　我国电子政务的发展趋势
思政课堂
本章小结
综合训练

学习指南

【学习目标】建设者的思想和理论是否成熟和超前，对于电子政务建设的前景起着至关重要的作用。通过本章的学习，了解电子政务、电子政务系统、电子政务理论和技术的发展趋势；了解国外电子政务的发展趋势；掌握我国电子政务的发展趋势。

【关键概念】电子政务全球化　网格系统　政务智能　云计算　政府首席信息官　大集中

引导案例

北京市电子政务市场现状及发展趋势

一、北京市政策大力支持电子政务的发展

近年来，北京市制定出台了多项电子政务相关政策，初步建立了信息化标准体系，为规范北京市的信息化管理、加快信息化建设提供了法规依据。2020年6月10日，北京市经济和信息化局发布《北京市加快新型基础设施建设行动方案（2020—2022年）》，聚焦“新网络、新要素、新生态、新平台、新应用、新安全”六大方向，明确了30个重点任务，其中即包括政务专网建设。

二、北京市已建成覆盖四级的一体化政务服务体系

根据北京市政府于2016年发布的《北京市人民政府关于加强政务服务体系建设的意见》，北京市推动政务服务实体平台和网上服务平台深度融合，2019年建成集行政审批和公共服务功能于一体，市、区、乡镇（街道）、村（社区）四级贯通、协同联动、一网办理、运行高效的政务服务体系。

截至2020年年底，北京市已建成覆盖四级的一体化政务服务体系，政务服务平台个人用户总数2 040万，企业用户总数210万，81%的事项实现“全程网办”，138项事项“跨省通办”，9 000余项事项市区两级“全城通”。

三、北京市的电子政务建设水平位于全国前列

根据赛迪顾问发布的《2020中国数字政府建设白皮书》显示，2020年全国数字政府建设指数排名前10位分别是广东、浙江、山东、福建、北京、上海、江苏、四川、河南和贵州。北京市数字政府建设指数为68.4，排名全国第5，处于全国前列。

中央党校（国家行政学院）电子政务研究中心发布的《2021省级政府和重点城市一体化政务服务能力调查评估报告》显示，省级政府方面，北京、上海、江苏、浙江、安徽、广东、四川、贵州8个省级政府的一体化政务服务能力总体指数为非常高（超过90）。北京市大力推进“网上办、掌上办、自助办、智能办、区域办”，加快数字政府建设。

四、“十四五”时期北京市将深化“一网通办”服务

根据《北京市“十四五”时期智慧城市发展行动纲要》，到2025年，北京市将建设成为全球新型智慧城市的标杆城市。“一网通办”惠民服务便捷高效，“一网统管”城市治理智能协同。“十四五”时期，北京市将继续深化“一网通办”服务，提高政务效能，助推数字政府建设。

资料来源：佚名. 2021年北京市电子政务市场现状及发展趋势分析［EB/OL］.［2021-10-27］. http：//www.e-gov.org.cn/egov/web/article_detail.php？id=178903.经删减整理.

目前，国内外都已经掀起了电子政务建设的高潮，各种新的技术和应用层出不穷，令人目不暇接。对于电子政务这样发展迅速且牵一发而动全身的事物来说，建设者的思想和理论是否成熟和超前，对于建设的前景起着至关重要的作用。因此，我们在专注于当前电子政务建设的同时，还需要把目光放远，关注电子政务的未来发展趋势。本章主要介绍电子政务的发展趋势，特别指出我国电子政务的发展趋势。

§13.1 电子政务发展趋势综述

13.1.1　电子政务的发展趋势

未来的电子政务有两个总体发展趋势：一是全球化；二是以服务为中心。

1. 电子政务全球化

电子政务全球化，是指由于经济的全球化程度不断提高，各国相互依存的程度不断加深，所以各国的电子政务建设相互之间在有一定的独立性之外，也要在一定程度上实现系统的对接，以实现各国政府对跨国金融、商务、旅游等活动的管理和服务，以及在打击跨国犯罪、反恐和国防安全等方面的合作。另外，在功能和技术方面，各国的电子政务系统也会呈现相互融合的趋势，某项新的电子政务模式或技术一旦被某国政府采用并取得明显的效果，其他国家政府将会效仿。

当然，在经济全球化的趋势下，各国的电子政务受本国政治和政府体制、管理和文化传统等因素的影响，仍然会各有特色。面对电子政务的全球化趋势，我们一方面要本着“为我所用”的原则，学习国外电子政务建设好的经验和做法，并将其整合到有中国特色的电子政务建设模式中来；另一方面也要意识到中国作为一个发展中国家，我国的电子政务建设也将在建设方式、功能及模式、技术实现等方面为第三世界国家甚至是发达国家的电子政务建设提供重要的借鉴。互联网是没有国界的，中国电子政务建设将使世界了解中国，加强中国与世界的交流，向世界传播中国的进步和发展的情况，树立中国政府在世界的良好形象。

2. 电子政务以服务为中心

国外电子政务建设的初衷，就是利用现代信息技术，为公众提供更为方便快捷的政府服务。随着实践的推进，我国电子政务业务的重心将逐渐转到为企业和社会公众的服务上来。电子政务的服务功能未来将呈现两个主要特点：

（1）跨时空服务。在采用电子化服务之后，公民可以通过电子政务系统随时提交自己的服务请求，经由政府人员处理，并通过电子政务系统将处理结果送达公民，这将使政府“7×24小时”式的全天候服务在技术上成为可能。

（2）个性化服务。通过电子政务系统，公民的所有相关信息均可以由政府收集、整理并保存在相关的存储介质中，从而使后者能够为每一位公民提供个性化服务，使公众获得自己最需要的服务成为可能。这种自由使得为公民提供个性化的服务达到了一个新的高度。

13.1.2　电子政务系统的发展趋势

具体到电子政务系统，其发展主要呈现3个趋势：一是交互接口标准化，二是平台化，三是智能化。

1. 交互接口标准化

所谓标准交互接口，就是将不同实体之间的交互形式进行一定的规范，以保证不同实体之间可以相互交流。也就是说，未来各个电子政务实体之间的交互格式将形成相应的标准，可以在不关心各个实体内部如何提供及处理相应接口数据的情况下实现各个实体之间的交流。规范化的接口不单纯是简化了电子政务系统的搭建工作，还能够提高交流速度和效率。

2.平台化

平台化是电子政务系统的第二个发展趋势，只有各政府部门的电子政务系统组成一个整体，电子政务的互联互通、资源共享的优势才能够充分地发挥出来。然而，目前各部门还是各自为政，自成体系，采用的硬件、操作系统、数据库也各不相同。解决这个问题最直接的措施，就是一方面制定统一的标准，另一方面建立一个统一的电子政务平台，屏蔽电子政务子系统的异构。

建设电子政务平台可以提供一个公共资源基础平台，为政府决策提供支持，为整个电子政务系统提供统一的数据接口，制定统一的数据交换标准，构建统一的数据交换通道，因此能在很大程度上解决以往无法解决的数据交流和资源共享的问题。

3.智能化

Web技术等现代信息技术的飞速发展，尤其是数据仓库、联机分析技术、数据挖掘技术、现代智能决策技术和知识管理理论等政务智能技术的发展，为电子政务系统智能化的发展提供了保证。这些技术越来越多地被用到政府的管理与决策中，这大大提高了政府的工作效率和为公众服务的能力。

以上分别展望了电子政务和电子政务系统的发展趋势，电子政务作为一个实践性很强的新生事物，是电子政务理论和技术实践相结合的产物。所以，电子政务的发展必然是电子政务理论和电子政务技术互动发展的结果。

§13.2 电子政务理论的发展趋势

电子政务是一个全新的事物，这就决定了在电子政务建设的实践中存在一定程度的“摸着石头过河”，这凸显了对电子政务进行理论研究的重要性。

13.2.1 电子政务理论研究的课题

目前，电子政务主要加强下列各方面的理论研究：

（1）政府的职能方面：电子政务是仅仅能够对政府服务的提供方式产生影响，还是也能影响服务的内容，怎样确保政府管理服务职能的实现。

（2）政府的组织结构方面：电子政务是否会使政府内部的领导体制发生变革，技术和组织结构究竟是怎样的一种互动关系。

（3）政府的工作流程方面：电子政务在哪些情况下会推动政府工作流程的重组，技术组织和工作流程之间究竟是怎样的一种互动关系。

（4）政府与企业、公众之间的关系方面：电子政务能够在多大程度上促进双方之间的良性互动，它可提供哪些有利于民主、公开、透明、互动的新的方式方法。

（5）电子政务技术方面：如何通过技术来保障政府数据中心、政府信息安全体系、系统管理维护体系等方面的建设。

（6）电子政务建立法律法规方面：如何建立与政务信息化相关的法律法规体系框架及相关的法律法规。

(7) 电子政务如何向深层次发展方面：研究我国政务信息化的发展战略、方向、目标、任务、途径等。

13.2.2 电子政务理论研究的途径和方法

对电子政务理论研究必须选择正确的途径和方法：

(1) 电子政务理论研究要从实践出发。理论研究的问题来源于实践。要根据国家和省市各部门的会议精神来定位电子政务的理论研究主题，力求理论联系实际，把问题说深、说透，防止理论脱离实际。

(2) 成立理论研究组织机构。为了保证电子政务理论研究工作的开展，应设立专门研究机构和专家咨询机构，根据电子政务的发展趋势，通过开展有针对性的研究，了解、借鉴国际上政务信息化建设的经验，积极深入地对信息化基础理论进行探索。

(3) 电子政务理论研究要和其他学科相结合。由于电子政务理论研究涉及制度、技术、组织结构等方面的问题，所以要解答这些问题，必须综合管理学、经济学、通信、计算机等多学科的知识。

(4) 加强电子政务领域国内与国际的合作交流。应团结、动员各界电子政务相关部门和单位，结合政府业务和人民群众的需求，开展国内外电子政务研讨交流，组织高层培训与国外考察，为社会提供有价值的信息咨询服务，以加强电子政务理论研究。

§13.3 电子政务技术的发展趋势

未来的电子政务系统是有机统一的一体化系统，它会根据用户的需求把网络上遍布各处的分散资源汇集起来，经自动组织和整理后，提供给用户一个完整的服务，从而实现虚拟办公，提供“一站式”服务。实现上述目标，要求电子政务系统具备极为强大的计算能力，同时能够综合采用集群及网格技术、人机交互技术、政务智能以及云计算等多项技术。

13.3.1 集群与电子政务网格技术

1.集群技术

(1) 集群的概念。

集群（Cluster）是用高性能网络或LAN互相连接的多个独立计算机的集合，这些计算机可以是单机或多处理器系统（PC、工作站或SMP），每个节点都有自己的存储器、I/O设备和操作系统。集群对用户和应用来说是一个单一的系统，它可以提供低价、高效的高性能环境和快速可靠的服务。理解集群的概念要把握两点：首先，集群中的计算机又叫节点，它们是一些完整的、独立的计算机系统；其次，各节点必须能够在一起协同工作，形成一个单一的集成系统。

(2) 集群技术在电子政务中的应用。

电子政务是政府机构应用各种技术将管理和服务集成，在互联网上实现政府组织结构和工作流程的优化重组，超越时间、空间的分隔限制，从而向社会提供优质和全方位的、规范而透明的、符合国际水准的管理和服务，因此对性能有着很高的要求。通过使用集群技术代替传统小型机方式，可以有效地实现较好的容错性能，增加稳定性，提高效率。

① 数据库集群。集群中的每台服务器都分别运行一个数据库实例，共用一个数据库，如果正在处理事务的服务器出现问题不能继续运行，系统就会自动切换到其他服务器上继续处理该事务，不会影响客户端的使用。另外，当系统需要处理的事务大幅度增加时，集群系统可以方便地添加新节点，增强事务的处理能力。

② 交换系统集群。电子政务业务处理系统时不时会与其他外部系统进行交互，当集群系统内的服务器与外界服务器联系时，任务管理服务器可以自动将任务分解给其他任务服务器共同处理，减轻了单个服务器的负担，有效地实现负载均衡。

③ 应用程序集群。将多台服务器通过集群技术集中在一起作为操作系统的后台，进而将电子政务系统内部的大型应用程序运行在该操作系统上，增强了应用程序的处理能力，提高了速度，可用性大大提高。

④ 应用平台集群。通过一个统一的平台，将各种相关业务处理系统或平台集中起来，形成应用平台集群，可提高办事效率，有效地实现一站式服务。

集群技术很好地满足了对网络服务器的可扩展性和可用性的需求，所以使用集群技术构建网络服务器成为很多网站的选择，同时它也是未来网络服务器模式的主要发展方向。因此，也成为电子政务的一个重要支撑技术。

2. 电子政务网格技术

（1）网格技术的含义。

美国计算网格项目领导人之一伊安·福斯特认为，网格是构筑在互联网上的一组新兴技术，它将高速互联网、高性能计算机、大型数据库、传感器、远程设备等融为一体，为科技人员和普通百姓提供更多的资源、功能和交互性。互联网主要为人们提供电子邮件、网页浏览等通信功能，而网格的功能则更多、更强，它能让人们透明地使用计算、存储等其他资源，其他资源包括通信、软件、信息资料、知识等。

（2）网格技术在电子政务中的应用。

国家电子政务的目标是建立跨领域、跨区域和跨企业的一体化信息网络，需要整合的资源和服务的种类繁多、数量巨大、地理分布广、管理域不同、管理策略和安全需求不同。网格技术能够很好地适应电子政务需求，为解决这些问题提供技术基础和标准平台。目前网格技术在政务协同、知识服务、政务安全等方面有着广泛的应用。

①网格技术在政务协同中的应用。

电子政务的发展使政府职能部门之间的边界变得模糊和动态化，政府部门内部的流程和跨部门的流程逐渐交叉、重叠，政务的协同工作势在必行。政务协同必然要求不同部门的异构的信息资源互联互通，采用横向网格设计方法解决从基础资源到服务和应用等多个层次的共享、互操作和协同，将分散的各个局部自治系统统一成为逻辑上的单一全局系统。通过为全局系统整合提供环境和技术支撑，实现不同机构和平台上的数据交换和业务自动处理及资源和服务的互通、互联和互动，最终为用户提供高效、丰富的信息和服务，实现政务公开、内外有别、分层授权和保守机密的功能，并且易于使用、维护和升级，从而以有限的资源达到更好的效果，满足政务协同的需求。

②网格技术在电子政务知识服务中的应用。

在知识经济时代，知识成为政府的核心竞争力，这就要求政府实现知识集成和优化利用，同时也要求知识资源能够以自主服务的形式出现，被有关组织或部门利用。上述要求可以利用网格技术来解决，因为网格提供了支持大范围、非集中控制的服务共享环境。网格中的所有成员既可以提供服务，也可以享受服务，这种服务是动态的、短暂的，同时能够提高不同服务之间的协作效率，协作之后能达到高的服务质量，从知识网格的角度来讲，也就是知识创新。知识网格在电子政务中的应用，不仅实现了整个电子政务内知识资源的共享，还能支持动态知识联盟，从而支持知识创新。

③网格技术在电子政务安全中的应用。

当前，世界各国政府面临着一个共同的障碍——电子政务的安全问题。因此，必须采用先进的安全技术，对网上的数据和信息收/发双方进行身份确认，以保证各方信息传递的安全性、完整性、可靠性和不可抵赖性。

根据电子政务的安全需求和网格安全基础设施来构建网格环境下的电子政务安全结构，克服了传统的电子政务系统的不足，提高了电子政务系统的安全性能。并且，它良好的开放扩展性与统一的安全保障机制，给电子政务网格的发展带来了新的契机。但是，网格的安全问题是一项复杂的系统工程，电子政务网格的安全结构还有待进一步发展和完善。

国外已经有政府和组织利用网格计算技术，来协同共享多方面的资源，提高事务处理的效率、降低成本。例如，美国华盛顿特区的应急指挥系统就采用了网格计算技术，以逐步实现华盛顿特区与相接的3个州的消防、警察、交警、救护等相关部门之间异地数据库和异类信息系统的共享与协作。该系统可以使超过40个地方、州和联邦政府部门的官员和其他被授权的应急人员在突发事件时通过无线上网的方式获取不同政府部门的数据，并进行实时的联络，从而帮助这些“第一响应方”和负责公共安全的官员及时作出相关的决策。

④网格技术在城市管理中的应用。

网格化管理应用到城市管理的具体实践，形成了城市网格化管理模式。城市网格化管理是在不改变现有行政体制基础上，按城市管理业务的过程重组业务的流程，在信息技术的支撑下对政府管理结构、功能、运行机制等方面进行重新设计，形成业务导向驱动的条块整合模式，具有现实性和可操作性。城市网格化管理已经成为城市管理的一个新的发展趋向。

网格化管理在国内最早见于网格巡逻，巡警在责任区域内，负责及时发现、快速响应。随着信息技术和通信技术的发展，网格化管理理念的应用实践逐步拓展到城市建设、人口管理、市场监管、城市规划、劳动保障等方面。

在国内，早在2003年5月，上海市政府与IBM中国公司签署了网格计算合作谅解备忘录，旨在利用网格技术解决上海信息港建设问题，如部门之间信息化资源分散、跨部门协作缺乏标准、资源共享与协作困难；通过资源整合，提高信息化建设整体成效，首开国内利用网格技术推动电子政务发展的先例。北京市东城区在城市管理的探索中，依托数字城市技术，创建了数字化、网格化城市管理新模式，提高了城市管理水平。建设部充分肯定这种管理探索并于2005年7月提出推广意见。随着网格技术进一步发展，网格在电子政务方面的应用越来越广泛。

13.3.2 政务智能技术

1.政务智能的含义

政务智能（Government Intelligence，GI）是使用先进的信息技术来变革传统的行政服务模式，从而实现智能化行政和公共服务，其目的是通过分析政务活动中积累的海量数据，得到有指导意义的知识和决策依据，使政府更好地管理和服务社会。政务智能是分析型的电子政务系统，是面向政务数据分析的决策支持系统。

2.政务智能在电子政务中的应用

政务智能技术将在电子政务建设中发挥强大的作用，推进电子政务不断向智能化的方向发展。

（1）转变政府部门的服务模式。

传统的电子政务系统的原始驱动是用户通过政府门户网站提出服务请求，政府接受请求后实施审批服务，这类政府服务模式是被动的、接受式的服务模式。而智能政府服务模式是一种新的管理服务理念，它是指政府能主动地、深入地了解辖区内海量的服务对象（如社会公众、企业、城市资源等），使用决策分析工具对每种服务对象进行分析，根据其关键特征划分出不同的类别，再针对每个类别制定相应服务管理策略，积极主动地实施政府服务。

（2）为服务型政府提供决策支持。

政务智能系统通过建立一个可以有效地收集、监测和分析所获得的大量数据的系统，有效地监控和管理政府部门，同时增强民众和政府之间沟通的时效性，及时掌握有效的信息。该系统可以让政府所有公务员有能力独自进行资料分析，从而发现问题，这是一些传统决策支持系统软件所不具备的功能。一般而言，政务智能软件会将海量信息进行分类，让相关信息聚集在一起，如财政的归财政、交通的归交通。等到需要特定信息时，公务员就可以用政务智能软件去搜索所要的信息。

除了上述两个应用外，政务智能系统还应能对政府行政能力工作绩效进行评价，将绩效评价方法用于电子政务管理，这将有助于建立政府部门合理的工作激励机制，使行政管理能力和效率通过技术手段得到提高。

13.3.3 云计算技术

1.云计算的含义

云计算是分布式计算技术的一种，其最基本的概念是通过网络将庞大的计算处理程序自动分拆成无数个较小的子程序，再交由多部服务器所组成的庞大系统进行搜索和计算分析，最后将处理结果回传给用户。通过这项技术，网络服务提供者可以在数秒内处理数以千万计甚至亿计的信息，实现和超级计算机同样强大效能的网络服务。

2.云计算在电子政务中的应用

随着云时代的来临，信息系统建设将更加敏捷、简单和低廉，在政府推行电子政务的建设中有很大的借鉴意义，将云计算与电子政务建设相融合，充分发挥云计算对电子政务建设所具有的巨大潜在价值。

（1）提高政府信息共享程度。

目前，中国电子政务网络数据采用分布式存储的架构。由于缺乏统一规范，电子政务信息资源异构数据库普遍存在，用户访问不同数据库的内容需要检索不同的数据库，这些都给电子政务信息资源共享的实现造成困难。云计算模式则可以在技术和管理上将众多分布式的信息资源统一成一个“云”资源，通过云计算数据库资源管理平台，使政府信息公开，用户随时随地获取政府信息，使各级政府和各级部门间加强协同合作。

（2）实现电子政务内部资源有效整合。

由于技术、需求、经费、管理、体制等方面的原因，各级政府的电子政务平台，彼此之间相互封闭，无法实现信息资源的内部流动，从而形成了一个个“信息孤岛”，影响了部门间的有效交流。通过云计算技术构建内部信息交换平台，可开展平台之间信息的无缝交换，提高政府内部各种信息的处理和交流效率，实现电子政务内部资源的有效整合。

（3）增强电子政务信息安全性。

信息安全问题是当前困扰电子政务信息资源共享的最大问题。云计算将各级政府电子政务平台服务器统一于“云”资源之中，在逻辑上形成了统一的服务器集群。据此，为统一的服务器集群建立基础安全架构，通过基础安全架构共享所有设备的检测能力，利用云计算强大的计算能力，主动地完成对电子政务平台的安全威胁检测和漏洞弥补工作，信息安全防护由被动变为主动。另外，云计算在保护信息安全方面的应用，可促进政府在保护信息安全方面进一步完善相应的法律、法规。

云计算作为一种新兴的技术，以强大的计算能力和低成本、高安全性等优势展现在世人面前。有理由相信，将云计算应用于电子政务之中，必将为我国电子政务的建设带来新的发展方式，从而进一步发挥电子政务在建设服务型政府中的重要作用。

13.3.4 物联网技术

1.物联网的含义

物联网是通过各种传感技术（RFID、传感器、GPS、摄像机、激光扫描器等）、各种通信手段（有线、无线、长距、短距），将任何物体与互联网相连接，以实现远程监视、自动报警、控制、诊断和维护，进而实现“管理、控制、营运”一体化的一种网络。

2.物联网在电子政务中的应用

物联网可以真正实现“数字城市”“感知城市”。目前国家提出的“感知中国”计划，将推动物联网在全国各地电子政务建设中的应用。物联网的应用领域很广，尤其是与电子政务关系特别密切的城市管理、公共安全、智能交通、环境监测、远程医疗等领域，物联网都可以大大提高政府工作和服务的效能。前些年在数字城市建设中，已建设了一些针对特定应用的物联网子系统，今后应当将它们扩展、提升、整合，实现资源共享，建成覆盖多领域应用的统一管理、控制、运营的一体化物联网，达到“感知城市”的目标。

§13.4 国外电子政务的发展计划

13.4.1 欧盟2016—2020年电子政务行动计划

欧盟于2016年4月发布的电子政务行动计划是欧盟实现“数字单一市场”的关键举措之一，主要为协同欧盟成员与欧盟政策发展，支撑欧盟地方层面、区域层面、国家层面及欧洲层面的电子政务工作向开放、灵活和紧密合作的电子政务服务过渡。为了配合欧盟

2016—2020年电子政务行动计划（eGoverment Action Plan）的实施，2016年6月2日，欧盟建立的公众参与在线平台正式开通。该平台旨在为普通公众、工商企业乃至政府部门专门开辟发表意见和建议的渠道，以实现群策群力，集思广益，发挥全社会力量，来加速提升欧盟电子政务的质量和水平。

13.4.2 美国数字政府计划

根据2020年9月智库机构NEW AMERICA发布的《The Digital Government Mapping Project》报告，美国的数字政府平台建设，通过模块化、开源的方式开发数字身份、数据交换和数字支付三个数字政府的关键基础职能，其上搭建满足企业、社会大众的关于税收、采购等服务应用，可使平台能够灵活地适应未来的变化，满足更多主体的需求，减少重复建设。

美国数字政府平台建设过程中始终坚持的原则，确保了各利益相关方能够始终对美国数字政府的战略目标保持一致性，加之数据的有效开放和统一标准、开放的平台也鼓励各社会主体积极参与数字政府建设，更多的第三方组织可以便捷地在政府所构建的基础平台上开发更多的应用，由此使得美国政府在“新兴技术应用”方面发展较好。

13.4.3 新加坡的“互联网+政府服务”行动计划

新加坡是世界公认的电子政务和数字治理领域的领先者，在政务服务的数字化方面走在前列。新加坡在推进“互联网+政务服务”的过程中，强化和贯彻落实了整体政府的理念，更强调集中化和一体化。公民可以通过一个口令、一个域名、一个邮箱等登录政府网站，并通达上千个在线服务功能。政府相继推出的One Inbox、One Service、My Info等服务，都是为了将政府部门拧成一股绳，让民众感受到整体政府带来的便利。One Inbox让民众可以通过一个邮箱收到所有政府部门发送的信件，避免繁琐地查询不同部门的信件。One Service让民众能够通过一个手机应用程序报告各类社区事务，而不再像以前那样需要记住多个政府部门的电话号码。My Info让公众可以将自己的个人、家庭、雇用等方面的信息和证明材料都予以保存，在申请各类在线服务时调用，而无须像过去那样重复提交和上传。新加坡树立了整体政府的理念，并通过互联网予以实现，做到了以公众为先，赢得了公众的支持和信任。

13.4.4 英国从“智慧政府”到“数字战略”

从2009年开始的英国“智慧政府战略”，目标是提高政府的责任和透明度。随后英国发布了《信息通信技术发展战略》，指明了政府运用现代科技改变政府的运行方式，将建设智慧、绿色、经济型政府。从2012年开始践行“数字政府战略”，2013年英国政府将24个部级部门的在线服务整合到英国政府网站统一平台“gov.uk”上。2015年，启动“政府即平台”战略。“政府即平台”是建立数字化服务的新途径，旨在创建一套可以共享的组件、服务设计、平台、数据等，使每个政府部门线上服务都可以使用。这样更多地重复利用政府的平台和组件，可以省出更多精力去更好地设计以用户为中心的服务，避免重复开发。目前，英国政府致力于实现电子政务“默认数字化”，即线上服务简便、易操作，公民与政府容易互动。同时建立数据发布基金，帮助公共机构解锁数据。

13.4.5 肯尼亚数据开放行动计划

肯尼亚于2011年发起了一项数据开放行动计划，该计划通过单一门户向公众提供免费政务数据服务。2013年新宪法规定了公共参与和建设更加开放社会的基本原则。肯尼亚数据开放行动计划旨在促进数据可用性和用户对数据的可获得性，从而赋予人民权能，特别是弱势群体的权能。数据开放门户上的数据发布日历提供了政府机关生成和发布公共数据集的时间信息。该日历作为工作文件负责即时通知公民的数据可用性。肯尼亚政府的数据开放行动计划为公民赋权，提高了全民的数据素养。

§13.5 我国电子政务的发展趋势

电子政务在提升公共部门的服务质量、效率和效能，提升政府公共服务水平，推进服务型政府建设方面具有重要的作用。“十二五”时期，我国信息化事业在新理念引领、顶层设计、统筹推进、创新驱动、惠及民生、合作共赢和网络安全等方面取得长足进展，电子政务作为国家信息化建设体系的核心，在推动国家治理体系和治理能力现代化建设方面先行一步。“十三五”时期，我国统筹发展电子政务、深化“放管服”改革、推进全国一体化政务服务平台建设，加快数字政府建设，电子政务统筹协调发展取得了显著成效，电子政务在治国理政新实践中发挥越来越重要的作用，已成为创新服务模式、提升行政效能，推进国家治理体系和治理能力现代化的重要支撑。“十四五”时期，是我国开启全面建设社会主义现代化国家新征程的重要开端，也是内外部环境继续发生深刻变化、机遇与挑战并存的时期。电子政务发展将进入“数据赋能、协同联动、服务优化、安全可控”的新阶段，引领国家治理体系和治理能力现代化迈上新征程。“十四五”时期，我国电子政务的发展将显现以下趋势。

1.电子政务发展将进入“数据赋能、协同联动、服务优化、安全可控”的新阶段

近年来，我国电子政务在治国理政新实践中发挥越来越重要的作用，已成为创新服务模式、提升行政效能、推进国家治理体系和治理能力现代化的重要支撑。预计“十四五”时期，电子政务将进入“数据赋能、协同联动、服务优化、安全可控”的新阶段。

（1）数据赋能。党的十九届四中全会提出，要健全数据等生产要素由市场评价贡献、按贡献决定报酬的机制。《关于构建更加完善的要素市场化配置体制机制的意见》将数据作为一种新型生产要素，提出要推进政府数据开放共享、提升社会数据资源价值、加强数据资源整合和安全保护。数据将成为电子政务建设发展的重要驱动力，“用数据对话、用数据决策、用数据服务、用数据创新”的格局将加速形成。

（2）协同联动。跨层级、跨部门、跨区域的协同联动机制将加速建立，部门间信息共享、互联互通和业务协同的态势基本形成。

（3）服务优化。依托全国一体化在线政务服务平台，各地将全面推进政务服务一体化、公共支撑一体化、综合保障一体化，政务服务流程不断优化，政务数据资源充分汇聚与共享，服务水平与效能全面提升，为企业和群众提供统一便捷的服务。

（4）安全可控。随着《网络安全法》、《数据安全管理办法》、《个人信息保护法》等法律法规的深入实施与制定出台，将为电子政务统筹协调发展提供强有力的安全保障。

2.公共数据资源开发利用由“试点探索”向“全面推进”转变，数据资源价值与活力将得到充分释放

2020年，中央网信办会同相关部门选取了国内8个省市，启动开展了为期两年的公共数据资源开发利用试点工作，目的在于探索形成可复制可推广的经验，并逐步在全国范围加以推广。预计“十四五”时期，公共数据资源开发利用将由“试点探索”向“全面推进”转变。

（1）试点地区将形成一批公共数据资源开发利用新模式。试点地区将在公共数据资源开发利用管理制度、技术支撑保障能力、业务管理和数据资源配置模式、数据安全管理、统筹推进工作机制等重点领域，探索形成一批公共数据资源开发利用成功实践，为国内其他地区开展相关工作提供经验和参考。

（2）国家层面或将制定出台公共数据资源开发利用相关政策性文件。在试点工作的基础上，国家层面或将制定出台公共数据资源开发利用实施方案或指导意见，逐步完善公共数据资源开发利用顶层设计，为地方开展公共数据资源开发利用指明方向和路径。

（3）各地深入开展公共数据资源开发利用工作。在国家政策文件的指导下，各地将制定细化落实方案，明确公共数据资源开发利用管理制度、技术支撑保障能力、业务管理和数据资源配置模式、数据安全管理、统筹推进工作机制等领域主要任务、发展目标与重点工作，推进公共数据资源开发利用工作落到实处，最大限度地释放数据资源价值与活力。

3.在线政务服务由“线下跑、分头办”向“协同办、指尖办”转变，“一网通办”将进入提质增效期

2018年，国务院印发了《关于加快推进全国一体化在线政务服务平台建设的指导意见》，明确了全国一体化在线政务服务平台的总体框架和14项重点建设任务。截至2020年6月，国家政务服务平台已接入40余个国务院部门、32个地方政府和1 000多项高频热点办事服务，覆盖证照、教育、助残、民政等多个领域，实名注册用户数破亿。预计“十四五”时期，随着全国一体化在线政务服务平台的深入应用，在线政务服务将实现由“分头办”向“协同办”转变。

（1）以国家政务服务平台为总枢纽的全国一体化在线政务服务平台将更加完善。国家政务服务平台将实现与所有省（自治区、直辖市）和有关部门政务服务平台的连接，实现政务服务数据汇聚共享和业务协同，支撑各地区各部门政务服务平台为企业和群众提供高效、便捷的政务服务，“一网通办”将进入提质增效期。

（2）全国范围内政务服务事项将全面实现整体联动和业务协同。巩固政务信息系统整合共享成果，建立数据共享协调机制，更好支持各地各部门业务协同。全国统一的行政权力事项目录清单将编制完成，政务服务事项规范化进程加快。依托全国一体化在线政务服务平台，更多政务服务事项的申请、受理、审查、决定、证照制作、决定公开、收费、咨询等环节将实现全流程在线办理。

（3）移动政务服务将推动更多政务服务事项“掌上办”“指尖办”。国家政务服务平台移动端将建设完成，聚焦覆盖范围广、应用频率高的政务服务事项，提供分级运营、协同联动的全国一体化在线政务服务平台移动端服务。随着在线政务服务水平的持续提升，“一网通办”将进入提质增效期。

4.数字政府建设由“顶层设计”向“落地实施”转变，政府数字化治理体系将加速构建

党的十九届四中全会明确提出，建立健全运用互联网、大数据、人工智能等技术手段进行行政管理的制度规则，推进数字政府建设。党的二十大报告指出，“加快建设网络强国、数字中国”。有关报告显示，截至2019年11月，我国已有10个省级地方政府出台并公开数字政府规划计划，多地成立数字政府建设领导小组，明确政务数据统筹管理机构协调推进数字政府建设工作职能。预计“十四五”时期，数字政府建设由“顶层设计”向“落地实施”转变。

（1）国家层面将加快数字政府顶层设计规划。国家层面将深入开展数字政府建设顶层设计，建立数字政府建设工作推进机制，明确数字政府建设目标、重点任务、实施路径和具体分工，为各地数字政府建设指明方向和路径。

（2）更多省市将完成数字政府建设推进方案，加快推进数字政府落地建设。在国家数字政府建设顶层设计规划的指导下，更多省市将制定出台数字政务建设细化行动方案/实施方案，明确建设目标与重点，任务分工与进度安排，全力推进数字政府建设。随着各地数字政府建设的深入推进，以数字化为特征的政府治理体系将加速构建。

5.个人信息和数据安全保护由“无法可依”向“违法必究”转变，网络数据安全将得到有效保障

2020年新冠肺炎疫情暴发，身份信息、位置信息、行动轨迹、住宿信息、健康状况、交易信息、人脸信息等个人信息面临较大的泄露风险。2020年2月，中央网信办发布了《关于做好个人信息保护利用大数据支撑联防联控工作的通知》，但在实际操作过程中仍存在一些问题，对此，全国人大常委会工作报告作出了明确部署。预计“十四五”时期，个人信息和数据安全保护“无法可依”的局面将有所改观，“违法必究”的态势将加速形成。

（1）网络安全相关配套法规将加速制定并印发执行。《个人信息保护法》《数据安全法》《数据安全管理办法》的制定、出台，通过法律规范切实保障国家、企业和个人数据及信息安全。“网络数据安全标准体系建设指南”将正式印发执行，推动网络安全行业发展。

（2）网络安全执法检查和违法处罚力度将显著加强。拥有和使用个人信息及提供公共服务的国家机关、公共企事业等单位将更加规范，非法获取、泄露和非法出售个人信息行为的处罚力度将明显加大。随着网络安全相关法规的深入实施，网络数据安全将得到有效保障。

思政课堂

我国网上政务服务能力和水平持续提升

近年来，国务院、国家发改委等多部门都陆续印发了支持、规范电子政务行业的发展政策，政策内容涉及国家政务信息化工程建设、加强行政执法信息化建设和信息共享、一体化网上政务服务平台建设等。

一、我国网上政务服务能力和水平持续提升

2019年5月，国家政务服务平台上线试运行，联通32个地区和46个国务院部门，标志着以国家政务服务平台为总枢纽的全国一体化政务服务平台初步建成。全国一体化平台标准规范体系、安全保障体系和运营管理体系基本建立，政务服务数据共享水平显著提升，为推进全国政务服务“一网通办”提供了基础支撑。

一体化政务服务平台充分发挥跨地区、跨部门、跨层级业务办理的支撑和保障作用，推动了更多的政务服务事项从“线下跑”转向“线上办”。

截至2019年底，国家政务服务平台和32个省级政府的服务平台建成，个人注册用户总数已达3.39亿。相当于全国9亿网民中，平均每3人就有1人使用在线政务服务。政务服务平台品牌的辨识度、知晓度、美誉度全面提升。

二、强化试点先行，头雁效应初步形成

2016年以来，国务院结合工作实际积极推进“互联网+政务服务”综合和专项试点示范工作，以重点突破带动全面发展。经过几年发展，探索出许多独具特色、深受企业和群众欢迎的好经验、好做法，形成了一批行之有效的建设模式和创新实践。

北京“营商环境优化”、上海“一网通办”、江苏“不见面审批”、浙江“政府数字化转型”、安徽“皖事通办”、福建“数字福建”、广东“数字政府改革”、贵州“全省通办”等创新经验，已经成为全国一体化政务服务平台建设的典型标杆。《2020联合国电子政务调查报告》推广的全球50个电子政务创新经验中，我国有5个实践案例入选。

三、深入推进政务信息资源开发利用

全国一体化数据共享交换平台建成，一体化的数据共享响应机制日趋完善。以国家一体化电子证照共享服务系统为例，该系统梳理了各地区、各部门证照类型897种，已汇聚861种，占96%，证照目录总量达31.5亿条，为电子证照“一个证照、全国互认”提供了数据基础支撑。

资料来源：王益民．新时代下政府数字化转型之路［EB/OL］．［2021-10-09］．http: //www.e-gov.org.cn /egov/web/article_detail.php? id=178410.

本章小结

未来的电子政务有两个总体发展趋势：一是全球化；二是以服务为中心。电子政务系统发展趋势：一是标准交互接口；二是平台化；三是智能化。电子政务技术主要的发展趋势：一是集群及网格技术；二是政务智能技术；三是云计算技术。

对电子政务理论研究必须选择正确的途径和方法，成立理论研究组织机构，同时，电子政务理论研究要与其他学科相结合。

“十四五”期间我国电子政务的发展显现如下发展趋势：电子政务发展将进入“数据赋能、协同联动、服务优化、安全可控”的新阶段；公共数据资源开发利用由“试点探索”向“全面推进”转变，数据资源价值与活力将得到充分释放；在线政务服务由“线下跑、分头办”向“协同办、指尖办”转变，“一网通办”将进入提质增效期；数字政府建设由“顶层设计”向“落地实施”转变，政府数字化治理体系将加速构建；个人信息和数据安全保护由“无法可依”向“违法必究”转变，网络数据安全将得到有效保障。

综合训练

13.1 单项选择题

1.对于电子政务全球化解释正确的是（　　）。

A.各国电子政务建设完全独立

B.各国电子政务建设完全融合

C.各国电子政务的建设是一样的

D.各国的电子政务建设相互之间既有一定的独立性，也要在一定程度上实现系统的对接

2.电子政务建设的初衷是（　　）。

A.为政府服务　B.为企业服务　C.为社会服务　D.为公众服务

3.电子政务应向哪方面转型：（　　）。

A.信息管理　B.业务流程管理　C.技术管理　D.知识管理

4.目前，我国政府工作的主要输入技术是（　　）。

A.印刷品扫描识别技术　B.手写输入识别技术

C.语音识别技术　D.键盘输入技术

5.面向政务数据分析的决策支持系统是（　　）。

A.电子支付系统　B.政务智能系统

C.应急指挥系统　D.网格系统

13.2　多项选择题

1.未来电子政务发展的总体趋势是（　　）。

A.全球化　B.以服务为中心

C.以政府为中心　D.以社会公众为中心

2.电子政务系统的发展趋势是（　　）。

A.标准交互接口　B.平台化　C.信息化　D.智能化

3.下列选项中对电子政务理论研究的途径和方法表述正确的是（　　）。

A.电子政务理论研究要从实践出发

B.成立理论研究组织机构

C.电子政务理论研究要和其他学科相结合

D.加强电子政务领域国内与国际的合作交流

4.下列属于电子政务发展对策的是（　　）。

A.设立政府首席信息官　B.实施电子政务人才战略

C.普及“大集中”的建设思路　D.精简机构，权力集中

5.下列关于云计算描述正确的是（　　）。

A.云计算是分布式计算技术的一种

B.云计算是面向数据分析的一种新型计算模式

C.云计算可以提高政府信息共享程度

D.云计算可实现电子政务内部资源有效整合

13.3　思考题

1.电子政务理论和实践之间究竟是一种什么样的关系？

2.为什么当前需要加强电子政务的研究？

3.我国未来电子政务建设的发展趋势如何？

4.如何在资金、技术相对有限的情况下，使我国的电子政务建设达到国际水平？

主要参考文献

[1] 倪星. 公共管理学 [M]. 3版. 大连：东北财经大学出版社，2018.

[2] 陶学荣，陶叡. 公共政策学 [M]. 4版. 大连：东北财经大学出版社，2016.

[3] 麻宝斌. 公共行政学 [M]. 2版. 大连：东北财经大学出版社，2012.

[4] 王乐夫，倪星. 公共行政学 [M]. 北京：高等教育出版社，2012.

[5] 张军涛. 第三部门管理 [M]. 大连：东北财经大学出版社，2010.

[6] 张军涛. 行政管理学 [M]. 大连：东北财经大学出版社，2009.

[7] 濮小金，等. 电子政务 [M]. 北京：机械工业出版社，2005.

[8] 刘邦凡. 电子政务建设和管理 [M]. 北京：北京大学出版社，2005.

[9] 谢尧雯. 论电子政务中的个人信息保护：美国经验与启示 [J]. 中国行政管理，2019 (2).

[10] 陈庆娟，林秀芝. 美国的电子政务建设对我国的启示 [J]. 西部皮革，2018，40 (6)：98-99，101.

[11] 国家行政学院电子政务研究中心课题组. "十三五"电子政务发展趋势 [J]. 中国建设信息化，2017 (12).

[12] 杨道玲. 我国电子政务发展现状与"十三五"展望 [J]. 电子政务，2017 (3).

[13] 宋魏巍，孙文瑾. PPP模式在电子政务建设中的应用研究 [J]. 电子政务，2017 (8).

[14] 马亮. 新加坡推进"互联网+政务服务"的经验与启示 [J]. 电子政务，2017 (11).

[15] 杨道玲. 电子政务工程项目绩效评估：体系与方法 [J]. 电子政务，2014 (5).

[16] 宁家骏. 电子政务"整合治理" [J]. 中国经济和信息化，2014 (2).

[17] 吴云，胡广伟. 电子政务服务能力成熟度模型演化路

径探讨［J］．电子政务，2013（10）．

［18］杨兴凯，刘畅．政府信息资源集成方法研究综述［J］．电子政务，2013（5）．

［19］陈巍巍，张雷，陈世平，等．信息化绩效评估的指标体系框架研究［J］．科研管理，2013（S1）．

［20］杨兴凯，王延章．基于灰色模糊理论的政府信息共享能力测度研究［J］．大连理工大学学报，2012（2）．

［21］周红，赵娜．新媒体环境下政府公信力的提升策略研究［J］．电化教育研究，2012（1）．

［22］朱光磊，周望．在转变政府职能的过程中提高政府公信力［J］．中国人民大学学报，2011（3）．

［23］姜异康，袁曙宏，韩康，等．国外公共服务体系建设与我国建设服务型政府［J］．中国行政管理，2011（2）．

［24］杨兴凯，王延章．面向信息共享的政府部门间信任研究综述［J］．情报科学，2010（8）．

［25］顾丽梅．网络参与与政府治理创新之思考［J］．中国行政管理，2010（7）．

［26］张尚仁．网络问政——公共管理的创新形式［J］．云南社会科学，2010（3）．

［27］杨兴凯．政府组织间信息资源共享测度指标体系研究研究［J］．情报杂志，2010（8）．

［28］曹学娜，孙祥．网络问政的条件及推进路径［J］．党政干部论坛，2009（10）．

［29］盛明科．服务型政务绩效评估体系的基本框架与构建方法［J］．中国行政管理，2009（4）．

［30］祝小宁，白秀银．政府公信力的信息互动选择机理研究［J］．中国行政管理，2008（8）．

［31］武晓峰．近年来政府公信力研究综述［J］．中国行政管理，2008（5）．

［32］樊博．跨部门政府信息资源共享的推进体制、机制和方法［J］．上海交通大学学报（哲学社会科学版），2008（2）．

［33］杨兴凯．政府门户网站评价指标与方法研究［J］．软件学，2007（4）．

［34］“十三五”国家信息化规划（国发〔2016〕73号）［EB/OL］．［2016-12-27］．http：//www.gov.cn/zhengce/content/2016-12/27/_content_5153411.htm.

［35］刘丽霞．信息化背景下的政府管理模式转型研究［D］．济南：山东大学，2012.

［36］杨兴凯．政府组织间信息共享信任机制与测度方法研究［D］．大连：大连理工大学，2011.

［37］郝玲玲．政府公信力若干问题研究［D］．长春：吉林大学，2010.

［38］朱丽峰．论网络民意与政府回应［D］．长春：吉林大学，2010.

［39］淦家辉．中国网络政治沟通研究［D］．北京：中共中央党校，2009.

［40］田侠．行政问责机制研究［D］．北京：中共中央党校，2009.

［41］吴洪彪．公共危机下的政府公信力研究［D］．南京：河海大学，2007.

［42］刘全．地方政府电子政务建设问题与对策研究［D］．济南：山东师范大学，2016.

［43］中国电子商务法律网，http：//www.chinaeclaw.com.

［44］中国香港特别行政区电子化招标网站，http：//www.ets.com.hk.

［45］中国政府创新网，http：//www.chinainnovations.org.

［46］中国电子政务网，http：//www.e-gov.org.cn.

［47］2016联合国电子政务调查报告（中文版）［EB/OL］.［2017-02-22］. http：//www.chinacio.org/art/2016/7/31/art_1027_4840.html.

［48］2016中国城市电子政务发展水平调查报告［EB/OL］.［2017-02-22］. http：//www.chinacio.org/art/2016/7/31/art_1027_4839.html.

［49］2020联合国电子政务调查报告（中文版）［EB/OL］.［2021-07-10］. http：//www.echinagov.com/report/285242.htm.

［50］第48次《中国互联网络发展状况统计报告》［EB/OL］.［2021-09-15］. http：//www.cnnic.cn/hlwfzyj/hlwxzbg/hlwtjbg/202109/t20210915_71543.htm.

［51］赛迪研究院，https：//www.ccidgroup.com/.